페미니즘 철학 입문

지은이 김 은 주

서울시립대 도시인문학연구소 연구교수로 일하고 있다. 영미 백인 이성애자 남성의 언어로 점철된 서양 철학사 계보에서 배제된 여성 철학자들을 다시 발견해내는 작업인《생각하는 여자는 괴물과 함께 잠을 잔다》와 질 들뢰즈와 로지 브라이도티를 연결해 근대 주체의 존재 방식과 결별하고 새로운 존재 방식들을 생성해내는 시도로 페미니즘의 기획을 읽어낸《여성-되기》를 썼으며, 로지 브라이도티의《변신》을 우리말로 옮겼다. 그밖에《페미니즘의 고전을 찾아서》《21세기 사상의 최전선》《출렁이는 시간[들]》등을 함께 썼으며,《페미니즘을 퀴어링!》《제4물결 페미니즘》등을 함께 우리말로 옮겼다. 동시대의 여성 주체화와 시민권의 문제, 그리고 미학적인 거주 방식에 관심을 두고 있다.

페미니즘 철학 입문

우리가 서로를 찾을 때까지

김은주 지음

오월의봄

나의 자매, 지양에게

차례

여성은 다르다: 복수의 여성들

눈의 여왕을 떠올리며

어릴 적, 안데르센Hans Christian Andersen이 쓴 《눈의 여왕》이라는 동화를 좋아했습니다. 동화는 마음이 차가워져 눈의 여왕을 따라 겨울 궁전으로 가버린 카이를 게르다가 찾아나서는 여정을 담고 있습니다. 게르다는 여러 모험 끝에 얼음으로 둘러싸인 궁전에 다다르고 마침내 발견한 카이 앞에서 눈물을 흘립니다. 게르다의 진심 어린 눈물 덕분인지 카이의 차가운 심장은 녹고, 집으로 돌아온 그들은 여름을 맞습니다.

　　제가 이 동화에 매료된 이유가 무엇이었는지 지금 돌이켜 생각해보면, 카이를 구하기 위해 용감하게 길을 나서는 게르다의 모험에 매료되어서인 듯도 싶고, 역경을 딛고 마침내 변화를 일으키는 결말이 좋았기 때문인 것도 같습니다. 하지만 동화책을 덮고 나서 자꾸 생각나는 건 눈의 여왕이었습니다. 모두가 집으로 돌아갔는데, 겨울 궁전에 남은 눈의 여왕은 어떻게 되었을까? 눈의 여왕은 왜 순순히 그들을 보내주고, 그 차가운 성에 영원히 남아 있을까? 눈의 여왕은 정말로 나쁜 걸까? 궁금함을 안고 눈의 여왕을 아름답게 그려낸 그림을 자꾸만 보았습니다. 《눈의 여왕》은 나만이 아니라 많은 이들에게도 영감을 준 모양입니다. 이 동화를 모티브로 디즈니 애니메이션 〈겨울왕국〉(2014)이 제작되기도 했습니다. 〈겨울왕국〉에서는 한 소녀가 눈의 여왕인 언니를 만나러 갑니다.

*
**

이 책은 페미니즘 철학에 관심이 있는 모든 이들을 위해 쓰였습니다. 전문적으로 페미니즘 철학을 공부하지 않더라도, 페미니즘 철학에 호기심과 궁금증을 갖는 누구나 이 책의 독자가 될 수 있습니다. 독자들의 물음을 다 해결할 수는 없겠지만, 페미니즘 철학을 처음 공부를 시작했을 때 던져본 세 가지 질문으로 이 책을 구성했습니다. 첫 번째는 '페미니즘 철학이란 무엇인가'라는 질문입니다. 이 질문과 함께 페미니즘과 철학이 만나는 자리를 생각해보았습니다. 두 번째는 '여성은 인간인가'라는 질문입니다. '여성은 인간인가'를 물으며 여성의 지위를 논하는 메리 울스턴크래프트Mary Wollstonecraft와 시몬 드 보부아르Simone de Beauvoir의 사상을 다루는 부입니다. 마지막 질문은 바로 '여성인가, 여성들인가'입니다. 이 물음과 함께 여성들 스스로가 자신을 설명하려는 목소리들이 울려퍼지며 '여성인가, 여성들인가'라는 궁금증을 품게 된 베티 프리단Betty Friedan, 슐라미스 파이어스톤Shulamith Firestone, 오드리 로드Audre Lorde의 사유를 따라가보았습니다. 다섯 명의 페미니스트 사상가를 통과해, 페미니즘 철학의 기초라 이야기할 만한 것을 독자들과 나누고자 합니다.

**

우리는 여성들 간의 관계에서 쉽게 시스터후드sitserhood, 즉 자매애를 찾곤 합니다. 여성들 사이에서 친밀감이나 애정, 지지하는 마음이 자연스럽고도 당연하게 생겨난다고 믿곤 합니다. 그렇게 생각하는 가장 큰 이유는 아마도 시스터후드라는 것이 이미 갖고 있는 동질함을 확인하는 과정에서 비롯한다고 여기기 때문일 것입니다. 물론 고통과 억압에 공감하고 그로부터 더 나아갈 수 있는 힘을 함께 확인하는 노력은 중요합니다. 그러나, 만약 시스터후드가 우리의 '같음'을 확인하는 것에 그친다면 어떻게 될까요. 시스터후드 바깥의 아웃사이더가 생겨나고, '우리'는 인사이더의 타자인 아웃사이더와 그 경계에 빚지어 허상의 자매를 흠모하고 모방하는 그런 시스터후드만을 만들어낼지도 모릅니다.

솔직히 고백하자면, 나는 가끔 시스터후드라는 아름다운 말을 감당하기 힘들다고 느꼈습니다. 나는 그 여성과 결코 비슷한 적이 없고, 그 여성을 이해할 수도 없었습니다. 그 여성을 잘 알 수 없고 그 고통 역시 겪어본 적 없었으나 눈물을 흘리고 함께

화를 내기도 했고 위로를 하기도 했습니다. 혹은 그 여성이 나를 설명해내는 말들이 나와 거리가 멀다고 느꼈지만 아무 말 하지 않고 다른 쪽으로 시선을 돌린 적도 있었습니다. 나는 자매들이라 불리는 여성들과 함께 있기보다 홀로 있는 편이 더 낫다고 여긴 적도 많았습니다. 나는 눈의 여왕처럼 세상과 분리된 혼자만의 방이 필요했고, 눈의 여왕이 지닌 힘과 고독, 그리고 언제든 마음 내키면 어디든 떠나는 여행의 가능성을 갈구했습니다.

게르다 역시 평생 떠날 수 없는 마을 밖을 나설 이유를 찾고서 울타리 바깥으로 나가는 모험에 가슴이 뛴 것은 아니었을까요. 그 동화에서 정말로 게르다가 찾아 나선 카이라는 소년은 존재한 것인지, 눈의 여왕에게 홀린 게르다 자신의 다른 모습이 카이였던 것은 아닌지, 이런저런 생각을 지금은 해봅니다.

그럼에도 불구하고, 시스터후드, 자매애라는 단어를 부드럽게 쓸어보면서, 나는 한 번도 경험해본 적 없는 시스터후드를 상상해봅니다. 이 세계의 억압에서 비롯된 울분과 슬픔만이 아닌 '다시 만난 세계'의 감각으로 생생해지는, 그래서 겪어본 적 없는 세계로 발 딛는, 용기와 기쁨으로 피어오르는 자매애와 다채로운 자매애의 가능성을 떠올려봅니다.

**

나에게도 자매가 있습니다. 이 책을 마무리 지을 때쯤 나이 터울이 나는 여동생 지양이가 불현듯 떠올랐습니다. 함께 자라난 나의 자매. 사서로 일하다 결혼을 하고 직장을 그만두고 아이를 키우며 살고 있는 지양이가 이 책을 읽었으면 좋겠다고 생각했습니다. 성정이 부드러운 동생과 크게 다툰 적도 없지만 자라날 때 무슨 생각을 했는지 물은 적도 없습니다. 그저 짐작 가능한 일상들 속에서 그러려니 하고 지나간 시간이 전부일지도 모르겠습니다. 내가 이해할 수 있는 자매의 삶, 내가 결코 알 수 없던 자매가 그려낸 삶의 흔적을 매만지며, 같은 배에서 태어난 나의 자매와 더불어 아직 만난 적 없는 자매들을 떠올리고, 겪어본 적 없는 시스터후드, 자매애를 기대하며, 이 책을 시작합니다.

페미니즘 철학은 무엇인가

1장

페미니즘 철학은 무엇인가

페미니즘 철학과 보편적 인간에 대하여

페미니즘 철학의 역사는 전체 철학의 역사에 비교를 한다면 아주 짧아요. 철학의 분과학문으로 보더라도 페미니즘 철학은 그렇게 긴 역사를 가진 학문은 아니에요. 그런데 철학의 다른 분과들도 그렇게 따지면 짧은 게 많아요. 페미니즘 철학의 역사만 짧은 건 아닌거죠. 그러니까 페미니즘 철학을 철학의 분과로 이해를 하느냐, 아니냐 등 여러 가지 생각에 따라서 페미니즘 철학의 위상을 달리 볼 수도 있을 것 같습니다.

여기서는 페미니즘 철학이라는 게 도대체 뭔지, 그 소개를 하고 싶어요. 사실상 페미니즘 철학이라는 과목이 개설된 데가 별로 없잖아요. 몇몇 대학에서 학생들의 요구로 페미니즘 철학 강의를 최근에 철학과에서 개설한 걸로 알고 있고, 여성학 관련 학과에도 개설이 된 걸로 알고 있어요. 하지만 대체로는 페미니즘 철학 자체에 접근을 하는 게 쉽지 않은 것 같아요.

특히 '페미니즘'은 알겠는데 거기에 '철학'이 붙으면 이걸 어떻게 이해할지 난감하다는 생각이 들거나, 또 '페미니즘'과 '페미니즘 철학'은 무슨 차이가 있는가 하는 생각이 들 수도 있을 것 같아요. 철학은 흔히 보편학이라고 이야기를 하잖아요. '유니버스universe', '보편적universal'. 모든 것을 하나로 통합하는 것들을 보통 철학이라고 생각을 하죠. 여러분은 '철학'이라고 하면 어떤 걸 떠올리세요? 아마 '우주······' '인간······' '왜 사는가······'. 어쨌든 굉장히 큰 질문을 던지는 걸 철학적인 질문이라고 많이 생각을 하잖아요. 근데 여기에 '페미니즘'을 붙여버린다? 페미니즘은 어쨌든 여성, 여성성과 관련되어 있는 건데, 보편학이라고 이야기하는 철학적인 것과 어떻게 연결될 수 있을까, 이런 문제 제기를 할 수 있는 것 같아요.

일단 여자들이 한다고 페미니즘 철학은 아니죠. 페미니즘 철학은 그런 통념과는 다른 것 같아요. 쉽게 말씀드리자면, 여성들이 하는 철학과 여성주의 철학은 다릅니다. 페미니즘 철학은 여성주의 철학이에요. 여성주의적인 어떤 지향, 여성주의와 관련된 내용을 다뤄요. 여성주의의 개념적 도구가 될 수 있고, 또 철학의 내용 안에서 여성주의적인 가치판단, 가치평가들도 함께 진행합니다.

보편적 지식을 인식하는 자에 대한 질문:
'그런 주체는 누구인가?'

페미니즘과 철학이 만났을 때, 가장 먼저 이야기가 많이 된 철학 분야는 인식론이라는 분야입니다. 그렇다면 인식론은 무엇일까요. 인식론의 관심은 이거예요. '내가 아는 아는 지식이 참된 것인가?' '참된 지식을 우리가 어떻게 얻을 수 있을까?' 이게 인식론적인 질문이거든요. 즉, 지식에 대해서 다루는 철학적 담론을 우리가 흔히 인식론이라고 합니다. 나한테만 옳은 게 아니라 모든 사람에게 옳아야 우리가 지식이라고 하잖아요. 지식이란 건 모든 사람들에게 동일하게 전달될 수 있어야 하고, 그 경험이 주관적인 경험이 아니라 소위 객관적인 경험이어야 하고, 지

페미니즘 철학은 무엇인가

식이 될 수 있는 정당한 근거들이 있어야 해요. 모두에게 전달 가능한 지식의 가능성, 지식의 보편성을 탐구하는 것은 철학의 주요한 일이기도 합니다.

그래서 보편적 지식을 확보하기 위해서는, 우선 '내가 참된 지식을 얻을 수 있는가'도 검토해야 해요. 그리고 내가 참되게 보는지 거짓되게 보는지를 알기 위해서는 제일 먼저 내가 지식을 판단하기에 적절한 상태인지부터 검토를 해야겠죠. 내가 자고 있는 상태에서 꿈을 꾸고 있나? 내가 지금 생생하게 깨어 있는 상태에 놓여 있나? 내가 술 취한 게 아닌가? 술 취해서 하는 말을 여러분은 신뢰해요? 만취한 사람이 '너를 사랑해', '너 정말 좋은 사람 같아' 이런 말을 하면 그 말이 진심이라고 해도 그 말을 완전히 신뢰하지 않잖아요. 취해서 하는 말로 알아듣죠. 어떤 지식이 참인지 거짓인지 알기 위해서는, 참과 거짓을 가리기 위한 나 자신이 객관적 기준을 갖고 있는지 알아야 한다는 거예요. 이게 근대적 인식론의 출발점이에요. '내가 누구인지 아는 사람이 이 세계에 대해서도 알 수 있다는 것', 이것이 근대 인식론의 핵심입니다. 내가 누구인지도 모르고, 내가 어디 서 있는지도 모르는데 이게 참인지 거짓인지 이야기할 수 없잖아요.

그런 점에서 인식론의 주요한 주제는 '나는 누구인가'라는, 지식을 아는 자로서 자기 의식과 관련이 있어요. 그러나 이 물음은 그냥 나 개인에 대한 물음만은 아닙니다. 인간은 모두 자기 자신을 '나'로 칭하죠. 소위 대문자 나(I)란 그런 뜻입니다. 보편적 지식을 성립시키기 위해서는 개체인 소문자 나(i)만이 아닌 '모든 인간이 자기 자신을 칭하는 바로 그러한 나(I)를 내가 참되게 알 수 있는가?'라는 질문을 통과해야 한다는 것이죠.

이러한 자기 의식, 자기 인식과 같은 위의 물음은 세계를 인식하기 위한 조건과 그 인식의 근거를 확보하기 위한 것입니다. 데카르트René Descartes 같은 사람들이 자기 의식이라는 출발점을 마련했고, '모든 사람이 똑같은 인식의 틀거리를 갖고 있다'는 결론에 닿게 되죠. 그러니까 지식이 참된 지식이 되기 위해서는 모든 사람이 똑같이 이것이 지식이라고 승인할 수 있는 어떤 감각의 구조를 갖고 있거나, 아니면 '이성적reasonable이다'라고 하는 뭔가가 있어야 한다는 말입니다. 결국 인식론은 '하나도 빼지 않은 모두에게 통용될 수 있는 보편적인 이성이라는 게 있다', '이 이성이라는 걸 가진 존재를 인간이라고 부르자' 이런 생각을 기본적으로 갖고 있어요. 이게 인식론의 중요한 출발점이에요.

그런데 페미니즘은 바로 거기에 문제를 제기해요. 예를 들어 아주 단순하게 이야기하자면, 남녀라는 소위 성별의 차이가 한 사람이 살아가는 데 권리의 차이, 임금의 차이를 만든다는 거잖아요. 똑같은 인간이라고 하는데 누리는 게 다르다는 거죠. 똑같은 인간이라고 하지만 대우받는 게 다르다는 생각을 사람들이 하게 된 거예요. '모든 사람은 보편 인간이다. 모두 똑같고 모든 권리가 같다. 우리는 모두 똑같은 인간이다'라고 하지만 실제 역사적 사실을 봤을 때 경험적으로 다르다는 거죠. 인식론 차원에서는 '모든 사람은 보편적 이성을 갖고 있다'라고 하지만 '그 보편적 이성이 정말로 보편적인 것일까'라는 질문을 하기 시작하게

페미니즘 철학은 무엇인가

되는 거죠. 특히 20세기부터 그런 질문들이 나오기 시작해요. 이런 질문은 여성들만 던진 게 아니에요. '흑인과 백인이 다른 것 같아' '식민지와 제국이 다른 것 같아' '어린이와 어른의 권리가 다른 것 같아' '장애인과 비장애인이 똑같은 인간이라고 하지만 아닌 것 같아' '남자와 여자가 분명 다른 것 같아'.

우리가 보편적이라고 하는 인간, 이성적이라고 하는 인간이 마치 모든 인간을 다 호명하는 것 같지만, 인간이란 무엇인가 그 내용을 들여다보니까 그 인간은 대체로 남성이고, 유럽, 그것도 서유럽에 살아요. 인간에 대한 개념이 만들어진 시기도 있어요. 18세기 정도부터죠. 그리고 이들이 문명이래요. 또 이 사람들은 기독교인이고, 결혼한 남성, 아버지가 된 가부장이에요. 가부장이 되어야 우리가 진정한 남성이 된다고 이야기하잖아요. 그렇죠? 그들은 이성애자이기도 하고요. 예전에 이 사람들은 노예 소유자이기도 했어요. 얼마만큼의 재산도 있어야 해요. 너무 가난한 사람들도 아닌 거죠. 이런 존재들인 거예요.

그런데 이들만 인간이라고 하는 게 이상하잖아요. 마치 이런 거랑 같은 거예요. '한국 사람', 그러니까 '한국 사람의 표준'이라고 하면 어떤 사람을 떠올려요? 그 사람은 나이가 어느 정도일까요? 다섯 살? 아닐 것 같죠. 성인일 것 같죠. 남자예요, 여자예요? 남자가 떠올라요. 장애인인가요? 비장애인이죠. 그리고 그 사람이 동성애자일 것 같아요? 아닐 것 같죠. 사는 곳은 어디일까요? 서울일 것 같고요. 저 멀리 섬 같은 데 살 것 같진 않잖아요. 교육 수준은? 종교는? 사실 이런 식으로 이야기할 때 나타내는 게 '평균'일 수도 있어요. 그런데 문제는 이런 평균이 나타내는 것들 안에서 너무 많은 사람들이 없어져버리는 거죠. 다 지워져요. 그리고 '이들이 평균입니다'라고 하는 순간 그들이 살기에 적당한 세상, 그들에게 유리한 지식들이 자꾸 생산되는 거예요.

사실상 보편성이 전제하는 사유들은 신체와 정신이 분리될 수 있다고 봐요. 신체는 변화하지만 정신은 변화하기 어렵고 동일하다고 생각하죠. 그리고 '진정한 나'는 정신에 있다고 생각해요. 정신과 신체가 영원히 분리되어 있고 신체보다는 정신이 훨씬 우월하다는 생각이 여기에 스며 있다는 거예요. 그래서 보편 인간에 호소할 수 있고요.

그런데 20세기에 들어서 여기에 의문을 품는 생각들이 나타나는 거죠. '경험 이전에 내가 있는 게 아니라 경험을 통해서 내가 구성되는 게 아닐까?' 서양 철학의 기본적인 태도는 이런 거거든요. '정신의 선험성에 따르면 내가 자유의지를 갖고 있으니까 내가 나를 제일 잘 알아.' 사람들이 참견하고 이럴 때, '좀 조용히 해줄래? 내가 알아서 해' '네가 뭘 알아? 나를 아는 건 나 자신이야' 이런 이야기를 하죠. 내가 나를 굉장히 잘 안다는 생각을 갖고 있다는 거예요. '내 의식의 주인은 나다. 이 신체를 통제하는 것도 나다. 망해도 내가 망한다' '내가 나를 비판할 수는 있지만 네가 나를 뭘 안다고 비판해?' 이런 거요. 자기가 이 조그마한 소우주인 나 자신이라는 세계의 주인이고, 신체라는 것들도 내가 다 알아서 한다는 생각이 스며 있어요. 이게 서양 철학의 기본적인 태도인데, 여기에 대해 비판적인 이야기들이 나오기 시작하는 거

페미니즘 철학은 무엇인가

예요.

예를 들면 프로이트Sigmund Freud 같은 사람은 이렇게 생각하는 거죠. '정신과 신체가 완전히 분리되어 있나?' '신체의 경험을 통해서 정신세계가 구성되는 것 아닌가?' '내가 나를 정말 정확히 아는가?' 정확히 안다면 꿈이라든지 이런 게 발생하면 안 되잖아요. 그런데 꿈을 통해서 나를 해석하죠. 내가 내 마음을 모르는 것도 있다는 거예요.

그리고 내가 나를 잘 안다고 생각하지만, 한번 생각해보자는 거예요. 내가 내 신체에서 일어나는 모든 일들을 잘 알고 있나요? 여러분 지금 위장의 움직임이 느껴지세요? 비장의 움직임은요? 장이 움직이는 게 느껴지세요? 호르몬의 작용이 느껴지세요? 안 느껴지잖아요. 여러분 본인 얼굴 본 적 있어요? 거울로 보는 거 말고요. 자기를 볼 수 있는 영역은 되게 한정적이잖아요. 전신을 자기가 멀리서 본 적이 있어요? 거울로 보는 거 말고요. 전신을 보는 경험은 거의 없어요. '정신은 선험적이다' '인간 특유의 자유의지가 있다' 이런 이야기들은 공간 안에서, 시간 안에서 사는 인간을 다 없애버리는 거예요. 변화하고 움직이는 삶 안에 사는 인간을 다 없애버려요. 이러한 태도는 시공간을 다 떠나서 언제나 변하지 않는 신과 같은 시점에서 삶을 이야기하는 거고, 어딘가 우주 멀리에서 내가 있는 것처럼 보는 건데, 실제로 나는 어떻게 살아가느냐면 이 세계 속에서, 이 시간 속에서, 이 공간 속에서 육체를 갖고 살아요. 육체의 경험을 갖고 살죠.

예를 들어 기억력으로 이야기를 해보죠. 날씨가 더우니까 저는 오늘 아침 일도 기억이 안 나요. 오후 3시에 있었던 일도 기억이 잘 안 나요. 여러분 1주일 전에 무슨 옷 입으셨는지 기억나요? 1주일 전에 몇 시에 샤워했는지 기억 안 나시죠? 기억이라는 건 되게 희미하잖아요. 물론 중요한 사건들이라는 건 있지만, 우리의 기억이라는 것도 단기 기억력일 뿐일 수 있죠. 그리고 여러분은 항상 자기의 모습이 똑같다고 생각하시나요? 1년 전 관심사와 지금의 관심사가 똑같냐는 거예요. 물론 비슷한 어떤 모드, 비슷한 조응 같은 것으로 우리가 살아갈 수 있겠지만, 우리 자신이 변화하고 경험하는 걸 통해서 우리 자신의 모습들이 체화되기도 하고 사라져가기도 하고 그래요. 그리고 우리는 신체적인 경험을 통해서 많은 감각경험을 받아들이기도 하죠. 또한 우리는 우리가 사는 이 공간과 시간 안의 존재이기도 합니다.

이런 식의 생각들이 들어오면서 근대적인 의미의 '나'이자 '대문자 주체'라고 하는 것들에 문제가 제기되는 겁니다. 그 안에서 '저자의 죽음' '주체의 죽음' 같은 이야기들이 생기고, 그러면서 수없는 '나'들, 많은 '나'들에 대한 이야기들이 진행되기 시작해요. 나는 여성으로서 말한다, 나는 흑인으로서 말한다, 나는 식민지 사람으로서 말한다, 이런 이야기들이죠. 그런데 그 모두를 똑같이 다 '나'라고 이야기하기는 힘들지 않냐는 거죠. 그 안에서 페미니즘도 이야기되기 시작해요. 보편적 의미의 인간, 인간이라고 호명되는 단일한 '나'라는 것은 허구라는 거예요. 그리고 인간을 이렇게 규정하는 이상 지식을 얻기도 어렵다는 거고요. 우리의 어떤 위치, 시공간을 표시하면서 있는 나라는 존재에 대한 사유

페미니즘 철학은 무엇인가

가 필요하다는 것이죠.

그다음에 '정신과 신체라는 게 완전히 분리될 수 있는 것인가' '정신이 우월하고 신체는 하등한 것인가'에 대한 철학적 논변들이 등장하면서 보편적 인간을 구성하는 가장 중요한 전제가 무엇이었는지에 도달하게 되는 거죠. 바로 남성의 신체가 사유하는 인간의 표준이었다는 거예요.

타자로서의 여성과 신체

이제 좀더 본격적으로 페미니즘 철학을 설명하기 위해서 아주 중요한 페미니즘 철학자를 언급하려고 합니다. 많은 분들이 이미 예상하고 계신 그분, 《제2의 성》의 저자 시몬 드 보부아르입니다. 보부아르는 특히 현상학이라는 측면에서, 즉 우리가 지식을 직접적으로 경험하는 것이 아니라 우리가 지식을 현상으로서 경험하고 있다는 바에서 논의를 시작합니다. 현상을 이루는 조건들을 탐색하고 그 조건 안에서 내 모습이 구축되는 것들을 이해해보자는 시몬 드 보부아르 같은 사람들이 여성의 위치에 대한 이야기를 다시 시작합니다. 보편적인 의미의 '인간'이라는 말을 분열시키는 거죠. 쪼개기 시작해요.

철학을 두고서 이렇게들 말하죠. '철학은 보편에 대해 이야기하는 거 아니야?' '모든 인간을 다루어야 하는 거 아니야?' 물론 철학의 시작은 그랬을 수 있고, 오랫동안 그랬어요. 그런데 지금에 와서는, 보편 인간을 다룬 철학의 역사도 있지만 보편 인간을 이야기하는 것만이 철학은 아니라고 하는 거예요. 다양한 '나'들을 말하고 보편 인간을 비판하는 철학, 즉 기존의 철학을 비판적인 입장에서 검토하는 이야기들이 있는 겁니다. 바로 지금 제가 여러분께 이야기하고 있는 내용이죠.

실제로 서양 철학에서는 여성을 어떻게 봤을까요? 철학사 안에서 여성의 지위는 굉장히 낮았다고 할 수 있어요. 플라톤Plato은 여성도 철학자가 될 수 있다는 식으로 이야기를 하기도 해요. 그렇지만 단순하게 이야기하면 그가 분류한 생물학적인 조건상의 여성이 남성과 다를 바 없다는 식으로 생각을 한 거죠. 그러니까 남성적인 지식을 선취할 수만 있다면 그런 여성들도 철학적인 공동체에 참여할 수 있다는 건데, 그럴 수 있는 여성이 몇이나 되겠어요.

아리스토텔레스Aristoteles 이야기도 한번 살펴보죠. 아리스토텔레스의 "인간은 사회적 동물이다"라는 말 들어보셨죠. 여기서 사회적 동물이라는 건 공동체 안에서 구성원으로서, 시민으로서 사는 모습인데, 이 시민으로서 살 수 있는 모습의 형태를 성인 남성으로 한정을 지어요. 나머지는 뭘까요? 여성, 아이들, 노예, 짐승들……. 그들은 사회적 존재가 아니겠죠. 비인간의 영역에 속해 있다고 할 수 있어요. 그런 점에서 실제로 사회적인 존재, 교육을 받은 이성을 가진 존재에 가까운 모습은 남성의 모습이라고 할 수 있겠죠. 그 가장 큰 이유가 뭐였을까요? 여성을 왜 여기에 속하지 않게 했을까요?

철학의 역사에서 오랫동안 혐오해온 게 있어요. 바로 아실 수 있을 거예요. 정신은 영원하다잖아요. 오랫동안 뭘 혐오했을 것 같아요? 몸, 신체에 대한 혐오예요. 철학은 오랫동안 신체를 혐오해왔어요. 신체를 업신여겼어요. 왜 그랬을까요? '보편을 찾는다' '참된 진리를 찾는다' 이런 게 철학의 주된 관심사라고 설명하잖아요. 여러 철학적 논변들을 진행하면서 찾는 게 뭐냐면, '참된 것은 불변하는 영원한 것이다'인 거죠. 철학은 불변과 영원성의 측면에 가치를 둬야 한다는 거예요. 그래서 인간의 영혼도 불변하고 영원한 것이라고 생각하는 거죠.

그런데 실제 인간의 존재는 어떤가요. 불변하고 영원한가요? 우리는 불변하고 영원한 존재가 아니에요. 우리는 유한한 존재예요. 유한하다는 건 한계를 갖고 있다는 거예요. 시작과 끝이 있죠. 그뿐만 아니라 우리는 계속 변해요. 변하지 않은 적이 없어요. 시간 안에 산다는 이유로도 변하지만, 그렇지 않을지라도 우리는 변하지 않으면 살 수가 없어요. 만약에 제가 여러분한테 24시간 동안 아무것도 먹지도 마시지도 말고 화장실도 가지 말라고 명령을 했다고 치죠. 하실 수 있겠어요? 어렵겠죠. 우리가 화장실도 가야 되고 물도 마셔야 되고 먹기도 해야 된다는 게 뭐예요. 변해야 된다는 거잖아요. 가만히 있지 못하잖아요. 내가 환경에 적응을 하고 먹고 마시고 싸는 것. 우리 신체가 생존을 유지하려면 변해야 해요. 우리는 언제나 변하잖아요. 손톱도 자라고 머리카락도 자라죠. 또 육체에 주름이 생기기도 하고 아프기도 하고. 그게 우리 삶의 모습이잖아요. 더우면 어때요? 땀이 막 나잖아요.

우리 신체는 한 번도 가만히 있었던 적이 없는 거죠. 신체가 가만히 있고, 변하지 않는 건 어떤 거죠? 그게 죽는 거잖아요. 손가락을 실로 칭칭 감고 피가 안 통하게, 영원히 안 풀고 가만히 있게 하면 어떻게 되죠? 썩어요. 없어지는 거죠. 우리 신체는 이렇게 변화하고 유한한데, 철학에서 오랫동안 참되다고 생각했던 가치는 불변하고 영원한 것이고요. 그래서 철학 안에서 오랫동안 신체 혐오가 있었던 겁니다.

이런 관점에서 인간을 재생산해야 하는 어떤 존재로만 봤을 때, 여성을 뭐에 더 가깝다고 생각했을까요. 신체에 가깝다고 생각을 했을 것 같아요. 왜 그럴까요. 여자들은 애를 낳죠. 그리고 한 달에 한 번씩 생리를 하잖아요. 그렇다면 남자들은 신체적인 특징이 없나요? 아니죠. 그런데 남자들의 신체적 특징은 신체적인 특징이 아닌 정신의 고양으로 보통 해석을 해줘요. 흔히 '여성의 신체적 현상', '남성의 신체적 현상'이라고 할 때, 어떤 건 가치 있는 현상으로 보고 어떤 건 가치 없는 현상으로 보죠. 아니면 아예 어떤 현상들은 신체적이지 않은 걸로 해석해버리고요. 이때 그 기준을 누가 마련하는가를 비판해봐야 하는 거죠. 여자들의 신체적 현상은 재생산에 머물러 있죠. 출산, 수유 같은 것들. 그리고 그것들을 여성의 굉장히 중요한 특질로 부각하잖아요. 그런데 남자들의 신체적 특징은 부각되지 않지만, 계속 보장돼요. 예를 들면 이런 거죠. '남자는 항상 남자야' 이렇게 이야기하는 거 있잖아요. 여자의 경우는 다르죠. 여자다움이라는 것에도 나이가 있잖아요. 젊을수록 여자잖아요. 근데 남자는? 영원히 남자잖아요.

페미니즘 철학은 무엇인가

남자들한테는 신체적 특징을 이야기하지 않는 거죠.

서양 철학의 깊은 곳에는 신체의 혐오가 있고, 여성은 남성에 비해 신체적 존재로 취급되어왔다는 거예요. 그리고 이 서양 철학의 신체 혐오는 페미니즘 철학이 아니더라도 철학의 역사 자체에서 비판받고 있어요. 우리 존재를 정말로 보편적으로 이해를 해보려면, 우리가 지닌 이 신체에 대한 이해가 있어야 할 텐데이 신체를 인간의 경험이 아닌 것처럼 다루는 게 큰 문제가 있지 않냐는 이야기들이 진행되고 있습니다.

다시 철학에서 여성의 위치는 타자의 위치에 있다는 이야기로 돌아와보죠. 왜 여성을 타자라고 이야기하느냐면, 진정한 인간의 모습은 동일자라고 하는 영역에 있었기 때문이에요. 이제 동일자가 뭔지, 그리고 이 동일자의 반대되는 대립항으로 이야기되는 타자가 뭔지, 여성의 위치가 왜 타자의 위치인지, 이런 생각을 해보실 수 있을 것 같아요. 서양 철학에서 굉장히 관심을 두고 중요시하는 게 영원한 것들, 불변하는 것들이라고 했잖아요. '영원' '불변'이라는 건 이렇게 이해하시면 돼요. 1+1은 뭐예요? 5×2는 뭐예요? 12는 13과 같아요, 달라요? 아시겠죠? 이 '같다'라는 표시가 영원해야 해요. 그래야 참된 지식이죠. 갑자기 '1+1은 오늘부터 2가 아니라 3이기로 했습니다' 이러면 지식이에요? 아니잖아요. '1+1=2'라는 계산식을 보죠. 이 계산식은 등호(=)라는 부호를 통해서 '오른쪽에 있는 항이 왼쪽에 있는 항과 동일하다'라고 나타내죠. 이걸 다시 말하면 'A는 A'라고 할 수 있고요. 이걸 동일률이라고 해요. 이게 지식의 기본 조건이에요. 'A는 A다.' 경험을 지식으로 만들 때, 실제 경험적 사실과 그것을 언어로 표현하는 게 동일한지 아닌지에 따라 지식의 참과 거짓을 판단하잖아요. 그러니까 이 '동일하다'라는 이 간단한 표시가, 되게 중요한 표시예요. 동일률은 'A는 A다'라는 형식으로 표현되고, 언어표현(명제 혹은 개념)의 의미 및 지시대상指示對象의 동일성을 주장하는 거죠. 그러니까 이 'A가 A'라는 사실을 언명하는 건 철학적으로 매우 중요해요.

동일률이 중요한 철학에서, 여성은 A에 속한 적이 한 번도 없었어요. 'A는 A다'라고 했을 때, A를 인간이라고 해보죠. '인간은 어쩌고저쩌고' 하면서 인간에 대해서 많이 이야기하잖아요. 그런데 우리 아까 뭐라고 했죠? 인간은 남성이고 유럽인이고……. 인간을 가리키는 말 중에 여성은 하나도 들어간 게 없었다는 거죠. 그러면 여성은 어떻게 표시됐죠? '여자는 페니스가 없다' '남자가 이성적이라면 여성은 비이성적이다' '남자가 정신이면 여자는 비정신적, 육체적인 것'. 그러니까 여자는 어떻게 표시돼요? '-A', 즉 A가 아닌 것으로 표시돼요. 이게 아주 중요하다고 봐요. 자기가 누구인지 표시될 수 있는 것과 자기가 '무엇무엇이 아님'이라고 표시될 수 있는 것 사이에는 큰 차이가 있어요. 그렇지 않나요? 육체적 특징을 '고추가 없습니다'라고 설명해야 되는 거잖아요. 최근에 페미니즘 운동 안에서 인간을 표시할 때 보편 인간을 왜 남성으로 표시하느냐는 문제 제기를 본 적이 있어요. 보편 인간을 여성으로 표시하고, 남성은 콧수염을 그려서 표시하는 식의 기호 바꾸기 운동 같은 걸 누가 제안하더라고요. 물론 거기에는 여러 논쟁이 있겠지만 왜 그런 이야기를 하는지는 알겠더라고요. 오랫동안 여성은 '아님'의 언어로 표시되어왔다는 거예요. '아님'의 기호. 그러니까 정상성과 보편성의 기호, 즉 A가 바로 남성이었고, 여성은 비非남성의 지위인 거죠.

따지고 보면 여성은 여성이라는 이름을 갖는 것도 아니고, '남성 아님' '비남성'이 여성의 지위예요. 여성은 자신의 특질을 이야기한 적이 없는 거죠. 부르기는 여성이라고 부르지만, 여성의 특질이라는 건 남성이 아님의 특징인 거예요. 남성은 과묵한데 여성은 수다스럽다, 남성은 명예를 추구하는데 여성은 배신을 한다, 남성은 의리가 있는데 여성은 의리가 없다, 그런 식으로 이야기하잖아요. 그게 사실이든 아니든, '무엇무엇 아님'으로 표시가 되는 거죠. 그렇게 '아님'으로 표시되는 걸 '타자'라고 해요. 타자의 '타'는 '다를 타打'를 쓰는 거잖아요. '같다'가 아니라 '다르다'예요. '무엇무엇이 아니다'라는 뜻이에요. 여자는 이름이 없고 언제나 '아니다'예요. 그러니까 억울한 거죠. 여자는 자기를 설명한 적이 없어요. 항상 남자의 반대항이죠. '여자는 어떻다' 하면서 말하는 걸 들어보면, 남자의 반대항이 여자인 거예요. 여자가 아니라 '비非남자'. 그리고 남자가 인간이니까 여자는 뭐예요? '비非인간.'

그게 철학에서의 여성의 위치였고, 철학에서 여성은 '타자', '비동일자'였던 거예요. 동일자는 'A는 A다'의 영역인데, 여기에 '아닐 비非' 자를 쓴 거죠. 서양 철학 안에서는 그렇기 때문에 여성을 계속 배제한 채, 'A는 A다'라고 계속 이야기했던 거예요. 그걸 또 보편 인간이라고 불렀어요. 그러고 나서 미토스mythos

의 영역, 즉 신화의 영역에서 로고스logos라는 언어세계에 진입했다고 이야기해요. 이건 큰 의미가 있는 건데, 미토스의 영역은 신화의 영역이니까 자연세계의 원인과 질서에 대한 탐구가 없는 거잖아요. 자연현상을 두고 신이 노했다고 한다든지. 그러면 자연의 변덕에 인간은 복종할 수밖에 없고 자연에 수긍할 수밖에 없어요. 반면 로고스의 세계라는 건 세계 안에 체계와 질서를 부여하는 거잖아요. 비가 오면 '왜 비가 오지?' 하고 원인을 분석하고, 원인을 분석하니까 예측을 할 수 있죠. '신이 분노한 게 아니라 이런 이유 때문에 그렇구나'를 알게 되고, 우리는 지식을 통해 미래를 예측할 수 있게 돼요. 그게 고대 그리스인들이 자연 현상에 대한 원인과 결과를 탐구하고 지식으로 만들어내는 로고스의 영역에서 한 일입니다. 최초의 서양 철학의 움직임들, 탈레스Thalēs와 같은 자연철학자들이 이런 일을 했죠.

　　로고스의 지식은 합리적이라고 이야기해요. '합리적'이란 건 이치에 맞게 설명하는 것들이라고 하고요. 그런데 문제는 이런 거예요. 로고스의 영역에서 이치에 맞게 설명하고, 원리를 성립하는 것도 다 좋은데, 그 이치나 원리로 설명되지 않거나 포섭되지 않는, 중요치 않다고 생각하는 대상이나 현상을 동일하지 않은 것, 비동일성, 타자라고 규정해버린 거죠.

　　사실 타자가 필요하긴 해요. 타자의 역할이 있죠. '애(A)는 애(-A)랑 다르지'라는 형태로. '어떤 것이 옳다'를 아는 것만으로 지식이 성립하는 게 아니죠. 틀려서 아는 경우도 있잖아요. 오답노트라는 게 있죠. 오답을 통해서 참된 걸 알게 해주잖아요. 오답

　　　　　　　　　　　　　　　페미니즘 철학은 무엇인가

의 기능은 뭐죠? 참된 걸 알기 위한 도구잖아요. 저러면 안 되지, 이런 거요. 그런 본으로 쓰였다는 거죠. 그러니까 타자는 이용당하는 거예요. 오답 노트 같은 기능으로 이야기되어온 거예요. 그리고 플라톤 같은 사람은 육체를 감옥이라고까지 이야기했어요. 육체는 영혼의 감옥인데, 여기서 벗어나는 게 중요하다는 거죠. 인간도 동물의 어떤 야만적인 영역을 갖고 있지만 인간은 동물과 달리 이성적이라는 거예요. 그렇기 때문에 신성한 이성으로 동물적이고 야만적인 영역인 육체를 통제해야 되는 거죠. 플라톤 안에 육체적 존재들에 대한 혐오가 있었던 거예요. 그러면서 플라톤은 피 흘리고 임신하고 출산하는 여성을 자연에 가까운 존재로 딱 놔요. 아리스토텔레스도 여성을 사회적 존재가 아니라 동물과 노예와 함께하는, 노동의 영역('조에zoe'라고 분류하는)을 담당하는 존재로 보는데, 그걸 '타자의 위치에 있다'라고 하는 겁니다.

그렇다면 타자로서의 여성을 어떻게 생각해볼 것인지가 생각 거리로 남죠. 여성이 타자라는 걸 철학적으로 처음 언명한 사람이 바로 시몬 드 보부아르이고, 《제2의 성》에서 이 문제를 탐구해요. 여성이 타자라는 것들을 곳곳에서 발견해내죠. 여성은 한 번도 자기가 어떻다고 이야기해본 적이 없어요. 항상 누가 이야기해주던 거예요? 남자가. '너는 무엇무엇이 아니야'라고 이야기해주는. 몇 년 전에 리베카 솔닛Rebecca Solnit이 '맨스 플레인'이라는 용어를 말했죠. 남자들은 뭐든지 다 자기들이 설명하려고 한다는 건데, 심지어 페미니즘에 대해서도 남자들이 이야기해준다잖아요. 지식을 이야기하는 사람은 다 남성이라는 거죠. 서양의 역사 (한국은 더하겠지만) 안에서 이런 사실들이 있었다는 거예요. 철학에서 여성의 위치가 타자, '-A'의 영역이라는 게 바로 그 뜻이에요.

타자와 괴물, 그리고 페미니즘 철학

우리가 더 생각을 해볼 게 있어요. 영원하고 불변한 것으로서 지식의 정당성을 확보하기 위해, 동일률을 통해서 타자를 배척하고 동일한 것들만이 지식이라는 식의 이야기들을 해왔어요. 그리고 언제나 타자라는 것들은 '동일한 것들이 아님'으로만 표시되었죠. 타자란 '무엇무엇 아님'이라는 식으로 이야기되어왔다는 거예요. 그런데 이런 질문을 해볼 필요가 있는 것 같아요. 실제로 타자라는 게 나타난 적이 없나? 타자라는 게 그 자체로 존재한 적은 없었나? 역사적으로 혹은 시공간적으로 우리 세계를 봤을 때, 동일자가 '너 이거 아니야', '이런 형태로만 너 거기 서 있어', '이게 아닌 형태로만 너는 언명될 수 있어' 하는 게 아닌 방식으로 타자가 자신을 드러낸 적은 없는지 그에 대한 질문이 필요한 거죠.

타자는 동일자가 '무엇무엇 아님'이라고 표시하지 않더라도 등장한 적이 되게 많아요. 우리는 보통 그런 걸 괴물이라고 하죠. 괴물이 뭐죠? 기괴하다는 뜻이잖아요. 왜 '기괴'하다고 하죠? 형태가 이상하다는 거잖아요. 파악이 안 된다는 거죠. 동일자로,

페미니즘 철학은 무엇인가

이성적으로 파악이 안 될 때 우리가 괴물이라고 이야기해요. 광기, 괴怪, 기괴한, 형태가 잡히지 않는. 그런데 괴물monster의 라틴어 어원인 'monstrare'의 뜻이 '보여주다'예요. 괴물이란 말 자체가 '보여주다'라는 거죠. 실은 언제나 보여주는 상태로 등장하는 거예요. 동일률로 포착되지 않아서 그렇지, 언제나 등장하는 형태로 있었다는 거예요. 그리고 괴물이라는 존재는 신화든 성서든, 많은 텍스트 안에서 지혜를 획득해야 할 존재가 거쳐야 하는 관문으로 등장했어요. 그런 점에서 타자와 괴물은 굉장히 긴밀하죠.

인간은 동일률을 통해서, '무엇과 같다'라는 식으로 지식을 얻는다고 하지만, 실은 인간이 얻을 수 있고 설명해낼 수 있는 지식이란 아주 작은 것이고 대체로 대부분의 널려 있는 많은 지식들은 아직 인간이 이해할 수 없는 영역, 설명할 수 없는 영역, 그러니까 타자의 영역에 있잖아요. 타자라는 것들의 영역이 오랫동안 철학에서 낮은 지위에 있는 것처럼 이야기되었고, 굉장히 변화하는 것들이기 때문에 지식이나 철학의 대상이 아닌 것처럼, 보편적이지 않은 것처럼 이야기되어왔죠. 하지만 실상 우리가 길어올린 지식의 원천에는 괴물과 타자의 경험들이란 게 있지 않았는가, 그들을 배척하거나 그들의 힘을 이용함으로써 지식이라는 걸 성립시켜온 게 아닌가 하는 질문들이 필요하지 않을까요. 우리는 언제나 인간을 기준으로 삼아 세계를 파악하고 지식을 성립하잖아요. 내가 아는 것이 참된 것이라고 생각하죠. 그런데 정말로 우리가 아는 것만이 존재할까요? 이 우주 안에서 우리 존재가 얼마나 작아요? 지구 안에 있는 것만이 세계의 전부는 아니잖아요. 아직 인간이 이해하거나 설명할 수 없는 영역, 인간적 지평 너머의 잉여 경험이라는 게 언제나 등장해왔고, 그것이 주로 괴물이라는 방식으로 등장해요. 기괴한 형태로. 타자는 아직 로고스라는 동일률로 설명하지 못하지만 거대한 힘을 지닌 괴물의 이미지로 등장하죠.

여러분도 한번쯤 들어본 적 있는 유명한 신화는 어떤 이가 이런 괴물을 목격해서 지혜를 얻는 이야기이도 해요. 그의 이름이 바로 오이디푸스죠. 오이디푸스가 스핑크스, 즉 일종의 괴물을 만나는데 이 스핑크스가 질문을 하죠. "아침에는 네 발, 점심에는 두 발, 저녁에는 세 발인 그는 누구인가?" 이 이야기 속에서 처음으로 인간이라는 존재를 해명한 사람은 오이디푸스지만, 그 질문은 스핑크스라는 괴물이 던진 거예요. 괴물이라는 존재는 실은 이토록 많은 지식과 경험의 원천인 거죠.

그러니까 타자라는 것들이 별 볼 일 없고, 지식에 아무런 도움이 안 되는 그런 게 아니에요. 괴물의 영역이나 다 이해할 수 없는 잉여의 경험, 혹은 천사의 이미지로 나타나기도 해요. 혹시 〈창세기〉에 나오는 '야곱의 사다리' 아세요? 야곱은 요셉의 아버지이기도 하고 에사오에게서 장자 상속권을 뺏은 사람인데, 야곱에 관한 아주 유명한 이야기가 있어요. 〈창세기〉를 보면 야곱이 자신의 고민을 해결하는 상징적 장면이 나오는데, 천사와 씨름을 하는 장면이에요. 그런데 천사도 어떻게 보면 괴물이잖아요. 날개가 달린 존재죠. 괴물이잖아요. 한국 신화 〈아기장수 우투리〉에서도 겨드랑이에 날개가 달린 아이가 등장하죠. 아주 특별한 존재도 그렇게 등장해요. 박혁거세도 알에서 태어났죠. 알에서 태어났으니까 괴물이잖아요. 신성화된 힘, 우리가 아직 파악하지 못한 힘을 괴물로 이야기하는 건 언제나 있다는 거죠.

타자가 동일자에게 다 포섭이 되어서 '무엇무엇이 아님'이라고 설명되는 것이 아니라, 그들 자신의 존재를 나타내기도 하고 대체로 그런 존재들이 우리 지혜에 도움을 많이 줬다는 거예요. 영웅 테세우스와 반인반수 미노타우루스, 욥과 레비아탄. 신화의 인물들이나 주로 인간 자신에 대한 지식을 얻었던 사람들은 괴물을 통해서 보통 그 지식을 얻어요. 하지만 괴물은 여전히 설명되지 않은 채 어둠 속에 있어요. 여성들이 주로 그런 위치에 있었잖아요. 예를 들면 마녀. 그리고 그런 존재를 주로 섹슈얼리티와 연관을 지어요. 사탄하고 교접을 했다는 식으로 이야기하잖아요. 마녀들은 성에 미쳐서 사탄하고 섹스를 했다는 둥. 그리고 그들은 낮에 존재하지 않고 밤에 돌아다니고, 신비한 약을 짓던 사람들이죠. 집시도 그런 존재들이었죠. 집시들이 아이를 납치한다는 이야기 같은 게 있었잖아요. 우리와 동일하다고 생각하는 것과 다른 존재들에게 주로 혐의가 있죠. 남자들의 영역 안에서 얌전히 살지 않는 여자들은 '방탕하다' '기가 세다' '드세다'라고 하잖아요. 이런 대사 익숙하죠? "여자가 얌전히 집에나 있어야지, 어딜 밤늦게 돌아다녀?" 그렇지 않은 여자는 이상한 여자가 되거나, '당해도 싼' 여자가 되는 거죠. 여자가 짧은 옷이나 가슴이 파인 옷을 입으면 '네가 한번 당하고 싶구나' 이런 식으로 해석하잖아요. 그게 아닌데!

항상 타자성에 대해서는 불결하고 나쁜 이미지로 해석을 해요. 그리고 그 해석자가 누구죠? 동일자예요. 그 해석을 타자 자신이 아니라 동일자들이 '넌 이런 거지' 하면서 다 설명을 해요. 내가 직접 '그게 아니라……' 하면서 설명하려고 하면 '뭐가 아니야. 내가 대신 얘기해줄게' 이렇게 이야기하는 거 있잖아요. 그 사람이 하는 말이 맞을지라도 내가 할 말을 내 입으로 이야기를 하는 것과 그 사람이 대신 설명해주는 건 다르잖아요. 맨스 플레인을 하는 사람들은 이런 식이죠. 듣고 있던 사람이 '그게 아닌데'라고 하면 '너 그거 잘 알아? 그때도 몰랐잖아. 이번에도 모르는 게 당연해. 내가 이야기해줄게' 하는 거요.

그래서 괴물에 대한 서사는 이렇게 봐야 되지 않나 싶어요. 동일자가 알 수 있는 지식의 한계 영역에 괴물, 타자의 영역이 있다는 거예요. 타자가 설명되지 못하는 건 동일자의 한계지, 타자 자체가 능력이 없거나, 불운하거나, 아무런 의미도 없거나, 지식과 아무런 관련이 없는 게 아니에요. 무시할 수 있는 영역으로 이야기할 수 없다는 거예요. 오히려 설명하지 못하고 이해하지 못하니까 불결한 것, 나쁜 것, 혹은 'not A', 즉 A가 아닌 것으로 말하고 거기에 대해서는 더 이상 이야기하지 말자고 하는 거죠. '형상이 이상해. 괴물들이야. 거기에 대해서 더 궁금해하면 너도 전염될 걸?' '너도 괴물이 되고 싶은 거야?' '비정상성으로 산다는 게 얼마나 힘든 일인데 너도 비정상성으로 살고 싶은 거야?' 아니면 요샛말로 "아싸"로 살고 싶은 거야?' 뭐 이런 거요.

사실 괴물은 '아싸'도 아니죠. 아웃사이더는 중심 집단에 속하지 않는다는 주변부의 정체성으로 묶여 있으니까요. 그러나 괴물은 아예 드러낼 수 없는 거예요. 괴물의 특징은 재현represent되지 않고 대표되지 않는 거예요. 재현 자체가 안 돼요. 인식의 구조 안에 들어오지 않아요. 인식의 구조 안에 안 들어오니까 어떤 감정이 들어요? 불 꺼진 밤에 자고 있는데 어디서 갑자기 부스럭부스럭 소리가 들리면 어때요? 두렵잖아요. 잘 모르겠으니까 두렵고 공포스럽죠. 그러니까 '무섭고 나쁜 것들', 이렇게 되는 거죠. 반면에 동일자는 우리가 알잖아요. 밝은 빛 아래에 있고. 아는 것들이고 합의할 수 있는 것들이고 좋은 것들. 그러니까 위계서열이 생기죠. 참과 거짓, 좋은 것과 나쁜 것. 그리고 타자는 가끔 등장을 하는데, 괴물의 형태로 나타나죠. 그래서 박해당하고 배척되고 결국 속죄양이 되죠. 잔 다르크 같은 경우를 봐요. 프랑스를 구원한 성처녀였다가 나중에 마녀로 몰려서 화형당했죠. 나중에 또 복권하고. 거기서 실제 잔 다르크가 어땠다는 이야기는 없어요. 잔 다르크에 대한 해석들은 많지만요.

이런 이야기들 속에서 페미니즘과 철학이라는 주제로 다시 돌아와보죠. 오랫동안 철학은 보편자의 사유를 주장했지만 보편자란 실상 남성 인간이었고, 또 동일자의 철학, 보편자의 철학이라는 것들은 타자를 버리지 않았다는 겁니다. 이용했던 거죠. '아님'으로. 우리가 지식을 얻으려면 경험이 필요하잖아요. 다른 것들이 필요한 거죠. 다른 것들 안에서 일종의 규칙을 얻어내고 나서, '이전 경험과 다음 경험이 같다'는 식으로 변화를 통해 지식을 얻죠. 변화라는 것들, 경험이라는 것들, 달라지는 것들은 지식을 얻는 데 굉장히 중요한 입지를 갖고 있어요. 변화, 신체적인 경험 같은 것들을 우리가 무시할 수가 없죠. 그리고 잉여 경험이라는 게 굉장히 많은 아이디어를 주기도 하고요. 실제로 그렇기 때문에 동일자의 철학은 타자를 버린 적이 없고 그것을 이용해왔다는 거예요. 이렇게 철학이 타자성 자체를 이용해왔고 필요 없으면 버려왔지만, 그와 무관하게 타자는 언제나 존재해왔고요. 그리고 이런 대문자 인간으로서의 서사를 비판하면서 타자로서 여성의 위치를 확인하게 되고, 그러면서 페미니즘 철학이 필요한 게 아닌가 생각할 수 있게 된 거예요.

그런데 여기에서 생각할 건 이런 것 같아요. '철학은 보편자에 대한 것이 아닌 게 아닐까?' 철학이 보편자의 학문만이 아닐 수 있다는 가능성이 이야기되기 시작하고, 철학에서 보편자라고 했던 것들이 비판되기 시작하면서, 오히려 보편자가 아니었던 존재들, 혹은 철학에서 타자라고 이야기했던 영역들이 철학의 새로운 입지를 마련하는 데 중요한 위치에 서게 돼요. 철학을 더 이상 보편적이라고 하기 어려워졌고, 보편학문으로서 철학이라는 말이 무용해지기 시작했으니까요. 예전에는 철학이 모든 걸 다 했어요. 만학의 학문이었던 거죠. 철학이 과학, 수학, 심리학…… 온갖 걸 다 했어요! 그런데 요새 그래요? 아니죠. 철학은 도대체 뭘 하는 걸까요.

저는 세계를 이해할 수 있는 개념concept, 정의 내리기와 큰 관련이 있는 게 철학의 일인 것 같아요. 그냥 내 멋대로 정의를 내릴 수는 없잖아요. 정의를 내릴 때 필요한 법칙이 논리학이라고

페미니즘 철학은 무엇인가

하는 건데, 바로 철학이 그런 걸 다뤄요. 이 정의 안에 인간이나 인간이 살고 있는 사회도 포함될 수 있고, 정의의 문제 안에서 구체적인 개념만이 아니라 추상적인 개념을 다루기도 하죠. 그러면서 거기에 비판적 입장에 서는 일들을 해요. 제가 생각하기에 철학의 일이란, 새로운 개념을 발명하는 데 관련된 일인 것 같아요. 그러니까 시간과 공간 너머의 신적인 위치에 서서 다 내려다보며 '내가 다 안다. 이 지식 저 지식 모두 모아 통일적으로 하나의 원리를 보여주자' 하는 게 더 이상 철학은 아니라는 겁니다. 어찌 보면 이 세계에 살면서 어떤 현상을 이해하는 데 중요한 개념의 틀거리를 발견하는 것이 철학의 일인 거죠. 페미니즘 철학자들뿐 아니라 지금 우리 시대의 철학자들, 혹은 현대의 철학자들도 철학이 해야 할 일을 이렇게 생각하고 있는 것 같아요.

그런 점에서 오랫동안 철학에서 비동일자의 영역 안에 있던 존재들이 '무엇무엇 아님'으로 존재하는 게 아니라 나에 대한 정의를 내가 마련해보겠다는 노력을 시작한 거죠. 가령 여자는 '남자가 아닌' 혹은 '남자와 다른', 흑인은 '백인이 아닌' 혹은 '백인과 다른', 이런 식으로 규정됐잖아요. 우리가 가진 흑인에 대한 이미지나 생각은 어떤 거죠? 힘이 세다, 운동을 잘한다, 더운 아프리카에 살아서 게으르다, 이런 거죠. 인종적 편견이잖아요. 그거 누가 붙인 이미지죠? 언제나 '너는 어떻다'라고 설명할 수 있는 백인 남성 인간의 지식들이 그들을 설명을 해왔기 때문에, 동일자의 영역에서 비동일자라고 이야기했던 많은 영역들이 있어요. 페미니즘 철학의 영역뿐만이 아니라요. 그 영역들을 동일자들이

다 자기들 마음대로 정의했거든요. 타자 스스로가 자기 자신에 대해서 설명하려는 시도조차 빼앗은 거죠. 하지만 타자들 역시 그저 가만히 있지만은 않았던 거고요.

여성들 역시도 자기 자신을 설명하고 재현하려는 노력을 하기 시작합니다. 더 이상 남성 인간의 위치에서 비남성으로서의 여성을 설명하지 않고, 여성이 자기의 언어로 자신을 설명하려는 노력을 하게 됐다는 거예요. 자기 자신을 정의하는 거요. '내가 누구인지 내가 스스로 이야기해보고 싶다'라는 노력들을 하게 되는 거죠. 그러면 이런 질문을 해볼 필요가 있어요. 오랫동안 여성 철학자도 없었고, 철학은 여성에 대한 관심도 없었잖아요. 그러면 '여성은 어떻게 철학을 할 수가 있을까?' 이런 고민이 생길 수 있죠. 그러면 누군가는 '여성 철학자들의 철학을 해야 하니 남성 철학자들의 책부터 불태우자' 이렇게 생각할 수도 있잖아요. 다 여자를 욕했는데, 얘도 문제가 있고 쟤도 문제가 있고……. 쓸 만한 사람이 하나도 없으니까 다 불태우고 우리가 여기에서 다시 시작하자고 할 수 있는 거죠. 그런데 그럴 수 있나요?

20세기 들어서 많은 소수자들 혹은 많은 타자들, 그러니까 자신의 존재론적 위치, 인식론적 위치를 누군가(억압자)가 대신 말해줬던 사람들은, 예를 들어서 그 억압자들이 자기를 비하했던 용어를 통해서 자신을 다시 생각해보기도 해요. 자기를 억압했던 말들을 이용해서 자기를 설명하려고 하는 지혜를 가져요. 우리가 이 세계 바깥에서 살 수가 없잖아요. 여태까지 우리가 배운 언어들은 나를 옥죄던 언어일 수 있어요. 남성들이 만들어왔던 언어일 수도, 이 세계를 지배했던 언어일 수도 있죠. 그런데 그 언어를 이용해서 이 세계를 바꾸어보려고 노력하는 거예요.

예를 들면 '미러링mirroring이라는 말이 있잖아요. 미러mirror가 거울이죠. 미러링은 거울처럼 되비추겠다는 거잖아요. 어떤 게 문제라고 아무리 말을 해도 못 알아들으니까 '내가 이렇게 문제가 있다고 하는 행동이 어떤 건지 너도 한번 당해봐. 이 입장에 처해봐' 그런 거죠. 모방하는 거죠. 미러링의 핵심은 모방이고, 모방을 통해서 효과를 발생시키는 거잖아요. 그러면 어떤 일들이 벌어지죠? 소통이 되잖아요. 소통이 된다는 건 알아듣는다는 거잖아요. 미러링이 다 옳다는 게 아니라, 알아듣게 된다는 거죠. 우리가 여성들에게 좋은 어떤 언어체계와 사유체계를 만드는 건 좋은데, 그걸 만들어내기 위해서라도 '오염된 말'이 필요하다는 거예요. 우리가 살고 있는 언어체계, 전통과 문화세계가 필요한 거죠. 그걸 다 벗어던질 수도 없는 거예요.

이건 되게 중요한 것 같아요. 페미니즘이라는 건 운동이기도 하잖아요. 기본적으로 가부장제라는 구조, 그 구조가 가진 억압과 차별에 저항하는 운동이죠. 가부장제에 저항하는 이 운동에서 제기하는 중요한 문제 중에 출산, 가족이라는 주제가 있죠? 여러분은 가족 좋아하세요? 어때요? 가족 안에서 나의 위치는 어때요? 권력이 높나요? 서열이 높나요? 가족은 참 복잡하죠. 매우 사랑하지만 매우 힘든 대상이잖아요. 좋기만 하긴 어렵죠. 예를 들면 가부장제 안에서 나를 힘들게 하는 게 가부장인 사람이기도 하지만, 나와 같은 입장에 있는 여성이 나를 힘들게 할 때도 많잖아요. 그러면 이제 가부장제의 문제인 가족을 버리고, 여자들이 결혼을 안 하면 모두 해결이 되나요? 그리고 사실상 모두 그렇게 살 수 있나요? 이미 그렇게 살고 있는 사람들은 어떻게 해야 하나요? 물론 가족을 버리고 결혼을 하지 않는 선택을 할 수도 있지만, 이 선택만이 최선이라고 말하기에는 입장이 여러 개로 갈릴 수 있는 것 같아요. 어떤 사람들은 페미니스트들이 모든 여성을 위할 수는 없다, 몇몇 각성한 여자들을 위한 일을 해야 된다고 하는데, 저한테 페미니즘은 꼭 그런 건 아니에요. 이 가부장제 구조 안에서 차별받고 있는 사람들 모두가 차별이나 억압을 받지 않도록 하는 게 페미니즘의 중요한 입장이라고 생각해요. 그렇다면 우리가 이 모든 걸 벗어던지고 이 가부장제 밖으로 나가서 율도국 같은 걸 건설할 수 있느냐, 저는 아니라고 생각해요.

철학도 마찬가지인 것 같아요. 페미니즘 철학이 성립되려면 기존의 가부장제 안에서 생성된 철학의 고전들이 필요하고, 그것들과 함께 페미니즘 철학이 성장해왔다는 거예요. 페미니즘 철학이 기존 철학의 문제점을 교정하려는 입장에서 출현했지만, 그것들을 교정하고 수정한다는 건 고쳐 쓴다는 거잖아요. 그리고 오랫동안 타자의 위치에 있던 자들은 다른 관점을 지니면서 새로운 개념, 사유를 창출하기도 합니다.

철학에는 성찰의 측면이 있고 비판의 측면이 있고 창발의 측면이 있는데, 페미니즘 철학은 성찰, 비판뿐만 아니라 창발로서의 의미도 지녀요. 다시 말해서, 여성들은 자신의 위치를 성찰하고 비판하면서, 자기를 억압한 말로부터 벗어날 도구를 얻어요. 여성 스스로를 억압했던 그 보편 인간이라는 말에서 출발해 새로운 말과 사유를 고민할 수밖에 없는 거죠. 그런 말을 의심하고, 그 과정에서 길을 잃기도 하고요. 그런데 사실 이 과정이 철학자들이 해왔던 그 과정과 똑같아요. '맞다'라고 생각하는 걸 의심해보는 일에서 철학이라는 작업이 시작되는데, 이런 걸 아포리아 aporia라고 하거든요? 그런데 바로 페미니즘 철학이 같은 일을 해요. 그 철학들이 기존의 남성 철학자들, 가부장제 철학에 문제가 있으니까 아무것도 보지 않겠다는 게 아니라는 거죠. 스스로를 억압해온 것일 수 있는 언어들과 사상들에서 출발해 그것들을 의심해보고 길을 잃으면서 간다는 거예요. 또 그 안에서 반대만 하는 게 아니라 여성들의 언어, 여성주의 사상을 전염시켜요. 기존의 사고와 가치를 다시 철학이라는 개념으로 부수고 다시 새로운 개념으로 창조하는 것들이 페미니즘 철학의 중요한 입지라는 겁니다.

페미니즘 철학을 기존의 보편 인간을 이야기하는 철학과 기존의 가부장제 질서에 반대하는 안티철학, 반反철학이라고 생각하는 경우가 있어요. '이게 남성 철학이라면 여기에 반대하는 철학이 페미니즘 철학 아닌가'라고 생각하거나 여자가 하는 철학을 페미니즘 철학이라고 생각한다는 거예요. 저는 둘 다 아니라는 거죠. 페미니즘 철학이 기존의 철학적인 사유나 개념틀에서 시작하는 건 사실이에요. 그런데 그로부터 비판적 거리를 두는 거죠. 비판적 거리를 두기 위해서는 기존 철학에서 타자라고 해왔던 것들, 기존의 철학에서 무시되어왔던 것들, 즉 신체, 여성들의 경험, 감정이나 정념 같은 것들을 다시 철학의 언어로 사유해보는 거예요. 기존에는 철학적 재료가 될 수 없었던 것들을 철학적 재료로 다시 다듬어보려는 거죠. 둘 다 해내는 거예요. 기존의 철학적 도구를 사용하는 동시에 기존의 철학이 무시해왔던 몸이나 감정 같은 것들을 철학의 재료로 가져오는 거죠. 그렇기 때문에 페미니즘 철학은 세계에 대한 새로운 관점과 이해를 포함해요. 본래 철학의 일이 세계를 인식하는 틀거리를 만드는 것이라면, 그런 점에서 페미니즘 철학은 세계에 대한 새로운 인식을 발명하고 새로운 관점들을 고민해보는 철학이기도 한 거죠.

페미니즘 철학에 대한 편견과
새로운 세계관으로서의 페미니즘

페미니즘 철학에 대한 편견에서 벗어날 필요가 있다는 겁니다. 페미니즘 철학은 기존 가부장제 철학에 반대하는 반反철학이거나 여자가 하는 철학이 아니고, 또 여성만을 위한 철학도 아니라는 거예요. 저는 페미니즘 철학이라는 게 여성주의적 가치에 대해 질문하고 탐구해보는 철학이면서 페미니즘의 내용들과 개념들을 철학적인 개념으로 만들어보는 철학일 수 있다고 생각해요. 이러한 작업의 효과는 기존 철학의 주제들, 그러니까 인식론, 존재론, 윤리학 같은 것들을 다시 검토할 수 있다는 거예요. 그리고 이러한 페미니즘 철학의 활동은 근대성에 대한 문제 제기와

페미니즘 철학은 무엇인가

그 대안을 마련하려는 현대 철학과 조우하죠.

현대에 들어서 포스트모던이라는 조류가 대문자 주체의 죽음을 선언했죠. 더 이상 대문자 주체의 서사로는 안 되고 우리가 서 있는 이 위치에서 철학이 시작되어야 한다는 건데, 이것과 페미니즘 철학의 질문 방식과 문제의식이 서로 맞아떨어져요. 서로 연결될 수 있는 측면이 있어요. 포스트모던 철학과 여성주의 철학이 공유하는 문제의식의 핵심은 바로 이분법에 대한 문제 제기예요. 이분법은 A와 not A로 가르는 것, 그리고 A에만 가치를 주는 거죠. 대문자 주체에 문제를 제기한다는 건 이런 이분법적 방식으로만 세계를 이해하려고 하는 데 문제를 제기하는 것이기도 하거든요. 여성주의 철학과 상통하는 지점인 거죠. 그런 점에서 페미니즘 철학이라는 건 반철학이거나 여자들이 하는 철학이거나 여성만을 위한 철학이 아니라, 철학이 나아가는 새로운 길일 수 있다고 생각해요.

페미니즘 철학이라고 하면 페미니즘이 얼마나 옳은지만을 설파하는 철학으로 이해하는 경우가 많은데, 그건 불행한 일이라고 생각해요. 물론 페미니즘 철학은 페미니즘을 지지하고, 그 가치를 이야기하겠죠. 하지만 그것만이 아니라는 겁니다. 새로운 철학적 움직임들 안에서 페미니즘, 페미니즘 철학의 문제의식이 연결되어 있고, 어떤 포스트모던한 철학자들은 그 많은 지혜들을 페미니즘적 방법론에서 찾아오고 있어요. 페미니즘 철학을 철학의 한 분과로만 말하기는 어렵다는 거죠.

페미니즘 철학은 새로운 철학의 움직임과 함께 가고 있어요. 그런 점에서 페미니즘 철학을 통과하지 않고 지금의 포스트모던 철학을 우리가 어떻게 이야기할 수 있겠느냐라는 거죠. 철학의 새로운 조류들을 이해하기 위해서라도 꼭 페미니즘 철학을 거쳐갈 수밖에 없다고 생각해요. 설사 페미니스트가 아닐지라도요. 예를 들면 저 같은 경우에도 칸트 철학에 다 동의하지 않거든요? 근데 칸트 철학 배웠어요. 플라톤? 저는 플라톤주의자 아닌데 《국가》를 읽었어요. 그럼 페미니즘 철학은요? 페미니스트가 아니어도 들어야 돼요. 철학을 이해하려면요. 적어도 우리가 페미니즘 철학을 페미니스트들만 들어야 하는 철학이라거나 페미니스트들이 모여서 철학을 해보겠다는 걸로 생각하는 것, 혹은 기존의 철학을 싫어하는 사람들이 모여서 하는 걸로만 생각하는 사고에서 좀 벗어나야 하지 않나, 이런 이야기들을 말씀드리고 싶었어요.

그래서 페미니즘 자체도 가령 가부장제에 반대한다는 입장에서만 끝나면 안 되는 거예요. '남자들이 여자들을 억압한다. 그 억압에서만 벗어나면 된다'로 그칠 수 없다는 것이죠. 페미니즘에 대한 흔한 오해 중 하나가 남자들을 미워한다는 거죠. 물론 남자들을 미워하기도 하지만 개별 남자들을 다 미워하는 게 페미니즘의 목표는 아니잖아요. 남성에 대한 증오와 미움이 페미니즘의 근본 언어는 아니잖아요. 거기에 그쳐버린다면 페미니즘은 그저 가부장제의 반反담론으로만 존재할 뿐이죠. 하지만 페미니스트들은 기존의 언어나 사유로는 파악할 수 없었던 가부장제라는 구조를 발견하고 그것을 철학적 사유로 제기했어요.

페미니즘 철학은 무엇인가

물론 제1물결 페미니즘은 가부장제라는 문제를 정확히 지적하지는 않았습니다. '여자도 인간이니까 인간으로 인정해다오'가 페미니즘의 처음 이야기였죠. 그러다가 제2물결 페미니즘에 들어서 '이 문제가 뭔지 내가 말해줄게. 바로 가부장제야' 하고 이야기해준 거죠. 새로운 말이잖아요. 가부장제가 이런 것이라고 말해준 거죠. '젠더'라는 말도 없었거든요. 페미니스트들이 이야기하기 시작한 거죠. 그리고 철학적 언어로 들여왔어요. 새로운 언어들을 만들어내는 거죠. 그런 점에서 페미니즘은 가부장제를 지탱하는 질서와 규범에 갇히기를 거부하는 겁니다. 특히 이분법을 거부해요. 가부장제 내에서 객관이고 보편인 것들에 의문을 던지고요.

　　페미니즘, 그리고 페미니즘 철학은 본질을 완전히 정확하게 정의하는 데 그치지 않아요. 그래서 어렵죠. 마치 스마트폰을 쓸 때 업데이팅을 해야 하는 것과 같은 거예요. 새로운 환경에 노출되기 위해서 해야 하는 거잖아요. 생명력 있는 활동이라는 거예요. 아마도 페미니즘 철학을 처음에 사람들이 낯설어 했던 건 페미니즘이 정말로 생명력이 있는, 우리의 신체와 경험에서 시작되는 이야기를 시작하기 때문일 거예요. 철학은 오랫동안 보편자의 학문, 정신의 학문이라고 생각해왔는데 이게 틀려먹었다는 거죠. 이런 철학의 역사가 모두 잘못되었다는 건 아니지만, 그렇게만 이야기할 수는 없다는 비판들 안에서 페미니즘 철학이 다시 이야기되는 겁니다.

　　제가 페미니즘 철학을 한다고 하면 이런 이야기를 들을 때가 있어요. '철학은 보편자의 학문인데 어떻게 페미니즘이 철학을 할 수 있냐. 그건 여자들만을 위한 철학 아니냐.' 그에 대한 해명을 지금 했다고 생각해요. 페미니즘은 '우리가 이렇게 살 수는 없다'는 각성일 수도 있지만, 어떤 식으로 세계를 바라보고 이해할 것인가, 대문자 주체가 더 이상 통용될 수 없을 때 이 시공간 안에서 일어나는 일들을 우리는 어떻게 다시 생각해볼 것인지 기존의 이분법적 방식에 문제를 제기하는 것이기도 하다는 거죠.

페미니즘은 자기 정의를 업데이팅하고 갱신하는 구성 활동이에요. 예전에는 철학을 인식의 활동으로만 생각했어요. 지금은 철학을 활동, 수행이라는 입장에서도 이야기해요. 의미와 실천이 함께 작동하는 어떤 과정이라는 거죠. 페미니즘이 철학적 입지를 분명히 할 수 있는 건, 탈맥락적 보편이라는 말의 허구성을 비판하는 현대 철학의 관심이 바로 페미니즘의 관심과 맞닿아 있기 때문이에요. 탈맥락적인 것이 아닌, 맥락을 갖는 차별들과 문제들에서 시작하는 게 페미니즘이니까요.

제2물결 페미니즘의 중요한 구호 있죠? '개인적인 것이 정치적인 것이다.' 사적인 게 공적이고, 공적인 게 사적이라는 거잖아요. 이 구호가 말하는 건 사적인 것과 공적인 것의 기준을 누가 정하냐는 거죠. 예를 들면 가정폭력을 어떻게 봐야 해요? 전에는 '내가 내 새끼 패겠다는데, 내가 내 마누라 패겠다는데 왜 집안일에 상관이오' 이런 식이었죠. 하지만 요새는 대부분 '집안일'과 '시민의 일'이 분리될 수 없다는 걸 알고 있어요. 페미니즘이 그런 기준에 처음으로 문제를 제기하기 시작한 거잖아요. 사적인 것과 공적인 것을 누가 결정하는지 그 맥락에 문제를 제기하는 거죠. 공적인 것은 보편적인 것이고 사적인 것은 맥락적인 것이라고 생각하는데, 실은 모든 게 맥락적일 수 있다는 이야기죠.

이제는 철학 안에서도, 우리는 이 세계에서 우리의 위치에서 말하고 사고하고 행위하고 있다고 해요. 철학적 사유는 그냥 이야기하면 안 돼요. 내가 말하고 있는 시간과 공간을 표시해야 한다는 거죠. 미셸 푸코Michel Foucault 같은 사람들은 이렇게 말해요. "나는 달력도 지도도 없는 것에 대해서는 말하지 않는다." 페미니즘 철학도 마찬가지예요. 페미니즘 철학은 자기의 지도, 자기의 시간이 있어요. 그리고 지금의 철학적 사유들은 계속 새로운 개념들을 만들어내고, 기존의 철학이 틀린지 옳은지를 다시 검증해보죠. 이게 틀린 것인지 옳은 것인지. 그리고 검증을 통해 폐기해야 할 것은 폐기하고요. 그런 과정들이 계속 있습니다. 페미니즘 철학이 그러한 것처럼요.

현대의 포스트모던 철학자들은 철학이 오랫동안 사유가 보편적이라고 해왔지만 사실 사유 안에는 권력이 숨어 있다고들 하죠. 미셸 푸코는 권력의 '장치'라는 이야기를 하면서, 사유가 순수하게 시공간과 맥락을 떠난 인간 영혼의 활동, 정신의 활동인 것처럼 말하지만 사유와 지식이야말로 권력과 매우 큰 관계를 맺고 있고, 이데올로기면 이데올로기, 지식이면 지식이 기존의 질서에 따라서 작동하도록 만든다고 하잖아요. 페미니즘 역시 그렇죠. 여성들의 많은 생각과 지식, 가령 '여성이란 어떤 존재다'라는 지식, 참되다는 지식이 가부장제 권력을 통과해서 자기의 지식이 됐다는 거예요. 그런데 바로 이런 식의 문제 제기가 포스트모던 철학자들의 사유 방식과 근접한 거죠.

들뢰즈Gilles Deleuze 같은 사람은 철학은 생성하는 사유고 어리석음으로부터 벗어나는 배움의 운동이라고 해요. 그래서 철학은 동일자를 확인하는, 즉 'A는 A다'라는 걸 확인하는 게 아니라, 새로운 개념을 창조하고 새로운 사유의 방법을 증가시키는 작업이라는 거죠. 이제 철학은 새로운 방식의 사유를 모색하는 것을 뜻합니다. 새로운 방식이 되기 위해서는 타자의 입장에서 사유해야 한다는 거죠. 그런데 '타자의 입장에서'라고 하면 '여전히 동일자와 타자가 있다는 거 아닙니까', 이렇게 생각할 수 있잖아요? 그런데 또 이런 발견이 있어요. '우리 모두는 타자이다.' 우리는 우리가 한결같이 같은 정체성을 지니고 있고, 복합적인 존재지만 결국 자신을 이루는 가장 중심이 되는 것이 있다고 생각하기 쉽죠. 하지만 찬찬히 생각해보면 우리는 평생에 걸쳐 변하고, 시간과 공간의 이동에 따라 한순간에 상상해본 적 없는 타자가 되기도 해요. 예를 들어 생각해보세요. 관광비자를 받아 여행하던 사람이 그 기한을 넘겨 체류하면 불법체류자가 되고, 그 사회의 일원이 아닌 타자가 되기도 하죠. 그리고 이러한 타자는 하나가 아니라 굉장히 다양한 타자들이고, 이것들이 소위 하나로서 여겨지는 '나'를 구축하며 존재하죠. 이 다양한 타자들의 입장 안에서 사유하는 방식들을 창출하고 생각해보는 것이 철학의 중요한 조건이고, 그런 점에서 철학은 당연하게 동일자라고 생각했던 그 지식의 영역을 흔들어놓으면서 새로운 사유 방식을 증가시킨다는

페미니즘 철학은 무엇인가

거죠. 이런 지점들이 바로 페미니즘, 페미니즘 철학이 이야기하려고 하는 생각들과 연결된다고 생각해요.

제가 생각하는 페미니즘 철학은 이래요. 타자인 여성이 철학 개념과 이론에 명시적이고 또 암시적으로 배어 있는 여성 평가절하의 논리를 추적하고 비판하는 건데, 여기에 철학의 도구를 이용한다는 거죠. 기존의 철학을 겹쳐 쓰고 같이 쓰면서, 뿌리 깊은 기성 철학의 입장에서 벗어나 어디서든지 살아낼 수 있는 다양한 사유들의 목초들, 풀들을 자라나게 하는 일인 거예요. 지워버리고 없애버리는 것도 중요하지만 계속 겹쳐 쓰다보면 새로운 모양이 될 수 있잖아요. 다 지우고 새로운 흰 종이에서 다시 시작할 수는 없는 것 같아요. 지금 우리가 살고 있는 이 방식 안에서 새로운 운동을 발명하면서 살아가는 것들, 이게 저는 페미니즘 철학인 것 같아요.

그런 점에서 또 이런 이야기도 하고 싶네요. 주디스 버틀러Judith Butler라는 철학자는 예전에 주체가 말하는 방식은 단 하나의 목소리로 이야기하는 방식이었다고 해요. 그런데 지금의 어떤 철학은 '단 하나의 목소리는 없다. 단일한 목소리가 아니라 이곳저곳의 다양한 목소리가 있다'라고 한다는 거죠. 그런데 그 목소리가 꼭 하모니를 이루지도 않아요. 불협화음으로 등장할 수도 있죠. 대화가 될 수도 있고 불화가 될 수도 있고 교섭도 할 수 있는, 그런 공명하는 철학의 목소리들을 만들어내는 게 철학의 작업이라는 겁니다. 그런 점에서 페미니즘 철학은 새로운 철학적인 움직임들과 조우하는 동시에 새로운 철학들이 갖고 가야 할 방법론 혹은 태도들을 제시합니다. 또 동시에 페미니즘 철학이 가져야 할 중요한 자신의 목적이 있는 것 같아요. 페미니즘이라는 그 이론들의 개념이라든지 방법론, 기존의 가부장제적 지식들을 비판할 수 있는 그런 도구들을 철학적인 개념으로 만들어내는 일들이 또 페미니즘 철학 고유의 어떤 목적이 아닐까 싶습니다.

여성은 인간이다

2장

여성도 인간이다라는 외침

메리 울스턴크래프트와 여성의 이성

Mary Wollstonecraft,
1759~1797

계몽주의자, 메리 울스턴크래프트

    페미니즘 철학의 기초 이론에서 중요하게 다루어져야 할 책 중 하나가 오늘 소개해드릴 메리 울스턴크래프트의 《여권의 옹호》라는 책이에요.* 페미니즘을 이론화하고 철학적으로 본격화하기 시작한 시기는 제2차 세계대전 이후예요. 그 전에는 페미니즘 철학이나 페미니즘을 이론화하는 데 큰 관심이 없었죠. 왜냐하면 그 당시 페미니즘 운동의 중요한 주장이 '여성도 똑같은 인간이다'였기 때문입니다. 여성이나 남성이나 똑같이 이성reason이 있는 인간인데 왜 남성은 인간으로서 어떤 권리와 의무를 다하고 여성은 그렇지 않은지 의문이 제기된 거죠.

    사실 르네 데카르트는 남성에게만 이성이 있다고 하지 않았어요. 데카르트의 굉장히 중요한 업적 중 하나는 인간이라면 누구나 이성이 있다고 한 거예요. 누구는 이성을 더 많이 갖고 있고, 누구는 덜 갖고 있는 게 아니라고 분명히 이야기해요. 다만 이성은 이미 주어져 있는데, 이성을 발휘하는 방법을 알지 못해서 누군가는 덜 이성적으로 보인다는 거죠. 데카르트는 인간의 이성 능력이 보편적이라는 걸 의심하지 않아요. 그 이성이 보편적으로 발휘될 수 있는 방법을 연구하고, 그 방법을 알려주겠다는 게 그의 취지였죠. 데카르트가 쓴 책이 《방법서설》이잖아요. '방법에

---

*   여기서는 《여권의 옹호》(손영미 옮김, 연암서가, 2014)라는 판본을 함께 읽었고, 《여성의 권리 옹호》(문수현 옮김, 책세상, 2018)로 번역 출간된 판본도 있습니다.

대해 내가 이야기해주겠다'라는 게 이 사람의 중요한 언설이었던 거죠. '인간의 이성은 보편적이다'라는 건 근대 철학, 근대의 성취입니다. 데카르트는 인간의 이성이 어떻게 보편적일 수 있는지 여러 번 증명도 했죠. 그리고 이게 왕정 시대, 신분제 사회 자체를 비판할 수 있는 근거가 된 거고요. 농민이라든가 오랫동안 하층민으로 불린, 누군가의 지도와 통제를 받아야 하는 존재들도 실은 이성적인데, 그 이성을 발휘할 만한 중요한 방법을 배운 적이 없기 때문에 비이성적으로 보였다는 거예요. 교육, 그러니까 그들이 계몽의 빛을 받지 못했기 때문이라는 거죠.

이 이야기는 굉장히 많은 근대 정치사상가들에게 영감을 줬어요. 인간은 원래 이성적인데, 인간을 비이성적으로 만드는 건 교육의 문제이거나 이성을 발휘할 수 있는 좋은 방법을 우리가 습득하지 못했기 때문이라는 거죠. 여기서 좋은 방법이란 바로 수학과 과학 같은 방법론들인 거고요. 그런 방법론을 제대로 배울 수 있는 권리와 기회가 주어진다면, 인간은 누구나 이성적일 수 있다는 거예요. 그리고 국가나 시민사회가 그 권리와 기회를 제공해야 된다는 거고, 그런 사회가 될 수 있도록 혁명을 일으켜야 한다는 거죠. 앙시앵레짐ancien régime인 봉건신분제의 왕정국가를 철폐했던 프랑스혁명의 자유, 평등, 박애 이념을 지탱하는 논리도 인간의 이성능력이 평등하고 보편적이라는 데서 출발합니다. 이로부터 인간이라면 모두 이성적이고, 평등하다는 사고가 도출됩니다. 이에 따르면, 여성과 남성 모두 이성적이죠. 그런데 문제는 뭐예요? 남성만 이성적인 존재인 것처럼 권리와 의무를

여성은 인간이다

주고 여성들에게는 주지 않았죠. 그래서 남성에게만 부과된 시민으로서의 권리와 의무를 여성에게도 확대해야 한다는 이야기가 나온 거죠. 그리고 혁명을 통해서 그게 가능하다는 것을 이미 봤잖아요. 예전에는 왕권에 속해 있는 사람들이나 귀족들만 이성적이고, 왕권에 속해 있지 않은 나머지 다른 사람들은 비이성적인 존재인 것처럼 생각하고 함부로 대했지만, 혁명을 통해서 그 나머지 사람들이 평등한 인간으로서의 권리를 쟁취해버렸잖아요. 똑같이 여성들도 계속 요구를 하면, 인간의 권리를 얻고, 인간으로서 인정받을 수 있을 것이라는 생각들을 해봤던 거죠.

이런 흐름을 페미니즘에서 제1물결이라고 해요. 페미니즘은 오랫동안 '웨이브wave', 즉 물결이나 파도로 은유되어왔죠. 많은 대중운동이 고양되고, 가장 큰 파도를 일으킨 시기는 〈서프러제트〉(2015) 같은 영화를 통해서 볼 수 있는 20세기 참정권 운동의 시기인데, 이 시기를 페미니즘 운동에서 제1물결의 시기라 칭하고요. 인간으로서 투표할 권리와 자유롭게 존재할 권리를 쟁취하는 운동에 집중되어 있다는 점에서 자유주의 페미니즘 시기라고도 보통 이야기합니다. 이 자유주의 페미니즘은 인간은 다 똑같고, 여성이나 남성이나 모두 인권과 이성을 갖고 있는데, 왜 남성에게만 투표권, 시민의 권리와 의무를 주는지에 대해 문제를 제기해요. 남성과 여성의 생물학적 성이 중요한 게 아니라는 거죠. 여성이든 남성이든 인간은 이성적이고, 그 이성의 권리에 따라 권리를 쟁취하자는 겁니다. '우리도 인간이다', '여성도 인간이다'라는 거죠. 자유주의 페미니즘은 여성의 인간성을 호소하는 이론적인 작업들을 따라서 운동의 내용을 만들어갔어요. 페미니즘 초기의 흐름인데, 사실 당연한 흐름이에요.

여성운동뿐 아니라 많은 민권운동이라는 게 그렇게 이루어진 거죠. 노동자 계급은 어땠죠? 노동자 계급도 투표권이 없었어요. 그들도 이렇게 이야기해요. '노동자도 똑같이 이성적인 존재인데 왜 투표권을 주지 않느냐. 왜 부르주아에게만 투표권을 주느냐. 우리에게도 투표권을 달라.' 20세기 초 식민지들에서 일어난 민족자결운동도 마찬가지죠. '우리에게도 자결권이 있고, 우리도 서구열강과 똑같은 식의 권리운동을 하겠다'라는 거죠. 흑인들의 경우에는 '왜 인종에 따라서 사람을 다르게 대접하고 차별하느냐'라는 거고요. 모두 '우리도 인간이다'라는 거예요. 휴머니즘이라고들 하잖아요.

휴머니즘, 보편적 휴머니즘의 실현을 요구하는 운동이 페미니즘의 제1물결을 이루고 있는 이야기인데, 그때 주로 그 이론으로 언급되는 책이 메리 울스턴크래프트의 《여권의 옹호》예요. '여자도 똑같이 이성을 가졌는데 왜 권리를 주지 않는가.' '여자도 이성을 분명히 갖고 있으니 인간으로서의 자기 위치를 달라.' 이것이 이 책의 주요한 내용이에요. 그러니까 자유주의 페미니즘, 이성의 보편성을 말하는 페미니즘 물결의 아주 중요한 이론적 작업이 되는 거죠.

지금 우리의 관심은 제1물결에서의 페미니즘 철학들을 살펴보는 건데, 이런 맥락들을 함께 봐야 할 필요가 있어요. '양성평등'이라는 문제 있죠? 남녀 양성이 평등해야 한다는 문제요. 여성

여성은 인간이다

과 남성이 평등해야 된다. 왜? 둘 다 인간이기 때문에. 둘 다 인간인데 여성이 오랫동안 불평등을 겪어왔다는 거죠. 그런데 이 문제를 잘못 이해해서 '양성평등이니까 여성이라고 더 봐주면 안 된다' '여자도 군대 가라' '남자가 하는 일 똑같이 해라' '집안일 있다면서 야근, 특근 빠지는 거 너무 싫다' '둘이 똑같은 인간이라면 똑같이 일을 해야 되지 않냐' 이렇게 흘러가기도 하잖아요. 그런 식으로 오인받을 수 있는 이야기들이 제1물결에서 시작돼요. 왜냐하면 여기에서 증명하려고 하는 주요한 내용은 여성으로서의 특별한 위치 같은 것보다는 여성도 이성을 갖고 있고 그렇기 때문에 여성의 권리를 옹호하겠다는 거니까요. 이번에 우리가 나눌 이야기들이에요.

울스턴크래프트의 삶

이 이야기들을 이론화했던 사람이 메리 울스턴크래프트예요. 메리 울스턴크래프트는 재미있는 사람이고, 인생 자체가 다채로워요. 1759년에서 1797년까지 살았는데, 18세기의 굉장한 혁명기에 살았던 사람이에요. 그리고 울스턴크래프트의 책들이 당시에도 좀 읽혔고 19세기의 많은 여성주의적 논의들에 굉장히 영향을 주죠. 그리고 페미니즘 담론이나 페미니즘에 입각해서 새로운 담론과 이론을 이야기할 때, 최초의 중요한 이론적 작업으로 많이 평가되고요. 한번 같이 읽어보시죠.

나는 여성이 처한 비굴한 의존 상태를 위장하기 위해 남성이 선심 쓰듯 내뱉는 귀엽고 여성스러운 어구들과, 여성의 성적 특징으로 간주되어온 나약하고 부드러운 정신, 예민한 감성, 유순한 행동거지 등을 거부하고, 아름다움보다 덕성이 낮다는 걸 밝히려고 한다. 남자든 여자든 한 인간으로서 자기만의 개성을 만들어가는 것이야말로 가장 중요한 목표이므로, 모든 것이 이를 기준으로 평가되어야 할 것이다.*

그러니까 '남녀차별하지 마세요' 하는 흔한 이야기죠. 우리가 페미니즘에 입문할 때 하는 말이죠. 어렸을 때 태어난 순서birth order 때문에 형제관계 안에서 차별받았던 경험을 많이들 말하죠. 남자 형제는 특별히 대우해주는데 여자 형제는 남자 형제만큼 대우를 못 받은 것들도 있고요. 할머니들이 계집애가 무슨 학교를 다니느냐고 하면서 오빠랑 남동생만 학교 보냈다는 이야기 많이들 하시잖아요. 계집애는 그냥 밥하고 빨래하고 애 낳는 게 전부인데 학교에 가서 뭘 하려고 하느냐, 제 이름 석 자만 쓸 줄 알면 되지. 심지어는 제 이름 석 자 안 써도 된다, 누구누구 엄마로 불리면 될 일이고 누구누구 아내로 지칭되면 될 일인데 무슨 학교를 다니고 싶어 하냐, 이런 이야기요. 할머니들이 한이 맺혀서 많은 나이에도 갑자기 한글 배우시잖아요. 자기 이름 써보고, 자기

<hr>

* 메리 울스턴크래프트, 《여권의 옹호》, 손영미 옮김, 연암서가, 2014, 35~36쪽.

여성은 인간이다

이야기를 시로 쓰기도 하고요. 인간이 가져야 될 당연한 권리들을 누리지 못했던 거죠.

그다음에 이런 것도 있죠. '소년이여, 야망을 가져라'라는 말 있죠? 남자는 야망을 가져야 된다면, 여자들은요? 만약 여자의 중요한 덕목이 있다면 예뻐야 된다는 거겠죠. '예쁜 게 미덕이다' 이런 거 있잖아요. 남자들한테는 '너는 잘생긴 게 미덕이야' 그렇게 말하지 않잖아요. 그런데 여자들한테는 외모를 가꾸어야 한다고 이야기하잖아요. 그런데 왜 그럴까요? '예쁜 여자가 결혼도 잘한다'는 식으로 여성의 중요한 경쟁력이 외모라고들 하지만 남성에게는 그렇게까지 외모를 강조하지 않잖아요. 남자의 중요한 경쟁력으로는 좋은 학교, 좋은 교육적 성취 같은 걸 말하죠. 그런 식으로 같은 이성을 가진 존재인데 다르게 대접하는 것들, 흔히 우리가 '양성평등'이라고 하는 차원의 이야기들이 메리 울스턴크래프트가 관심을 보이는 것들이에요. 그런데 《여권의 옹호》가 18세기에 쓰인 책이잖아요. 그리고 19세기, 20세기 초 서프러제트 운동에도 영향을 줬는데, 한국 사회에서는 이것도 덜 된 것 같다고들 하죠. 여자여서 임금을 남자보다 덜 받고, 분명 인구의 남녀 성비가 비슷한데 사람들을 대표하는 대표체나 사법기관의 판사, 고위직 공무원의 성비를 보면 남자들이 훨씬 많죠.

한편 '양성평등'이라고 하면 사람 수가 똑같아야 하는 거 아니냐고 되게 단순하게 생각해버리기도 하죠. 그런데 그런 생각들에서 벗어나는 과정들이 제1물결에서 제2물결로 넘어가게 되는 이유들 중 하나예요. 평등이라는 게 단순히 기계적 평등이 아니라는, 즉 양적으로 수를 맞춘다고 끝날 문제가 아니고, 좀더 다른 게 있어야 한다는 이야기가 나오게 돼요. 어쨌든 지금은 그 수도 안 맞죠. 고위직 공무원 같은 경우에 수도 안 맞아요. 그럴 때 특별히 권력을 실현할 수 있는 어떤 양적 평등을 맞춰야 하지 않을까 하는 이야기, 임금 같은 경우에도 불평등하면 안 된다는 것, 즉 인간이라면 똑같은 몫을 받아야 한다는 이야기를 울스턴크래프트가 해요. 그리고 남성에게는 남성의 성적 특징을 부과하지 않는데, 여성에게만 여성의 성적인 특징들, 여성의 외모적 특징들을 여성성이나, 여성이라면 지녀야 할 굉장한 덕성인 것처럼 이야기하는 게 틀렸다는 거예요. 남자들에게는 인간적인 특성을 두고 말하는데 여자들에게는 인간적인 특징이 아니라 여성의 성적 특징을 부과하는 것들이 부당하다는 거고, 여성도 똑같이 인간으로 대하라는 거죠. 그러니까 스테레오타입으로 대우하지 말라는 거예요.

　　메리 울스턴크래프트가 했던 이야기들을 무시할 수 없는 게, 지금도 여성과 남성을 똑같은 인간으로 대하는 게 안 되잖아요. 그렇지 않나요? 산부인과 의사가 태아 성별을 알려줄 때 '아기 옷은 파란색으로 사셔야겠네요' 이런 식으로 알려주죠. 직접적으로 성별을 알려주면 안 되기 때문에 그런 건데, 그럴 때 '파란색 옷' 하면 어떤 성별을 떠올려요? 당연히 아들이라고 생각하죠. 이상하잖아요. 왜 그러지? 남성을 왜 파란색이라고 하지? 의사가 '분홍색 리본 준비하셔야겠네요'라고 했을 때 아들을 임신했다고 생각하지 않잖아요. 딸이라고 생각하죠. 어떤 색은 남성을, 어떤 색은 여성을 지칭한다고 생각하는 것 자체가 이미 고정된 스테레오타입을 양산하잖아요.

어떤 힘이 센 아이가 있다고 해봐요. 그런데 그 아이가 남자아이일 경우에는 "야, 역시 남자애라 힘이 세다" "역시 남자애들은 힘이 세고 근육이 발달되어 있구나" 이렇게 이야기하는데 여자아이인 경우에는 "얘가 좀 유난스럽잖아요" 이렇게 이야기하잖아요. 그리고 아이 덩치가 전체 또래 중 1등이라고 해봐요. 그 아이가 여자아이일 경우에 그걸 보고 씩씩하게 잘 자라겠다고 하지 않죠. 그런데 남자아이일 경우에는 잘 컸다고 좋아하고요. 그러니까 같은 태도나 모습인데도 성별에 따라 다르게 생각하죠. 왜 그러냐는 거죠. 이 문화 안에서 아주 흔한 일이잖아요.

울스턴크래프트는 이런 걸 거부하는 게 중요하다고 해요. 왜냐하면 스테레오타입으로 누군가를 취급하면, 인간으로서 그 누군가가 자기 개성을 만들 수가 없다는 거예요. 울스턴크래프트가 이런 이야기들을 하면서 강조하는 건, 여자의 이성이에요. 여자도 인간이고 이성이 있기 때문에 그 이성을 근간으로 여성을 대해야 된다는 거죠. 그리고 이 사람이 제일 불만인 건, 여자가 이성적인 존재인데, 이성을 발휘하지 못한다는 거예요. 왜? 교육을 못 받고 있어서. 이 사람이 《여권의 옹호》을 썼던 이유는 이거예요. 프랑스대혁명이 일어난 후에 교육에 대한 개혁이 있었어요. 예전에는 귀족들만 교육을 받았죠. 귀족들의 교육은 사교육이었고요. 독선생을 붙여서 사교육을 했는데 드디어 프랑스대혁명 이후로 공교육이라는 게 나와요. 대단한 개혁이죠. 모든 사람, 어린

아이들도 교육을 받을 수 있게. 그런데 주로 교육의 권리를 누렸던 사람이 누구냐면, 소년인 거죠. 소녀는 교육의 권리에서 딱 빠져 있어요. 이상한 거예요. 모든 인간이 이성적이라면 이성의 기회를 발달시킬 수 있는 기회를 남녀에게 똑같이 줘야 하는데, 소년들에게만 주고 소녀들에게는 주지 않았다는 거죠.

그래서 한마디로, 별로 좋은 용어는 아니지만, 이 사람이 '빡쳐서' 쓴 책이에요. "아니, 이게 말이 되냐!" 메리 울스턴크래프트는 그 누구보다 계몽주의자였던 사람이에요. 그 누구보다 이성을 신뢰하는 사람, 이성주의자죠. 계몽주의자라는 것, 즉 인간의 이성에 굉장히 큰 신뢰를 보낸다는 건, 세계는 더 나아진다는 진보에 대한 강한 확신과 신뢰가 있다는 거예요. 그런 생각도 할 만한 게, 왕을 죽이는 걸 봤잖아요. 단두대에 왕을 올려놓고 목을 딱 잘라버렸죠. 신분제도 무너지죠. 대다수 사람들은 신분질서에서 위치가 낮았던 사람들인데 그 변화로 인해서 대접이 달라진 건 사실이잖아요. 울스턴크래프트는 세상은 진보한다는 강한 확신을 했던 사람이에요. 그 누구보다 계몽주의자였고 이성주의자였죠. 그래서 계몽의 빛을 남성만 독점하지 말고 여성에게도 나누라는 거고, 그때 제일 중요한 건 교육이니까 교육의 권리를 쟁취하는 게 중요하다는 거죠. 《여권의 옹호》에 선거권 이야기는 나오지도 않아요. 여자도 사람인데 왜 교육의 권리를 주지 않느냐는 게 기본적인 주장입니다.

'여자들이 특별히 어떤 관점으로 세계를 바라보았다' 이런 이야기는 아직 안 나와요. 여성의 참정권을 주장하는 제1물결

여성은 인간이다

시기의 페미니즘은 여성도 인간이라는 점을 강조합니다. 그래서 '페미니즘은 휴머니즘이다'라고 선언하기도 하는 거고, 이 주장에 따르면 결국 페미니즘이 쟁취하려는 건 '여성도 인간이 될 권리'라는 거예요. 이게 바로 메리 울스턴크래프트의 입장, 혹은 제1물결의 자유주의 페미니즘의 입장이에요.

여남이 동등한 인간이라는 울스턴크래프트의 주장은 몇백 년 전에 제기되었지만 여전히 진행 중인 주장입니다. 성별 임금격차, 고위직 공무원, 선출직, 행정직의 불균형한 성비들을 보면 그렇죠. 그리고 대부분 여성의 직무 지위가 낮잖아요. 교수 사회만 봐도 그렇지 않나요? 종교 집단도 그렇죠. 목사나 사제 중에 여성이 있어요? 기독교 같은 경우에는 몇몇 종단에는 있지만, 여성 목사나 사제가 없는 걸 의아하게 생각하지 않잖아요. 불교에서는 비구와 비구니의 지위가 다르죠. 비구로 태어난 것, 그러니까 남성 스님으로 태어난 건 그 자체로 굉장히 더 위치가 높은 거예요. 그것도 비판하지 않잖아요. 그런데 교회, 성당, 절에 가보면 실제로 누가 많죠? 여자들이 많아요. 그 살림들 다 꾸리고 있는 존재들이 여성 신도들이죠. 그것도 너무 당연히 받아들이잖아요. 왜죠? 원래 종교가 그런 거니까? 그런데 '종교가 원래 그렇다' '남녀의 위치가 너무 다른 거고 신이 그렇게 명령했다'라고 하면 페미니즘이 있을 필요가 없죠. 하지만 페미니스트들은 여러 가지 질문을 던져요. 가령 우크라이나 페미니즘 단체인 '페멘Femen'은 소위 신성모독이라 불릴 수 있는 방식의 시위를 하기도 합니다.

울스턴크래프트는 그 정도까지 말한 건 아니고, 인간은 평등한데 여자도 인간이니 평등하게 해달라는 정도를 말해요. '페미니즘은 휴머니즘이다' '양성이 평등해야 한다'라는 제1물결 페미니즘의 내용이죠. 그런 점에서 우리가 본격적인 이야기로 들어가기 전에 이걸 한번 생각해보면 좋겠어요. 페미니즘 교육이 학교 교육 안에서 이루어져야 한다는 거요. 누가 이런 주장을 하면 '아니, 페미니즘은 여성들 입장에서만 이야기하자는 이론 아닙니까. 학교 교육이라는 건 보편교육인데 학교 교육에서 무슨 페미니즘을 이야기합니까' 이렇게 이야기하는 경우가 있죠. 그런데 제1물결 페미니즘을 살펴보면, 페미니즘이야말로 민주주의라고 할 수 있어요. 모든 인간에게 이성이 있는데, 누군가의 권리가 기울어진 운동장처럼 한쪽으로 기울어져 있다는 게 문제라는 거잖아요. 이런 내용은 민주시민으로서 교육받아야 한다고 충분히 이야기할 수 있는 것 같아요.

제2물결 페미니즘, 소위 과격한 이야기, 그러니까 '여자와 남자에게는 다른 게 있고, 여성은 남성에게 종속되어 있고 억압당하고 있다' 이런 내용까지 가지 않더라도 제1물결 페미니즘의 이야기는 필수적이고 중요한 시민교육이라고 할 수 있다는 거죠. 인간은 누구나 똑같이 이성을 갖고 있는데, 지금 사회가 똑같은 이성을 지닌 여성에게 부당한 위치를 강요한다는 걸 우리가 인식조차 못 하는 게 문제니까 시민교육으로서 페미니즘 교육이 중요하고 필수적이라고 충분히 말할 수 있다는 겁니다.

제1물결 다음에 제2물결이 오고, 제2물결 다음에 제3물결이 오고, 이렇게 이야기할 필요가 없는 것 같아요. 제1물결이 제기했던 논의들이 여전히 지속되고 있어요. 제2물결의 논의도 여전히 지속되고 있고, 제3물결 이야기도 지속되고 있죠. 지금은 인터넷, 미디어, 세계적인 네트워크 형성이라는 배경에서 제4물결이라는 이야기도 나오는데, 그 역시 같이 이야기되고 있죠. 제1물결의 주제에 기댄 논쟁이 첨예한 사회가 있는 거고, 사회마다 다른 것 같아요.

한국 사회는 제1물결의 목표도 지금 쟁취가 안 됐죠. 그러니까 페미니즘을 학교 교육에 넣자고 하면 질색하잖아요. 그런데 저는 그렇게 질색할 문제가 아닌 것 같아요. 우리가 메리 울스턴크래프트의 글을 보면서 그럴 문제가 아니라는 걸 충분히 이해할 수 있을 거라고 생각해요. 울스턴크래프트는 이성주의자, 계몽주의자예요. 이성주의자, 계몽주의자로서 봤을 때 남녀가 불평등하고, 이 불평등이 바뀌지 않는다면 페미니즘 이론으로 인간의 평등성을 쟁취해야 한다는 것만으로도 저는 충분히 성과가 있다고 생각해요. 그리고 이걸 바탕으로, 우리가 민주주의를 옹호한다면 당연히 페미니즘을 옹호할 수밖에 없다는 사실을 이해시켜야 한다고 봐요. 그런 점에서 페미니즘이 휴머니즘이라고 할 수 있겠죠. 물론 페미니즘 내에서는 거기에 그쳐서는 안 된다고 해온 입장들이 있고, 다양한 논의가 있어요. 그런데 우리 사회는 페미니즘이 민주주의 시민의 조건이라는 것, 휴머니즘으로서의 페미니즘조차도 받아들이지 않아요. 저는 울스턴크래프트를 보면서, 그게 우리 사회의 굉장히 아이러니한 부분이라고 생각했습니다.

당대 여성의 삶을 분석하고 비판하고 변혁을 꾀하다

이제 본격적으로 메리 울스턴크래프트를 들여다보죠. 《여권의 옹호》를 쓴 메리 울스턴크래프트는 영국에서 태어난 사람이에요. 6남매 중 둘째로 태어났죠. 그런데 아버지가 어머니에게 엄청난 가정폭력을 휘둘렀어요. 그런데 꼭 가정폭력 문제뿐 아니라 당시에 법이 굉장히 불합리한 거예요. 여성은 재산 상속도 못 받고, 결혼을 하면 남편 성을 써야 하죠. 영미권 소설들을 보면 사촌끼리 결혼하는 내용이 많이 나와요. 그 이유 중 하나가 상속 때문인데, 당시 시대상을 보면 아버지에게 남자 자식이 없으면 재산 상속을 못 해요. 딸들은 상속을 못 받으니까 친척 중 가까운 사람이랑 자기 딸을 결혼을 시키는 거예요. 자기 재산을 상속받을 사람과 딸을 엮어주는 거죠. 《오만과 편견》의 이야기도 그렇게 시작을 해요. 주인공 집안의 딸들에게 짝을 찾아주는 내용이죠.

그리고 여자가 결혼을 하면 남편 성을 쓴다는 건, 남편이 아내의 법적 주체가 된다는 의미였단 말예요. 그 이야기는 뭐냐면, 남편이 부인을 때렸을 때 어디에 호소를 할 수가 없다는 거예요. '집안일'이 되는 거죠. 결혼한 순간, 여자는 법적 주체로서의 권리를 다 잃어버려요. 되게 부당하지 않나요? 그런데 지금도 그런 흔적이 있잖아요. 여자는 결혼을 안 한 경우에는 아버지 밑에 있고, 결혼하면 남편 밑에 있다는 식의 생각들이 여전히 있죠. 예를 들어 여자한테 교통사고가 났을 때 그 여자의 남편이나 아버지가 오면 일이 더 잘 해결되는 경우들 있죠? 여성을 동등한 당

여성은 인간이다

사자라고 생각하지 않기 때문에, 남편과 아버지에게 속한 존재로 여기기 때문에 그런 일들이 일어납니다. 물론 지금은 여성이 시민으로서의 권리를 당연히 보장받지만 그때는 아예 그조차도 없었던 거예요. 법적으로 보호받을 장치 자체가 전무했던 시대와 사회였습니다.

이런 시대에서 울스턴크래프트는 자기 아버지가 여성, 그러니까 자기 어머니를 괴롭히는 걸 보면서 너무 부당하다고 생각하게 되는 거죠. 여자는 이혼하기도 힘들고, 이혼을 하면 드센 여자로 낙인이 찍히고, 남편은 자기 부인이 마음에 안 들면 정신병원 같은 데 그냥 보낼 수 있는 거죠. 남편이 서명하면 되니까요. 그래서 남자에게 여자를 종속시키는 불합리한 결혼제도에 의문을 품을 수밖에 없었던 거예요. 여성은 결혼과 함께 법적 책임과 권리를 남편에게 양도하게 되어 있기 때문에 폭력에 저항할 수가 없어요. 기혼 여성은 물론 채무 책임도 없죠. 하지만 계약에 서명을 하거나 소송을 하는 것도 불가능하고, 심지어 법률적인 효력이 있는 유언도 남길 수가 없어요. 경제활동도 할 수 없고요.

이게 그냥 흘릴 이야기가 아니에요. 제가 예전에 힐러리 클린턴Hillary Clinton 자서전을 읽는데 힐러리 클린턴이 자기 개인의 신용카드를 발급을 못 받았다는 내용이 나와요. 둘이 똑같이 공부하고 로스쿨 나와서 변호사 개업을 했는데, 남편인 빌 클린턴Bill Clinton의 보증이 있어야만 힐러리 클린턴의 신용이 발생하는 거죠. 경제적 능력의 유무 문제가 아닌 거예요. 너무 이상하잖아요. 둘 다 똑같은 변호산데, 신용카드 만들려니까 남편 성함 좀 받아오라는 거죠. 이런 사례는 많죠. 예일 대학교에 합법적으로 여성이 입학한 게 50년 됐대요. 놀랍지 않나요? 제1물결 페미니즘적 내용을 여전히 이야기할 수밖에 없는 거죠. 지금은 좀 나아졌다지만, 예전에 공대 성비 생각해보세요. '여자는 수학이나 과학을 못한다' '여자가 이공계에 가는 건 어울리지 않는다' 같은 이야기들요. 여자가 돌봄에 어울리는 가정학과나 간호학과에 가는 건 당연하지만 어떤 분야에서는 여자들이 활동할 수 없다는 이야기들요. 당시 울스턴크래프트는 결혼제도에서 그런 걸 본 거죠.

여러분 그런 경우 아세요? 부모 사이의 폭력이 심하고, 집이 싫으면 결혼을 빨리 해버리는 경우요. 집이 너무 싫으니까, 거기서 탈출한다고 결혼을 하는 거죠. 이블리나라는 울스턴크래프트의 여동생도 그런 식으로 결혼을 했는데, 이 여동생이 결혼한 이후에 남편한테 맞고 사는 거예요. 그러니까 울스턴크래프트는 '결혼이라는 건 안 되는구나' '결혼을 하면 인생 끝이구나' 하게 되는 거죠. 똑같은 이성을 지닌 시민들이 서로 사랑을 하고 자유로운 선택으로 결혼이라는 행복한 목적에 도달했다고 생각하기 쉽죠. 하지만 모든 인간이 평등하다고 선포된 공화정에서도 여전히 여자라는 존재들은 가정폭력 안에 있고, 도망갈 수 없는 거예요.

소설 《제인 에어》 아시죠? 제가 그렇게 좋아하는 소설은 아닌데, 보통 이 소설을 제1세대 페미니즘 소설이라고 해요. 이 소설을 보면 제인 에어가 대저택에 가정교사로 가서, 그 대저택의 주인인 로체스터라는 남자를 만나게 되는데, 그 남자가 제인 에어한테 결혼을 하자고 해요. 알고 보니 그 남자한테는 미친 부

여성은 인간이다

인이 있었고요. 중혼이었던 거예요. 그런데 그 소설에서 로체스터를 옹호하는 게, 당시에 법적으로는 미친 부인을 갖다 버려도 상관없는데 이 남자가 품성이 좋아서 그 부인을 돌보고 살았다는 거죠. 결국 제인 에어는 중혼인 걸 알고 도망을 치고, 이후에 당당한 주체로 서요. 어떤 먼 삼촌에게 상속을 받게 되거든요. 그리고 그 후에 제인 에어가 로체스터가 어떻게 살고 있는지 봤더니 그 부인이 집을 다 불태워서 이 부인은 죽고, 남자는 다치게 된 거죠. 그리고 제인 에어가 쇠락하고 아픈 로체스터를 자발적으로 선택해요. 그래서 여성의 주체적 선택을 그린 소설이라고 평가되고, 제1세대 페미니즘 소설이라고 하는 거죠. 여성이 주체적이기 때문에. 그런데 여기서 제인 에어가 주체적일 수 있는 가장 큰 이유가 뭐죠? 바로 상속이잖아요.

울스턴크래프트 역시 주체성의 조건에 대해 같은 생각을 해요. 경제력, 돈이 있어야 된다는 거죠. 돈이 없고 경제력이 없기 때문에 여자는 마지못해 살 수밖에 없다는 겁니다. 그래서 자기 동생을 탈출시켜요. 그리고 여성이 독립적으로 살아가는 것, 여성의 주체되기를 아주 중요하게 생각하게 되는 거죠. 우리도 그런 생각하잖아요. 엄마가 딸한테 이런 이야기하는 거 들어본 적 있지 않아요? "야, 너 돈 있어야 돼." 결혼해서 남편이 있는 경우에도 "야, 너 딴 주머니 차야 돼. 다 주지 마. 독립적으로 살아야 돼. 너 혼자밖에 없다" 이런 거요.

그런데 울스턴크래프트가 살던 시절에는, 경제력이 있어야 된다는 건 알아도 여자가 돈을 벌기가 어려운 거죠. 여자가 독립적으로 살려면 돈을 벌 수 있어야 되잖아요. 특히 자본주의 사회에서는. 그런데 돈 벌려면 뭘 해야 되죠? 푼돈 버는 게 아니라 남성과 똑같이 돈을 벌 수 있으려면? 교육을 받아야 해요, 교육. 일자무식이고 아무것도 모르면 대부분 비정규적인 직업을 얻게 되고, 그런 직업을 얻으면 계속 돈을 벌기 힘드니까 결국 결혼하게 되는 거죠. 왜 여자들한테 흔하게 하는 말 있잖아요. '여자가 돈 벌면 뭐해. 나중에 남편이랑 살면 남편이 벌어다줄 텐데.' 여자들은 그러니까 또 거꾸로 이야기하잖아요. '여자들은 그래서 돈 많은 남자를 좋아한다.' 여성의 외모가 무기인 것처럼, 남성에게 가장 중요한 것은 재력이라는 거죠. 남성은 외모가 아니라 능력이 중요하다라고 할 때, 이 능력은 결국 재력을 뜻하는 거죠. 그런데도 가부장제 사회에서는 여자들이 돈 많은 남자를 좋아한다는 걸 여자를 비난하는 의미로 말하죠.

그런데 왜 그럴까요? 거꾸로 분석해보면 이렇죠. 예전에는 여자가 교육을 못 받아서 경제적 위치라는 게 없었죠. 그런데 지금은 여성도 교육을 받는데, 경제적 위치가 달라요. 왜죠? 임금이 불평등한 거죠. 예전에는 교육 못 받았어서 그랬다 치지만 이제는 똑같이 교육받는데 임금이 왜 불평등하죠? 여자들이 더 위로 못 올라가게 만들어요. 어떤 사회적 장치들이 있죠. 그러니까 여자들이 난리가 나죠. 혹은 여자들이 더 올라가려는데 뭐가 붙잡아요? 출산, 양육. 그럼 그걸 해결하지 않고서는 여자가 더 나아질 수 없으니까 출산, 양육이 우릴 붙잡는다면 결혼 안 하겠다는 이야기가 나올 수밖에 없는 거죠. 지금 우리도 이런 이야기들이 다 엉켜 있잖아요.

그 당시에도 울스턴크래프트가 이걸 안 거죠. '아, 나는 더이상 이렇게 살면 안 되고 경제적으로 독립하고 교육을 받아야 된다.' 그래서 자기는 가정교사를 해요. 귀족 부인의 비서를 하다가, 1784년에 여학교를 설립해요. 여자들이 교육을 받을 수 있는 학교가 필요하다고요. 하지만 잘되지는 않았어요. 학교도 운영이 잘되려면 지원해줄 사람들이 있어야 하는데 그런 사람들이 없으니까 잘 안 되다가 1787년에 《여성교육론Thoughts on the Education of Daughters》을 써서 출간하죠.

재미있는 게 울스턴크래프트가 런던에서 시시하게 시간을 보내다가 프랑스에서 혁명이 일어나서 막 난리가 났다는 소식을 들은 거예요. 정말로 대범한 사람인 것 같은 게, 혁명을 체험하겠다면서 프랑스에 가요. 인생 자체가 굉장히 역동적인 사람이에요. 그리고 프랑스에서 세계가 바뀐다는 걸 체험하면서 계몽주의의 세례를 받고 나니까, 세계를 바꿀 수 있다는 확신을 갖게 된 거죠. 세계가 바뀌는 걸 봤으니까. 울스턴크래프트의 삶은 당시의 통념과 관습에서 벗어나 있어요. 영국에서 멀쩡하게 살면 되잖아요. 그 당시에 비행기가 있었겠어요? 배 타고 간 거죠. 그리고 언어가 다르잖아요. 그런데 혁명을 체험하겠다고 자기가 거기에 뛰어든 거잖아요. 보통 여자들은 그냥 얌전히 집에만 있어도 모자랄 판인데. 프랑스로 간다고 해도 남성을 대동하고 가야 하잖아요. 근데 혼자 막 가는 거죠.

그리고 파리에서 미국인을 만나요. 프랑스대혁명이 일어

날 수 있었던 가장 큰 이유 가운데 하나가 미국 독립전쟁에 프랑스군이 투입됐기 때문이에요. 미국 독립전쟁에 참전했던 사람들이 다시 프랑스로 돌아온 거죠. 미국 독립전쟁은 미국이 영국으로부터 독립하겠다는 것이고, 왕이 있는 영국과 달리 미국 시민은 모두 평등하다고 주장하죠. 영국과 척을 진 프랑스가 독립하려는 미국을 지원했고요. 그런데 재미있는 것은 미국에 다녀온 프랑스인들이 달라진 인식과 더불어 귀국했다는 사실이에요. 자기네 나라 왔더니 어때요? 왕이 있어요. 뭔가 이상하잖아요. 프랑스대혁명이 성공하는 데 이 군인들이 많이 공헌을 한 것 같아요. 그리고 독립전쟁 후에 미국인들도 프랑스에 들어오기 시작했던 것 같아요. 그런 흐름 속에서 울스턴크래프트가 만난 게 길버트 임레이Gilbert Imlay라는 미국인인데, 그와 결혼은 안 하고 애를 낳아요. 첫 딸을 낳았어요. 이것도 되게 역동적이잖아요. 지금도 우리가 결혼은 안 하고 아이만 낳고 싶다고 선언하기 어렵잖아요. 물론 낙담도 해요. 연애관계가 파탄나서 자살 시도를 하기도 해요. 그걸 보고 누군가는 결국 남자한테 버림받으니까 죽으려고 그런 거 아니냐고 되물을지도 모르겠지만 그런 뜻으로만 받아들일 필요는 없는 것 같아요. 저는 울스턴크래프트가 삶에 대한 환희만큼이나 나락도 경험하며, 그 시대에서 벗어난 방식으로 역동적으로 삶을 사랑하며 살려고 노력했던 사람이라고 생각해요.

그 이후에 윌리엄 고드윈William Godwin이라는 아나키스트를 만나는데, 그 사람과 새로운 방식의 관계실험 같은 걸 해요. 결혼은 하지 않고 남녀가 서로 사랑을 하는 거죠. 페미니즘에 눈 뜬 젊은 여성들, 20대의 젊은 여성들이 '과연 남자들과 연애할 수 있을까' '이들과 결혼할 수 있을까' 고민하는 걸 본 적이 있는데, 울스턴크래프트의 삶을 살피다보면 지금 한국 사회를 살고 있는 여성들의 이런 고민들이 같이 떠오르죠. 울스턴크래프트는 이성애를 지향하고 굉장히 사랑을 많이 했잖아요. 그런데 당대의 현실 속에서 결혼을 한다는 건 굉장히 끔찍한 일이었고요. 그렇다면 어떻게 살 것인가를 고민한 거죠. 그리고 결혼을 안 하면 애를 안 낳아야 되나요? 아니잖아요. 애를 갖고 싶을 수 있잖아요. 어떤 사람들은 출산하기 싫다고 하지만 울스턴크래프트는 출산하고 싶었던 거죠. 자기 마음이잖아요. 그런데 이 사회가 결혼을 해야만 출산할 수 있고, 결혼을 해야만 이 둘의 관계를 인정하는 사회인 거죠. 그럼 그걸 따라야 되는 걸까요? 울스턴크래프트는 안 따른 거죠. 너무 신기한 사람이에요. 그러니까 결혼하지 않고 애를 낳고, 결혼을 안 해서 길버트 임레이와 관계가 안 좋았는데 새로운 사람을 만나서 굉장히 평등한 관계를 실험해요.

　　이 실험을 하면서, 그리고 윌리엄 고드윈을 통해 자기도 에너지를 새롭게 만들어내면서, 이때부터 울스턴크래프트는 여성 지식인으로서 당시 지식인 사회와 교류를 시작해요. 책도 쓰고요. 그러다가 그에게 유명세를 안긴 책이 바로 1792년에 출간한 《여권의 옹호》예요. 그런데 더 이상 저술 활동을 하지 못하게 됩니다. 둘째 딸을 출산하거든요. 출산이라는 게 얼마나 위험한 일이에요? 애를 낳을 때 피를 많이 쏟잖아요. 출산 이후에 회복되기 어려운 부분도 있고요. 울스턴크래프트 역시 출산 후에 산욕

열로 이 세상을 떠나요. 그런데 이 딸이 아주 유명한 사람이죠. 메리 셸리Mary Shelly, 네, 《프랑켄슈타인》을 쓴 그 작가입니다.

울스턴크래프트의 생애 그 자체가 정말로 남녀가 평등하다라는 걸, 즉 여자는 이성이 있는 존재이고, 여성은 주체이고, 여자도 뭐든지 할 수 있다는 걸 보여주죠. 최근의 'girls can do anything' 이런 구호야말로 굉장히 제1물결적이고, 《여권의 옹호》의 메리 울스턴크래프트가 할 만한 말 아닌가요? '여자는 뭐든지 할 수 있다' '남녀의 미래에는 차이가 없다' '여자도 인간이다' 이런 구호를 우리가 지금도 외치잖아요. 어떤 여성 연예인이 이런 구호가 쓰인 핸드폰 케이스 썼다가 욕먹고요. 그런데 근대적인 이 시민체계를 만든 이야기에 따르면 인간은 이성을 갖고 있고 인간은 뭐든 할 수 있기 때문에 우리는 어떤 차별도 받아선 안 되죠. 여자는 뭐든지 할 수 있다는 건, 성별에 따른 차별을 하면 안 된다는 걸 다른 식으로 비튼 말이잖아요. 그런데 그걸 두고 질색하는 사회라는 건 엄청 비민주적인 사회라는 거죠. 그건 페미니즘적인 논지이기도 하지만 지금의 근대국가를 만든 토대에 복무하는 이야기예요. 그렇게 과격한 게 아니라는 거죠. '인간은 평등하다'는 말의 다른 버전이잖아요.

바로 울스턴크래프트의 삶 자체가 '나는 뭐든지 할 수 있어' 하는 삶이죠. 남자들이 사랑에 실패했을 때 목숨을 던지려고 하는 것도 나는 할 수 있고, 남자들이 결혼하지 않은 상태에서 애인에게 출산하도록 하기도 하는데 나도 결혼하지 않고 아이를 낳았고, 혼자 프랑스에 갈 수도 있는 거죠. 내 삶은 그 누구도 막을

여성은 인간이다

수 없고, 나는 뭐든지 할 수 있다는 것. 나는 이성을 가진 존재고, 그렇기 때문에 나의 어떤 자매들이 교육을 받지 못해서 각성하지 못한 상태를 계몽시킬 수 있고, 그러면 이 세상은 나아질 수 있다라고 믿는 거죠.

이게 참 중요한 것 같아요. 계몽의 정신은 나만 각성할 수 있는 게 아니라 이성을 가진 누구나 각성할 수 있다는 거잖아요. 나만 각성할 수 있는 게 아니라 모든 여성도 똑같이 각성할 수 있다는 거죠. 어떤 위치에 있더라도 교육을 포함해서 페미니즘의 방법론을 취한다면 모두 변화할 수 있다는 강한 믿음을 가졌던 거예요. 그래서 이 《여권의 옹호》를 쓴 거죠. 그리고 이 강한 믿음 속에서 남성들도 이 책을 읽기를 바란 거죠. 왜? 우리는 똑같이 인간이니까요. '남성인 당신들, 여성을 인간답게 똑같이 대우할 수 있지 않냐' 이런 호소가 있는 것 같아요. 그런 점에서 울스턴크래프트는 특별히 여성다움에 대해 이야기하기보다, '여성도 인간이다'라는 걸 이야기하기 위해 그걸 자기 삶을 통해서 실현한 사람이라고 볼 수 있죠.

계몽주의 사상을 통과해 《여권의 옹호》 읽기

울스턴크래프트가 《여권의 옹호》를 쓰게 된 이유는 1789년 프랑스대혁명 후 프랑스 의회에 제출된 탈레랑 교육 법안에 반대하기 위해서였습니다. 교육 법안의 주요 내용이 공화국의 모든 소년에게만 국민교육을 시행한다는 것이었고요, 울스턴크래프트가 바로 그 점에 분개해서 6주 만에 반론을 쓴 거예요. 이 사람 자체가 민주주의자였어요. 페미니즘 교육이 민주주의랑 접목되어야 하는 이유를 아시겠죠? 지금의 사회가 남녀 간에 어떤 성차별을 야기하는 사회라면 그걸 교정하는 게 교육 안에 들어가야 되고 그게 민주주의 교육의 실행이라는 생각을 했던 거잖아요. 그가 봤을 때는 아예 교육의 권리가 여성에게 없으니까, 거기에 굉장히 반발하면서 이 책을 쓴 거죠. 인간은 누구나 이성과 불멸의 영혼이 있다는 거예요. 여담을 하자면 《여권의 옹호》는 처음에 익명으로 출간됐어요. 그런데 당시에도 히트작이 되니까, 나중에 저자 이름을 밝혀요. 그랬더니 어떻게 되냐면, '사색하는 뱀', '페티코트를 입은 하이에나', '드센 년'(웃음) 이렇게 엄청 욕을 먹어요. 페티코트가 여자들이 입는 옷이잖아요. 그러니까 치마만 둘렀지 짐승이나 다름없는 존재라고 욕을 해요.

울스턴크래프트는 열렬한 근대주의자예요. 울스턴크래프트는 여성이 신체적으로 어떻다, 남성과 어떤 차이가 있다는 바에 큰 관심이 없어요. 여성도 이성이 있다, 그리고 그 이성을 지닌 한 모든 인간은 평등하다라는 거예요. 근대적인 상상 안에서는 자유와 평등의 권리가 이성으로부터 온다고 생각하거든요. 그 때문에 사회 발전이 늦더라도 몇몇 천재가 결정을 하는 게 아니라 모든 사람들의 합의로 매사를 결정하는 게 민주주의라고 생각하는 거예요. 그런데 모든 사람들이 매사 합의를 통해서 어떤 결정을 하려면 뭐가 필요해요? 이성을 발휘할 수 있는 교육의 기회가 필요한데 여성은 교육을 못 받았잖아요. 그러면 어떻게 될까요? 여성이 사회적 합의를 할 수 있는 그 구성원에 못 들어간다는 거예요. 그렇게 되니까 문제가 있는 거고, 그래서 교육의 기회로 눈을 돌려야 한다는 생각을 했어요. 여성도 인간의 존엄성을 지닌 존재인데, 지금의 사회경제적 제도가 그걸 보장하지 못하니 그걸 바꿔야 한다는 게 이 책의 전체적인 내용이에요.

울스턴크래프트는 마치 비꼬듯 영혼에는 성별이 없다고도 말하죠. 신이 구원을 하실 때, '너는 남자이니 천국에 가고 너는 여자이니 지옥에 가라' 이런 게 아니라는 거죠. '인간은 모두 이성을 갖고 있고 평등하다.' 지금 보면 굉장히 소박한 신념이에요. 뭐라고 하느냐면 남녀가 서로 다른 미덕을 추구해야 한다는 건 신에 대한 모욕이라는 거예요. 하나님이 똑같이 인간에게 불멸의 영혼을 줬으니까요. 그러니까 여자들도 남자들이 하는 거 똑같이 하게 해달라고 하는 거죠. 이렇게 강하게 이야기를 해요.

이 책에는 이후의 페미니스트들한테 영감을 준 이야기가 많아요. 가정의 절대적 지배자로 구는 남편을 비판할 뿐 아니라, 남편이 아내와 자녀 위에 군림하는 당시 중산층의 결혼생활은 합법화된 매춘이라고도 이야기합니다. 그러니까 여자가 결혼을 하는 건 일종의 성매매다, 즉 법적으로 공인된 성매매라는 거죠. 이런 이야기들은 《성의 정치학》을 쓴 케이트 밀렛Kate Millett의 논의와 일맥상통하기도 해요. 부부가 동등한 위치일 수 없는 가정 안에서 여자들은 번식을 위한 동물 그 이상도 그 이하도 아니라는 거죠.

그래서 울스턴크래프트가 가장 분노했던 대상이 18세기 계몽주의 사상가들이었어요. 예를 들면 장 자크 루소Jean-Jacques Rousseau. 루소가 《인간 불평등의 기원》을 썼잖아요. 인간이 불평등한 기원을 쓰고, 그 불평등으로부터 해방되는 게 굉장히 중요하다고 했죠. 그런데 여기서 '남자' 불평등의 기원이라고 안 썼잖아요. 그리고 앞서 제가 말씀드렸죠. 데카르트는 인간이 모두 이성을 갖고 있고 평등하다고 이야기했는데, 막상 문제가 발생하고 제도적으로 그걸 만들자고 하면 다들 딱 조용해지잖아요. 되게 웃긴다는 거죠. 이런 걸 울스턴크래프트는 굉장히 위선적이라고 생각하는 것 같아요. 그때가 인간의 이성과 권리에 대해 그 어느 시기보다 진보적이었던 시대였잖아요. 구체제, 왕권 사회로부터 벗어나서, 근대국가의 기초를 마련하는 시기죠. 그런데 그런 시기의 사상가들도 여성에 대해서는 다를 게 없는 거죠. 요새도 '여자에게는 국가가 없다' '여자는 시민이 아니다' '기울어진 운동장' 이런 말이 있잖아요. '유리천장'이라는 단어도 여성이 남성과 동등한 시민이 아니라는 걸 입증한다고 말하곤 하고요.

그런데 18세기 사상가들도 마찬가지라는 거예요. 그렇게 불평등이니 인간의 존엄이니 떠들더니 여자 이야기만 하면 입을 쏙 닫아요. 여성도 이성적이고 평등한 존재니까 나서서 좀 어떻게 해보자고 안 하는 거죠. 존 스튜어트 밀John Stuart Mill 정도가 그 이야기를 했어요. 울스턴크래프트는 특히 루소한테 진짜 화가 난 거예요. 루소가 너무 웃긴 거죠. 《인간 불평등의 기원》을 썼는데 어떻게 이렇게 여자들 문제에서는 딱 조용하냐는 거죠. 18세기 계몽주의가 부르짖던 '인간의 권리'라는 말 속의 '인간'은 오로지 남성만을 의미한다는 거예요. 당대 가장 진보적인 로크John Locke나 루소 같은 사상가들도 여성은 자연적으로 남성보다 약해지기 때문에 남성과 절대적으로 평등해질 수 없다는 편견을 갖고 있다는 거예요. 자기 사상과 실제로 자기가 실행하는 것 사이에 차이가 크고, 굉장히 편견이 있다는 거죠.

진보적 남성 지식인들이 주장하는 인권의 범위 안에 여성은 빠져 있는 거죠. 여자는 언제나 보조적인 역할을 해야 된다고 생각하고요. 남성 지식인들 가운데 여자도 평등하니까 여자들의 인권도 지켜달라고 하는 사람이 단 한 사람도 없었다는 거예요. 아무도 여기에 대해서 말하지 않고 쓰질 않으니, 누가 책을 써야겠어요? 바로 자기가 책을 써야겠다, 이렇게 된 거예요. 급진적 민주주의자이자 계몽주의자인 내가 이들이 갖고 있는 위선을 폭로하고, 이들의 이야기 안에서 여자는 쏙 빠져 있다는 사실을 들춰내겠다는 거죠.

울스턴크래프트는 분명 '페미니즘은 휴머니즘'이라고 할 때 할 만한 이야기를 하는 사람인데, 이 사람한테는 남녀 차이라는 건 다른 차이들만큼 우연적인 거예요. 인간이 이성적이기 때문에 남녀 차이 같은 건 우연적인 차이고 그렇게 특수한 차이라고 생각하지 않았어요. 여러 가지 차이들이 있잖아요. 연령 차이 같은 것들요. 그중에 유별나게 대단한 차이라고 생각하지 않았어요. 그런데 유별나게 대단한 차이가 아닌데 유별나게 대단한 차이인 것처럼 여기면서 차별하는 지식인들이 되게 위선적이고 이상하다는 거죠. 그들은 편견 덩어리고, 진정한 계몽주의자, 진정한 이성을 숭배하는 사람, 진정한 이성주의자가 아니라는 거예요. 본인은 진정한 계몽주의자고, 이성주의자이기 때문에 여성의 권리를 옹호한다는 거고요.

이게 제1물결 페미니즘, 자유주의 페미니즘의 기본 사상이에요. 우연적 차이에 불과한 여남 차이가 너무 심하다는 거죠. 그러니까 이 차이를 회복시켜야 한다는 거고요. 이성에는 여남이 없고, 인간의 영혼에도 차이가 없다는 거죠. 인간으로서 같다는 걸 주장한다는 거예요. 남녀라는 성차는 굉장히 우연적인 것이고, 남녀는 같다는 걸 말하자는 게 기본적인 내용이죠.

요새 SNS에서 여성들이 이런 말을 하죠. "우리는 꽃이 아니고 불꽃이다." 울스턴크래프트도 아마 크게 동의했으리라 생각합니다. 울스턴크래프트는 다음과 같이 말합니다. "병약하고 무익한 삶을 살아가는 요즘 여성을 보면 마치 지나치게 비옥한 땅에 심어져 그 화려한 꽃잎으로 잠시 호사가의 눈을 즐겁게 해주다가 결국 다 크지도 못하고 시드는 화초를 보는 듯하다."[*] 오랫동안 여성을 화초, 꽃 같은 존재로 취급해왔죠. 이 울스턴크래프트의 말에서 "화려한 꽃잎", "시드는 화초" 같다는 말이 되게 아프지 않나요? 여성이 화려하게 피는 꽃인 시기가 정해져 있잖아요. 그 시기가 언제예요? 젊을 때죠. 사실 여성이라는 존재는 나이를 가진 존재잖아요. 그런데 꽃이라고 하면 만개하는 꽃, 한창 피어

여성은 인간이다

오른 꽃, 젊다는 거잖아요. 그리고 가임기에 있는 여성만을 여성으로서 대하죠. 가임기가 끝나면 이런 식으로 말하죠. '여자는 무슨, 남자지.' 여성으로서 기능이 없다는 식으로 사회적으로 취급하잖아요. 꽃이라는 발언 자체가 모독적인 발언인 거예요. 여성들 스스로도 그러죠. 여자들끼리도 그런 습관화된 말들을 하잖아요. 젊은 여성들 보면서 '한창 예쁠 나이다' '안 꾸며도 예쁘다' '그때는 피부가 그렇게 깨끗한데 뭘 왜 막 바르냐', 이런 이야기들 하죠. 그런데 남자들한테는 안 그러잖아요. '한창 예쁠 때다' 그런 말 안 하지 않나요? 여성에 대해서는 외모 평가가 많죠. 여성을 '꽃'에 비유하는 것도 여성의 위치가 눈을 즐겁게 해주는 존재라는 거고요.

여성은 꽃과 같이 아름답지만 결국 눈을 즐겁게 하다가 금방 시들어버릴 무익한 존재 같다는 저 말은 너무 슬픈 말인 것 같아요. '여자가 있으니까 분위기가 화사하다' '여자가 따라줘야 술맛이 좋다' '남자끼리 칙칙하게 뭐냐' 이런 말들이 다 같은 뜻인 거예요. 그런데 그게 사실 무익하다는 거죠. 무익하다는 건, 실제로 이 사회의 경쟁 시스템에서 도움이 안 된다는 거죠. 눈을 즐겁게 하고 기분을 맞추는 것 외에는 무익한 거죠. 그러니까 여자를 두고 '말하는 꽃'이라는 식으로 말하는 게 여성의 위치인 거예요. 말하는 꽃이었다가 결혼을 통해 출산을 하면 위대한 어머니가 되는 것 외에는 없는 거죠. 그게 아니면 불법적인 존재, 즉 악녀, 창녀가 되죠.

여성에게 주어진 선택지는 그것뿐인데, 그게 주체라고 할 수 있어요? 아니잖아요. 남성들 혹은 이 사회가 여성들에게 주는 선택지가 세 가지밖에 없으니까 울스턴크래프트가 여기서 한탄을 하는 거예요. 울스턴크래프트는 잘못된 교육제도가 여성을 하나의 인격체가 아니라 '암컷'으로 본다고 비판합니다. 암컷이라는 말이 뭐예요. 재생산할 수 있는 존재로만 여성을 규정한다는 것이죠. 이런 생각으로 여성 교육을 하면 여성에게 드높은 이상을 품도록 사회는 독려하지 않아요. 생각해보면 제가 자랄 때 남자들 중에는 꿈이 대통령이라고 쓰는 사람들이 있었어요. 여자들이 꿈이 대통령이라고 하는 경우는 본 적이 없고요. 지금이야 대통령이 꿈인 여학생들이 있을 것 같지만요. 옛날 사람들은 쉽게 여자의 행복은 남편 사랑에 있다고만 하면서 여성들의 세계를 남편과 자식과 가족에 한정시켜버렸죠. 이런 데서 여성들이 자신의 능력을 발휘해서 세상의 존경을 받는 사람이 된다는 건 꿈도 꿀 수 없는 이야기인 거예요. 그러나 울스턴크래프트는 여성에 대한 통념과 그에 기댄 교육을 크게 비판하고 그 사유가 남자 저술자의 편견에서 비롯되었음을 지적합니다.

그래서 이 책은, 남자들이 썼던 글들을 다 비판해요. 특히 근대적 계몽주의자들이 위선적으로 인간은 평등하다고 해놓고는 자기 저술에서는 '여자란 꽃 같은 존재지' 이렇게 써놓은 걸 조목조목 비판한 거예요. 특히 교육 문제를 비판해요. "정신이 나약해진 것은 잘못된 교육 때문이고, 저명한 남성 학자들의 작품들 역시 그보다 열등한 책들과 매한가지로 위에서 묘사한 여성관을 피력했음을 지적하고 있다."* 여성 역시 이성을 갖고 있는데, 남

여성은 인간이다

성 학자들의 작품이 여성을 이류시민으로 취급하고 그런 책만 쓴다는 거예요. 이러한 편견에서 여성 스스로가 벗어나기 위해서라도, 우리에게는 여성이 자신의 이성을 잘 사용할 수 있도록 가르치는 교육이 필요하다는 것이죠.

울스턴크래프트는 특히 여성의 처지가 너무나 비굴한 의존 상태에 처해 있다는 점을 지적합니다. 흔히들 여자는 애교가 있어야 한다는 말 많이 하죠? 혀 짧은 소리 내고, 애교 장착하라고 하고. 그런데 애교의 특징이 뭐예요? 어린애같이 말하는 거잖아요. 유치해져야 한다는 거죠. 그러니까 여성이 아이 같아야 된다는 거죠. 누군가의 관리와 통제, 지도가 필요하다는 뜻이고 성인이 된 경우에도 자율과 독립을 행사하기보다 의존 상태에 머무르기를 강요받아요. 울스턴크래프트가 여기에 분노해요. 사회가 여성을 비굴한 의존 상태로 몰아놓고선, 여성을 모자란 존재처럼 취급하니까요. "아직도 여성은 경박한 존재로 간주되고 있고, 풍자나 교훈으로 여성을 교육하려는 작가들은 여전히 이들을 비꼬거나 동정한다. 여성은 몇 가지 기예를 익히면서 어린 시절을 허송하고, 관능적인 심미안을 기르고, …… 자기보다 나은 상대와 결혼하겠다는 욕망을 추구하느라 심신의 힘을 잃어간다."[**]그 이외에는 다른 출셋길이 없으니까 그것밖에 안 하는 거예요. "이 욕망은 여성을 일종의 동물로 전락시키기 때문에, 결혼한 여성은

---

[*]   같은 책, 33쪽.
[**]   같은 책, 36~37쪽.

옷을 차려입고, 화장하고, 아양을 떠는 등 그야말로 아무 생각 없는 어린아이같이 행동하게 된다."* 이성이 있는데 이성적이지 않은 존재로 취급하니까 그렇죠. 다 컸는데도 애같이 굴게 되는 거 있잖아요. '여자들의 눈물은 무기다' 이런 말도 하죠? 여자가 울면 그걸 귀엽게 보잖아요. 만약에 부인이 합리적으로 남편한테 따지면 "이게 어디서 남편한테 말을……" 이렇게 나오죠. 근데 갑자기 여자가 울면서 "당신, 나한테 너무한 거 아니에요?" 이렇게 해버리면 '안타깝네' 이러면서 먹히는 거죠. 그거 외에는 호소할 방식이 없는 것처럼 되는 거예요.

울스턴크래프트는 이렇게 어린애와 다를 바 없는 여성들이 과연 갑자기 현명하게 가정을 이끌고 가엾은 아이들을 길러낼 수 있을까 하는 거죠. '이성적인 존재가 제대로 교육을 잘 받아야 가정을 잘 이끌고, 가엾은 아이도 잘 길러낼 수 있다. 현모양처가 되기 위해 이성이 필요하다.' 이게 이 사람의, 혹은 자유주의 페미니즘이 가질 수 있는 한계예요. 울스턴크래프트는 그래도 여성의 주요한 역할은 가정에서 아이들을 낳고 기르는 것에 있다고 생각해요. 이게 제1물결 페미니즘의 특징이기도 해요. 그래서 나중에 비판을 받죠.

울스턴크래프트는 이성을 사용하지 않으려 하는 여성들도 꾸짖고 깨어나길 촉구해요. '자꾸 남성들에게 의지하려고 하는데, 그것도 문제니까 너희 여성들 정신 좀 차릴래?' 이런 거요.

---

* 　　같은 책, 37쪽.

　　　　　　　　여성은 인간이다

이 책은 위선적인 남성 지식인들을 비판하고, 또 여성들에게 '너희들 너무 남자들한테 의존하고 사는 거 아니야?' 하면서 호소하고 호통을 쳐요. 그래서 읽다보면 '헉, 왜 이래?' 이런 생각도 드는데, 이게 제1물결 페미니즘의 한계 같아요. '여자도 똑같이 인간인데, 자꾸 그냥 남자들한테 의지하기만 하려는 거, 그 생각 좀 버릴래?' 이런 거 있잖아요. 그런 여자들한테 호통치는 내용도 좀 있어요. 우리가 이 저작을 읽으면서 '이렇게 호통만 친다고 되는 건 아닌데' 생각하면서 비판적으로 봐야 할 부분도 있는 거죠.

무엇보다도 울스턴크래프트는 계몽주의자이고 이성주의자입니다. 그래서 인간이 동물보다 우월한 이유는 이성 때문이라는 거죠. "이는 전체가 반보다 크다는 사실만큼이나 분명하다."** 이건 공리 같은 거라고 선포합니다. 결론적으로 천부인권에 대한 이야기를 해요. 그런데 왜 사회는 이성을 지닌 여성을 남성과 다르게 대하는가 반문하는 거죠. 그러면서 루소에 대한 비판을 하기 시작합니다.

울스턴크래프트는 자기도 루소가 쓴 글들을 되게 감명 깊게 읽었다고 해요. 그런데 그렇게 인간의 평등과 자유에 대해 논하는 루소가 여성 문제에 대해서는 비루하고 조야한 봉건적 의식의 소유자라고 말합니다. 어찌 보면 울스턴크래프트야말로 급진적 민주주의자라 할 수 있죠. 인간에게는 누구나 이성과 불멸 영혼이 있다고 확신하고 이성을 지닌 모든 사람이 평등하다는 계몽

**   같은 책, 41쪽.

주의적 신념을 갖고 있어요. 여기서 인간은 남성만이 아니라 여남 모두라는 것이죠. 울스턴크래프트의 루소 비판은 남성만을 인간으로 그린 계몽주의 한계 지점에 급진적 계몽주의로 맞선 것이라고 할 수 있어요.

울스턴크래프트는 루소만이 아니라 많은 남성 계몽 사상가들이 쓴 글을 조목조목 비판합니다. 이들은 여성을 나약하고 사회에 무익한 존재로 그려요. 특히 《실락원》을 쓴 존 밀턴John Milton을 언급하고 있는데요. 밀턴이 최초의 어머니라 불리는 이브를 부드러움과 매력적 우아함을 지닌 존재, 즉 남성의 시선과 감각에 즐거움을 주는 존재로 그려냈다는 거예요. 밀턴의 이야기에 따르면, 여자들은 남자들에게 관능적인 즐거움, 섹슈얼한 즐거움을 주는 존재, 그래서 매력적인 우아함과 유순하고 맹목적인 순종만을 타고난 존재가 되어버립니다. 아이 같은 존재이거나 유순한 애완동물 같은 존재인 거죠. '너는 나의 공주님' 이런 거 있죠? 그런데 '내가 원해서 공주님이 된 걸까?' 이걸 생각해보면 문제인 거죠. 헷갈리잖아요. '잘 길든 공간에서 공주 대접을 받고 예쁨을 받고 불만이 없는데 왜 나는 이게 힘들까.' 나한테 잘해주고 나한테 공주라고 쓰다듬어주는데 그게 뭔가 불쾌하잖아요. 불쾌함도 못 느꼈다면 그것도 문제죠. 뭐냐면 내 선택은 없다는 거예요. 그들이 준 걸 먹어야 되고 그들이 원하는 걸 해줘야 되는 거죠. 그들에게 뭘 줘야 해요? 위안을 줘야 하는 거죠. 울스턴크래프트는 그러니까 밀턴 같은 입장을 굉장한 모독이라고 보는 거죠.

특히 앞서 말씀드렸지만, 울스턴크래프트는 당시에 베스

여성은 인간이다

트셀러였던 루소의 《에밀》을 굉장히 비판적으로 봐요. 여러분 어린이날 아시죠? 그런데 어린이날이 있다는 건 뭘 의미하는 걸까요? 왜 어른의 날은 없고 어린이날은 있을까요? 왜냐면 나머지 364일이 다 어른의 날이기 때문이죠. 어린 시절로 돌아가고 싶다고들 하는데, 저는 별로예요. 어린 시절에는 할 수 있는 게 별로 없잖아요. 그리고 우리가 어린이를 굉장히 보호하고 돌보는 것처럼 말하지만 정말 그런가요? 대중교통 이용할 때 애들이 서 있다고 비켜주는 어른들 생각보다 별로 없어요. 지하철 탈 때 생각해보세요. 승차할 때 보면 열차랑 승강장 사이에 틈이 되게 넓잖아요. 애들 발은 빠질 수 있어요. 지하철 문이 닫히고 열리는 속도도 소위 '정상인'에 맞춰져 있죠. '정상적인 성인 남성'이 기준이죠. 어린이들은 도움을 받지 않으면 대중교통 이용하기도 어려워요. 우리는 어린이는 어른의 지도하에서 대중교통을 타야 된다고 생각하잖아요. 그런데 어린이도 똑같은 시민이라고 생각한다면 꼭 그렇게 해야 되는 걸까요? 그런 고민들을 해봐야 하거든요.

　　제가 이런 이야기를 꺼낸 건 오랫동안 어린이, 어린이의 교육에 대해서 관심을 가져본 적이 없다는 걸 언급하기 위한 건데, 루소가 《에밀》을 썼잖아요. 어린이를 어떻게 교육시킬 것인가, 어린이의 문제를 철학적으로 처음 쓴 책이잖아요. 사실 어린이라는 존재를 이론의 대상으로 삼았다는 건 큰 성취긴 해요. 그런데 루소가 왜 어린이를 대상으로 삼았던 걸까요? 루소가 보기에 인간은 이성적인데 교육을 받아야 하잖아요. 그러면 어린 시절부터 시민이 되기 위한 교육을 받아야 되는 거죠. 그래서 '에밀'

이라고 하는, 우리나라로 따지면 '철수' 정도 될 것 같은데, 그런 보편적인 이름의 어린 존재를 상정해요. 그래서 에밀이라는 어린 이가 굉장히 건전한 시민으로 성장하기까지 필요한 내용들을 저술해요. 물론 루소가 그 많은 자식을 한번 들여다보지도 않고 아버지로 살아간 적도 없으면서 이런 책을 썼다고 비판도 받지만 어쨌든 이 책은 아주 호평을 받아요.

그런데 울스턴크래프트는 진짜 화가 난 거예요. 이 책에 보면 에밀의 파트너 격으로 나오는 소피라는 소녀가 있어요. 그러면 소피도 교육을 잘 시켜야 될 것 아니에요. 그런데 소피에 대해서는 '에밀의 파트너로서 어떻게 관능적인 아름다움을 키울 것인가' 이렇게 써놓으니 울스턴크래프트가 화가 나요, 안 나요? 한국에서 지금 젊은 여성들, 영영 페미니스트들이 하는 급진적인 말들이 이해가 되고도 남는 이야기들이 이때도 있었던 거죠.

특히 루소는 여성을 찬양하는 척하지만 결국 여성의 매력은 이성에 있지 않다고 정리하고, 여성의 이성이란 남성에 비해 열등하기에 더 우월한 남성에게 여성이 이성의 측면에서 의지하거나 복속하는 것이 당연하다고 말합니다. 마치 그것이 자연의 섭리인 양 말해요. 이런 말 들어보셨죠? '여자는 남자보다 두뇌 사이즈가 작다', '여자는 수학을 못하니까 논리력이 떨어지지만 남자는 수학을 잘하니까 논리적이다' 이런 거요. 수학을 잘한다는 게 논리적인 것이라고 연결되는 이유를 생각해보세요. 지금의 합리적이라는 건 효율적이라는 거잖아요. 양화 가능한, 효율적인, 수적 계산이 잘되는 거요. 그러니까 저 이야기들은 '계산이

여성은 인간이다

딸리는 여자들한테 무슨 돈을 맡기냐' 이런 걸 정당화하는 거죠.

　　　루소의 저서는 소년 에밀이 미래의 시민으로 성장할 교육을 받는 걸 다뤄요. 그렇지만 소녀인 소피는 그저 에밀의 동반자, 부인의 역할에 그치고 당연히 소피가 받는 교육은 시민을 기쁘게 해주기, 미래 공화국에 이바지하는 아이 낳기와 양육에만 그 목적이 있겠죠. 아무리 소피가 꿈을 크게 꾼다 한들 대통령이 되기보다는 '나는 영부인이 될 거야' 이런 수준의 이야기를 하는 거잖아요. 그러니까 소피는 능동적 에밀을 다독일 수 있는 수동적인 측면을 가져야 하고요. 그래서 여자아이들은 인내심과 수동성을 배워야 하는 거예요. 흔히들 남아들은 성질이 원래 급하니까 좀 받아줘야 된다고 하면서 여아들이 성질이 급하면 그 급한 성격 좀 고쳐야 된다고 그러잖아요. 이걸 자연스러운 섭리로 말하죠. 남자들은 급할 수 있지만, 여자들은 인내심 있고 참을성 있고 받아들이는 존재로 말하는 거죠. 그래서 주어진 환경을 변화시키기보다는 적응을 잘하는 존재라는 거고요. 그리고 루소에 따르면 소피는 자기 자신을 따르지 않아요. 언제나 오직 사랑하는 남자의 생각에 따르는 거죠. '당신이 좋으면 좋은 거지' 하는 사람으로 소피를 어릴 때부터 키우자고 하니 울스턴크래프트가 화가 안 나겠어요?

당대의 조건에서 쓰인,
《여권의 옹호》가 지닌 영향과 한계

"나는 항상 루소를 인용하고 그의 천재성을 진정으로 부러워하지만, 그 부러움은 항상 분노로 바뀌고 그 관능적인 명상을 적은 유려한 문장들을 읽을 때 나도 모르게 흐뭇하게 미소를 짓다가도, 그가 여성의 미덕을 모욕한다는 걸 깨닫는 순간 울화가 치밀어 눈을 찌푸리게 된다."* 너무 재미있지 않나요? 웃다가 분노로 바뀌고, 장난 아니죠. 비판은 계속됩니다. "루소는 여자는 한 순간도 독립적인 생각에 빠지면 안 되고, 자신이 타고난 교활함을 발휘하게 될지도 모른다는 두려움 속에서 살아야"***한다라고 했다는 거죠. 그러니까 루소에 따르면 남자의 이성은 교활함이 아닌데 여자의 이성은 교활함이래요. 눈물과 교활함으로 머리 쓰면서 뒤에서 남자를 조종하려는 거 있잖아요. 울스턴크래프트는 치미는 울화와 함께 이렇게 말해요. "남자들이 쉬고 싶을 때 더 매력적인 욕망의 대상, 더 귀여운 동반자가 되고자 스스로 요염한 노예로 변해야 한다고 주장한 바 있다."**** 울화가 치밀 만하죠? "매력적인 욕망의 대상"이어야 하는데 항상 그러면 또 안 돼요. 남자가 일할 때 그러면 귀찮으니까 남자가 쉬고 싶을 때 다가와서 "오늘 어땠어요?" 하는 거 있잖아요. 아주 텔레비전 드라마

---

*   같은 책, 64쪽.
**   같은 책, 65쪽.
***   같은 책, 63~64쪽.

죠? 그리고 "귀여운 동반자"가 돼야 해요. 귀여워야 되는 거죠.

그런데 이게 중요한 부분이에요. 록산 게이Roxane Gay의 《헝거》를 읽고 저는 개인적으로 록산 게이의 슬픔을 많이 느꼈어요. 우리가 여성들은 항상 귀여워야 한다는 생각을 갖고 있지 않나요? 예쁜 것도 중요한데 귀여워야 되잖아요. 귀엽다는 건 작아야 된다는 거고요. 남자의 품에 안길 수 있는 존재여야 한다는 거잖아요. 그런데 《헝거》를 보면, 록산 게이가 자기가 너무 좋아서 사귀던 남자한테 강간을 당하고, 그 이후에 자기를 방어하기 위해서 몸을 비대하게 만드는 과정들이 나와요. 그런데 그 과정에 또 자기 혐오가 있어요.

왜냐하면 여성이라면 언제나 몸이 자그마해야 되잖아요. 사춘기 시절에 여성들이 너무 크면 남성들한테 인기가 없잖아요. 그리고 귀엽고, 상냥한 표정을 짓는 사람들이 보통 인기가 있죠. 남자와 여자가 키 차이가 난다면 누가 더 커야 돼요? 남자가 크고 여자는 더 작아야죠. 그래야 남자의 품에 쏙 안기니까. 여자 덩치가 엄청 크면 그런 여자를 어떻게 사귀냐고 그러잖아요. 그 자그마했던 여성이 출산하고 비대해지면 징그럽다는 식으로 말하고요. 사실 귀여워야 한다는 건 미성숙한 상태에 갇히는 거잖아요. 그런데 여성들한테 계속 귀여워야 사랑받을 수 있다는 식의 이야기를 한다면 어떻겠어요. 머릿속으로는 귀여워야 하는 자기 이미지를 갖고 있는데, 몸은 변하잖아요. 그러면 자기 몸의 이미지가 불쾌할 수 있겠죠? 이런 이야기가 《헝거》에 자세히 나와요.

그런데 루소도 마찬가지로 이야기하는 거예요. 인간은 모두 평등하다더니 여성에 대해서는 이렇게 쓴 거예요. 심지어 귀여운 걸로 끝나면 안 돼요. 요염해야 된대요. 정말 어렵죠? 게다가 이게 자연의 섭리래요. 그러니까 울스턴크래프트가 울분이 터져요, 안 터져요? 터지는 거예요. 그래서 그런 말도 안 되는 소리가 어디 있냐면서 루소를 엄청 비판하죠. 여러분들 읽으면서 어때요? 울스턴크래프트 속시원하죠? 어려운 글인 것 같지만 이 사람의 울분이 이해가 되죠. 되게 슬픈 건, 이 글이 18세기에 쓰인 글인데 우리가 아직도 울스턴크래프트의 글을 보면서 '사이다 발언'이라고 한다는 거죠.

이 책의 장 제목을 살피면 너무 재미있는데, '같은 주제의 계속'이라는 장도 있어요. '이게 뭐야? 계속 남자들이 여성을 비하하는 식으로 서술하고 논의하니까 내가 이런 글들이 너무 지겹지만 계속 다루겠다. 끝이 없네' 이런 거죠. 이미 이 시기에도 육체적인 힘을 영웅의 능력으로 강조하는 것은 낡았다고 생각했어요. 특히 계몽주의자들은 이성이 영웅의 진정한 능력이라고 생각하고 있었죠. 그러니까 울스턴크래프트는 이성이 더 중요한데 남자가 육체적으로 힘이 세기 때문에 여자보다 우월하다는 이야기가 얼마나 웃기냐는 거예요. 중요한 건 이성이라는 거죠.

그래서 "여자는 태어나는 게 아니라 만들어지는 것이다"* 라는 논의를 선취하는 주장이 나와요. "여자아이들은 여성의 자랑인 아름다운 용모를 보전하기 위해 중국의 전족보다 더 무서

---

* 시몬 드 보부아르, 《제2의 성》, 이희영 옮김, 동서문화사, 2009, 342쪽.

여성은 인간이다

운 방식으로 신체와 지성의 발달을 방해받고, 남자아이들이 밖에서 뛰노는 동안 집 안에만 갇혀 사는 바람에 근육이 약화되고 신경이 쇠약해지는 것이다."** 여자가 몸이 약한 건, 원래 그런 게 아니라 그렇게 키워졌다는 거죠. 여자는 태어나는 것이 아니라 만들어지는 것이라고요. 여자의 품성이라고 말하는 것들도 마찬가지라는 거죠. '약하다' '교태를 부린다' 이런 여성의 품성은 여성이 그렇게 키워졌기 때문에 나타난 모습이라는 거예요. 페미니스트들은 여자가 원래 그렇다는 건 없다고들 말하잖아요. 사회적 성별인 젠더가 이후에 등장할 수밖에 없는 단초들을 여기에서 볼 수 있는 것 같아요. 원래 그런 것이 아니라 그렇게 키워졌기 때문에, 여자가 이러이러하다는 생각, 통념, 편견에서 벗어나기 위해서는 여성도 남성과 똑같은 교육의 기회가 필요하다는 거죠.

울스턴크래프트는 대안적인 교육 정책도 말해요. 여자애들은 가정교육으로 자수 놓고, 애 낳는 교육만 받으면 된다고 하거나, 수녀원에 있는 기숙사 학교에 넣어서 사교계에 데뷔할 때까지 거기 가둬놓고 성처녀로 만드는 것, 처녀성을 지키도록 하는 것도 아니라고 해요. 가정교육과 공교육의 구별 없는 교육통합제를 말해요. 더 나아가서 여성에게 시민의 권리와 의무를 부여하자는 거죠. 그래서 이 사람은 근미래에는 여자들도 정부 대표가 될 거고, 여자들도 가정에만 머무르는 게 아니라 다양한 직업을 갖게 될 것이라고 해요. 공적인 공간에서 여성의 역할이 분

**   메리 울스턴크래프트, 같은 책, 92쪽.

명히 더 커질 것이고, 직업도 다양해질 건데, 육체가 중요한 사회가 아니라 이성을 중심으로 한 사회들이 생겨난다면 여성들이 발휘할 수 있는 능력들이 훨씬 많을 것이고, 여성들을 이렇게 묶어놓는 것도 사회에 별로 좋지 않다고 해요.

그래서 이 책에서 오히려 중요한 건 여성에게 호소하는 거예요. 스스로 인간의 존엄성을 갖고 독자적인 삶을 살 수 있도록 이성을 갈고 닦자고 여자들한테 호소를 해요. 여자들에게 교육을 제대로 제공해야 된다, 그다음에 '여성의 무지에서 비롯된 우행들'이 있으니까, 여자들도 여기에서 벗어날 수 있도록 노력하자는 이야기로 이 책을 마무리합니다.

하지만 당대의 상황 때문에 《여권의 옹호》의 주장은 바로 실행되지 못했어요. 이런 주장을 실행하려면 실제로 정부에 압력을 넣을 수 있는 시민권이 있어야 하는데 여자들은 시민권이 없잖아요. 투표권도 없었고. 여자가 투표권 쟁취하는 데 얼마나 많은 일이 있었어요. 영화 〈서프러제트〉(2015)를 보면 투표권을 쟁취하는 게 얼마나 어려운 일이었는지 알 수 있어요. 그리고 하나 덧붙이자면, 그 서프러제트를 이끈 가장 큰 동력이 부유한 여성들이 아니라 빈곤한 여성들, 노동자 계급 출신의 여성들이었다는 것도 기억해야 할 대목이죠.

그리고 울스턴크래프트나 초기 자유주의 페미니스트들은 여성의 위치가 사실은 약자와 같다고 인식을 해요. 그래서 울스턴크래프트와 같은 생각을 가졌던 사람들이 노예폐지론도 많이 지지해요. 다른 소수자들도 여성들이 겪는 차별을 겪고 있다는

여성은 인간이다

연대의식이 이 자유주의 페미니스트들한테도 있다는 걸 우리가 기억했으면 합니다. 실제로 투표권을 쟁취하지 못했을 때 이들이 다른 약자들과 연대하는 운동들을 많이 했어요. 노예들이 일하는 재배장의 환경에 경악한 여성들은 가정에서 식사를 준비하는 주부이자 티타임의 주재자로서 설탕 소비를 줄이는 행동을 하기도 합니다. 청원소에 청원하거나 의회에서 문제 제기를 할 수 없으니까 식료품 구입을 하는 가정의 경영자로서 자기가 할 수 있는 일을 했다는 거예요.

　　울스턴크래프트 사상은 잊혀 있다가, 서프러제트 운동과 함께 다시 재조명되기 시작해요. 그러니까 이 책은 18세기 말에 쓰였고, 19세기에 인기가 있다가, 19세기 말~20세기 초에 와서 다시 조명되면서 100년이나 지나서야 실질적인, 그리고 정치적인 결과물을 낼 수 있었던 거죠. 울스턴크래프트의 주장은 참정권 운동을 통과하며 재조명되었고, 지금도 당연히 의미가 있지만, 한계가 있어요. 왜? 중산층 여성만을 대상으로 삼으니까요. 그리고 울스턴크래프트의 다른 도덕적 관념들은 아주 개인주의적인 시민도덕 양성 정도의 온건한 생각이에요. 성 도덕과 가족제도 같은 주제에서는 당시 영국 중산층의 통념을 벗어나지 못했어요. 성역할의 구분에 문제를 제기했지만 인간의 표준은 여전히 남성으로 삼고 있고요. 그러니까 '우리를 인간답게 대해주시오'라는 이야기는 했지만, '알고 보니 인간의 표준은 남성 아니야?' 이런 생각까지는 못 갔다는 거예요. '인간의 표준이 남성이다'라는 문제 제기는 제2물결 페미니스트들이 시작해요.

버지니아 울프의 글을 읽으며
울스턴크래프트를 생각하다

우리가 왜 울스턴크래프트부터 읽는지 아시겠죠? 여성에게도 이성이 있다는 것. 굉장히 중요한 근대적 테제로부터 페미니즘적인 이론의 토대가 나올 수 있었다는 걸 이해해보는 의미가 있고, 여전히 지금 사회에서도 이것이 중요한 운동의 논제이기 때문이에요. 300년 전에 쓴 글을 보면서 그 울분에 동감할 수 있다는 사실에 자조적으로 웃기도 했죠. 하지만 울스턴크래프트에게도 역시 시대적 한계는 존재합니다. 노동자 계급의 여성에는 무관심했고, 부유한 여성들은 비난하기도 했습니다. 울스턴크래프트는 자기와 같은 계층의 여성들만을 옹호했지요. 그럼에도 불구하고, 울스턴크래프트의 주장은 여전히 진행 중이고 유효하며, 무엇보다도 그의 열정적인 삶은 정말로 감동스럽습니다.

울스턴크래프트는 자기 자신도 잘 알았듯, 이미 있는 길을 따라 걷는 사람이 아니라 새로운 길을 만들어 내는 사람이었고, 그의 선택은 주로 당대의 규범과 충돌했죠. 그럼에도 울스턴크래프트가 언제나 뜨거운 자신의 삶을 사랑했다는 것은 분명합니다. 버지니아 울프Virginia Woolf는 이러한 울스턴크래프트에 대해 다음과 같이 말합니다.

"내가 죽는다든지, 나 자신을 잃어버린다는 건 차마 상상할 수 없어요. 내가 존재하길 그친다는 건 불가능해요"라

여성은 인간이다

고 외쳤던 그녀는 서른여섯에 죽었다.[*]

버지니아 울프를 우리가 굉장한 페미니스트라고 말하는데 그 버지니아 울프도 이 울스턴크래프트에 감동을 받은 거잖아요. 그런데 우리는 메리 울스턴크래프트의 글과, 그에 대해 쓴 버지니아 울프의 두 글을 읽으면서 또 다른 울림을 받죠. 여러분들이 그에 대한 글을 쓰시면 또 후대의 페미니스트들이 여러분의 글을 읽고 감동받을 거라는 생각을 해봅니다.

하지만 그녀는 한을 풀었다. 그녀가 죽은 뒤 130년 동안 수백만의 사람이 죽고 잊혀졌지만, 우리는 지금도 그녀의 편지를 읽고, 그녀의 논리에 귀를 기울이고, 그녀의 실험, 그중에서도 가장 큰 결실을 맺었던 고드윈과의 관계를 생각하고, 당당하고 열정적으로 인생의 정수를 휘어잡았던 그녀를 생각한다. 그러니 그녀는 분명히 일종의 불멸을 얻은 셈이다. 그녀는 여전히 생생히 살아 있고, 따지고, 실험한다.[**]

사상은 죽지 않았던 거죠. 그래서 오늘날의 우리가 메리 울스턴크래프트를 살피고 만날 수 있었습니다.

---

[*]   같은 책, 486쪽.
[**]   같은 책, 486~487쪽.

3장

타자로서 여성을 정의하다

실존철학자, 시몬 드 보부아르

Simone de Beauvoir,
1908~1986

보부아르의 삶과 《제2의 성》

이번 장에서는 시몬 드 보부아르의 《제2의 성》을 살펴보려고 합니다. 아주 유명한 책이죠. 이 책은 그 유명세만큼 여러 의미를 갖고 있어요. 그중 첫 번째 의미는 시몬 드 보부아르가 실존철학의 개념을 통해 여성의 사회적 지위의 문제에 착목해서 자신의 철학적 입장을 펼쳤다는 겁니다.

보부아르는 학교에서 철학 교수 자격시험도 통과를 했기때문에 실제로 학생들을 가르치기도 했어요. 그런데 이 사람이 너무 급진적인 내용을 가르치니까, '학생들을 문란하게 한다' '교수답지 못하다'라는 이유로 해고를 당해요. 그 뒤로는 교단에 설수가 없었죠. 그다음에는 계속 작가로 유명세를 떨쳤는데, 이 사람을 제일 유명하게 한 책이 바로 《제2의 성》이에요. 1949년에 출간된 책인데 '페미니즘의 고전', '페미니즘의 성서'라고도 하죠. 그런데 저는 무엇보다 철학 저서로서 이 책이 가치가 있다고 봐요.

실존철학의 기본 개념은 자유예요. '인간이 어떤 식으로 자유로워질 수 있는가.' 이게 실존철학이 던지는 질문이에요. 아주 간단히 이야기하면, 자신이 타자의 위치에 놓여 있을 때는 자유롭지 못하고, 주체의 입장에 섰을 때 자유를 누릴 수 있다는 게 정말로 보부아르가 이야기하고 싶어 했던 자유의 개념입니다. 그 자유란 주어진 게 아니라 실존을 통해 참여를 해서 쟁취하는 거라고 했죠. 그리고 이 자유의 문제를 직접적인 사회적 문제, 특히 여성이라는 문제에서 시작했어요. 추상적인 수준이 아니라 상당히 구체적인 수준에서 다뤘고요.

이 《제2의 성》은 아주 두꺼운 책이고 1부와 2부로 나뉘어 있어요. 1부에서는 보부아르가 자기가 어떤 식으로 탐구를 할 것인지, 왜 자신이 이 책을 쓸 수밖에 없었는지 기초적인 이야기를 밝혀요. 그리고 운명, 역사, 신화라는 세 가지 방식을 통해 어떻게 여성이 제2의 성으로 전락했는지, 또 어떻게 교육을 통해 여성이 자신을 제2의 성으로 내면화시켰는지 탐구합니다. 남성들의 많은 작업들이 여성을 제2의 성, 즉 타자의 위치로 만들고, 이를 오랜 기간 여성들에게 내면화시키고, 또 그것이 사회 일반의 개념인 것처럼 만들었다는 분석을 1부에서 진행한다면, 2부에서는 그렇다면 그런 여성들은 어떤 식으로 자라나는가를 분석해요. 아주 어린 시절, 처녀 시절, 결혼한 이후, 그러니까 1편 '형성', 2편 '상황' 이런 식으로 여성들이 실제로 자라나는 상황에서 처하는 일들로 진행이 돼요. 결혼, 어머니됨, 소녀 시절에 여성들이 갖는 성에 대한 관념, 여성들이 얼마나 자주 어렸을 때부터 성희롱에 노출되고 있는지도 생생하게 묘사해요. 저도 이 책을 읽으면서 치를 떨었어요. 주로 이 묘사들은 여성 작가나 당시 여성들의 말을 인용하면서 진행이 돼요.

예를 들면 일고여덟 살 때부터 친족 성폭력, 성희롱에 노출되는 상황이 정말 생생해요. 어린 여자애 성기를 만지는 친척이나 가까운 친족이라든지, 여성들이 어린 시절에 어떤 식으로 성희롱에 노출되어 있는지, 그리고 그게 뭔지도 모르다가 나중에 알게 되는 경우들도 나와요. 제1편 '형성'을 보면 "집에 드나드는

여성은 인간이다

숙부나 사촌오빠들의 애무는, 어머니가 상상하는 것보다 훨씬 더 유해하다"* 이런 문장이 나와요. 그런데 누군가 자기를 귀여워한다면서 했던 행동이 매우 불쾌한 추억이었고, 그런 일이 얼마나 자주 일어나고 있는지 지금도 많은 여성들이 이야기를 하잖아요. 지금도 여전히 진행 중인 현상인 거죠.

　　미국에서 일어난 체육계 미투 중에서 어렸을 때는 몰랐다가 나중에 커서 자기가 성폭력을 당했다는 걸 알고 가해자를 고소하고 판결받은 사건들이 있잖아요. 어떻게 그럴 수 있는지를 보면, 어렸을 때는 '누군가 뽀뽀한다', 그 정도가 자기가 생각하는 섹슈얼한 행위의 전부인 거예요. 가해자인 그 선생이 했던 일은 그 이상이었기 때문에 자기에게 일어났던 일들을 설명할 언어가 없었던 거죠. 많은 세월이 지난 후에 그 사실을 발견하는 되는 경우들, 그리고 여성들에게 주로 그런 일이 많다는 것이 1편 '형성' 부분에 자세히 나와요. 그리고 '열한 살, 열두 살만 돼도 처녀다' 이러면서 소녀들을 남성의 연애 대상으로 자꾸만 대상화한다는 이야기도 나오죠. 보부아르 본인이 겪었던 일과 함께 여성의 섹슈얼리티의 특징들을 아주 자세히 묘사하고요. 그다음에 결혼, 어머니됨에 대한 고민들이 정말 생생히 묘사돼요.

　　그래서 이 책의 2부의 1편과 2편을 읽다보면 우리 자신의 이야기 같기도 해요. 완전히 똑같다고는 할 수 없지만, 근대적 의미의 가부장제 안에서 살아가는 여성들의 경험이라는 측면에

---

*　　시몬 드 보부아르, 《제2의 성》, 이희영 옮김, 동서문화사, 2009, 406쪽.

서 보부아르의 글이 주는 감회는 남다르다 할 수 있겠죠. 이 책이 1949년도에 쓰였으니까 쓰인 지 70년쯤 된 거잖아요. 그런데 70년 전 상황이나 지금이나 그렇게 다르지 않다는 생각도 들 수 있겠죠. 그리고 여러 의문들이 솟아올라요. '왜 여전히 비슷한가?'라는 의문이죠. 이러한 질문들을 마음에 품고 보부아르의 글을 읽을 때 우리는 좀더 그 글에 우리 자신을 겹쳐서 바라볼 수 있게 되는 것 같아요.

이처럼 이 책의 2부는 생생한 묘사, 실제 경험들에 대한 자세한 설명들이 있어요. 이런 걸 보면 '이게 과연 철학적인가' 생각할 수 있지만, 특히 시몬 드 보부아르는 철학이 굉장히 구체적인 우리의 경험으로부터 시작되어야 한다는 서술을 하고 있는 거예요. '실존'이라는 말 자체가 우리가 가진 시간과 공간이라는 맥락 안에서 벌어지는 현상에 대한 탐구이고, 이러한 현상으로부터 철학적 성찰을 시작합니다. 보부아르는 그걸 직접 이 책을 통해 생생하게 저술했다고 볼 수 있는 거죠.

우선 시몬 드 보부아르는 어릴 때부터 영재였다고 해요. 천재였다고도 하고요. 프랑스의 철학 교수 자격시험은 차석으로 합격해요. 이때 수석이 사르트르Jean Paul Sartre였는데, 알고 보니 수석이 보부아르고 차석이 사르트르였다는 이야기도 있어요. 교수 사회가 여성이 수석인 걸 용납하지 못해서 수석과 차석이 바뀐 거라는 거죠. 최연소로 합격하기도 했고요. 아무튼 1943년 전까지는 교수 자격시험을 통과한 후 마르세유, 루앙, 파리 등의 학교에서 가르쳤어요.

여성은 인간이다

하지만 앞서 말씀드렸듯 교수답지 못하다는 이유로 해고 당했고요. 지금도 마찬가지지만 그 교수다움이라는 게 있어야 하는데 당시 프랑스 사회에서는 굉장히 부르주아적인 가치를 기준으로 삼았던 모양이에요. 가정을 이루고 거기에 알맞은 품행을 유지해서 자기 계급의 위치를 지켜가는 일들을 해야 한다고 생각했던 거죠. 그런데 보부아르는 여러분도 아시다시피 사르트르랑 계약결혼을 했죠. 원래 2년 계약을 했다가 자동갱신을 해나갔잖아요. 부르주아적인 결혼 형태를 유지하는 것 자체에 굉장히 염증을 느낀다는 거죠. 보통 결혼을 한다는 건 국가에서 그 혼인을 인정해준다는 거잖아요. 당신의 결합관계를 인정해주겠다는 거죠. 사실혼 관계라는 것도 있고, 여러 사람 모아놓고서 결혼했다고 알리는 퍼포먼스도 중요한 작업이지만 제일 중요한 건 국가기관에 가서 사인하는 거잖아요. 국가가 인정해주는 결합이죠. 그 안에서 세금 혜택 같은 걸 얻기도 하고요. 결혼이라는 제도는 굉장히 사적인 제도인 것처럼 보여요. 우리는 결혼을 아주 사적이라고 생각하죠. 애 낳는 것도 굉장히 사적이라고 생각하잖아요. 그런데 근대국가 이후를 생각해보면 결혼이야말로 아주 공적인 영역이에요. 누군가 결혼을 하면 국가는 그 사람을 진정한 국가의 시민으로 대우해주죠. 살 집을 마련하기 위해 대출을 도와주고, 세금을 감면해주기도 하고요.

그런데 국가에게 결혼은 왜 이렇게 중요한 문제일까요? 결혼을 하는 존재는 나중에 출산을 할 가능성이 있기 때문이죠. 헤겔Georg Wilhelm Friedrich Hegel 같은 경우에는 사회의 기본 단위를 가족으로 봤어요. 둘이서 좋아 죽어서 '너 없인 못 산다' '같이 잠들고 싶다' 이런 낭만적 이야기들로 결혼이 포장되기도 하죠. 사실 결혼에는 낭만도 있어요. 그런데 결혼이 당사자가 서로 좋아하는 문제만이 아니고, 국가에서 승인을 해주는 문제잖아요.

아이가 태어나면 '아, 얘는 우리 애야' 하고 내버려두는 게 아니죠. 이 애를 사람으로 만들려면 제일 먼저 해야 되는 게 뭐예요? 출생신고죠. 그리고 지금은 주로 집에서 아이를 낳는 게 아니라 병원에서 낳고, 병원에서 의사가 이 아이가 몇 시 몇 분에 태어났다고 딱 이야기해주잖아요. 죽을 때도 그냥 못 죽어요. 의사가 선고해줘야지 죽는 거예요. 그러니까 의사와 병원이 이 사람의 탄생과 죽음을 증명해주고 그걸 갖고 국가가 다시 한번 탄생과 죽음을 승인해주는 거예요. 그런 점에서 사실은 결혼이야말로, 사람의 탄생이야말로 공적이죠. 새로운 결합을 통해서 국가의 새로운 어떤 시민의 단위가 열릴 수 있는 문제이기 때문에 사적인 게 아니라 공적이에요.

보부아르가 계약결혼에 대한 이야기를 굉장히 많이 했던 이유 중 하나가 국가가 우리의 자유로운 결합에 대해서 이래라저래라 하는 게 되게 싫다는 것 때문이에요. 국가는 결혼을 재생산으로 연결하니까요. 지금도 동성결혼을 제도적으로 허용하지 않는 이유가 뭐예요. 시민결합을 통한 동성 간 결합은 인정하지만, 가족으로 구성은 안 되는 경우가 있어요. 무슨 이야기인지 알겠죠. 동성 간인 두 명을 가족으로 인정하고, 그 가족이 누적되면 어떤 일이 벌어져요? 아빠가 여자고, 엄마가 남자예요. '엄마' 하면

여성은 인간이다

여성을 떠올려야 하는데, 남성을 떠올리게 되면 친족관계가 혼란스러워지기 때문에 동성 간에 가족을 구성하는 건 안 된다고 하는 거죠. 아이가 혈연을 중심으로 한 재생산의 단위라고 생각하는데 그 재생산의 모습과 가족이 연결되는 것들이 끊기기 때문에 시민결합의 형태는 인정하지만 가족구성에는 반대하는 걸로 알고 있어요.

그래서 우리나라에서는 동성결혼이 안 되는 거죠. 동성애자인 김조광수 감독이 자기는 파트너와 결혼했다고 선언을 하고서도 자꾸 구청에 가서 혼인신고를 하잖아요. 사람들이 그 관계를 인정한다고 하더라도 그들은 법적으로 인정받고 싶은 거예요. 사적으로 인정받는 게 아니라요. 그런데 이걸 인정하지 않는 게 되게 웃긴 거잖아요. 시민이 결합했으면 인정해줘야죠. 그런데 국가에서는 너희를 결혼한 것으로 인정할 수 없기 때문에 혜택을 못 주겠다는 거예요. 예를 들면 신혼부부 대출 같은 건 절대 못 받는다는 거죠. 영원히 신혼부부가 될 수 없는 거예요.

결혼을 상당히 사적인 것, 낭만이라고 생각하는 경향이 있지만, 그렇지만은 않은 거죠. 돈 있는 사람들끼리 서로 계급과 취향을 맞춰서 결합을 하는 결혼이 아니라 아무리 로맨스로 결혼을 한다고 해도 국가와 사회의 승인이 결혼제도 안에 있다는 게 중요한 사실인 거죠. 시몬 드 보부아르와 장 폴 사르트르는 적어도 그걸 안 했던 것 같아요. 평생 지적인 동반자로 살겠다는 거죠.

그리고 이 둘은 계약결혼을 한 상태에서 각각 연인들이 있었어요. 보부아르는 앨그렌이란 미국인과 연애를 하면서 썼던 편지가 나중에 출간이 되기도 했죠. 《연애편지》라는 이름으로 국내에도 번역 출간이 됐고요. 당시 프랑스 사회에서는 그런 걸 문란하다고 생각한 거죠. 지금도 어떤 사람들이 보부아르나 사르트르 같은 방식으로 산다고 하면 어떻게 볼 것 같아요? 요새는 폴리아모리에 대한 이야기도 꽤 하죠? 사랑을 왜 독점적으로 해야 하느냐, 셋이 함께 살 수도 있고, 넷이 함께 살 수도 있다는 거죠. 그런데 이런 독점적이지 않은 사랑을 하는 사람이 초등학교 교사라고 해봐요. 그 교사가 실력도 좋고, 범칙금도 한 번 낸 적이 없는 사람이지만 폴리아모리를 하는 사람인 걸 누가 알게 되면 어떻게 될까요? 혹은 이 사람이 여성 교사인데 레즈비언이라는 걸 학생 부모가 알게 돼서 교육위원회에 말을 하면 어떻게 될까요? 난리가 나겠죠. 그러면서 어떤 이야기가 나오겠어요? 성적으로 문란하다고 하겠죠.

그런데 그게 왜 문란한 걸까요? 만약에 남자 교사가 단란주점으로 2차, 3차를 간 다음에 사라졌다고 해봐요. 어디를 갔을지는 미스테리지만 우리가 충분히 상상할 수 있는 일이잖아요. 그런데 그걸 보고 '문란하다'고 하지 않잖아요. '부적절했다'고 하지 '문란하다'고 하지 않아요. 그리고 어떤 사람은 그런 걸 두고 '사회생활'이라고 하죠. 보부아르의 교직 생활이 사생활이 문란하다는 이유로 꺾인 것도 비슷한 맥락이었겠죠.

그럼에도 불구하고 보부아르는 책이나 글을 많이 썼어요. 특히 《초대받은 여자 L'Invitée》(1943)라는 첫 소설은 굉장히 호평을 받았어요. 그리고 전후에 사르트르와 함께 《현대 Les Temps modernes》

여성은 인간이다

라는 잡지를 창간하면서 시대에 중요한 사조들, 사상들을 계속 이야기를 하죠. 특히 그들은 앙가주망engagement, 즉 참여를 실천하는 지식인들이기도 했고요. 알제리전쟁에 반대하는 목소리도 많이 냈고, 사르트르는 노벨상이 편파적이고 자신은 제도에 복속될 수 없다는 이유로 노벨상 수상을 거부하기도 했죠. 특히 보부아르는 《제2의 성》을 통해서 정말로 자신의 철학적 입장을 실천적인 것으로 드러낸 거예요.

이 보부아르의 《제2의 성》에서 제일 중요한 개념은 '타자'라는 개념인데요. 타자는 다음과 같은 바를 전제해요. '어떤 집단이든 대척점에 있는 타자를 세우지 않고서는 단일한 하나가 될 수 없다.' 이 말은 사실상 동일성이 '어떤 변치 않는 본질이 있기에 동일하다'라는 정체화를 할 수 있는 것이 아니라는 거예요. 시몬 드 보부아르의 통찰은 동일성은 그런 식으로 성립되는 것이 아님을 강조하는 거죠. 요샛말로 '인싸(인사이더)', '아싸(아웃사이더)' 같은 이야기로 알 수 있어요. 누군가를 타자로 딱 배척하는 거죠. 우리는 누군가를 적으로 만들면 하나가 되잖아요. 바로 보부아르가 그렇게 이야기를 해요. 어떤 집단이 하나가 되려면 나와 대척점에 있는 타자, 나와 다른 존재를 세워놓으면 된다는 거예요. 실은 동일성이란 우리가 가진 본질 때문이 아니라, 외부의 타자를 배척함으로써 획득되어왔다는 거죠. 그게 되게 중요하다는 거예요.

공동체 집단 안에서는 이방인이 있을 때 우리는 하나가 되고, 부르주아 같은 경우에는 프롤레타리아를 적대하면서 부르주아가 되고요. 그런데 여성의 입장도 마찬가지라는 거예요. 여성은 언제나 타자였다는 거죠. 보부아르가 봤을 때 인간이라는 어떤 본질, 즉 인간이라는 게 결국엔 남성이었다는 거예요. 바로 '인간=남성'이 되기 위해서, 그리고 '(모두 남성인) 이 인간이 단일하다' '우리는 하나다' 이러기 위해서 필요했던 게 타자성이었죠. 이 타자, 즉 인간에 속하지 않는 존재가 바로 여자였고, 여자는 언제나 제2의 성이었다는 거예요. 제1의 성이 아니라.

그래서 어떤 의미에서 남성은 성적인 존재인 적이 한 번도 없었다는 거예요. 이런 걸 특권이라고 해요. 그러니까 남자들은 자기가 남자라는 사실을 의식하지 않죠. '있잖아, 나는 남잔데……' 이러지 않잖아요. 뭔가를 의식한다는 건 주로 이런 거죠. 예를 들면 면접을 보러 갈 때 자기 면접관을 의식하잖아요. 면접관을 의식한다는 건 그들한테 내가 잘 보일지 외부의 눈을 의식한다는 거죠. 그건 나를 언제나 판단의 대상이라는 위치에 놓는 거예요. 그러니까 그들이 언제나 주체이고 나는 그들이 판단해야 될 일종의 대상이에요. 뭔가를 의식한다는 건 나를 대상으로서 의식하는 거예요. 내가 옳은 것인지 틀린 것인지 나 스스로 결정이 안 된다는 거죠. 외부에서 결정해준다는 거잖아요. 면접이라는 게 딱 그렇듯이.

그런데 여성은 여성으로서 자기를 의식할 경우에 여성성은 언제나 열등한 것으로 의식한다는 거죠. 남성은 자신의 남성성이 열등한 것이라는 방식으로 자기를 의식하지 않아요. 그러니까 뭐냐면, 남성은 자기 자신을 섹슈얼한, 성적인 존재 혹은 젠

　　　　　　　　　　　　　여성은 인간이다

더화된 존재로 자기를 이해해본 적이 거의 없다는 거예요. 남자라는 존재는 언제나 인간이었을 뿐, 자기를 성을 가진 존재로 생각해보지 않았다는 거죠. '인간'이라고 하면 그건 언제나 남성이었잖아요. 레오나르도 다 빈치의 〈인체비례도〉 같은 거 생각해보면 인간이 누구죠? 남자잖아요. 시몬 드 보부아르는 여성은 언제나 이러한 인간인 남성, 자기 자신을 성적인 존재로 사유할 필요도 없는 제1의 성에 속해 있는 존재가 아니라 남성보다 열등한 존재인 타자이자 제2의 성의 자리에 있다고 설명해요. 제2의 성인 여성 타자는 제1의 성을 언제나 동일한 인간으로 확인하게 하는 역할을 담당해온 거죠. 이 책의 맨 처음에 풀랭 드 라 바르François Poullain de La Barre의 글이 인용되는데, 저는 이 인용이 중요한 것 같아요. "이제까지 남자가 여자에 대하여 쓴 것은 모두 믿을 수가 없다. 남자는 심판자이며 당사자이기 때문이다."* 남자는 언제나 면접관인 거죠.

어쨌든 《제2의 성》은 출간되고 1주일 만에 프랑스에서 2만 2,000권이 팔렸어요. 미국에서 번역되고 나서는 100만 부가 팔렸고요. '페미니즘의 성서'라고 불렸죠. 주로 여자들이 이 책에 열광을 했죠. 이 두꺼운 책 안에 자신들의 생생한 경험들이 쓰여 있으니까요. 앞에서 소개한 것처럼 이 책의 1부에서는 한마디로 이론적인 내용, 즉 역사나 문화 같은 것이 어떻게 여자를 제2의 성으로 낙인찍고 있었는지를 생생하게 분석해요. 스탕달Stendal 같

---

*   같은 책, 10쪽.

은 유명한 작가들을 다 거명하면서요. 2부에서는 실제로 여성들이 어떤 식으로 자라왔는지를 이론을 통해서 생생하게 묘사하고요. 여러분도 1부가 어려우면 2부부터 읽어보세요. 2부부터 읽으면, 공감하면서 읽을 소재가 굉장히 많거든요. 현대 사회를 살아가는 여성이라면 이해를 못할 수 없을 거라고 생각해요.

그래서 남성 지식인과 저널리스트들은 이 책에 독설을 퍼부어요. 특히 알베르 카뮈Albert Camus는 프랑스 남성을 모욕했다, 프랑스 수컷을 조롱했다며 비판했고 프랑수아 모리아크François Mauriac는 "문자 그대로 천박함의 한계에 이르렀다. 구토약을 먹으면 아이들은 음식물을 토해낸다"라고 했어요. 구토약처럼 구역질이 난다는 거죠. 교황청에서는 금서로 지정했고요. 그다음에 프랑스 공산당에서도 이 책이 좋은 책이 아니라고 했어요. 계급투쟁이 잘되면 그다음에 젠더 문제가 주된 문제가 될 거고 그러면 성차별 문제가 해결되는데 딴 이야기를 한다는 거죠. 계급 문제가 주요 모순이니 계급투쟁에 집중을 해야 되는데 관심을 다른 데로 돌린다고 보부아르를 비판해요.*

---

* 정명진, 〈〈명저를 찾아서〉 1. 시몬 드 보부아르, 제2의 성〉, 《중앙일보》, 1994년 6월 5일 자, https://news.joins.com/article/2892674; www.critiqueslibres.com/i.php/vcrit/17669 참조.

여성은 인간이다

여성성과 타자에 대하여

이 책에서 중요한 말은 이미 알고 계실 거예요. "여자는 태어나는 것이 아니라 만들어지는 것이다."** 이 말은 여자라면 어때야 한다는 것들에 대해서 여자가 왜 그래야 되느냐는 거예요. 여자가 아이를 돌봐야 한다고 하는데, 그건 왜죠? 여자는 자궁이 있고, 아이를 낳을 수 있고, 가슴이 있고, 그 가슴에서 아이를 낳으면 모유가 나와요. 그러니까 누가 돌봐야 해? 아이를 품었던 여성이, 모유를 쏟아내는 여성이 아이를 돌봐야 한다는 거예요. 그리고 아이는 작고 연약한데, 여자가 이렇게 아이를 잘 돌보는 걸 보니 '여성은 부드럽고 따뜻하고 누군가를 돌보기에 적당하다'가 되는 거죠.

그러니까 여성의 자궁과 여성의 출산 능력을 두고 여성은 누군가를 품을 수 있는 존재이기 때문에 공격적이지 않고 수동적일 수밖에 없다고 하는 거죠. 생물학적인 결정론이 여성성을 만들어낸다는 겁니다. 간단하게 말하면 '여성은 자궁이다'라는 거예요. 저는 이 말이 되게 재미있는 것 같아요. 요새 어떤 분들은 '여성은 자궁이 있기 때문에 여성이다', '자궁이 여성을 증명한다'라고 하는데, 보부아르는 이런 이야기를 질색했어요. 자궁에서 여성의 모든 본질을 찾는 방식, 그러니까 자궁이 있기 때문에, 혹

** 같은 책, 342쪽. 인용한 문장보다는 "여자로 태어나는 것이 아니라 여자가 되는 것이다"라는 번역을 더 선호한다는 점을 참고해주시기 바랍니다.

은 자궁이 있었던 존재이기 때문에, 자궁에서 피를 쏟는 존재이기 때문에 여성은 여성이라는 말들을 거부해요. 여성은 태어나는 것이 아니라 만들어진다는 건 그런 거예요. 생물학적 본질주의를 거부한다고 말하는 것과 다르지 않은 거죠.

드디어 페미니즘에서 매우 중요한 '젠더'라는 단어, 사회적 성별인 '젠더'라는 단어를 제기한 것과 다를 바 없는 이야기들을 보부아르가 하는 거죠. 그러니까 여성성이라고 하는 건 없는데 사회에서 만들었다는 거예요. 왜? 남성이 자기 힘을 더 유지하기 위해서. 그런데 이러잖아요. '너는 자궁도 있고 가슴도 있고 출산 능력도 있는 여잔데 왜 아이를 이렇게 못 봐? 아이를 왜 싫어해?' '여자라면 부드러워야 되는데 왜 이렇게 드세? 너 여자 맞아?' 요새 '여자여자하다' 이런 말도 있잖아요. 뭘 의미해요? 부드럽고 말 잘 듣는 거죠. 여자여자한 분위기를 냈다는 건 어떤 옷을 입었다는 걸까요? 하늘하늘한 옷일 거 같죠? 그런데 왜 여자여자한 건 하늘하늘하죠? 사실 그건 여자여자한 거라고 할 게 없잖아요. 예전에 귀족들은 성별과 무관하게 실크 소재의 하늘하늘한 옷을 입었죠. 그냥 하늘하늘한 옷을 입었다고 이야기해도 될 걸 여자여자한 옷이라고 하는 거죠. 그다음에 분홍색도 여자여자한 거죠. 분홍색은 태어날 때부터 여자 색이라고 붙어 있었어요? 아니잖아요. 그런 것들은 만들어진 것이지 그렇게 되어야 할 이유는 없다는 거예요. 왜 하필 하늘하늘한 거랑 여자여자한 거랑 연결시키는 걸까요? 또 여자여자하다고 하는 옷 중에는 몸의 실루엣이 드러나는 옷도 있죠. 실루엣이 잘 드러나야 되니까 여성복

여성은 인간이다

에는 주머니가 없죠. 주머니가 있어도 엄청 작아야 되잖아요. 주머니가 크면 여체가 가려지니까요. 큼지막한 옷을 입으면 또 여체가 가려지고요.

시몬 드 보부아르가 보기에는 사회에서 말하는 여성성이라는 건 실제 여성의 본질과는 아무 상관도 없는 문제, 그러니까 사회구성주의로도 설명될 수 있죠. 사회가 그렇게 만들어냈다는 것이고, 그런 식으로 교육시키고, 그렇게 역사를 만들고, 여성의 원초적인 어떤 여성성이 있다는 신화를 만드는 거죠. 그렇다면 누가 그 신화를 만들었을까요? 남자라는 거예요. 여성성의 신화는 주로 두 가지예요. 따뜻한 어머니거나 요부. 둘 중 하나가 아니면 안 되는 거죠. 여기에 해당하지 않는 존재는 이해할 수 없는 존재가 되는 거예요.

《제2의 성》에서 두 번째로 주목할 부분은 왜 여성성을 신화화했는지에 대한 분석이에요. 이 분석이 탁월해요. 보부아르가 살았던 시대에 이 신화화에 일조한 사상이 바로 정신분석학이에요. 특히 프로이트요. 프로이트가 말한 오이디푸스 콤플렉스의 내용이 뭐죠? 오이디푸스 신화는 이렇죠. 테베의 왕이 신탁을 받는데, 아들이 자신을 죽이고 자신의 부인과 결혼할 거란 내용이에요. 그래서 테베의 왕이 정말로 아들인 오이디푸스를 죽이려고 하죠. 오이디푸스 발에 구멍을 뚫어서 돌을 매달아 물에 서서히 빠져 죽게 해요. 그런데 우연히 건져져서 영웅이 된 거죠. 오이디푸스라는 이름이 '발에 구멍이 뚫린 자'라는 뜻이에요. 이 오이디푸스는 테베를 구한 영웅이 되지만 영웅이 되기 전에 우연히 아버지를 죽게 하고 영웅이 된 보상으로 테베의 죽은 왕의 부인과 결혼하죠. 그게 오이디푸스의 어머니이고요. 프로이트는 이로부터 친부 살해라는 모티브를 끌어냅니다. 그리고 아버지가 죽은 뒤에 세계의 계승자가 되는 아들이라는 신화를 만들어내고요. 이 신화에서 여자들이 들어설 자리는 없어요. 특히 딸의 자리는 없죠. 프로이트에 따르면, 어릴 때는 남성인지 여성인지 몰랐던 여자들이 남성이 페니스가 있어서 권력이 있다는 사실과 자기 자신에게는 바로 그 페니스가 없다는 사실을 알게 되면서 자신을 결핍된 존재로 여긴다는 겁니다. 그래서 여자들에게 엄청난 페니스 선망penis envy이 있다는 거예요.

프로이트 이야기 안에서 인간의 원형은 페니스를 가진 남자아이라는 거죠. 여자아이는 페니스가 없기 때문에 언제나 결핍된 존재, 즉 타자죠. 페니스가 없으니까 그것을 갖고 싶어 한다는 거고요. 가족 로맨스를 그리는 프로이트는 페니스를 가진 소년이 더 큰 페니스를 가진 아버지가 어머니를 소유했다는 이유로 증오하면서도, 페니스가 잘릴 수 있다는 거세 공포에 시달리고 친부 살해의 욕구를 품는 오이디푸스 콤플렉스가 인류 발전의 동력인 양 그려냅니다. 소녀는 원래 페니스가 없으니 거세 공포는 없지만 페니스를 가진 소년을 부러워하고 페니스와 같은 것들을 선망한다고 계속 강조하죠.

그런데 오이디푸스 콤플렉스와 그에 따른 법칙이라는 게 근대 가부장제 가족에서는 얼추 맞는 것처럼 보일 수 있지만 전 세계의 모든 가족 모델을 이 공식으로 설명할 수 있는지는 의문

여성은 인간이다

이죠. 그럼에도 불구하고 프로이트가 그걸 아주 중요한 신화, 원형인 것처럼 이야기하면서 가족 모델을 만들어봐요. 두 번째로 그 속에 존재하는 여자를 언제나 결핍된 존재, 타자, 없는 존재로 만들죠. 결핍된 존재, 없는 존재니까 여자의 본성이 시기, 질투가 되는 거죠. 없기 때문에 언제나 원하는 거예요. 여자들은 다 페니스가 없잖아요. 페니스가 있는 게 정상인데 여자들은 페니스가 없으니 비정상적인 거고, 여자들끼리 누가 먼저 페니스를 얻을 것인가를 두고 싸움, 투기를 한다는 거죠. 시기, 질투, 투기를 여자의 기본 모드로 설정해버리는 거예요. 페미니스트 입장에서는 말이 안 되는 거죠. 인간의 기본이 페니스를 가진 남성이 되고, 여성은 페니스를 욕망하거나 선망하거나 시기하는 존재가 되고 그걸 여성성의 특징으로 이야기해버리니까요.

《제2의 성》에는 프로이트에 대한 비판이 아주 많아요. 그런데 재미있는 건 이후에 페미니스트들이 정신분석학을 많이 공부하고, 정신분석학적 논쟁도 많이 한다는 거예요. 여성이 페니스를 선망한다는 프로이트주의자들의 이론을 비판하기 위해서죠. 최초로 그 이야기를 시작한 사람이 바로 보부아르예요. 우리가 다음에 살펴볼 베티 프리단, 슐라미스 파이어스톤도 프로이트를 다 공격해요. 공격을 하는 이유가 있어요. 프로이트는 가족과 재생산을 인간의 원초적인 모습으로 설정하는데, 사실 그걸 털어보면 인간 남성을 인간의 기본 모드로 만드는 중요한 장치가 바로 가족과 재생산이라는 거예요. 이게 가부장제고, 이게 원초적으로 여성을 옭아매는 억압이라는 통찰이 《제2의 성》에 등장해요. 보통 래디컬 페미니즘이라고 하는 제2물결 페미니즘을 예고한 책이죠. 여성 억압의 본질이 가부장제, 가족, 재생산, 어머니됨에 있다는 통찰을 줘요.

이제 《제2의 성》의 프롤로그를 한번 볼까요? "나는 여자에 대한 책을 쓰는 데 오랫동안 망설여 왔다."* 그런데 이 책의 목적은 '여자가 원래 그렇다' '여자는 원래 태어났을 때부터 여자다'라는 생물학적 본질이나 선천성이라는 걸 끊어내려는 거죠. 그다음 보세요. "'여자는 자궁이다(모든 여자는 자궁 속에)'라고 말한 사람도 있다."** 보부아르는 이 말을 통해서 다음과 같이 의문을 제기합니다. 그래, 여자가 자궁을 갖고 있다고 한들 여자를 설명하는 많은 의미들이 모두 그 자궁에서 기인하는가. 게다가 '자궁을 가졌다'라는 말이 곧 '여성이 임신하고 출산하는 존재'라는 말과 동일하다고 할 수 있는가. 여성을 설명할 때 여성을 자궁과 동일시하고 자궁을 가진 존재가 바로 여성 그 자체라고 생각해왔기에, 항상 여자들은 있어왔지만 여성에 대한 설명은 대부분 실패했다는 거예요.

"문제제기 자체가 우리에게 일차적인 해답을 암시한다. 그런 문제를 물어본다는 자체가 의미 있는 것이다. 남자들은 그들이 인류에서 차지하고 있는 특이한 상황에 대하여 책

---

*   같은 책, 11쪽.

**   같은 책, 11쪽.

여성은 인간이다

을 쓸 생각조차 하지 않을 것이다."****

여자들은 여자가 뭔지에 대해서 말한 바가 없는데 그럼에도 불구하고 여자들은 '여자는 자궁이다'라는 그 말 한마디로 여자를 어떻게 설명할 수 있는지 고민이 많아요. 하지만 남자는 '남자가 무엇인가' 이런 책을 절대 쓰지 않는다는 거죠. 보부아르는 이러한 비대칭성을 사유합니다. 물론 요새 와서는 남성성 연구 같은 걸 하죠. 그런데 보부아르가 지금 말하는 건 남자들은 그런 걸 책으로 쓸 생각도 안 했다는 거예요. 그런데 여성은 자신을 규정하려면 자신이 여자라고 먼저 선언을 해야 한다는 거고요. "남자는 결코 어떤 성性에 속하는 개인으로서 자신을 규정하며 시작하지는 않는다. 그가 남성이라는 것은 굳이 말할 필요도 없다."**** 이게 특권이라는 거예요. 자기를 성적 존재로 이야기하지 않는다는 거요. 여기에서 차별이 시작되는 것 같아요. 여기에는 한국인들만 있으니까 우리는 '나는 한국인입니다'라고 시작하지 않죠. 그런데 미국 이민 3세대 같은 경우면 그냥 미국인이 아니라 한국계 미국인이라고 이름을 붙이겠죠. 혹은 해외로 입양된 경우에는 '나는 입양아인 누구'가 되는 거고 그 자체가 차별받을 수 있는 위치가 되는 거잖아요. 언제나 자기가 주체가 될 수 없는 위치, 즉 타자예요.

***   같은 책, 13쪽.
****   같은 책, 13쪽.

"'남성'·'여성'이라는 용어는 법률서류에서나 형식상 대칭적으로 쓰일 뿐이다."* 남성과 여성이라는 용어가 대칭적인 용어로 쓰이는 건 법률서류상이지 남성과 여성이라는 말을 쓰는 순간 그건 언제나 비대칭성을 함유하고 있다는 거예요. 남성이라는 말은 곧 인간이라는 뜻이에요. 남성과 여성은 법률상으로 F/M 이렇게 나누는 것처럼 대칭적으로 보이지만 이미 남성 안에는 인간이 먼저 있기 때문에 남성과 여성의 관계는 그 출발 자체가 비대칭적이라는 거예요. 그것을 주체와 타자라고 하는 거죠.

　우리가 '양성평등'을 다룰 때, 여성과 남성을 대칭적인 상태로 보면서 '양성평등'이라고 이야기하는 것은 큰 문제가 있다고 생각해요. 그건 페미니즘의 기초가 안 된 상태예요. 양성평등이라는 말은 두 성이 평등하다라는 전제를 내포한 말이죠. 하지만 지금껏 우리가 살펴보았듯이 제2의 성인 여성은 제1의 성인 남성과 결코 평등하지 않아요. 남성은 인간인 반면 여성은 남성의 반대항인 비인간일 뿐이니까요. 그러한 이유로 보부아르는 다음과 같이 씁니다.

　　"실제로 두 성의 관계는 전기의 양극 및 음극의 관계와 똑같지는 않다. 왜냐하면 프랑스어로 '남자homme'라는 단어가 인류 전체를 가리키는 뜻으로 흔히 쓰이는 데서 알 수 있듯이, 남자가 양성陽性과 중성中性을 대표하기 때문이다.

---

* 　　같은 책, 13쪽.

라틴어의 '남자vir'란 단어가 지닌 개별적인 의미가 '인간 homo'의 전체적인 의미에 동화해 버린 것이다. 반면에 여자라는 것은 오로지 음陰으로만 여겨지기 때문에 일방적으로 온갖 규제가 주어진다."**

결국 비인간이자 성적 존재인 여성에게는 인간이 되기 위한 규제 조건들이 언제나 요구되는 것이죠.

실제로 보부아르가 공격하는 내용들을 보면, 왜 남자에 대해서 이야기할 때는 규제가 없는데 여자에 대해서 이야기할 때는 언제나 규제가 따로 있느냐는 거예요. 이런 말 들어보셨죠? '여자는 아무 데나 앉으면 안 돼' '여자는 찬 데 앉으면 안 돼'. 듣다보면 맞는 말 같기도 하죠. 성기, 애 낳는 데, 자궁이 차가워지면 안 좋다는 게 주된 내용이잖아요. 그런데 남자들한테는 찬 데 앉지 말라고 안 하죠. 남자들한테는 부엌에 들어오면 고추 떨어진다고 하잖아요. 고추가 떨어진다는 식으로 이야기하지 보호해야 된다고 하지 않잖아요.

여성은 여성의 생물학적 특징들에 의해서 무언가가 금지되잖아요. '처음에 취직은 시켜주지만, 나중에 너는 결혼하고 아이를 낳을 거니까 승진시켜봤자다. 너한테는 야근, 특근 못 시키지 않느냐' 이런 거요. 여성이라는 것 자체가 더 나은 지위를 보장받지 못하는 위치인 거죠. 그런데 남자들한테는 '너는 나중에 결

**   같은 책, 13~14쪽.

혼해서 아버지가 될 사람인데 야근, 특근 못 하지. 아버지가 된다는 건 굉장히 큰 책무고, 나중에 애 낳으면 애들 픽업해야 되잖아. 아빠데 애들하고 놀아줘야지. 그러니까 승진 안 돼' 이런 이야기 하는 거 못 들어봤잖아요. 아버지가 되면 집에 돈을 벌어다줘야 된다는 식으로 말하지만, 사실 일을 하면 돈만 버는 게 아니라 자기 성과가 있는 거잖아요. 아버지의 등은 굽었다고 하지만 그 굽은 등이 권력인 거고요. 이러한 여성에 대한 사유를 오랫동안 철학이 뒷받침해왔어요.

아리스토텔레스는 이렇게 말했다. "여성은 어떤 질적인 '결여' 때문에 여성이다. 우리는 여자들의 본성에 타고난 결함이 있는 것으로 생각해야 된다." 그리고 성 토마스도 아리스토텔레스의 말을 이어받아, 여자는 '불완전한 남자' 이며 '우발적인 존재'라고 단정했다. …… 이브가 아담의 '여분의 뼈' 하나로 만들어졌다고 전하는 '창세기'의 이야기는 여자의 불완전성을 상징하는 것이다.[*]

우발적이라는 건 필연적인 게 아니라 우연적으로 만들어졌다는 거예요. 있어도 그만, 없어도 그만인 그런 존재라는 거죠. 이브는 아담의 옆구리 갈비뼈로 만들었잖아요. 신이 먼저 창조한 것도 아담이죠. 아담은 신이 직접 흙으로 빚어서 창조했어요.

---

[*]   같은 책 14쪽.

여성은 인간이다

그다음에 신의 호흡을 불어넣었죠. 그런데 이브는 아담이 심심해 하니까 아담을 재운 다음에 갈빗대를 뽑아서 만들었다잖아요. 남 자의 몸에서 나왔다는 거예요. 여자는 언제나 남자에게 복속해야 된다는 거죠. 신의 호흡이 없잖아요. 여성은 불완전한 존재라는 거예요.

그렇기 때문에 여성의 육체는 남자의 육체에서 파생된 존 재라는 의미도 있어요. 아주 중요한 문제예요. 현대의학에서도 이 문제가 여성들의 부작용으로 드러나요. 현대의학에서는 육체 의 기본을 남자로 설정하죠. 여자의 육체는 남자 육체의 파생물 이잖아요. 그러니까 남자 육체에 맞으면 여자 육체에도 얼추 맞 겠다는 생각을 하는 거죠. 여자들을 두고 이렇게 말하는 거예요. '여러분은 우연적인 존재예요. 태어나도 그만, 안 태어나도 그만. 꼭 태어나야 될 운명은 아닙니다.' 이런 이야기 들으면 기분이 어 때요? 별로죠. 그리고 여성은 주체가 아니라는 거잖아요. 그래서 보부아르가 이렇게 쓰는 거예요. "여자는 본질적인 것에 대하여 비본질적인 것이다. 남자는 '주체'이고, '절대'이다. 그러나 여자는 '타자'이다."** 절대라는 건 비교 불가능이라는 뜻이에요. 그런데 여자는 타자이고 상대적인 존재인 거죠.

실존철학에서 타자의 위치에 놓여 있다는 건 자유의 성취 를 이룰 수 없다는 걸 의미해요. 그런데 실존주의에서 인간에게 중요한 건 자유거든요. 인간이 성취할 수 있는 자유. 그런데 여성

** 　같은 책 15쪽.

이 언제나 타자의 위치에 있고 자유를 성취할 수 없다면 부당한 거잖아요. 보부아르는 여성의 위치가 타자의 입장에 있다고 하면서 자신의 철학적 입장을 끌어오는 거죠. 실존주의에서 타자성은 인간을 억압하고 자유를 억압하고 인간이 가져야 될 고귀한 어떤 것들을 갖지 못하게 만드는 것인데, 지금 여성이 타자의 위치, 비자유의 위치에 있다면 이것을 내버려둬야 되느냐는 거예요.

여기서 자유는 주체와 타자의 관계 속에서 전개되는데, 주체가 필연이라면 타자는 우연이라는 거예요. 주체는 기필코 언젠가 죽을 존재인 자신의 유한성을 박차고 필연인 자유의 영역으로 자신을 던진다는 거죠. 그러나 타자의 위치에 있는 존재는 사실상 자신의 우연적 실존 안에 갇힌 비자유의 영역에 머물러 있을 수밖에 없어요. 하지만 우리가 보부아르의 통찰에서 보았듯, 실제로 주체가 되는 입장은 이 타자 없이는 주체가 될 수 없잖아요.

'타자'의 범주는 의식 자체와 마찬가지로 근본적이다. …… 어떤 집단도 타자와 직접 대립하지 않고는 자기 자신을 주체로서 파악하지 못한다.[*]

주체가 되기 위해서는 항상 타자가 필요하다는 거예요. 남자는 여자를 타자화함으로써 '인간'이 되었던 거죠. 이게 굉장히 문제가 있다는 거예요. 그런 점에서 실제로 남녀의 위치라는 건

---

[*]   같은 책, 15~16쪽.

여성은 인간이다

언제나 비대칭적이라는 걸 밝혀냅니다. 이것이 페미니즘의 아주 중요한 출발점이에요. 우리가 페미니즘을, 그 이론을 이해한다는 건, 남녀의 성차가 비대칭적인 상태이며 그것들을 교정하려는 어떤 시도가 페미니즘의 출발점이라는 걸 이해한다는 거예요. 시몬 드 보부아르가 주체와 타자의 관계를 통해 이것에 대해 일종의 논증을 했다고 보시면 될 것 같아요.

주체(남성)와 타자(여성)의 문제

보부아르는 주체가 된다는 건 언제나 타자를 설정하는 문제이고, 타자를 거치지 않고는 주체가 될 수 없다고 해요. 그래서 실제로 타자라는 개념이 상호적일 때가 있다는 거예요. 예를 들면 부르주아와 프롤레타리아의 관계를 봅시다. 부르주아는 자기를 주체로 세우기 위해 프롤레타리아를 타자로 만들고, 프롤레타리아는 부르주아를 타자로 만들고 자기 주체화를 하죠.

그러니까 서로 적대적인 관계를 만들면서 서로 주체가 되려고 하잖아요. 남을, 반대편을 타자로 만들면서요. 국가와 국가의 관계도 그렇죠. 우리는 한민족을 역사의 중심에 세워놓고 나머지는 타자로 만들죠. 우리나라만 그런 게 아니라 다른 나라도 다 그러죠. 자기가 주체이고 다른 나라는 다 타자화해요. 특히 적대적 관계에서 그렇죠. 대립하는 관계에서 한쪽을 주체로 만들고 상대방을 타자화하는 어떤 상호 대칭적 관계가 있다는 거예요.

그런데 그런 것들을 어떤 식으로 만드느냐면 쟁투로 만든다는 거예요. 투쟁하게 된다는 거예요. 식민지 같은 데서 볼 수 있죠. 이 압제에서 못 살겠다고요. 저항의 의식이 생겨난다는 거예요.

그런데 여기에서 보부아르는 이런 질문을 던져요. '분명히 남녀는 주체와 타자의 관계인데 여자는 왜 한 번도 저항을 안 하지?' 신기하다는 거예요. 다른 모든 곳에서는 주체와 타자의 관계면 자기를 주체로 세우고 외부를 타자로 세우고, 이쪽이 주체면 저쪽을 타자로 세우는 쟁투관계라는 게 성립이 되는데 여성은 그렇지 않았던 거예요. 한 번도 투쟁적이었던 적이 없다는 거죠. 그래서 이런 예시들이 나와요. 프롤레타리아도, 흑인도 각각 '우리'라고 스스로를 모은다는 거죠. 그러면서 프롤레타리아는 부르주아를, 흑인들은 백인들을 타자로 만든다는 거예요. 그런데 여자들은 '우리'라고 하지 않는다는 거죠.

여기서 보부아르는 페미니즘 운동의 필요성을 이야기하는 거예요. 여성과 남성의 관계는 언제나 비대칭적이었고 여성은 언제나 타자의 위치에 있어왔죠. 그런데 흑백 간, 자본과 노동자의 관계처럼 주객, 주체와 타자, 상호 주체가 될 때 외부를 타자로 설정하는 다른 관계들과 남녀관계는 양상이 다르다는 거예요. 남자들은 자기들을 '우리'라고 부르는데 여자들은 왜 스스로를 한 번도 '우리'라고 부르지 않는가. "여자들은 남자들이 스스로 양보해 주는 것밖에는 얻지 못했다. 스스로 쟁취한 것이 아무것도 없으며, 그저 주는 것만 받아 왔을 뿐"*이라는 거예요. 이게 너무 이상하다는 거죠.

여성은 인간이다

왜 그런가 생각을 해봤더니 "여자들은 타자와 대결해서 싸울 수 있도록 자신들을 하나로 뭉치게 할 현실적인 수단이 없었다".** 흑인들이 그들 외부의 백인들을 타자로 이야기할 때, 주로 하는 일이 뭐예요? 흑인들의 고유한 역사나 흑인들의 프라이드를 이야기하면서 주체가 되거든요. '우리는 우리만의 고유한 게 있다'는 거죠. 노동자는 '역사의 주인, 노동자' 이렇게 이야기하면서 자본가라는 건 없어져야 된다고 하잖아요. 그런데 여자들은 자신들을 하나로 뭉치게 할 현실적인 수단이 없기 때문에 주체가 된 적이 없었다는 거예요. 보부아르는 여성들이 여성들만의 고유한 과거, 역사, 종교와 같은 정체성을 공유하거나, 노동자 계급처럼 노동으로부터 비롯된 연대감도 갖지 못했다는 사실을 지적합니다. 그리고 중요한 건 같이 살지도 않는다는 거죠.

예를 들면 1970~80년대에는 빈민 투쟁을 많이 했고, 제가 대학을 다닐 때도 많이 했어요. 재개발되고 아파트 들어선 지역에 생존권을 보장하라는 철거민 투쟁이 많았어요. 요새는 그러면 거주 불안에 시달리는 가난한 사람이 없나요? 아니죠. 오히려 더 많죠. 특히 청년 세대 같은 경우에 고시원이나 지하방에 많이 사는데, 고시원이나 지하방이 어떤 특정 지역에 모여 있지는 않잖아요. 여기저기 있죠. 가난한 사람들만 모여 사는 슬럼, 즉 같이 거주하는 지역이 사라졌다는 거예요. 같이 거주하는 지역이 있으

---

*   같은 책, 18쪽.
**   같은 책, 18쪽.

면 사람들이 같이 모여서 싸우잖아요. 용산 철거민 투쟁 같은 경우가 그랬죠. 그런데 지금 청년 세대는 모여서 같이 살지 않는 거죠. 가장 부유하다는 서울 강남 3구에도 지하방에 사는 청년들이 있어요. 그들이 강남 사니까 부잔가요? 아니라는 거예요. 다만 다 흩어져 있어서 싸우지 못한다는 거예요.*

여자들도 그렇다는 거죠. 만약에 슬럼처럼 게토화되어서 여자들만 같이 모이는 데가 있다고 해봐요. 그러면 거기에서 여자들끼리 모여서 '정말 부당하다. 우리만 여기에서 갇혀 싸워야 돼? 나가자!' 이렇게 싸울 수 있잖아요. 그런데 타자가 주체랑 같이 사니까, 타자들끼리 모여 있을 곳도 없어요. "여자들은 주거·노동·경제적인 이해관계에 매이고 아버지나 남편 같은 남자들의 사회적 신분에 종속되어 있기 때문에, 여자들보다 남자들과 긴밀한 관계를 맺고 그들 사이에서 분산되어 살고 있다."**

여자들은 아이를 낳을 수 있잖아요. 그런데 남자아이를 낳을 경우에, 그 아이가 어떻게 될 것 같아요? 다르게 키워질까요? 오드리 로드가 이런 이야기를 해요. 나는 어머니이고 남자아이가 있는데, 이 아이를 어떻게 키울 것인가. 내 아들도 그러면 압제자가 되는 것인가? 페미니스트인 어머니가 낳은 아들은 어떻게 될 것인가. 그 아들이 페미니스트가 될까요? 꼭 그렇지도 않아요. 부모가 마르크스주의자라고 자식이 마르크스주의자가 된다는 법은

---

*   이혜미, 《착취도시, 서울》, 글항아리, 2020 참조.
**   시몬 드 보부아르, 같은 책, 18쪽.

없잖아요.

페미니스트들은 이런 고민을 하게 되죠. 여성이 남성과 유대를 갖고 살잖아요. 그러니까 이성애자 여성들이 페미니스트로 각성하고 나서 이런 생각을 하게 되는 거예요. '나는 이제 앞으로 어떻게 살아야 되나.' '누구랑 연애를 하고 누구랑 결혼을 하나. 무엇보다 아버지가 내 아버지인데.' 나한테도 압제자의 피가 흐르는 거잖아요. 그런 위치 안에서 페미니스트는 되게 이상한 존재가 되는 거죠. 이런 위치 안에서 어떻게 생각을 해야 되는지, 그런 고민들이 페미니스트들 안에는 있게 마련이죠.

그래서 보부아르가 이렇게 써요.

"부르주아 여성은 부르주아 남성과 연대성이 있으며, 프롤레타리아 여성과는 관계가 없다. 백인 여성은 흑인 여성이 아닌 백인 남성과 연대한다."***

여성은 남성을 말살하려고 하지 않는다는 거예요. 예를 들면 예전에 한국이 일제 식민지였을 때 도시락 폭탄을 던지잖아요. 그 방식이 옳다는 게 아니라, 보통 주체와 타자의 입장에서 타자가 주체가 되려면 타자 입장에서는 주체를 죽이려고 하잖아요. 그런데 여성은 한 번도 그래본 적이 없는 게 이상하지 않느냐는 거예요. 다른 모든 주체와 타자의 이분법적인 구도 안에서는 언제나

*** 　같은 책, 18쪽.

피억압자가 억압자를 말살하려고 하고 그 안에서 주체화하려는 시도를 하는데 여성은 그런 적이 없다는 거죠. 이후에 등장하는 래디컬 페미니스트들의 통찰이 여기에서 나와요. 아주 중요한 이야기입니다. 이 책이 페미니즘의 고전인 이유를 알겠죠.

그런데 보세요. "여자와 그 압제자 사이의 굴레는 다른 굴레와 비교도 되지 않는다."* 왜냐하면 섹스의 구별은 인간 역사의 단면이 아니라는 거예요. 예를 들면 노동자와 자본가라고 하는 계급은 어떤 세기에 생겨난 거잖아요. 그 전까지는 봉건제였잖아요. 봉건제를 겪고 나서 자본주의가 생겨난 다음에도 그 난리를 치면서 계급투쟁이 있었죠. 여성과 남성과의 관계는 그보다 더 원초적이라는 거죠. 그렇게 오래됐다는 거예요.

"남녀의 대립은 최초의 '공존' 한가운데서 나타났고, 여자는 이 대립을 깨뜨리지 않았다. 남녀 한 쌍은 두 개의 반쪽이 서로 불가분적으로 이어져 있는 기본단위이다."** 그렇기 때문에 여자라는 요소는 "전체 속에서의 타자"***의 위치로 계속 지속되어왔다는 거예요. 여자가 노예는 아니지 않느냐고 하지만, 사실은 "언제나 남자에게 딸린 아랫사람"****이었다는 거죠. 아리스토텔레스 같은 경우에는 사회적 영역과 비사회적 영역을 비오스bios와 이코노미economy라는 영역으로 나누는데, 소위 가정의 영역이자 이코

---

*　　　같은 책, 18쪽.
**　　 같은 책, 18쪽.
***　 같은 책, 18쪽.
****　같은 책, 19쪽.

　　　　　　　　　　　　　　　　　　　　여성은 인간이다

노미의 영역에 여자, 어린이, 노예를 다 같이 묶어요. 이미 영역이 분리되어 있는데 어떻게 세계를 평등하게 누리겠어요?

여자의 법적 지위는 남자와 동등하지 않고요. 그건 지금도 마찬가지죠. 최근에 제가 읽은 놀라운 기사가 있었거든요. 여성 농업인의 지위를 다룬 기사였는데, 오랫동안 여성 농업인들은 농업인이라는 걸 증명하는 데 어려움이 있었다고 해요. 농업인으로 지위를 인정받으려면 농업경영주로 등록을 해야 되는데 본인이 별도로 등록을 하거나 배우자가 동의를 해야 공동경영주로 등록이 됐다는 거예요. 2018년에나 배우자 경영주 동의 없이 공동경영주 등록이 가능하게 됐대요. 저는 너무 충격적이었어요. 그런 일이 있을 거라고 상상도 못했는데 법이 그렇더라고요. 놀랍지 않나요? 그게 현실인 거예요. 이론과 관습이 아주 다른 거죠. 보부아르도 여자의 권리가 이론적으로나마 인정을 받더라도 관습적으로는 전혀 그렇지 않다는 걸 이야기하고 있어요.

또, 보부아르는 여자들도 이 세계가 남자들의 손에 쥐여 있다는 것에 공모하고 있다고 하는데, 이건 여자들을 비난하려고 하는 게 아니에요. 너무 오래되었고, 너무 오래 쌓였으니까 사실 지치는 게 있다는 거죠. 조금 올라가기만 하려고 해도 너무 힘든 거예요. 사실 저는 페미니스트로 사는 건, 그렇게 행복한 일이 아니라고 자주 말해요. 그렇지 않나요?

보부아르가 말하는 건, 여성이 주체가 되려고 하는 건 굉장히 실존적 고민이 많이 필요한 일인데 그렇게 할 수 있겠느냐는 거죠. 오히려 '너무 생각하지 마. 편하게 살아야지. 남자 별거 아니야. 웃어주고, 오빠, 하고 불러주면 끝날 일, 그렇게 살면서 네 신세를 봤니!' 이렇게 생각하는 게 편하죠. 여자들은 주로 남성이 주도하는 사회에 살고 있기 때문에, 타자가 되는 걸 거부하고 주체가 되려면 너무 어려운 거예요.

이런 것도 흔하죠. 우리 어머니 세대에서 남편이 구타를 하는 경우를 보면 우리는 그냥 이혼하고 나와 살면 되는데 매일 욕하면서 왜 그렇게 맞고 사느냐고 하잖아요. 그러면 어머니들이 이렇게 대답을 해요. "이 사람이 술만 먹으면 그렇지. 내가 술병을 안 치워서 문제야. 적당히 맞아주고 피하면 돼. 밖에 나가면 또 안 맞을 것 같아? 일하다 또 맞을 수도 있지. 남편이 돈 벌어다주는 걸로 사는 게 나아." 이런 반응이 나오는 이유 중 하나가 여성이 주체가 될 수 있는 물질적 조건 같은 것이 오랜 시간 동안 없었기 때문이라는 거예요.

특히 남자들은 여자들이 벗어나기 힘들다는 걸 알고 있어서 그걸 이용한다는 거예요. "이와 같이 여자는 구체적인 수단을 갖고 있지 않기 때문에, 상호성을 인정하지도 않고 자기가 남자에게 복종하는 것이 필연적이라고 느끼기 때문에, 또는 '타자'라는 자신의 역할에 만족하기 때문에, 자기가 주체가 되기를 원하지 않는다."[*] 여기서 "이와 같이 여자는 구체적인 수단을 갖고 있지 않기 때문에"라는 이야기가 중요해요. 그래서 페미니즘은 언제나 구체적인 이야기들에서 시작해요. '페미니즘이 철학이냐'라

---

[*]   같은 책, 20~21쪽.

는 말이 나오는 이유기도 하죠. 페미니즘 저서들을 보면 구체적인 사례들이 많이 나오잖아요. 왜 그렇게 시작할까요? 추상적으로 접근하면 여자들이 벗어날 수가 없어요. 구체적인 이야기부터 시작해야지, 문제를 느끼고 바꿀 수가 있는 거죠. 그래야 구체적인 수단을 마련할 수 있잖아요.

페미니즘 사상가들의 책, 페미니즘 저작들은 추상적으로 '인류가……' 이렇게 시작하는 책은 없어요. 대체로 사사로운 경험, 내가 느꼈던 불쾌함에서 시작해요. 왜 그럴까요. 그 작은 것, 일상적인 것이라고 하는 그거라도 잡아야지 구체적인 수단이 생길 수 있기 때문이에요. 《제2의 성》 2부도 마찬가지예요. 읽으면 '왜 이렇게 자세히 묘사하지?' 하는 생각이 들어요.

자세하게 묘사를 하는 건 그래야만 여자가 주체가 될 수 있기 때문인 겁니다. 이러한 묘사를 읽는 여성들은 여성들이 당연하다고 여겨온 것이 당연하지 않다는 걸 알게 돼요. 그리고 그 경험이 나만의 문제가 아니라 많은 여성들이 함께 겪고 있고, 겪어왔던 일이라는 걸 확인하면서 다른 세계에 대해 생각할 수 있게 됩니다. 그래서 저는 페미니즘의 출발은 여성들의 소중한 경험이라고 생각해요. '우리는 어떻게 해야 페미니스트가 될 수 있나요?'라고 할 때 '경험을 말하고 경험을 경청하라. 그리고 경청을 통해 우리는 페미니즘의 출발을 마련할 수 있다'라고 하죠. 보부아르도 그래서 이런 구체적인 이야기를 시작하는 거고요.

'여성들이 구체적인 수단을 갖고 있었다면 어땠을까.' 이 물음을 던질 수 있는 이야기를 보부아르는 계속 진행합니다. 여성이 수단이 없었기에 남성에게 복종하는 걸 당연하게 여기고, '타자'라는 역할에 만족한다는 거죠. 하지만 보부아르에게 역사의 시작은 그런 것이 아니에요. 보부아르는 이원성과 투쟁으로부터 역사의 장이 열린다고 생각하고, 투쟁에서 이긴 자가 절대자로 군림한다는 전제를 받아들여요. 그렇지만 이런 의문들이 남는 겁니다. 남성들이 왜 처음부터 여성들에게 이겼을까? 왜 여지껏 세계는 남자들의 것이었지? 그런데 왜 내가 살고 있는 이 시대에 와서 이에 대항하고 변화하려는 움직임이 시작되지? 그리고 이런 변화로 인해 어떤 일이 일어날까?

보부아르는 여자가 '타자'라는 그 사실만으로도, 남자가 했던 말들은 들을 필요가 없다고 합니다. 남자들이 했던 이야기들은 언제나 남자들한테 유리했던 거니까요. "입법가·성직자·철학자·작가·과학자들은 종속적인 여자의 신분이 하늘의 뜻이며 지상에 유익한 것이라고 증명하기에 혈안이 되어 있었다. 종교도 남자들이 만들었기 때문에 이런 지배욕을 반영하고 있다"*라는 거죠. 페미니스트들은 이 세계에서 보편이라고 선언된 것들에 대해서 다시 물어요. '그게 정말 보편이야? 남성적인 것 아니고?' 페미니스트들을 반인륜적이라고 몰아붙이면 페미니스트들은 이렇게 말할 수는 있겠죠. 남성적인 것들을 인간적인 것으로 포장해 온 논리에 반대한다는 점에서 반인륜적인 것이라고요. 그래서 페미니즘이 급진적이라고 이야기할 수밖에 없는 부분이 있어요. 래

---

*   같은 책, 21쪽.

여성은 인간이다

디컬하다는 건 근본적인 뿌리에 대해서 말하는 건데, 인류가 만들어낸 모든 가치가 사실상 남성의 지배에서 만들어진 것이니 그걸 다시 검토하면서 시작하자는 거니까요.

보부아르는 여자들이 계속 주체가 되려고, 타자의 입장을 벗어던지려고 했지만 너무 오랫동안 세뇌됐다는 이야기를 하려는 거예요. 여성이 왜 주체가 될 수 없었는지, 어떻게 이렇게 오랫동안 짓눌려왔는지 역사, 신화, 운명 같은 것들을 하나같이 분석해주겠다는 거죠. 이렇게 분석을 하고 여자들이 이걸 많이 읽으면 어떻게 될까요? '아, 여성이 원래 수동적인 존재가 아니구나. 오랫동안 압제가 가능했던 습속의 체제와 교육이 여성을 만들어왔구나. 더 이상 제2의 성이라는 위치에 만족할 수 없다' 이렇게 될 수 있지 않을까 하는 거죠. 그리고 만족하지 못하는 여자들의 움직임들을 우리가 이해할 수 있지 않을까 하는 것이고요. 보부아르가 '남자를 때려죽이자'라는 결론을 내는 건 아니에요. 보부아르에게는 계몽주의자로서의 뿌리가 있어요. 그래서 인간의 진정한 우애를 회복해야 하고, 여성을 타자의 위치에 두는, 즉 여성을 비자유의 위치에 두는 이 제도에 대해서 인간이라면 누구나 부당함을 느끼지 않겠는지 호소하는 겁니다.

행복과 자유

철학자들은 보통 반론까지도 생각하면서 글을 써요. 보부아르도 그렇게 글을 진행하는데, 이런 거죠. 선거권을 가진 여자보다 선거권 없이 남자의 보호를 받는 여자들이 더 행복한 거 아니냐고 말하는 사람들이 있잖아요. '아니, 페미니스트들 왜 난리야. 그냥 예쁘게 잘 꾸며서 시집가고 사모님 소리 들으면서 살면 되잖아. 돈 많은 남자랑 결혼하면 손에 물 한 방울 안 묻히고 살 수 있지 않느냐.' 페미니스트라고 하면 취직도 더 안 되고 욕이나 먹고 그러면 불행하지 않느냐는 거죠. 그러느니 페미니스트 안 되는 게 낫지 않느냐고 하잖아요. 그래서 보부아르는 행복에 대해 고찰합니다.

> 규방의 여자들은 선거권을 가진 여자들보다 행복하지 않은가, 가정주부는 일하는 여자보다 더 행복하지 않은가 하는 관점이다. 그러나 과연 '행복'이란 말이 무엇을 의미하는지 알 수 없고, 그것이 어떤 진정한 가치를 간직하고 있는지는 더욱 분명치 않다. 타인의 행복을 헤아리기란 불가능하므로, 자신이 남에게 강요하는 상황을 행복한 상황이라고 단언하기는 쉬운 일이다. 행복은 안정에 있다는 것을 핑계 삼아서, 강제로 정체된 상태에 머물러야 하는 사람들이 행복하다고 단정 짓는 식이다. 그러므로 우리는 그런 식의 관점을 따르지 않기로 한다.[*]

---

[*]   같은 책, 28~29쪽.

아주 단언을 합니다. 그게 불행한 거라면, 행복이 뭐냐는 거예요. 그리고 네가 생각하는 행복과 내가 생각하는 행복이 서로 다를 수 있다, 너는 기존의 어떤 가치를 수호하는 걸 행복이라고 느끼는데 그래야만 하는 정당성은 없다, 고로 페미니스트보고 불행하다고 이야기하지 말라는 거죠. 사회는 나한테 힘들다고 이야기할지언정, 나는 이렇게 살아간다는 것이고, 주체로 살아가는 것이 더 행복할 수 있으며, 나는 더 자유롭다고 행복론을 이야기하는 거죠.

저는 이 이야기가 의미가 있다고 생각해요. 많은 사람들이 이렇게 말하죠. '왜 이렇게 저항하고 살아. 적당히 따르면서 사는 게 행복이지, 행복 별거 아니다. 배부르고 등 따스우면 끝이지.' 배부르고 등 따스운 건 행복이지만, 행복하기 위한 다른 일들도 있잖아요. 그리고 누군가는 배부르고 등 따습고 싶어서 페미니스트가 된 것일 수도 있고요. 남자랑 동일임금을 못 받거든요. 배부르고 등 따스운 것도 쉬운 일이 아니죠. 사모님 소리는 아무나 듣나요? 게다가 '취집'을 잘한다고 그걸로 다 되는 건가요? 취집을 잘하면 더 강화된 가부장제 논리 안에서 그 역할에 알맞게 살아가야 하는 게 아닐까요?

지금이야 다 비웃지만 〈사랑을 그대 품안에〉(1994) 같은 드라마도 있었죠. 이제는 그런 캔디형 여주인공과 실장님인 남주인공이 나오는 드라마는 잘 안 보여요. 그런데, 그럼에도 불구하고 여주인공이 남성과 사랑에 빠지고, 남성으로부터 인정을 받는 구도는 여전하죠. 로맨스 없는 여성 성공기 같은 드라마는 보기 힘들지 않나요? 반면에 남자들끼리의 우정만 다루는, 여자가 안 나오는 드라마는 있어요. 그런 데서는 여자가 등장을 하더라도 서비스를 해주거나, 주인공을 챙겨주는 엄마 같은 역할, 즉 중요하지 않은 역할로 나오고요. 로맨스 없는 남자극은 있어도, 로맨스 없는 여자극은 드물어요.

　　최근에 유행하는 관찰 예능이라는 것들도 한번 보세요. 〈미운 우리 새끼〉(2016~) 같은 예능 프로그램은 결혼하지 않은 나이 많은 남자들을 그들의 어머니가 관찰하는 콘셉트예요. 그 남자들 나이를 어린아이들 월령처럼 '480개월' 이런 식으로 표기하고요. 〈이상한 나라의 며느리〉(2018~2019)라는 프로그램은 '시월드'의 모습을 보여주는데, 일종의 진보적인 내용이 있다고는 해도 이 이야기 안에서 여성의 위치는 '며느리'라는 거죠. 부당하지 않게 살 수 있는 며느리의 상을 이야기하는 건 일종의 쟁취일 수 있다고 생각해요. 변화하는 상을 보여주는 거니까. 그런데 '며느리'처럼 기존의 여성의 위치를 전제하지 않고 여성을 다루는 게 없잖아요. 미디어의 역할도 중요한 것 같아요. 그리고 항상 미디어에서는 딸과 어머니의 관계는 친구라고 하죠? 왜 딸이 엄마의 친구여야 하나요? 그건 어머니의 소망이죠. '나는 아이를 낳고 엄마를 이해했다.' 왜죠? 이제 너도 고생 시작이라는 거예요. 그런데 왜 고생을 통해서만 여성은 연대를 해야 되나요? 그런 것도 시몬 드 보부아르식으로 보면 여성이 공모하게끔 만드는 거죠.

　　보부아르는 행복에 대해서도 방어를 하는 거예요. 그런 건 행복이라고 할 수 없다는 거죠.

여성은 인간이다

우리가 채택하는 관점은 실존주의 도덕이다. 모든 주체는 기투企投를 통하여 자기초월로서 구체적으로 확립된다. 주체는 다른 자유를 향한 부단한 자기초월에 의해서만 자기의 자유를 완성한다. 무한히 열려 있는 미래를 향하여 발전을 도모하는 것 외에는 눈앞의 실존을 정당화하는 길은 없다. 초월이 내재로 떨어질 때마다 실존은 '즉자존재卽自存在'가 되고, 자유는 사실성이 된다. 만약 그것에 주체가 동의했다면, 이런 전락은 하나의 도덕적인 허물이다. 만약 이 전락이 주체에 의해 강제된다면 좌절과 압박의 형태를 취한다. 그래서 그것은 두 가지 경우 모두 절대악이다. 자기실존의 정당화를 바라는 모든 개인은 이 실존을 자기초월의 무한한 욕구로 경험한다.*

자기는 실존주의 철학의 관점에서 분석하겠다는 거죠. 기투라는 건 던진다는 거고, 자기초월이라는 건 자기가 지금 머물러 있는 위치에서 그걸 초월해야 한다는 거죠. 그 조건 밖으로 나가는 거예요. 철학적 작업들이 보통 이렇게 이루어지는데, 보부아르가 앞에서 행복에 대한 이야기를 했잖아요. 안정 속에 있는 행복이라는 상태는 기투한 상태가 아니죠. 그냥 거기 머물러 있는 거잖아요. 그런데 머물러 있지 않고 자기가 갖고 있는 상황에서 자기 존재를 다시 던지는 거예요. 선택을 하면서. 던져서 지금

---

* 　　같은 책, 29쪽.

의 상태를 극복한다고 말할 수 있어요. 극복하면서 다시 자기를 확립하는 게 주체라는 거예요. 그런데 기존의 행복론은 그렇지 못했다는 거죠.

실존철학의 근본적 명제 중 하나인 기투는 그래서 발생해요. 한 번 초월을 해서 끝나는 게 아니라는 거예요. 한 번만이 아니라 다시 이 상황을 벗어나기 위해 또 초월하고, 또 초월하고, 또 초월한다는 거죠. 기투, 그러니까 자기를 던지고, 초월해서 던지고, 결단하고, 선택하는 그 과정에서 부단하게 자기의 자유를 만들어가는 게 중요한데, 그런 자기의 실존도덕 앞에서, "야, 지금 이렇게 사는 게 행복이야"라고 하는 건 나를 기투하지 못하게 하는 거죠. 이건 "부자유가 행복이야"라고 하는 거랑 다를 게 없지 않느냐는 거고, 보부아르는 철학자로서 이런 식의 행동은 도무지 용납할 수가 없다는 거예요.

그래서 "무한히 열려 있는 미래를 향하여 발전을 도모하는 것 외에는 눈앞의 실존을 정당화하는 길은 없다"[*]라고 쓰는 거예요. 자기가 이렇게 살아야 하는 것을 정당화하는 이유는 내가 자기초월을 통해서 계속 자유로운 존재로서 내 실존의 자유를 완성하는 게 중요하기 때문이라는 겁니다. 이게 아주 중요해요. 실존철학자인 하이데거Martin Heidegger는 인간을 죽음 앞에 있는 존재, 유한한 존재로서 이야기해요. 반면 보부아르는 인간을 유한한 존재, 죽음 앞에 있는 존재가 아니라 끊임없이 극복하는, 죽음에 맞

---

[*]   같은 책, 29쪽.

여성은 인간이다

설 수 있는 초월의 존재, 기투를 할 수 있는 존재, 자유를 완성하고 자유를 만들어가는 존재로서 보는 입장을 굉장히 중요하게 강조해요.

이어서 "초월이 내재로 떨어질 때마다 실존은 '즉자존재即自存在'가 되고, 자유는 사실성이 된다"[**]라고 쓰죠. 초월overcome한다는 건 자기 조건 자체를 넘어서려고 한다는 거잖아요. 넘어서다가 넘어서려던 그 조건에 떨어질 때마다 실존은 '즉자존재(존재하는 그 자체)'가 된다고 하죠. 이건 헤겔의 용어인데, '즉자존재an sich'와 '대자존재für sich'가 있어요. 즉자존재는 자기가 놓여 있는 사물성 그 자체로서만 존재하는 거예요. 그러니까 자기 안에 새로운 규정이 없어요. 반면 대자존재는 이런 거예요. 예를 들어서 어떤 수업 한번 다녀오면 뿌듯한 게 있죠. 내가 좀 채워진 것 같잖아요. 여러분을 수업에 내던진 거잖아요. 일종의 기투를 한 셈이죠. 그래서 뭔가를 얻어냈잖아요. 수업을 겪어낸 거잖아요. 내용이 생겼죠. 내가 《제2의 성》을 다 이해했는지 모르겠지만, 어쨌든 들어는 봤다는 거죠. 그런 식의 상태가 대자존재예요. 대자존재는 그래서 자기 자신 안에만 머무는 것이 아니라, 자기로 동일하게 머무는 상태와는 다른 타자성을 겪어내야 하고, 그 타자성을 겪으면서 다시 자기로 돌아와야 해요. 만약 돌아오지 않는다면, 자기 자신은 사라지겠지요. 그런 점에서 대자존재는 타자성을 겪어서 자기 자신을 좀더 알게 되는 상태로 이해할 수도 있어요.

[**]   같은 책, 29쪽.

그에 비해, 즉자존재는 내용이 없는 상태예요. 아무것도 배운 것 없이 그냥 멍하게 있는 거잖아요. 내용이 없는 상태를 'an sich'라고 해요. 극복하고 초월하려고 한다는 건 자기의 어떤 내용, 속성들을 채워가는 건데, 즉자존재는 그게 안 되는 거예요. 대자존재는 채워요. 그리고 이 대자존재가 되기 위해서는 언제나 타자라는 존재가 필요해요. 주체는 타자와의 쟁투 속에서 자기를 다시 확인을 해요. 이 구도는 사르트르나 시몬 드 보부아르가 버리지 않는 구도예요. 주체가 되기 위해 타자가 필요하고 타자와의 쟁투를 통해서 초월하고, 그다음에 자기의 내용을 채워내면서 대자존재가 되는 것. 이런 걸 변증법이라고 표현하죠. 그런데 대자존재가 되는 걸로 만족하는 게 아니에요. 그 과정이 계속 반복되면서 자유를 실현하는 거니까요. 이 과정이 한 번으로 끝나면 즉자존재로 머무를 수밖에 없겠죠. 왜? 시간이 지나가고 있잖아요. 그 안에서 계속 쟁투하고 대자존재가 되려고 하는 과정들, 계속 반복적인 운동들의 양상을 펼쳐가는 걸 변증법적dialectic 과정이라고 이야기해요. 그 과정과 자유론을 연결하는 게 사르트르와 보부아르, 특히 보부아르의 주요한 생각이에요.

"초월이 내재로 떨어질 때마다 실존은 '즉자존재[존재하는 그 자체]'가 되고, 자유는 사실성이 된다. 만약 그것에 주체가 동의했다면, 이런 전략은 하나의 도덕적인 허물이다. 만약 이 전략이 주체에 의해 강제된다면 좌절과 압박의 형태를 취한다."* 올라가

---

* 　　　　같은 책, 29쪽. 대괄호 안은 저자의 것입니다.

　　　　　　　　　　　여성은 인간이다

려고 했는데 다시 자기로 돌아왔을 때, 거기에 머무르게만 된다면 자유라는 것이 주어진 것 안에서 허용된 자유의 형태, 사실성으로만 남게 된다는 거죠.

이 '자유'라는 개념을 생각해볼 필요가 있어요. 우리는 자유를 어디서부터의 해방이라고 생각하잖아요, 그건 '프리덤 freedom'의 자유죠. 그런데 보부아르가 봤을 때 '어떤 쇠사슬로부터 해방됐어'가 자유가 아니라는 거예요. 내가 새로운 것을 쟁취하는 게 자유liberty예요. 누군가로부터 해방이 된다는 건 속박으로부터 해방된다는 거잖아요. 노예의 위치에 있었던 거죠. 노예의 위치에서가 아니라 자기 자유의 내용들을 계속해서 만들어나가는 게 자유의 기본이죠. 보부아르는 리버티liberty라는 자유의 입장에서 있는 거예요.

그래서 더 이상 기투를 하지 않으면 주어진 자유의 상태인 '사실성'이 된다고 해요. 그래서 만약 이런 자유의 상태에 '그래, 나 좋아' 하고 동의하면 이건 일종의 도덕적 허물이 되는 거예요. 주체가 된다는 건 그 자유를 계속 실현해야 되는 건데 안 한다는 거잖아요. 도덕, 모럴리티morality가 없다는 거예요. 자유를 실현할 수 있는 운명이고 자유를 실현해야 되는데 안 하고 있으니까 "너 모럴리티 진짜 없다" 이거죠. 할 수 있는데 안 한다는 거잖아요.

뻔히 이 사람을 구할 수 있는데 안 구한 거예요. 내가 조금만 뭘 했으면 이 사람 목숨이 살아날 수 있는데 내가 그걸 모른 척하면 허물인 거죠, 이 도덕론에 따르면. 자유로울 수 있는 선택을 할 수 있는데 하지 않으면, 그래서 선택 없이 그대로 머물면 문제가 있죠. 무엇보다도 그러한 자유로운 선택을 막고 압박하고 강제하는 것은 정말로 악한 것이에요. 보부아르가 정의하는 악은 이런 거예요. 첫 번째, 자유롭게 할 수 있는데 하지 않은 경우죠. 그러니까 보부아르 입장에서는 자유를 위해서 실천할 수밖에 없어요. 하지 않는 것이 악이니까요. 레지스탕스를 할 수밖에 없겠죠. 왜? 레지스탕스를 안 한다는 건 그냥 그 상태에 머물러 있는 거잖아요. 두 번째, 그 악에 복무를 하고 누군가에게 하지 말라고 하는 것도 악이에요.

이 이야기에 따르면, 남자들은 절대악을 행하고 있다는 겁니다. 왜냐하면 자유로운 주체가 되는 여성들의 선택, 여성들의 기투를 막고 강제하니까요. 그리고 여성들의 경우도 자유로운 선택을 할 수 있는데, 즉 자유로운 것이 무엇인지 아는데 안 하면 도덕적 허물에 빠지는 거예요. 내가 주체로서 자유로운 기투를 할 수 있는데 안 하면 어떻다는 거죠? 일종의 "전락"이고 "도덕적 허물"인 거죠. 하지만 가장 큰 문제는 여성의 기투를 자꾸 못하게 하는 "좌절과 압박", 이게 가장 큰 허물이고 절대악이에요. 진짜 크게 한 방을 날렸어요. 여자들이 주체가 되는 걸 막거나, 혹은 페미니즘을 실현하려는 운동들을 막는 건 절대악을 실행하는 거라는 거예요. 이어서 보죠.

자기실존의 정당화를 바라는 모든 개인은 이 실존을 자기초월의 무한한 욕구로 경험한다. 그런데 여자의 상황은 특이한 방식으로 규정되어 있다. 여자는 모든 인간과 마찬가

여성은 인간이다

지로 자주적이고 자유로운 존재이면서도, 남자들이 여자로 하여금 타자로서 살도록 강제하는 세계에서 자기를 발견하고 선택해야 하는 것이다. 여자는 다른 본질적·주권적 의식에 의하여 영구히 초월되며, 객체로 고정되고 내재 속에 갇혀 있기를 요구 당한다.*

자기실존의 정당화를 바란다는 것은 이런 의미예요. 한마디로 내가 왜 사는지를 묻고, 사는 이유와 의미를 찾는 거예요. 그냥 사니까 사는 게 아니라 이유와 목적을 찾는 거죠. 이건 상당히 특별한 일인데요, 예를 들어 노예는 '왜 살지?'라고 묻지 못해요. 그리고 삶의 목적 같은 걸 묻는 게 사실상 무의미하죠. 삶의 목적을 정하고 그에 대해 욕망해도 이미 정해진 노예라는 운명 외에는 어떤 선택도 불가능하니까요. 노예가 아닌 자유인이 되었을 때에야 삶의 의미를 묻는 것 자체가 허용되는 거예요.

보부아르는 여성들이 타자이기 때문에, 이미 정해진 실존 밖으로 나가는 초월이 불가능하다고 쓰고 있습니다. 하지만 여자들은 묻죠. 페미니즘은 바로 '나 여기서 뭐하는 거지?'라는 질문에서 각성하기 시작하죠. 다시 말해 내 실존, 내가 뭐하고 있는지 정당화justify한다는 거거든요. 보부아르는 '내가 여기 왜 살지?' '여기 왜 있지?' '이 의미가 뭐지?'라고 묻는 존재는 언제나 여기 나의 상태를 넘어서려는 욕망을 갖고 있다고 이해합니다.

---

* 　　같은 책, 29쪽.

인간의 실존의 근본 조건은 자기를 초월하려고 하는 욕구인데 그걸 안 한다는 것, 인간의 실존에 대해서 해명하지 않으려고 하는 건 '내가 숨만 쉬었지 사는 게 사는 게 아니다' 이런 상태가 되는 거예요. 그리고 인간이 인간으로서 물어야 하는 실존적인 고민들을 말할 입을 누군가가 막는다는 건 타자의 자유를 해치고 자기도 자유롭지 못한 거예요. 이 두 가지 모두 절대악이라고 철학적 논변을 해버린 거죠.

그러니까 페미니즘을 '남녀 성 대결'로 보는 것 자체가 굉장히 천박한 인식이라고 하는 거죠, 철학적으로. 그래서 "여자는 모든 인간과 마찬가지로 자주적이고 자유로운 존재이면서도",* 즉 여성도 당연히 실존하는 존재이기 때문에 초월의 욕구를 갖고 있는데, 신기하게도 "남자들이 여자로 하여금 타자로서 살도록 강제하는 세계에서 자기를 발견하고 선택해야"** 돼요. 얼마나 이상한 세계인가요. 여자도 똑같이 실존하려는 초월적 욕구를 갖고 있는데 이 사회는 그 실존의 초월을 금지시킨다는 거예요.

그래서 여자는 "객체로 고정"***된다는 거죠. 즉, 이 세계에 즉자존재 상태로 계속 머무르는 여자라는 존재가 대자존재가 되어서 내용을 형성하고 새로운 것들을 만들어내고 미래로 자기를 던질 수 있는 것들을 막아 세운다는 거예요. 이런 여성의 신분에서 어떻게 인간 존재가 완성될 수 있는가. 실존주의적 도덕에 따

---

* 　　같은 책, 29쪽.
** 　　같은 책, 29쪽.
*** 　　같은 책, 29쪽.

　　　　　　　　여성은 인간이다

르면 이건 절대악이라는 거예요. 철학이 무섭죠. 지금 이 여성차별의 현실, 여성을 타자로 만드는 현실, 여성을 제2의 성에 머무르게 하는 현실은 실존주의적으로 모럴리티가 떨어지는 절대악의 실행이다라는 걸, 결론 내지 않았지만 우리가 알 수 있죠.

이런 절대악의 강제로 인해서, 여자는 태어나는 게 아니라 만들어진다는 겁니다. 여자 자체가 태어나는 게 아니라는 건, 여자가 원래 수동적이거나 무언가를 안 하고 싶어 한다는 둥 하는 이야기들이 다 틀렸다는 거예요. 여성 자체가 초월적 욕구를 갖고 있기 때문에. 실존주의적 전제에 따르면 말도 안 된다는 거죠. 여자는 수동적이고, 남자 뒤를 따라다니는 거고, 여자의 행복은 남자의 행복에 달려 있다는 이야기들은 실존주의적 전제에 따르면 말도 안 된다는 거예요. 결국 여자는 이렇게 여자가 되었다는 거예요. 그러면 여자를 그렇게 만든 제약을 분석하고, 분석해서 알게 됐다면 여자들도 도덕적 허물을 벗어던지는 초월을 하려고 해야 된다는 거고, 여자가 초월하려고 하는데 여자를 막아서는 존재가 있다면 그건 절대악이라는 겁니다. 그런 구도예요.

여성의 기투를 막아서는 상황에서 기투를 하는 여성의 가능성을 생각해보는 겁니다. 그래서 행복의 관점보다는 자유라는 관점에서 사유하는 거예요. "즉 우리는 개인의 가능성을 문제삼으면서, 그것을 행복이라는 관점이 아니라 자유의 관점에서 정의를 내리려고 한다."**** 이러한 자유의 관점에서 '여성의 현실'이 어

**** 같은 책, 29쪽.

떻게 형성되었는가, 여자는 왜 '타자'로 규정되었는가, 그리고 남자들의 관점에 따라 그로부터 어떤 결과가 나왔는가를 검토하고 여자들의 관점에서 여자들에게 부과한 세계를 묘사하겠다고 합니다.

그 시작을 '운명'이라는 제목의 장에서 해요. 이 장에서는 주로 여자들의 운명에 대해서 떠든 남자 사상가들을 비판합니다. 보부아르는 정신분석학이 섹슈얼리티를 재생산에 종속시켰다고 항의하는데요. 가장 큰 이유는 섹슈얼리티의 광활한 지평을 열었으나, 결국 오이디푸스 콤플렉스와 페니스라는 개념을 통해서 남성 섹슈얼리티만을 인간 섹슈얼리티의 논의 대상으로 한정지었기 때문이죠. 그뿐 아니라, 여성의 섹슈얼리티는 페니스 없음, 결핍으로부터 그 출발점을 삼고, 출산을 통해 그 결핍을 보상받는 형태로 이해했다는 거예요. 페미니스트들은 섹슈얼리티를 재생산에만 귀속시키려고 하지 않아요. 창조 에너지로 만들어요. '섹슈얼리티' 하면 더럽거나 은밀하고 비밀스러운 것으로 다루잖아요. 그런데 페미니스트들은 섹슈얼리티를 인간의 자기 성장의 요소로 삼으려고 노력을 많이 하죠.

여자는 태어나는 것이 아니라 여자가 되는 것이다

제2부인 '현대 여성의 삶'에서 보부아르는 이제 자기의 이야기, 우리의 이야기를 하자고 합니다. "오늘날 여자들은 '여성스

러움'의 신화를 뒤엎고, 자신들의 독립성을 더욱 구체적으로 확립하기 시작하였다. 그러나 그녀들이 인간 존재로서의 조건을 완전히 살리기란 결코 쉬운 일이 아니다."*

　　보부아르는 여기서 결혼의 문제를 짚어요. 왜냐면 세계에서 여성의 통상적 운명은 결혼이라 하니까요. 그런데 결혼을 통해서 남성은 경제적, 사회적 위신을 세우고 여성은 굴종된 존재가 되잖아요. 문제는 '왜 여자들이 결혼을 운명으로 당연한 것으로 학습하는가'인 거죠. 지금 한국의 페미니즘 운동에서 비혼을 선언하는 움직임을 보부아르의 질문과 함께 읽어보면 여러 가지 생각을 할 수 있어요.

　　사실상 결혼은 한 개인의 선택만이 아니라 국가와 함께 사유되어야 하죠. '결혼제도가 국가 안에서 왜 용인되었는가.' 국가의 법적 승인이 결혼 안에 있다는 건 결혼이 경제사회적 지위에 관련되어 있다는 거잖아요. 그래서 여자의 전통적인 운명을 면밀히 검토할 필요가 있다는 거예요. 여자는 어떤 식으로 그 신분을 학습하고 체험하는지, 어떻게 갇혀 있고 탈출하는지 봐야 한다는 거죠. 집이 싫어서 결혼을 빨리 했는데, 여우 피하려다 호랑이 만났다는 이야기들 하잖아요. 이런 이야기를 다루겠다는 거예요. 보부아르는 결혼이 운명이라는 이름으로 여성성을 학습시킨다고 지적하고 있어요. 그래서 이렇게 써요. "물론 여기에서 쓰이는 '여성' 또는 '여성적'이라는 말은 어떤 원형도, 어떤 확고부동한 본질

---

*　　같은 책, 341쪽.

도 의미하지 않는다. 또한 나의 주장의 대부분은 '현재의 교육과 풍습을 배경으로' 이해해야 한다."* 고로 여성성이라는 것들이 본질이 있다는 거예요, 없다는 거예요? 없다는 거죠. 젠더 이야기를 하고 있는 거예요.

　"여기에서는 영원한 진리가 아니라, 여자가 저마다 여자로 살아가는 모든 실존의 공통적 배경을 그리려고 한다."** 본질이 아니라 배경, 백그라운드를 보겠다는 거죠. 여성성의 본질이란 것은 없고 여성의 실존만이 존재하는 건데도 이렇게들 물어보잖아요. '그런데 왜 여자에게는 이런이런 공통성이 있나요?' 그건 여자의 본질이 있어서가 아니라 여성의 실존에서 여성의 자유를 억압하는 구조가 존재하기 때문에 그런 거예요. 여자에게 그런 본질이 있는 게 아니라 억압의 구조, 가부장제라는 구조가 존재하기 때문에, 그것에 대한 공통적인 느낌을 받는 거죠. 우리의 속성이 아니라 구조가 같기 때문에, 구조의 유사성으로 인해서 억압의 체험 양상이 유사하게 느껴지는 거예요. 그런데 우리는 자꾸 '여성의 본질이 그러하다'라고 학습하게 되잖아요. 사실은 '구조의 본질이 그러하다'라고 해야 하는 거죠. 구조를 비판하기는 쉽지만, 사실상 이 구조를 작동하게 하는 행위자는 정확히 보이지 않아요. 그래서 구조는 문제시될 수 있더라도, 이 문제가 있는 구조의 어떤 지점을 타격해야 이 구조를 무너뜨릴 수 있는지가 불

---

*　　같은 책, 341쪽.
**　　같은 책, 341쪽.

　　　　　　　　여성은 인간이다

분명한 거죠. 그리고 그 구조 속에서 살아가는 우리 역시 그 구조에 의존한다는 점에서 사실상 구조의 작동에 기여하기도 해요. 그래서 구조는 단단해요. 문제를 느끼는 자, 체험하는 자는 그 구조의 단단함을 더 강하게 느끼고요. 문제를 느낄 수 없는 자에게는 구조가 보이지도, 느껴지지도 않죠. 마치 공기처럼요. 구조는 그걸 체험하는 여성에게만 있을 뿐이죠.

이제 이 책에서 제일 중요하고 유명한 구절에 도달할 거예요. 제2부, 제1편 '형성'의 제1장 '유년기'의 첫 구절입니다.

여자는 태어나는 것이 아니라 만들어지는 것이다. 남자가 사회에서 취하고 있는 형태는 결코 어떤 생리적·심리적·경제적 운명으로 결정되는 것이 아니다. 문명 전체가 수컷과 거세체 사이에 중간 산물을 만들어, 그것에 여성이라는 이름을 붙였을 뿐이다. 타인이 끼어들어야 비로소 개인은 '타자'가 된다. 어린이는 자기만을 위하여 존재하는 동안에는 자기가 성적으로 구별되어 있다는 것을 이해하지 못한다.***

보부아르는 여성이 여성이 되는 그 시기를 아주 어린 시절인 유아기 때부터 분석해요. 유아기 때부터 여성으로 만들어지니까 여성들은 자기들이 만들어졌다는 생각을 하지 않고 여성들

***   같은 책, 342쪽.

의 본질이 있는 양 생각하게 된다는 거죠. 어린이라는 존재는 아직 타인과 자신을 비교할 줄 몰라요. 보부아르의 말에 따르면 아직 자신이 어떤 성을 가진 존재인지 그리고 그 성에 깃든 의미가 무엇인지 모른다는 거예요. 그런데 시간이 지나면서 나와 남을 구별하게 되고, 특히 여자의 경우는 자기 자신이 남성 일반인 인간과 다른 타자로 존재하면서 자기 존재를 성적 존재로 이해하게 된다는 거예요. 보부아르는 여기서 여자라는 걸 일깨우는 일련의 과정들을 겪으면서 성적이지 않았던 어린이가 어떻게 여성이 되어가는지를 아주 자세히 천천히 묘사해요. 남자들은 자라면서 자기가 주체가 된다는 것만 생각하지 타자로서의 경험은 없이 자란다는 거예요. 그런데 보부아르에 따르면 여성은 자기가 자주적이고 독립적인 존재이고 싶은 동시에 내가 타자라는 사실 사이에서 분열이 생기고, 거기에 시달린다는 거죠.

이게 여성의 성격을 만들고, 그것이 아주 중요한 측면이 된다는 거예요. 처음에는 아무 생각이 없다가, 자꾸 나는 주체가 되고 싶은데 '여자니까 참아야지' '여자가 그러면 안 돼' 이런 이야기를 들으니까 분열이 생기는 거죠. '여자의 눈물은 무기'라는 식으로 말하는데, 막상 물어보면 슬퍼서 우는 게 아니라 화가 나서 울었다는 사람들이 많아요. 주체인데 화를 낼 수가 없으니까 화를 내지 못한 나를 원망하는, 즉 수동적인 성격으로 만들어내는 심리 과정들이 있다는 겁니다. 성욕 같은 경우도 그렇죠. 남자들의 자위에 대해서는 말하지만 여자들의 자위에 대해서는 많이 이야기하지 않잖아요. 프로이트 같은 경우에는 어린 여자아이의

여성은 인간이다

자위는 말하지만 사춘기 소녀의 자위에 대해서는 말하지 않아요. 여성들의 섹슈얼리티가 수동적이라고 하지만 원래 그런 게 아니라, 그런 식으로 자라나게 했다는 거죠.

그리고 여성이 나의 주체성을 드러내면 자꾸 혼나요. 그래서 내부적으로 갈등이 있죠. 그러면 그 안에서 에너지 소모도 많지 않을까요? 주체적으로 에너지를 다 발휘할 수 있는데, 그 안에서 이래도 되나, 저래도 되나 고민하다가, 남자들이 100을 펼칠 때 여성은 못하는 거죠. 에너지 50은 자기 안에서 소모해버린 다음에 결정하는 과정들 속에서 발전이 늦다는 거죠. 심리도 그런 식으로 형성되고요. 그걸 이겨낸 여성들은 아주 소수겠죠. 그리고 얼마나 드세겠어요? 소위 '드센' 여자들인 거죠.

이 책 2부에서는 여성의 심리가 어떤 식으로 형성되는지 분석하고 설명합니다. 어린 시절부터 여자아이들은 연애의 대상이라는 식으로 교육하고, 여성은 거기에 관심을 가져야 하는 걸로 착목시키는 교육에 대해서도 말해요. 남자아이들은 열세 살, 열네 살에도 누구랑 연애하는 것보다는 성욕을 어떻게 해야 한다는 식으로 교육을 많이 시키잖아요. "누구랑 자봤어?" 이런 이야기들을 하고요. 누구랑 섹스를 먼저 하는 게 남성성에서 우위를 차지하는 것처럼 말하잖아요. 그런데 여자는 누군가에게 유혹당할 준비, 유혹자로서 행동할 준비, 누군가의 연인이 될 준비를 계속 교육받죠. 남자아이들은 섹스의 주체로서 이야기하거나 아니면 직업의 행위자로서 이야기하도록 교육받지만, 여자아이들은 연애에만 관심을 갖도록 몰아가고, 남자에게 인기가 있을 때 인정받는 여성으로서의 위치가 있는 것처럼 이야기합니다. 다른 것에 관심을 갖는 여자아이는 특이한 존재로 취급되고요.

그리고 그게 육체의 속성으로 나아가요. '너는 인기 있을 만해. 예쁘니까' 그런 식으로 언급되잖아요. 그 안에서 항상 여자는 육체에 대해서 검열을 받게 되죠. 육체를 통과해서 나는 매력이 있는 존재인가 아닌가를 계속 생각하고요. 아름답고 인기 있는 여자는 어떤 여자죠? 남자보다 큰 여자예요, 작은 여자예요? 작은 여자죠. 작고 한 손에 쥐이는 여자. 여자가 체력을 기른다든지 여자가 몸이 커진다든지 하면 또 안 되는 거죠. 이 책은 이런 방식들을 자세히 기술해요. 여자가 스스로 이 과정을 겪어내고 내면화하면서, 그 논리를 완전히 정당화하는 과정들을 설명해요.

무엇보다도 이러한 상황 안에서 어떻게 여자의 불행이 싹트는지를 말하면서, 이제는 해방되어야 한다고 역설합니다. 불행으로부터 벗어나기를 여성에게 촉구하고, 이 억압으로부터 탈출할 수 있도록 남성들도 함께해야 된다는 거예요. 그것이 진정한 인간 자유의 표현이라고 페미니즘의 정당성들을 이야기하는 겁니다.

보부아르는 타자로서 여성의 위치를 이야기함으로써, 사실상 여성이 인간이 아니었고 결코 자유로운 적도 없었다고 설명을 해요. 실존철학은 여성을 타자의 지위가 아니라 자유로운 인간으로 실존할 수 있는 방식을 모색하게 하는 중요한 방법론입니다. 그런 점에서 보부아르는 여성 역시 인간임을 역설한다고 할 수 있겠죠. 그리고 보부아르는 여성 스스로가 여성으로 되어갈

여성은 인간이다

수 있는 자유를 추구했던 철학자이기도 했습니다.

　　이제 다음 장부터는 인간으로서 단일한 여성이 아닌, 여성들의 다름, 각기 다르게 존재하며 차이 나는 여성들에 대한 고민을 심화한 사상가들을 만나보도록 하죠.

여성은 다르다: 복수의 여성들

4장

여성성이라는 신화를 부수며

베티 프리단이 발견한 '행복하지 않은 여성들'

Betty Friedan,
1921~2006

한국과 베티 프리단

제가 최근에 오후 5시 15분쯤 신도림 방향으로 가는 지하철을 탔어요. 퇴근 시간이 아닌데도 사람이 굉장히 많았는데, 어떤 분이 아이를 유아차에 싣고 타셨더라고요. 사람이 너무 많으니까 이분이 유아차를 어떻게 세워놓고서는 문자를 보내고 있었고요. 그런데 본의 아니게 그분이 쓴 문자를 제가 보게 됐어요. "너무 사람이 많아. 이렇게 많은 시간에 유모차를 타고 움직이는 거 자체가 민폐야, 민폐." 그러니까 유아차를 밀고 아이랑 같이 대중교통으로 이동하는 게 민폐라고 자기가 쓰고 있는 거죠. 저는 그 문자를 보는 순간, '이건 아닌데' 하고 생각했어요. 대중교통은 누구나 탈 수 있는 거잖아요. 그런데 이동수단이 없는 여성이 집에서 좀 멀리 벗어난 곳으로 아이와 함께 이동할 때 대중교통을 이용하는 것만으로 스스로 죄책감을 느끼고, 많은 사람들한테 본인이 폐를 끼치고 있다고 자기 성찰을 하는 걸 보면서 '아, 이건 아닌데' 하고 생각했어요.

《여성성의 신화》에 드러나는 베티 프리단의 문제의식도 유아차와 함께 지하철을 탄 자신이 민폐를 끼치고 있다는 생각과 유사한 생각을 하던 자기 자신에 대한 자각에서 시작해요. 자기 자신을 자각하는 여성은 분명 스스로 결혼과 출산, 육아를 선택했다고 생각합니다. 그리고 자신을 사회규범으로 객관화하기도 하죠. 하지만 문제는 그 사회규범의 의미 있는 가치가 유아차와 함께 탄 여성의 존재를 지우고 있다는 거예요. 그런데 한국의 많은 여성들이 그런 생각을 하죠.

　'맘충'이라는 말 들어보셨죠? 저는 '충蟲' 붙은 말, 벌레로 칭하는 말을 좋아하지 않아요. 자기 자신이든 타인이든 벌레에 비유해서 비난하는 말이죠. 그런데 한국 사회에서는 아이를 키우는 전업주부한테 '맘충'이라는 말을 붙이잖아요. 카페에 유아차 끌고 와서 노는 여자들, 남편은 쎄빠지게 일하고 있는데 브런치나 먹고 백화점에서 노닥거리는 여자들이라고 모욕적 시각으로 묘사하죠. 그런데 이런 시각이 굉장히 문제가 있는 거죠. 육아나 가사노동을 하는 여성들이 문화센터, 백화점, 카페에 몰려 있는 걸 두고 '팔자 좋은 여편네'로 쉽게 칭하는데, 사실은 혼자서 독박육아를 한다는 게 아주 어려운 일이잖아요. 그리고 백화점 같은데는 유아차를 가져오는 여성들에게 굉장한 편의를 제공해요. 어떤 의미에서는 사적 자본만이 편의를 제공하는 거죠. 거기에다가 옛날에는 아이는 다 엄마가 혼자 키웠다고들 하면서 아이는 엄마가 키워야 한다고 하죠. 그런데 진짜 그게 맞나요? 예전 사회와 지금 사회가 다르잖아요. 그런데도 여성들을 다 벌레인 것처럼 말하잖아요. '고귀한 어머니에게 벌레라는 말을 붙인다' 그런 문제가 아니에요. 거기에다 여성들 스스로가 '맘충'이 되지 말아야 한다는 자각을 하죠. 이런 자각도 없다면 자신이 정말로 맘충이 될지도 모른다는 두려움 같은 게 있는 거예요. 사회적으로 교육받은 사람들이고 SNS에 다 노출이 되는 세상인 걸 아는 사람들이니까, 내가 바로 그런 사람이 될 수는 없다고 노력을 하는 거죠.

　그러니까 그런 현실 속에서 베티 프리단이 이야기하는

《여성성의 신화》가 과거의 이야기인지 생각을 해볼 필요가 있다는 거예요. 이게 과거의 이야기라 하기에는 우리의 현실과 너무 겹쳐 보입니다.

차이에 대한 발견

제1물결 페미니스트들의 관심은 이거죠. '여성도 인간이다' '남자, 여자를 구별하지 말아라' '우리는 같은 인간이다'. 여성에게도 인권이 있으니까 투표권을 달라는 거죠. 같아야지 투표권을 주잖아요. 그래서 참정권 투쟁을 했죠. 재산권에 대한 요구도 있어요. 재산도 상속받게 해달라는 거예요. 예전에는 결혼하면 상속권이 없었고, 자기 변호권도 없었어요. 어린아이들이 잘못하면 어른들이 나서서 대신 해결을 해주는 것처럼, 여자가 결혼을 하면 남편이 대신 책임을 다 진 거죠. 그랬더니 남편이 아내를 때려도 아내가 남편을 상대로 법적 투쟁을 하지 못해요. 여성을 동등한 권리를 지닌 인간으로 보지 않고, 여자의 권리는 남편에게 복속되는 게 그 당시의 모습이었기 때문에, 제1물결 페미니즘의 주된 주장은 여성을 동등한 인간으로 취급하라는 것이었죠. 즉, 참정권, 재산권, 변호를 할 수 있는 권리 등 개인의 권리를 성취하려는 것이 제1물결 페미니즘, 자유주의 페미니즘입니다. 그렇기 때문에 '우리는 같다'는 게 중요한 시대적 요구였던 거죠. 민주주의 기본 원리이기도 하기 때문에 중요한 거고요. 그래서 19세기

초에서 20세기 초까지 그런 운동들이 일어났죠.

그런데 이렇게 참정권을 얻고 나서 어떤 일이 벌어졌는지 보죠. 미국을 중심으로 말씀을 드릴 건데, 제1물결, 제2물결 페미니즘은 영미 페미니즘 운동을 근거로 많이 삼기 때문이에요. 20세기 초에 미국에서 참정권 운동이라든지 여성의 권리를 쟁취하는 운동이 크게 벌어지는데, 1930년대부터 이 운동이 시들어요. 그리고 여성운동이라고 묶일 수 있는 공통의 기반이 사라지면서 1950년대까지 일종의 여성운동의 퇴조기가 와요.

미국 서부영화들 보면 여성들이 총을 들고 있어요. 남자들이 싸우면 여자들이 가만히 있는 게 아니라 장총 들고 진짜로 싸웠던 거죠. 서부가 황량하고 거친 곳이잖아요. 그러니까 서부까지 왔다고 하면 여자도 총쯤은 들 줄 알아야 하는 거예요. 그렇게 터프하게 살아왔는데, 서부에서 골드러시도 끝나고 도시화가 시작되면서 세상이 변해요. 그 사이에 참정권 운동도 일어나는데, 이 운동은 1865년 남북전쟁 후에 흑인 남성에게까지 참정권을 확대한 수정헌법 14조에 여성 참정권도 포함할 것을 여성들이 요구하면서 전개됩니다. 수전 B. 앤서니Susan B. Anthony, 앨리스 폴Alice Paul 등이 쇠사슬 시위, 단식 투쟁 등을 하고 경찰에 의해 체포당하면서 여성 참정권 운동을 이끌었고요. 1918년 공화당이 의회를 장악하면서 참정권에 대한 헌법 수정안이 통과되고, 1920년 8월에 수정헌법 19조가 헌법에 추가되는데, 그 문구가 다음과 같습니다. "미국민의 참정권은 미국이나 혹은 어떤 주에서도 성별을 이유로 거부될 수 없다." 그런데 1930년쯤 되니까 주체적이고 독립적인 여성성은 사라지고 여성과 가정을 연관시키는 이야기들이 진행되기 시작합니다. '가정으로 돌아가자'는 식의 이야기들이요.

여기에는 배경이 있어요. 제1차 세계대전이 끝나고 1930년대에 대공황이 오죠. 자본주의에 큰 변화가 일어난 거예요. 일자리가 없는 거죠. 여자들도 원래는 밖에서 일을 했는데, 일자리가 부족해지니까 '아니, 지금 집안의 가장도 일을 못 하는데 여자들이 일을 나오면 어떡하냐. 여자들은 집으로 가라'는 식의 캠페인이 미국에서 벌어집니다. 여성의 사회적 진출을 막아요. 그러더니 1939년부터 1940년대까지 제2차 세계대전이 벌어지니까, 남성들은 전쟁에 나가고 여성들이 후방에서 일을 하게 돼요. 여자는 언제나 남자 다음인 거예요. 남성이 일자리가 부족하면 남성 다음에 여성들이 그 자리에 나가는 거고, 남성들이 전쟁에 나가거나 후방에서 뭔가 일을 해야 할 때는 여성이 들어와주고. 언제나 남자 다음이라는 인식이 있는 거죠. 그리고 1930년대와 1940년대에는 여성운동의 기폭제가 없었어요.

그러다가 전쟁이 끝나고 1950년대에 베이비붐 시대가 오죠. 거기에 더해 미국은 전후에 굉장히 부유해져요. 그런데 대체로 부유함은 보수적 전통과 함께 가요. 부유해지면 보수적 전통이 세져요. 미국뿐 아니라 이건 승전국의 특징이거든요. 승전국이라는 건 전쟁에 승리했다는 뜻이죠. 그리고 전쟁에 공을 세운 사람들이 대통령이 돼요. 드골Charles De Gaulle, 아이젠하워Dwight David Eisenhower 모두 전쟁영웅 출신이에요. 그들의 비전은 전쟁 이전, 벨 에포크belle époque라고 말하는, 굉장히 아름다웠던 그 시절로 복귀

하는 거고요. 유럽이나 미국 모두 마찬가지예요. 그걸 더 이상 못 참고 터져나오기 시작한 때가 1960년대 말, 소위 68혁명이 일어난 시점이죠.

　　전쟁이 끝나면 20여 년간은 그런 보수적 기조들이 득세를 하게 마련인데, 게다가 미국은 제2차 세계대전이 끝나고 시작된 소련과의 냉전이 보수적인 안정화 기조를 강화해요. 자본주의냐 공산주의냐, 자본주의 발전과 사회주의 발전 가운데 누가 더 경제성장을 하느냐 하는 이데올로기 전쟁 속에서는 보수적, 군사적 정권이 힘을 얻죠. 그리고 이런 보수적 정권, 가부장제의 남성성이 득세를 할 때 여성들의 자리는 뭐가 되죠? 편안한 집이 되는 거예요. 남자들이 언제나 따뜻하게 쉴 수 있는 잠자리가 되어주고, 좋은 아이들을 낳고 기르는 역할을 해야 한다는 거죠. 여기에 더해 미국의 부유함 속에서 안정적 기조를 유지하자는 익명의 대중, 사회에 순응하는 대중이 많아지면서 여성들은 가정의 수호자라는 역할을 맡게 되는 거죠.

　　1950년대의 분위기가 이랬어요. 여자들한테 빨리 결혼하라고 하고, 미국의 여자 대학생들은 졸업 후의 꿈이 현모양처라고 하고요. 아름다운 드레스를 입고 왼손에는 책, 오른손에는 프라이팬을 들고 있는 여자의 모습요. 줄리아 로버츠Julia Roberts가 주연으로 나오는 〈모나리자 스마일〉(2003)이라는 영화가 이 1950년대 미국의 분위기를 보여줘요. 여기서 줄리아 로버츠가 미술사 강사로 나오는데, 똑똑하고 능력 있는 여학생들의 꿈이 다 아이비리그 남학생들하고 데이트하고 결혼하는 거고, 여학생들이 엘

　　　　　　　여성은 다르다: 복수의 여성들

리트들의 대화에 낄 수 있는 교양 양성소 정도로 대학을 생각하니까 이 사람이 못 참는 거예요. 학생들이 다른 미래를 그려가게 설득하는 내용의 영화죠. 그런데 영화에서 어떤 똑똑한 여학생이 졸업할 때 이런 식으로 말을 해요. 당신이 우리에게 선택의 자유가 있다고 했는데, 자기는 선택을 했다는 거죠. 선생님은 로스쿨에 가라고 했지만 자기는 로스쿨 안 가고 사랑하는 남자친구의 미래를 위해서 그를 서포트하는 주부가 되기를 선택했다고요. 자기가 선택한 거니까 행복하다는 건데, 여성들에게 다양한 미래와 선택이 있다는 그 강사에게 물 먹이는 듯한 발언이죠.

바로 베티 프리단은 그때 '선택'을 했다던 그 여자들이 정말 지금도 행복할까, 거기에서 출발해요. 프리단은 1942년에 스미스 대학이라는 미국의 유명한 여대에 입학해요. 한국에서도 여대 출신이라고 하면 '신붓감으로 최고!' 이런 거 있었잖아요. 스미스 대학도 그랬던 모양이에요. 프리단은 1940년대에 그 스미스 대학을 졸업하고 나서 캘리포니아 버클리 대학교에서 심리학을 전공하는데, 대학원 졸업 후 특별연구원을 제안받았지만 거절하고 뉴욕에서 노동 전문 기자로 활동합니다. 그런데 결혼 후 두 번째 출산을 하고 나서 출산을 했다는 이유로 기자직에서 해고돼요. 그 이후 여러 매체에 프리랜서로 글을 기고하지만 전업주부로 살게 되죠.

그러다가 베티 프리단에게 굉장히 중요한 사건이 1957년에 일어나요. 이 사람도 처음부터 페미니스트였던 게 아니에요. 프리단의 어머니는 신문기자를 하다 전업주부가 된 분이었는데,

프리단도 자신의 어머니처럼 기자를 하다가 경력단절 여성이 된 거죠. 그렇게 전업주부로 지내던 중에 모교인 스미스 대학에서 15주년 기념 동창회 사업으로 졸업생 동문 조사를 하게 돼요. 그러니까 스미스 대학 42학번이라고 할게요. 42학번이 15년 후에 어떻게 변했는지, 이들이 지금 어떤 모습으로 살고 있는지 조사해달라는 의뢰를 받은 거죠. 그런데 이 조사 과정에서 42학번들이 대부분 가정주부로 살고 있었고, 모두 불행하다는 걸 베티 프리단이 알게 돼요.

여성 스스로 자신이 누구인지 정의하겠다

베티 프리단은 '왜 이런 일이 벌어졌나. 왜 우리는 이렇게 됐나' 생각을 하다가 이 내용으로 르포 기사를 쓰려고 했더니 매체들에서 다 거부하는 거예요. '가정주부들이 행복하지 않다고? 이런 건 노이로제 걸린 여자들 이야기 아니야?' 특이한 이야기를 갖고 왜 보편적인 것처럼 기사를 쓰려고 하느냐는 거죠. 그래서 여성지에도 의뢰를 해봐요. 프리단이 신문기자 출신이니까 아는 편집자들이 있었을 텐데도 다 싫다고 해요. 이런 기사를 실으면 광고주들이 싫어할 거 아니에요.

결국 기사 투고를 다 거부당하고 나서, 프리단은 거의 5년 간 여러 조사를 하면서 이게 진짜로 여성들의 선택인가, 그리고 정말로 사람들이 이야기하는 것처럼 여자들은 아이를 낳고 키우

여성은 다르다: 복수의 여성들

고 집 안에만 있으면 행복한 게 맞는지 묻게 된 거죠. 우리도 그런 이야기 많이 하잖아요. 자궁이 있으니 자기 몸을 열어서 아이를 낳아보고, 낳은 아이에게 자기 젖을 물려서 키워보는 게 여자의 행복이라고요. 어떤 축구선수는 하나님이 주신 고통이니까 무통분만하지 말자고 자기 아내를 설득했다면서요? 자기가 낳는 것도 아니면서 웃기죠. 출산하면 여자는 그냥 기쁘고 끝인 건가요?

출산에 대해서도 최근에 들어서야 페미니즘 운동이 일어나니까 출산이 그냥 애만 낳고 끝나는 문제가 아니라는 걸 말하기 시작했죠. 임신으로 인한 여성 몸의 변화, 출산 후 여자들의 복합적인 상태가 드러나기 시작해요. 모성과 모성애는 다른 거라는 인식이 생겨나고요. 아이를 낳았다고 해서 바로 아이에 대한 애정이 솟아오를 수는 없잖아요. 아이를 낳을 수 있는 신체적 활동이 있을 수 있죠. 하지만 그렇다고 해서 아이들을 지속적으로 돌보고 애정을 갖고 아이들을 독립된 성인으로 키워내는 것은 다른 문제니까요. 사실상 여성들은 임신과 출산이라는 격정적인 일을 겪고 난 후 자신이 겪어낸 심리적, 신체적 변화를 아무도 이해해주거나 배려해주지 않는 상황에서 산후우울증을 겪기도 해요. 특히, 출산 이후에 몸이 많이 변하죠. 출산할 때 외음부도 절개하니까 출산 후에는 구멍 뚫린 방석 위에 앉아 있고, 산후조리라는 게 필요할 수밖에 없는 상태가 되죠. 그런데 이렇게 큰 변화에 대한 경험을 누가 먼저 알려주질 않았던 거죠. 저도 어린 시절 수업시간에 이런 걸 배운 적은 없었어요. 그렇다면 이런 경험을 주로 누가 이야기하죠? 여성이 아니라, 여성의 어떤 이상이라고 여겨지는 어떤 질서로 이야기가 되는데, 이때 여성의 이상이라는 질서를 누가 만들었는가를 이제 생각하기 시작한 거예요.

베티 프리단은 자기도 그런 거예요. 일하고 싶은데 애들이 있고. 《여성성의 신화》를 쓸 때도, 도서관에 가려고 하면 애가 엄마 어디 가느냐고 그러고, 잠깐 맡겨두고 가려는데 붙잡고, 밥도 먹여야 되는 거죠. 밥 주는 동안에는 또 글을 못 쓰잖아요. 자기 방도 없어요. 사실 여성 가정주부가 자기 방을 갖는다는 게 어려운 일이잖아요. 나만의 서재 같은 거 없잖아요. 안방이면 남편이랑 같이 쓰는 방이거나 옷이 있죠. 거실은 모두의 방이죠. 주로 남편이 소파에서 텔레비전 채널 돌리고 있거나 애들이 텔레비전 보고 있죠. 부엌도 노동하는 공간이잖아요. 집은 가정주부에게 사실 모두 노동하는 공간이잖아요.

프리단도 어디서나 글을 썼어요. 애들 재우면서 머릿속으로 생각하고 애들 자고 나면 식탁에서 쓰거나 소파에서 쓰고, 온갖 군데 책을 가져다놓고. 그렇게 5년 걸려서 쓰는 거예요. 그러면서 느끼는 거죠. 내 공간, 버지니아 울프가 말한 '자기만의 방'도 없고, '내가 여기서 사는 게 행복한가' '여기서 이렇게 주부로 사는 게 행복한가'를 생각하는 거죠. 그리고 이 글을 쓰기 전에도 언제나 어딘가 아픈 느낌, 울적한 느낌이 있었는데, 이게 나만 그런 게 아니라는 생각을 하기 시작하는 거예요. 이게 본인만의 문제가 아니라 미국 주부들이 겪고 있는 문제고, 그렇다면 이상하다는 거죠.

여자의 행복이라는 건 몸을 열어서 애를 낳고, 애를 키우

여성은 다르다: 복수의 여성들

고, 남편 잘 만나서 남편 뒷바라지하고 남편한테 사랑받는 거라고 생각해왔는데, 막상 행복하지 않은 거죠. 그게 여성의 본성이자 덕목이라고 하고, 심지어 누가 날 떠민 것도 아니에요. 내가 '선택'을 한 건데 이 선택이 왜 이렇게 나를 불행하게 하는 걸까. 이것 때문인지도 저것 때문인지도 잘 모르겠는 공허한 불행들이 있다는 거예요.

그리고 베티 프리단은 이게 아이를 불행하게 만든다는 것에 착목해요. 아이들도 불행해진다는 거죠. 이게 참 중요한 지점 같아요. '애들은 엄마가 키워야 된다. 엄마가 키워야 아이 정서발달에 좋다' 이런 이야기들 많이 하죠. 그래서 성공한 여자들이 이런 고백을 많이 하죠. '내가 아이랑 가장 곁에 있어줬어야 할 시기에 그러지 못한 게 제일 미안하고 거기에 가책을 느낀다.' '그때 내가 아이 옆에 있어줬어야 했는데 그러지 못해서 애가 삐뚤어진 것 같다.'

베티 프리단은 바로 그런 '여성성의 신화'에 도전해요. '애는 엄마가 키워야 된다'라는 신화에 '엄마만 애를 키우면 애가 아주 불행해진다. 특히 딸이 가장 불행해진다'라고 맞서죠. 불행한 여성들이 아이를 자기 성취의 대상으로 삼으면서 아이들과 아주 이상한 의존관계, 나쁜 방식의 공생관계를 만들어요. 실제로 프리단이 관찰을 해보니까 아이들의 정서적 문제가 이럴 때 많이 일어난다는 거예요. 딸에게 결혼이 여성의 행복이라고 주입을 하고, 딸이 자기 살림을 꾸리게 하려고 빨리 결혼하게 만드는 게 여성성의 신화 중 하나라는 거예요.

나이 들어서 결혼하면 애 낳기도 힘들고 키우기도 힘드니까 젊을 때 결혼하라는 말들도 많이 들어보셨죠? 저는 최근에 전라북도 저출산대책위원회라는 데서 25세 때 결혼을 시키는 걸 대책이라고 했다는 기사도 봤어요. 대학생 때 결혼하면 취업을 1순위로 추천하자는 등. 진짜 어이없죠.

애를 빨리 낳고 빨리 키우는 게 좋다고 쳐요. 그런데 베티 프리단은 이걸 묻는 거죠. 그럼 아이는 누가 키우죠? 여자 혼자 키우면, 여자는 그때 뭘 못 할까요? 공부를 못 하고, 경력을 못 쌓잖아요. 그러면 이게 여자들한테 무슨 소용이 있느냐는 거예요. 아이를 빨리 낳고 빨리 키우는 게 누구한테 좋은 것인가. 여자들이 빨리 결혼을 하는 상황도 짚어요. 베티 프리단이 《여성성의 신화》를 쓸 1960년대 미국 같은 경우 결혼한 여자의 40퍼센트 이상이 10대였어요. 그러니까 대학을 안 갔다는 거죠. 열여덟 살에 어머니가 돼요. 지금 우리 식으로 보면 고3이잖아요. 그렇다면 그런 여성은 어떤 여성인가요? 완벽하게 성인으로 다 자란 여성일까요? 그리고 그 당시에 열여덟 살 된 여성들이 성인 남성과 같은 위치를 확보할 수 있는 성인으로서의 교육을 제대로 받지 못한다면, 육체적으로는 아이를 낳을 수 있는 성인일 수 있지만 사회적 어른일 수는 없으니 누군가에게 수동적으로 의존할 수밖에 없고 이 상황은 나이를 먹어가도 변하지 않죠.

지금도 그런 게 있죠. 외부에서 누군가 초인종을 누르면서 사람을 찾을 때 남편과 부인이 있으면 누구를 먼저 찾죠? 예를 들면 "관리사무소인데요, 누구 계신가요?"라고 할 때 부인을 찾지

여성은 다르다: 복수의 여성들

않아요. 가부장, 그러니까 부인보다는 남편이 이 집의 주인이라는 생각이 있는 거죠. 그리고 "차 좀 빼주세요" 해서 갔을 때 여자가 가보면 차 주인 어디 갔냐는 식으로 본단 말이죠. 당연히 차 주인이 남자라는 생각인 거죠.

그런 편견이 지금 우리 안에도 있는데 프리단이 이 책을 쓸 때는 그것이 더 강했고, 더 그렇게 교육했던 거죠. '여자는 수동적인 존재고 남편한테 의존할 수밖에 없는 존재인데, 심지어다 자라지도 못한 열여덟 살인 여자가 엄마 노릇을 한다는 게 어떤 일인가.' '많은 여성들이 그런 삶이 자기의 선택이라고 믿어왔지만, 정말 그것은 선택이었는가.' 프리단은 계속 의구심을 품다가 《여성성의 신화》를 쓰기 시작한 거죠. 그리고 이게 스미스 대학 졸업생들만의 일이 아니라 미국 주부 전체의 일이라는 생각 끝에, 남성성이라고 이야기하는 것과 여성성이라고 이야기하는 것의 가치에 큰 차이가 있다는 걸 발견해요.

여성성이라는 신화를 비판하는 근본성, 래디컬

남성성은 능동적이고, 책임을 지고, 독립적이라는 어떤 강한 것을 말하고, 여성성은 수동적이고, 비주체적이고, 비독립적인 것을 말하죠. 그리고 이 이야기를 정당화하는 이론들이 있다는 거예요. 여성성과 남성성에 차이가 있다는 걸 발견하는 거죠. 그러면서 그 여성성이라는 내용을 누가 만들었나를 프리단이 폭로합니다. 그래서 그걸 '신화'라고 불러요. 이 신화, 가부장제가 만들어놓은 여성성의 가짜 신화를 폭로하겠다는 거예요. 이때부터 제1물결 페미니스트들하고 달라져요. 제1물결 페미니스트들은 '우리 인간 대접해다오'를 말하잖아요.

그런데 제2물결 페미니스트들은 이런 거죠. '우리가 참정권 가져봤자 남성들이 항상 권력을 쥐고 우리가 누구인지 계속 대신 이야기하려고 하지 않았냐. 이제 우리 입으로 우리가 누구인지 말하겠다.' 여성 스스로 자신이 누구인지 정의하겠다는 선언이죠. 그런 점에서 남성과 다른 여성의 '차이'를 여성 스스로 말하겠다는 것, 이것이 바로 제2물결 페미니즘의 중요한 성찰인 거예요. 그래서 보통 여성의 운명이라고 여겨져왔던 결혼, 출산이라는 부분에 착목해서 출발하는 거죠.

서구에서는 이게 중요한 전통이기도 해요. 성서에 보면 에덴동산에서 아담과 이브를 쫓아낸 다음에 신이 그러죠. 남자들에게는 노동의 고통을, 여자들에게는 출산의 고통을 주겠다고요. 그리고 모든 인간들에게 다 고통을 주겠다고 하죠. 흙에서 태어났으니 다 흙으로 돌아가라는 거죠. 에덴동산에서는 영원한 어린이였지만, 에덴동산 밖에서는 노화하고 소멸할 것이고, 너희들이 빚어진 흙으로 돌아가 유한성을 맛볼 것이라는 저주 아닌 저주를 하잖아요. 여기에서부터 여성의 운명이 결혼과 출산을 하고, 남편을 보조하는 역할이라는 게 나오고, 이게 결국 여자의 본성이자 행복이라고 하는 것들을 베티 프리단은 비판하고 넘어서려고 합니다. 여성을 사적 공간이라고 하는 가정의 공간에, 굴레에 묶어놓은 것들에 반대하고 여자들이 공적 영역, 사회적 영역으로 진출해야 한다고 이야기하기 시작해요.

그리고 베티 프리단의 이런 논의들이 주로 여성과 남성의 차이를 말하는 제2물결 페미니즘에서 다루어집니다. 이 제2물결 페미니즘은 한국에 수용되면서 래디컬 페미니즘이라고도 불렸고요. 그런데 저는 페미니즘 자체가 래디컬하다고 생각해요. 페미니즘이라는 말이 곧 래디컬이라는 의미를 포함한다고 생각합니다. 왜냐하면 '래디컬'이라는 말은 '근본적'이라는 뜻이에요. '뿌리'라는 말에서 왔어요. 페미니즘이 래디컬하다는 것, 즉 뿌리를 건드린다는 건 지금의 질서에 도전적인 이야기를 페미니즘이 다 하기 때문이에요.

종교에서도 신을 주로 남성으로 상정하죠. '하느님 아버지' 이러잖아요. 지금 질서의 수장들이 다 남성이고, 또 그걸 당연히 여기잖아요. 한 번도 의심한 적 없지 않나요? 저는 페미니스트가 되기 전에는 의심한 적이 없어요. 그냥 그런가보다 했죠. 그런데 페미니스트, 페미니즘은 '왜'라고 묻죠. 그게 왜 당연하냐고 묻는 순간 래디컬해져요. 그렇기 때문에 페미니즘은 근본적입니다. 래디컬해요. 여기에서 근본적이라는 건, 인간적이라고 이야기하는 모든 규준에 도전한다는 것이라고 할 수 있어요. 페미니즘은 인간 조건의 기초라고 믿어온 견해를 흔들고, 특히나 근대 인간의 정상성에 문제 제기를 하기에 래디컬하죠. 그래서 래디컬이라는 의미는 모더니즘 이후의 사유들과 접속하게 되고요. 뿌리를 건드리는 페미니즘 역시 근대 이후의 페미니즘적 모색들과 관계

한다고 생각합니다.

그래서 저는 래디컬을 선포한 제2물결 페미니즘과 그 이후의 여러 페미니즘의 기조들이 당연히 맞닿아 있을 수밖에 없고, 제2물결 페미니즘의 논제를 과거의 것만으로 치부할 수 없는 것 같아요. 이 제2물결 페미니즘에서 나왔던 문제 제기와 비판들이 지금도 진행 중이고, 여전히 바뀌지 않은 측면들이 있고, 이 운동이 우리한테 준 영감의 목소리들이 굉장히 크다는 점에서 꼭한번은 다루어져야 한다고 생각해요. 특히나 이 래디컬함은 여성이 남성 인간과 같지 않다는 그 차이를 아주 중요히 여기고 있다는 점을 기억해야 해요. 제1물결 페미니즘이 동일성, '우리가 같은 인간이다'라는 걸 외쳤다면, 제2물결 페미니즘에서는 남성이 말하지 않는 여성성에 대해서 여성인 내가 이야기할 것이라고 선언하고, 남성이 규정했던 그 여성성이 신화라는 걸 밝히고 그 신화를 깨는 운동들을 해요.

《제2의 성》에서 시몬 드 보부아르가 이미 했던 이야기들이고요. 베티 프리단도 《제2의 성》을 읽고 크게 감명했던 모양이에요. 그 감명이 힘으로 나타나 《여성성의 신화》를 쓰기 시작한 거죠. 프리단은 이 책의 서문을 두 번 더 썼어요. 10주년 기념판 서문을 한 번, 개정판 서문을 한 번 써요. 개정판 서문의 제목이 '두 세대 뒤의 변화한 풍경'이죠. 초판을 쓰고 나서 20년 뒤에 쓴 거예요. 이것만 보더라도 굉장히 좋은 책이라는 걸 알 수 있어요. 10주년 기념판 서문의 제목은 이렇습니다. '새로운 길 위에 있는 우리 모두에게 용기를.' 지금 우리한테도 필요한 말인 것 같아요. 페미니즘이라는 새로운 길 위에서 필요한 게 용기인 것 같아요. 함께 이 10주년 기념판 서문을 읽어보죠.

《여성성의 신화》가 출간된 지 10년이 지났다. 이 책을 쓰기 시작하기 전까지 나는 여성 문제가 존재한다는 사실을 전혀 의식하지 못했다. 그때 우리를 모두 수동적으로 만들고 서로 떨어뜨려 놓아 현실에 널려있는 여러 문제와 가능성을 보지 못하게 만들던 그 신화에 결박되어, 나 역시 다른 여성들처럼 부엌 바닥을 왁스칠하면서 희열감을 느끼지 못하는 내게 무언가 잘못이 있다고 생각했다.[*]

아주 솔직하죠. 이 책을 쓰기까지 자기는 여성 문제가 존재한다는 사실을 전혀 의식하지 못했다는 거예요. 우리도 그렇지 않나요? 이게 왜 문제인지 못 느끼다가 누가 말해주면 그제야 그게 문제였다고 알아차릴 때가 있죠. 프리단도 마찬가지였던 거예요. 자기가 바로 그 여성 문제의 당사자인데, 이 책을 쓰기 전까지 자신의 두통과 우울증의 원인이 뭔지, 자기가 굉장히 큰 문제를 겪고 있었다는 걸 몰랐다는 거예요. "그때 우리를 모두 수동적으로 만들고 서로 떨어뜨려 놓아 현실에 널려있는 여러 문제와 가능성을 보지 못하게 만들던 그 신화에 결박되어"서 프리단 자신도 다른 여성들처럼 부엌 바닥을 왁스칠하고 있었다는 거예요.

---

[*] 베티 프리단, 《여성성의 신화》, 김현우 옮김, 갈라파고스, 2018, 16쪽.

그러면서 뭔가 기분이 안 좋은 거예요. 왁스칠을 하니까 기분이 나빠요. '내가 왜 이 일을 행복하게 하지 못하지? 이건 내 탓이야. 다른 여자들은 부엌 바닥을 닦으면서 다 기뻐하는데, 나만 이렇게 별종인가' 이러면서 굉장히 괴롭다고 생각해왔는데, 그게 '내 탓이 아니구나'라는 걸 깨달았다고 쓰고 있는 거죠.

그리고 내가 별종인 게 아니라 이 세계가 문제가 있다는 걸, 여성성의 신화 때문에 내가 고통받았다는 걸, 그 굴레에 갇혀 있었다는 걸 알고 각각 흩어졌던 여성들을 하나의 대오로 호명하는 일들이 벌어지면서 많은 변화가 일어났다는 거죠. 프리단은 《여성성의 신화》라는 글을 쓰면서 스스로 깨달았잖아요. 그리고 많은 여자들이 이 책을 통해, 페미니즘 저서들을 접하면서 프리단처럼 깨달은 거죠. 이 책이 처음에는 초판만 팔려도 다행이라고 생각했는데, 260만 부가 넘게 팔렸어요. 베스트셀러, 스테디셀러가 되고 이 책을 읽은 여성들이 프리단한테 사인을 해달라고 해요. 그래서 프리단은 이렇게 씁니다.

지금 수백, 수천 명의 여성들이 그러는 것처럼 1963년에 어느 여성이 이 책이 자기 인생을 송두리째 바꿔놓았다고 말하며 처음으로 《여성성의 신화》에 사인을 해달라고 요청해왔을 때, 나는 이렇게 적어줬다. "새로운 길 위에 있는 우리 모두에게 용기를!" 이 길에서 다시 돌아갈 방법은 없기 때문이다. 그것은 당신의 전 생애를 변화시켰고, 분명 내 생애도 변화시켰다.*

어떤 여성이 말하길, 1963년에 이 책이 자기 인생을 송두리째 바꿔놓았다고 했대요. 왜? 이 우울함이 자기 탓인 줄 알았는데 네 탓이 아니라고 이 책이 이야기해준 거잖아요. 너만 그런 게 아니고 우리 모두가 그러니까 이 신화를 깨자고 한 거죠. 그리고 자기 책을 읽은 그 여성이 책에 사인을 해달라고 요청을 하자 거기에 "새로운 길 위에 있는 우리 모두에게 용기를!"이라고 써줬다는 거죠. 참 중요한 말인 것 같아요. 돌아갈 방법이 없으면 용기가 있어야겠죠. 돌아갈 수 있으면 비겁해도 되는데, 가야 되면 용기를 내야겠죠.

여담을 하자면, 프리단은 《여성성의 신화》를 쓰고 나서 자기 인생도 변화시켜요. 우선 이혼을 했어요. 그리고 원래 비행 공포증 때문에 비행기를 못 탔는데, 이 책을 쓰고 이혼을 한 뒤에 비행 공포증이 사라졌다는 거예요. 저는 그 이야기가 너무 재미있어요. 자기 삶을 변화시켰잖아요. 물론 모든 페미니스트들이 "기혼자여, 이혼을 해라" 이런 이야기를 한다는 게 아니에요. 하지만 분명한 건 이 책으로 프리단 자신과 많은 여성들의 삶이 변화했다는 것이고, 그래서 이 책을 제2물결이라 불리는 급진적인 대중 운동을 일으킨 저서로 평가할 수 있는 겁니다.

---

*   같은 책, 22쪽.

여성의 자유로운 선택에 대하여:
그리고 '이름 붙일 수 없는 문제들'

페미니즘은 근대적 인간에 대한 가정에 도전해요. 우리는
우리가 자유의지를 지녔고, 어떤 선택을 자유롭게 한다고 생각하
잖아요. 그러니까 '네가 뭘 알아. 날 제일 잘 아는 건 나야. 이건 내
가 선택한 거야' 이렇게 말하잖아요. 그런데 20세기 이후에 소위
포스트모더니즘이라고 하는 사상들은 '정말로 자유로운 선택이
라는 게 있나?'를 물어요. 우리의 선택은 문화적 조건, 권력의 문
제와 떼려야 뗄 수 없는 중요한 산물 안에서 이루어지는 거잖아
요. 그러니까 '나는 나의 선택을 했다'라고 하지만 그 '나'라는 말
도 사실 교육을 통해서 배웠고, '선택'이라는 말도 교육을 통해서
배웠어요. 16세기 조선조하에서 노비가 "나는 자유가 있다! 똑같
이 배우게 해달라!" 이렇게 할 수 없잖아요. 그 당시에 '노비의 선
택'이라는 말은 어울리지 않잖아요. 어떤 노비가 나는 자유로운
선택을 했으니까 양반가를 벗어나겠다고 하면 추노당하는 거죠.
노비는 재산이니까요.
　　'선택' 역시 만들어진 개념이에요. 자유의지를 지닌 인간이
라는 개념도 만들어진 개념이죠. 일종의 발명된 개념이에요. 마
치 핸드폰이나 전화기처럼. 그레이엄 벨이 전화기를 발명한 뒤
거의 100년이 지나서 핸드폰이 생겼죠. 인간이라는 개념도 그래
요. 인간이라는 말을 발명했는데, 지금 전화기가 핸드폰이 된 것
처럼 굉장히 많은 변화를 거쳐서 인간이라는 개념에 많은 이야기

　　　　　여성은 다르다: 복수의 여성들

들이 덧붙었어요.

　프리단은 선택이라는 개념도 마찬가지라는 거예요. 이런 말 많이 듣잖아요. '네가 선택했으니까 네가 책임져야 돼.' 그리고 선택할 수 없는 문제들, 선천적이라고 하는 것들에 대해서는 차별하지 말고, 선택했던 건 책임져야 한다고도 하죠. 그런데 프리단은 '사회의 영향에서 완전히 자유로운 자기 선택이라는 게 있기는 한 걸까'를 물어요. 그리고 우리가 완전한 자유의지로써 그 많은 선택들을 하는 것인지를 묻죠.

　프리단은 자기가 선택했다고 생각했던 거죠. 그리고 1942년에 스미스 대학에 입학한 많은 학생들도 자기가 선택해서 결혼을 했다고 해요. 그런데 요새 여자 대학생들한테 대학 졸업하고 바로 결혼을 할 건지 물어보면 이상한 질문이라고 생각하겠죠. 그런데 20년 전만 해도 대학 졸업 때 결혼하겠다고 하는 사람들 많았어요. 결혼은 자기 인생에서 반드시 가야 할 길이었죠. 그런데 요새는 꼭 가야 할 길이 아니라 여러 가지 갈림길 중 하나로 생각하는 사람들이 많아요. 그러니까 물론 우리가 어떤 걸 '선택'하겠지만, '선택지'는 우리 자신이 결정하는 것만은 아니라는 거예요. 주어진 선택지 중에서 선택을 할 뿐인 거죠.

불행한 어머니들이 출현하다

　프리단은 그 주어진 선택지 가운데 선택한다고만 해서 되는 문제인가, 그건 아니지 않나 하는 생각들을 하기 시작한 거예요. 그래서 10주년 개정판 서문에서 프리단이 자기는 이런 문제가 있는지도 몰랐고, 이 책을 썼다는 것 자체를 믿기 어렵지만, 사실 자기 생애 전체가 이 책을 쓰기 위한 준비 과정이었다고 딱 말해요. 그러면서 이 사람은 식탁에서 글을 쓰며 행복한 주부의 허상을 벗기는 일을 했던 거예요.

앞에서 잠깐 말씀드렸지만, 베티 프리단의 삶을 간략히 훑어보죠. 프리단은 일리노이주 피어리어에서 신문기자를 하다 전업주부가 된 어머니와 보석상인 아버지 사이에서 태어났어요. 재원이었고, 총명한 학생이었죠. 스미스 대학을 우등 졸업했고, 졸업 후에 캘리포니아 버클리 대학교에서 심리학을 전공합니다. 그리고 뉴욕에서 기자로 활동을 해요. 그러다 프리단 역시 경력단절의 아픔을 겪었어요. 두 번째 아이를 임신했을 때 해고되고, 그후 여러 잡지에 프리랜서로 글을 기고하지만, 전업주부가 될 수밖에 없었죠. 실제로는 말이 프리랜서지, 자기 일에만 매달려 있지 않잖아요. 그러니까 대체로 주부로 살다가 일이 들어오면 하고 그랬겠죠. 그래서 오랫동안 전형적인 중산층 주부의 삶을 살아요. 미국 중산층이라고 하면 떠오르는 전형적인 상이 있잖아요. 교외에 차고가 딸린 1층집이나 2층집이 있고, 마당에는 푸른 잔디밭이 있는. 남편들은 차를 몰고 도심으로 출근하고 아내들은 집에서 주부로 일하고요.

그런데 1960년대부터 이상한 기운이 일어나기 시작해요. 이 사람만큼 어머니에 대한 신화에 도전하는 사람이 많아져요.

철학자이자 시인인 에이드리언 리치Adrienne Rich도 더 이상 가부장제가 당연시하는 그런 어머니는 존재하지 않는다는 글을 쓰거든요. 프리단 자신도 사실은 어느 순간 자기 삶의 열의가 사라져버렸던 거예요. 프리단이 스미스 대학의 기념 동창회 사업의 일환으로 졸업생 동문 조사를 하고 그들의 삶을 심층적으로 인터뷰하기 시작하는데, 거기에 이런 내용이 나와요. "여자가 해야 한다고 하는 것들, 그러니까 취미 생활, 정원 가꾸기, 장아찌 담기, 통조림 만들기, 이웃과 사이좋게 지내기, 자선 모임에 참석하기, 학부모 모임을 위한 다과 준비 등은 모두 다 하려고 애썼어요."*

지금도 가정주부들이 하는 일이잖아요. 취미 생활이라고 하면, 대형마트 문화센터 수업을 들어요. 정원을 가꾸는 건 아니더라도 베란다에 화분 놓고 기르죠. 장아찌 같은 것도 철마다 담그죠. 장도 담그잖아요. 병조림이나 잼 같은 것도 막 이만큼씩 만들죠. 다 자기가 먹지도 않아요. 남들 나눠주죠. 이웃들하고 잘 지내고, 교회 같은 데 가서 봉사활동도 하고. 애 있으면 학부모들끼리 모이기도 하잖아요. 아이들 통학길 지도 같은 것도 하고요.

이 인터뷰이는 이어서 이렇게 말해요. "이런 것들은 나는 누구냐는 의문을 제기하거나 생각해야 할 거리를 주지는 않아요. 한 번도 직업에 대한 야망을 가져본 적이 없어요. 내가 원한 것은 단지 결혼해서 아이들을 네 명 갖는 것뿐이었지요. 지금도 물론 아이들과 남편, 가정을 사랑해요. 당신이 뭐라고 이름 붙일 수

---

*   같은 책, 71쪽.

있는 문제는 하나도 없어요."* 여자가 해야 한다고 하는 일 가운데 나 스스로에게 하는 일은 하나도 없는 거죠. 그래서 직업에 대한 야망도 없어요. 자신이 원한 건 단지 결혼해서 아이를 낳는 것이었고, 이 가정이 자신에게 중요한 일이고 가정을 사랑한대요. 그런데 이게 뭔지는 모르겠지만, '이름 붙일 수 없는 문제'라고 이 인터뷰이가 말을 해요.

《여성성의 신화》1장의 제목이 '이름 붙일 수 없는 문제들'이에요. 이름 붙일 수 없는 문제라는 게 뭔가 있다는 거죠. 나는 누군가가 원해서, 가령 남편이 원해서, 아이가 원해서, 학교가 원해서 움직이지만 나 자신한테 하는 일은 아무것도 없는 거예요. 그럴 때 '아, 나는 음식을 장만하고, 옷을 준비해주고, 잠자리를 살피는 사람, 남이 무엇을 원할 때 누구 씨라고 불리는 사람에 불과하다' 이런 생각이 드니까 절망감을 느끼는 거죠. 그리고 '나는 누구일까' 하면 대답할 게 없는 거예요. 누군가의 어머니, 누군가의 부인으로만 존재하지, 내 이름 석 자는 있지만 나를 설명할 수 있는 게 없어요. 과거의 나, 소녀 시절의 나는 어땠다라는 건 있지만, 현재의 나를 설명해줄 수 있는 말은 없는 거죠. 그래서 인터뷰이들이 자꾸 이런 이야기들을 하는 거예요.

베티 프리단이 처음에는 동문들 인터뷰만 하다가, 책을 쓰기 시작하면서 동문들 외에 대학을 안 나온 여성부터 다양한 여성들의 심층 면접을 오랫동안 많이 해요. 23세의 어머니라는 다

---

*   같은 책, 71쪽.

여성은 다르다: 복수의 여성들

른 인터뷰이는 이렇게 말해요. 이때는 다 이렇게 어린 나이에 어머니가 됐던 거죠. 이 사람은 스스로한테 왜 이렇게 불만이 생기는지 물어봤대요. "내겐 건강하고 착한 아이들이 있고, 새 집은 아름답고 재산도 충분해요. 남편은 전자기술자로 장래가 촉망되는 사람이에요. 남편은 전혀 이런 감정을 느끼지 않아요. 내게 아무래도 기분 전환이 필요한 것 같다고 하면서 주말에 뉴욕에 가자고 했어요."***

　아이들도 있고, 먹고살 만하고, 남편은 장래가 촉망이 돼요. 남편은 자기처럼 괴롭지 않고요. 그래서 남편은 맨날 "당신 왜 그래? 기분 전환 필요해?" 이러면서 오늘 콧바람 좀 쐬고 오자, 뉴욕도 다녀오자 하는 거죠. 그런데 뉴욕 갔다 오면 그때만 기쁘지 집에 오면 또 기분이 별로예요. 그럼 이제 남편은 뭐가 문제냐, 뭐가 불만이야, 계속 묻는 거죠.

　그런데 더 웃긴 건, 혼자서 책이라도 읽으려고 하면 책도 제대로 안 읽혀요. 오히려 누가 자기를 불러주길 기다리고 혼자서는 아무 할 일도 없는 거예요. "아이들이 낮잠을 자면 내 시간이 한 시간 정도 있다고 생각하지만, 이럴 땐 아이들이 깨기를 기다리면서 집 안을 돌아다닐 뿐 아무것도 못해요. 난 사람들이 어디로 간다는 걸 알기 전에는 움직이지 않아요."**** 자기한테 시간이 있어도 그냥 대기하는 시간인 거죠. 대기만 하고 있는 거지 그 시

**　　같은 책, 71~72쪽.
***　같은 책, 72쪽.

간이 쉬는 시간이거나 자기를 위한 시간이 아닌 거죠. 목적도 없고. 이럴 때 '나는 왜 이렇게 살지? 어렸을 때도 부모가 하라는 대로 하고 내가 주체적으로 뭘 해본 적이 없구나' 하는 생각을 하게 되는 거죠. 다른 인터뷰이는 그래서 이렇게 말해요. "나는 도무지 살아있다는 기분이 들지 않아요."*

　　그런데 이 이유를 모르겠다는 거예요. 집도 살 만한데. 프리단은 "설명할 수도 없는 이 문제가 1960년대 들어서 행복한 미국 가정주부의 이미지를 뚫고 끓어오르기 시작했다"**라고 해요. 앞에서 제가 전후의 미국 사회가 되게 부유했다고 했죠? 그러면서 가정주부가 마치 가정의 수호자처럼 있는 모습들이 나타나요. 그리고 동시에 미국 사회에 굉장히 중요한 변화가 생기죠. 바로 텔레비전의 보급이에요. 1950~1960년대에 들어서 텔레비전이 보급되자 대중 대상의 광고, 이미지가 활성화돼요.

　　이미지와 광고가 무서운 게, 어떤 걸 창출하기 때문이죠. 한국 사회에서도 중요한 광고가 있었다고 생각해요. 바로 냉장고 광고인데, 광고에 나오는 배우가 이렇게 말해요. "여자라서 행복해요." 그 전의 주부 이미지는 두건 쓰고, 앞치마를 두르고 있는 모습이었죠. 주부라는 표식을 두르고 있는 거예요. 그런데 그 냉장고 광고에 등장하는 배우는 굉장히 아름다운 복장을 하고 냉장고를 쓰다듬죠. '여자라서 행복해요'라는 이미지를 만들어요. 그

---

*　　같은 책, 72쪽.

**　　같은 책, 72쪽.

다음에는 누가 냉장고 광고를 하죠? 남성 셰프들, 전문가가 해요. 그만큼 광고의 이미지가 영향력이 크다는 거예요. 당시에 미국 경제가 발전하면서 청소기 같은 가전제품들이 쏟아지는데, 항상 그 옆에 등장하는 게 여성이에요. 가사노동은 여자의 역할이라는 게 광고의 이미지로 계속 반복돼요. 잡지도 많이 발간되는데, 이 잡지들을 통해서 양성되는 게 있잖아요. 가령 연애를 어떻게 할 것인가 같은 거요. 교과서도 실용주의 교과서여야 한다면서 남녀의 성별을 고정시키는 젠더 스테레오타입이 계속 나와요. 저는 한국 가정 교과서도 그 영향을 많이 받아서 만들어진 것 같아요.

그리고 이 안에서 가정주부란 이래야 한다는 모습, 가정주부의 행복한 모습들이 선전돼요. 교외에 있는 차고가 딸린 집, 잘 갖춰 입은 백인 여자들이 쿠키 굽고 있는 그런 모습. 저도 미국이라고 하면 이런 이미지를 떠올렸어요. 미국에서도 그런 이미지가 통용됐던 거죠. 아름다운 가정주부가 거품이 이는 설거지통 앞에 있는 모습, 행복한 시간을 보내는 모습, 돈 좀 있는 사람들은 여자들이 운전해서 아이들을 데려다주거나 아이들을 스쿨버스에 태우면서 인사하고, 남편을 모시는 모습. 그런데 이 모든 모습들, 기준들이 여성의 성취인 것처럼 계속 반복되는데, 실제로 그렇게 살고 있는 여자들은 하나도 행복하지 않다고 말하고 있다는 거죠.

그래서 이것이 '뭐라고 이름 붙일 수 없는 문제들'이라는 겁니다. 1960년대부터 미국에서 여성들이 이런 문제들을 발견했다는 이야기를 하기 시작한 거죠. 그러니까 여기에 대해서 또 뭔가 말들이 있었을 거 아니에요. 여자들이 투표권이 있어서 배가 불러 그렇다는 둥, 투표권을 없애자는 둥, 여자들한테는 사랑이 답이라는 둥, 4년제 대학에서 여성을 받지 말아야 한다는 둥, 이런 말들이 나와요.

그런데 프리단은 당시 미국에서 일종의 '새로운 종교'가 되었던 프로이트의 이론이 이런 흐름에 어떤 악영향을 주는지 비판적으로 분석합니다. 1950년대 이후 전쟁의 상흔을 치료하기 위해 들여온 프로이트 이론이 심리 치료를 통해 미국 사회에서 큰 영향력을 행사하게 되는데, 프로이트 이론은 여성들의 문제를 페니스 선망, 시기심과 관련해 설명하면서 기존 여성성의 신화에 여성들을 고착시키는 결과를 만든다는 거예요. 그리고 이 영향으로 그 당시 미국 사회는 여성들의 불행을 기존의 여성성의 신화로 해결하려고 들었던 거죠.

그 당시 미국 사회는 여성들의 불행을 이런 식으로 해결하려고 들거든요. '사랑이 답이다' '심리적 도움이 필요하다' '아이를 가지면 괜찮아진다'. 그리고 오히려 남자들은 여자들이 일하는 남자들의 고통을 모른다고 비난하고요. '우리가 얼마나 힘들게 러시아워를 뚫고 가는데 너희들은 출근시간도 없고 경쟁사도 없고 유복하지 않냐. 이런데도 행복하지 않으면 네 배때기가 부른 거다'라는 식으로 말하죠. 지금 한국에서도 들리는 이야기죠. 1960년대 미국 남자들이 이랬나봐요.

《뉴스위크》1960년 3월 7일 자에 이렇게 썼대요. "미국 여성들은 다른 나라 여성들이 가질 수 없는 많은 것을 갖고도 불만에 차 있다. 그들의 불만은 도처에서 제공되는 피상적인 방법으

여성은 다르다: 복수의 여성들

로 치료하기에는 너무나 깊고 널리 만연되어 있다. …… 어느 여성들도 미국 가정주부들만큼 타고난 제약을 극복한 적이 없는데도 그들은 아직도 그것을 고분고분하게 받아들일 수 없는 모양이다."*

무슨 이야기인 줄 아시겠죠? 불만에 찬 여자들은 소수의 가정주부이고 진짜 훌륭한 행복한 가정주부들은 이렇게 말한다면서 《뉴스위크》가 소위 '진짜 여성'을 취재해요. 이렇게 불만만 많고 배부른 나쁜 여자들 말고, 행복한 가정주부가 이렇게 말했다고 강조하는 겁니다. "우리는 지금 누리는 멋진 자유에 경의를 표해야 하며 현재의 삶을 자랑스러워해야 한다. 난 대학도 나왔고 직장에서 일도 해봤지만, 주부가 되는 것이야말로 가장 가치 있고 만족할 만한 일이다. 어머니는 아버지 사업에 끼어든 적이 없다. 어머니는 집밖에 나갈 수도 없었으며 가족들에게서 떨어질 수도 없었다. 그러나 나는 남편과 동등하다. 남편의 출장에 동반해 사업 차 열리는 사교 모임에도 참석할 수 있지 않은가."**

이 여자가 '우리 엄마보다 훨씬 나은데 내가 뭐가 불행해?'라고 했다는 거예요. 너무 재미있지 않나요? 지금도 비슷하잖아요. 페미니스트들이 불만을 말하면 이건 몇몇 소수의 아주 불순한 의도를 가진 여자들의 문제라고 하잖아요. 이렇게 미디어로 이야기하는 거예요. 그런데 실제로 문제는 계속 발생하고 있다는

---

* 　　　같은 책, 76쪽.
** 　　　같은 책, 77쪽.

거죠. "미국에서 현재 정신과 의사의 도움을 받고 있는 여성들만 수천 명이다. 기혼자들은 결혼 생활에 불만을 가지고 있으며, 미혼자들은 불안에 시달리다가 결국에는 우울증으로 고통을 겪는다고 한다."* 기혼자들은 물론이고 대부분의 미혼자들도 결혼하면 너무 힘들 것 같아서 불안한 거죠. 프리단은 이런 예시를 계속 제시해요.

사회가 만들어낸 신화

이제 '이름 붙일 수 없는 문제들'을 모른 척할 수 없다는 거죠. 베티 프리단은 이 문제의 이유를 밝히겠다는 거예요. 여기서 중요한 열쇠는 "나는 남편과 아이들, 그리고 가정 말고 다른 무언가를 원한다"**라는 게 실제 여성의 욕망이라는 것이죠. 여자들이 원하는 다른 게 있고, 여자들이 자신의 목소리에 귀 기울일 수 있어야 하는데, 그걸 오랫동안 막아놨다는 거죠.

이 지점에서 제가 말씀드리고 싶은 게 있어요. 우리가 가진 어떤 생각들이 사실은 굉장히 특수하다는 것, 즉 시간과 공간의 조건하에 있는 생각이라는 걸 항상 염두에 둬야 한다는 거예요. 그런데 우리는 자꾸 이걸 보편화시켜요. 보편화시킨다는 건

---

*   같은 책, 78쪽.
**   같은 책, 89쪽.

여성은 다르다: 복수의 여성들

탈시간적인 것, 탈공간적인 것, 맥락 초월적인 것으로 생각한다
는 거예요. 예를 들면 '인간이라면 이래야 한다', '여자라면 이렇
게 해야 한다'라는 게 어떤 시기의 발명품일 수 있어요. 어떤 시기
에는 그럴 수 있겠지만, 시간과 공간을 초월해서 '모든 인간, 모든
여성은 이래야 한다'라고 할 수 있는 건지 질문해야 한다는 거죠.

　　이런 생각을 해보죠. 왜 청년만 변화의 선봉이어야 하죠?
'변화'라고 하면 노인이 떠올라요, 청년이 떠올라요? 청년이 떠
오르잖아요. 그것도 일종의 만들어진 이미지예요. 노년도 변화
의 선봉일 수 있잖아요. 노인이라고 지혜가 많다는 게 아니라, 늙
어간다는 것도 변화해간다는 거잖아요. 늙음을 미리 겪어본 사람
이 있나요? 매일 처음 늙는 거잖아요. 매일 새롭게 늙는 거 아닌
가요? 우리가 '청년이 변화의 선봉'이라고 하는 건 생물학적 서사
에 맞추는 거잖아요. 아이가 생식할 수 있는 나이까지 자라고, 그
후에는 늙어가는 식의 서사요. 그런데 인간은 그렇게만 살아가는
게 아니잖아요. 매일매일 달라지는 게 늙음이라고 한다면, 변화
의 선봉을 청년이라고만 할 수는 없는 것 같아요. 저는 그것도 하
나의 가치관이라고 생각해요.

　　그런데 사람들은 우리의 생각이 특수하다고 보기보다는
'인간이라면 대체로 그러하다'라고 여겨요. 그런 방식을 따라가
면 '여성이라면 원래 그래야 된다'라는 것도 보편적인 이야기가
되죠. 프리단은 아니라는 거예요. 그게 '신화'라는 거죠. 어느 시
기에 만들어진 신화요. 프리단이 보기에는 '행복한 주부'라는 건
1930~1960년대, 이 40년 동안 만들어진 생각이지 그 전에는 없

었다는 거죠. 그래서 《여성성의 신화》 2장의 제목이 '더없이 "행복한" 주부의 등장'인 거죠. 언제 이 이미지가 등장했는지 프리단이 도서관에 가서 역사적으로 다 찾아봐요. 잡지 같은 자료들을 뒤져봤더니 예전에는 없던 게 갑자기 등장하기 시작하는 거예요.

　　우리가 본질이라고 믿고 있던, '원래 여자라면 어때야 한다'는 이미지가 만들어진 시기가 있다는 거죠. 프리단은 잡지들을 통해서 이 이미지가 언제 만들어지기 시작하는지를 찾아내요. 1930년대였던 거죠. 이때 그 행복한 주부의 모습이 완성되기 시작한다는 거예요. 저는 이게 중요한 고찰이라고 봐요. 19세기 영국에서 쓰인 책이나 글을 보면 노동자 계급은 문란하다, 비윤리적이다, 제대로 가정을 이루며 살지 않았다는 묘사들이 나와요. 지금은 노동자 계급을 떠올리면 결혼을 하고 아이를 생산하는 핵가족의 이미지가 있잖아요. 그런데 19세기만 해도 한 사람이 한 사람하고 로맨스로 결혼을 하고, 아이를 낳고, 가정을 꾸리고, 집을 구하는 이미지가 별로 없어요. 일종의 정상적 인간, 평균적 인간의 상과 그러한 인간이 되기 위한 일련의 과정이 구축된 것이 20세기 유럽의 사회이고 제2차 세계대전 이후 그것이 전 세계로 퍼져나갔어요. 한국의 주거 시장에서 빠질 수 없는 아파트 역시 노동자들이 사는 주택들 중 하나죠. 예를 들자면, 비틀스의 고향인 리버풀에도 노동자들이 사는 주택단지들이 있죠. 교외에서 출퇴근하는 미국의 임노동자들, 한국의 신도시도 생각해보세요. 그와 함께 어떤 상이 생긴 거죠. 남자는 밖에서 일을 하고, 여자는 집에서 가정일과 재생산을 도모하는 식의. 정치경제적인 변화와 함께 주부의 역할이 본격화되는 거예요. 그리고 그것들이 하나의 이미지로 선전되는 거죠. 예전에는 그렇지 않았어요.

우리가 믿고 있는 것들이 있죠. 가령 결혼을 한다고 하면 남녀의 결합을 생각하지만, 지금 미국 사회에서 결혼은 이성간 결합뿐 아니라 동성끼리의 결합도 있죠. 가족에서 '아빠'라고 하면 어떤 이미지가 떠올라요? 강하고, 성별은 남성이죠. 그런데 여성이 아빠가 될 수도 있죠. 주디스 잭 할버스탬Judith Jack Hallberstam 같은 사람들은 '부치 아빠'의 존재를 언급하기도 해요. 가족이라고 하면 재생산 생식체계, 이성애적 생식체계를 떠올리면서 부모의 역할과 성별체계를 일단 고정시키잖아요. '그런데 그게 언제부터 그랬을까' 이걸 생각해볼 필요가 있다는 거예요.

지금 우리의 조건들에는 어떤 기원이 있다는 거죠. 그런데 이 조건들이 본질적이라고 생각하면, '인간이라면 원래 이래야 한다'고 했을 때, 그걸 안 하면 아주 비도덕적이고 비윤리적인 사람이 되는 거예요. 하지만 이런 기준이 어떤 조건하에서 생겨난 것이라고 생각하게 되면, 우리는 이것을 재평가해볼 수 있는 거죠. 가정에서 여자가 아이를 키우고 남편 대신에 가정에서 주로 보충적인 역할을 한다는 것을 변하지 않는 사실로 보는 것과 그것이 어떤 시기의 산물이라고 보는 것은 완전히 다른 입장인 거죠. 무언가를 변하지 않는 사실이라고 본다는 건, '그렇게 하지 않으면 안 된다'로 이어지는 거잖아요. 해야 되는 것, 당위가 되죠. 그런데 그것을 어떤 시기의 산물로 보면 당위가 아니죠. 바뀔 수 있는 게 되는 거잖아요. 그런 점에서 프리단은 이 책에서 기존의 여성성은 신화고, 그 신화를 부수고 여성성의 내용들에 대해서 내가 다시 이야기하겠다고 하는 거죠. 제가 그래서 페미니즘이 래디컬하다고 하는 거예요.

저는 이런 식으로 자기 스스로 내가 누구인지를 말하는 게 굉장히 중요하다고 생각해요. 내가 누구인지를 말하고, 내가 누구인지를 말할 때 기존에 본질이라고 했던 내용을 의문시하고, 기존의 규정을 새로 규정하고, 새로운 설명을 마련하는 데에는 중요한 이유가 있다는 겁니다. 누가 나한테 '너는 누구다'라고 해서 거기에 '왜 그런 건데?'라고 했더니 '원래 그런 거니까'라고 하면요, '네가 원래 이거니까 넌 이렇게 살아야 해'라는 식의 당위가 따라오잖아요. 이거 안 하면 이상한 사람이 돼요. 그런데 내가 '본질? 나는 그런 거 모르겠고, 내가 나를 설명하고 나를 규명해' 이러면, 설명하고 규명하기 위해서 정당성이 필요해지죠. 정당성이라는 건 이유잖아요. 그렇게 나를 설명하는 내가 가진 이유가 있잖아요. 그러면 그 이유를 설명하면서, 자기 스스로 당위를 만들 수 있어요.

우리가 이걸 조금 헷갈리는 것 같아요. 본질이 있어야만 무엇을 해야 한다는 당위가 나온다고 생각하는데, 그게 아니고 나를 설명하는 정당성 차원에서 우리는 우리의 규칙을 마련할 수 있어요. 이게 아주 중요해요. 여러분 생각해보세요. 내가 규칙의 조건에 참여하는 것과 참여하지 않고 규칙을 따라야 하는 것은 완전 달라요. 아침 아홉 시까지 출근을 하는데, '그냥 그래야 되니까'라는 것과 '내가 아홉 시에 출근을 해야 하는 데 이런저런 이유

여성은 다르다: 복수의 여성들

들이 있으니까'라는 건 다르죠. 그리고 그냥 아홉 시까지 출근하는 것과 내가 동의해서 아홉 시까지 출근하는 건 아주 다르죠.

이런 걸 주체성이라고 불러요. 자율이라고 하죠. 스스로 자기의 규범을 만드는 존재가 되는 거죠. 제2물결 페미니즘의 중요한 목적이 뭐죠? 여성이 주체성에 대해 고민하게 만드는 거죠. 자기 설명을 통해서 '여성이 어떻게 해야만 한다'라는 당위마저도 마련해내는 자율과 주체성의 내용들을 만들어내는 게 제2물결 페미니즘의 큰 관심일 수밖에 없는 거죠. 그 전의 여성들은 다 타율적 존재예요. 왜 타율적 존재죠? '여자가 이래야만 한다'고 하는 여성성을 남성과 가부장제가 규정했잖아요. 그래서 여성들이 남성과 가부장제가 규정한 당위를 따랐는데, 행복하지 않은 거죠. 왜 행복하지 않죠? 여성 자신에게 주체성이나 자율이 있었던 적이 한 번도 없었기 때문에.

프리단은 기존의 여성성을 신화로 분석하고, 우리는 이 신화에 불과한 것들을 더 이상 따를 이유가 없다고 하는 거예요. 타율이니까 더 이상 따르지 않고, 나 스스로 나를 설명하고 규정해서 주체성을 갖고, 내가 따를 규칙은 내가 만들겠다는 생각들을 해나가는 겁니다. 《여성성의 신화》를 포함한 프리단의 작업들은 이런 문제의식을 담고 있는 거예요. 그러니까 주부부터 시작을 한 거죠. '남편이 있고, 가정이 있고, 아이를 돌보는 게 너의 행복'이라고 하는 건 착각이고, 네 내면의 목소리에 귀 기울이라는 이야기들을 시작하는 거죠.

프리단은 심층 면접을 하면서 남성과 마찬가지로 공적 영역에 참가할 수 있는 교육을 받았으나, 소위 '미국 정상 여성'의 이미지에 맞춰 살기 위해, 가정에 머물 수밖에 없는 여성들, 가정과 사회 사이에서 갈등하는 여성들을 알게 됩니다. 그리고 특히 프리단은 자기처럼 대다수의 여성들이 주부로서의 생활에 그다지 만족하지 못하고 있다는 것을 알게 돼요. 그런데 정말로 괴로운 문제는 이런 거예요. 교육을 받은 여성들이 자신의 권리를 누리려고 할 때 함께 생겨나는 마음의 무게예요.

여자들은 항상 죄책감 같은 게 있잖아요. '내가 밖에서 나돌아다니면, 가족들 밥은 누가 해주지.' 마트 캐셔들 투쟁을 다룬 〈카트〉(2014)라는 영화를 봤는데, 거기서 이런 이야기나 나와요. 여성 노동자들이 3교대로 투쟁을 하는데 가장 투쟁을 가로막는 게 뭐냐고 했더니 밥이라는 거예요. 집에 가서 밥해줘야 되니까. 밥을 해주는 게 차라리 편하다는 거예요. 그래야 찝찝하지 않다고요. 그게 죄책감인 거죠. 내가 내 문제 때문에 힘든 것도 있지만, 내가 밖으로 나돌아다니면서 남편과 가정에 충실하지 않은 것이라는 그 죄책감 때문에도 힘든 거예요. 여성들이 그런 죄책감을 왜 갖는지 프리단이 고민을 하는 거죠. 프리단 스스로도 전업주부의 삶을 살아가면서, 여기에 대한 답을 얻고자 거의 5년을 독학으로 도서관에서 자료를 찾아가며 여성성의 신화를 연구하기 시작해요.

그래서 설문조사를 시작으로 고등학생과 대학생, 기혼 여성들을 깊게 인터뷰하고, 각종 매체의 기사와 광고, 전업주부의 결혼생활을 추적하면서 방대한 양의 취재와 자료 조사를 해요.

여성은 다르다: 복수의 여성들

여기에 잡지와 광고에 대한 이론과 심리학 저서들도 분석하죠. 그러고 나서 내린 결론이 이 여성성의 신화를 만든 주범은 바로 사회라는 거예요. 더 재미있는 건, 사회가 제시한 여성성에는 아내, 엄마만 있다는 거죠. 여자들의 다른 경험을 이야기하지 않아요. 아내, 엄마 이외의 여성적 경험을 말하지 않는다는 건 무슨 의미죠? 여성이 아내, 엄마 외의 다른 경험에 관심을 가지면 안 된다는 경고라는 거예요.

명절에 여자들은 전 부치고 남자들은 앉아서 막 나라 걱정들 하고 있잖아요. 그때 여자들이 그런 이야기에 한번씩 말을 하면 '네가 뭘 알아?' 이렇게 나오는 거 뭔지 아시죠? 여자들은 가정 말고는 다른 데 관심을 가지면 안 된다는 거예요. 정치, 예술, 과학, 크고 작은 사건, 전쟁과 평화 같은 건 여자 이야기가 아니라는 거죠. 여성성은 남성만이 주체라는 사실을 강조한다는 거예요. 그래서 프리단이 이걸 조사하면서 '아, 나는 거짓된 삶을 살았구나'라는 걸 자각합니다.

우선, 《여성성의 신화》는 당시 결혼한 여성의 40퍼센트가 10대였던 1960년대 미국 여성상에 대한 최초의 실증적인 기록이었다는 점에서 주목을 받았어요. 방대한 연구로 여성들이 겪는 고통의 근본적인 원인을 최초로 명백하게 드러냈고요. 그러니까 제2물결 페미니즘의 특징은, 이런 여성성을 만들어낸 사회체계를 가부장제라는 말로 정확히 규명을 했다는 데 있어요.

게다가 《여성성의 신화》는 '여성성'이라는 이미지가 어떻게 만들어지고 여성에게 부과되는지 그 과정을 충실히 설명했죠.

무엇보다 이 책은 당시로서는 급진적인 주장을 선언해요. '남편과 아이로부터 벗어나고자 하는 것은 이기적인 것이 아니다.' 지금도 그런 생각이 있죠. 결혼한 여자가 밤늦게 돌아다니면 "남편은 너 이렇게 다니는 거 알아? 너 애는 어떻게 하고 왔어?" 이렇게 말하잖아요. 이런 이야기 안에는 '지금 너 너무 너만 알고 되게 이기적인 거 아니니?'라는 생각이 깔려 있는 거죠. 하지만 이 책은 행복한 현모양처란 없고, 여성은 남편과 육아에서 벗어나 사회적 활동에 뛰어들어 실질적 성평등과 자신만의 정체성을 찾아야 한다고 아주 강하게 말해요. 이 책의 울림은 클 수밖에 없었겠죠. 과감하게 설명을 해나가니까요. 그리고 수많은 여성들의 삶과 의식에 실질적인 영향을 끼칩니다. 제2세대 페미니즘 운동의 위대한 서막을 알린 책인 셈이죠.

신화의 이중적 의미

《여성성의 신화》는 페미니즘 저서로서, 특히 제2물결 페미니즘을 일으킨 저서로서 굉장히 의미가 있지만, 미국 사회를 진단하는 아주 중요한 저서였다고도 생각해요. 확실히 대규모 운동이 일어날 때에는 그만한 이유가 있는 것 같아요. 그러니까 제2차 세계대전 이후 승전국이었던 미국의 보수주의적 국가 건설의 흐름이나 보수주의적 미국 사회의 분위기는 결론적으로 가부장제 강화와 연결되어 있는 것 같다는 거죠.

보수적이라는 건 전쟁 이전의 사회와 똑같은 방식으로 세상을 유지하고 싶다는 것인데, 전쟁이 일어나기 직전에 미국에 대공황이 왔을 때 제일 먼저 희생된 사람들이 임금노동자의 길을 걸었던 여성들이에요. '여성들에게는 가정의 길이 있지 않느냐. 지금 남자들도 일을 못 하는데. 여성들은 집으로 돌아가서 가정을 지키고, 여성들이 일하던 자리에 가부장인 남자들이 들어가야 한다.' 이런 논리로 여성들을 가정으로 몰아냈죠. 사회로부터 여성을 가정으로 몰아내고, 가정주부로서 길들이는 방식들을 취해요. 그리고 또 전쟁 때 다시 필요해지면 조국을 위해 일하라는 명령으로 후방에 여자들을 투입합니다. 여자들은 사회에 있든 가정에 있든, 주로 가부장 노릇을 하는 국가와 사회가 생각하는 요구에 따라 그 역할과 위치가 정해졌어요. 여자들의 의사와 무관하게요.

이런 점에서 봤을 때 우리가 한 여성 개인의 자유의지로만 페미니즘의 실천을 말하기는 어려운 것 같아요. 중요한 건 여성들이 가진 위치와 자리를 누가 결정하느냐는 거죠. 프리단이 말하는 미국 사회의 문제는 바로 제2차 세계대전 발발과 그 과정에서, 그리고 전쟁이 끝난 이후에 승전국으로서 미국이 팍스 아메리카와 미국적 가치를 실현하려 할 때 제일 먼저 호명되는 것이 가부장제적 가족이고 이를 위해 수단이 된 존재가 바로 여성이라는 거예요.

하지만 이 당시에 여성들은 대학 교육을 받았고 심지어 참정권 운동을 통해 권리를 쟁취했어요. 그러니 더 이상 외부에 명백하게 보이는 강제적 억압을 통해서 가부장제적 가족에 여성을 묶이게 할 수는 없죠. 그래서 신화라는 말을 베티 프리단이 힘주어 말하는 거예요. 신화라는 말이 등장할 수밖에 없는 게, 제도적으로는 인간이 모두 평등하고, 인간은 누구나 교육을 받을 수 있다고 하면, 누구의 강요 없이 자기 스스로가 한 선택인 것처럼 보이니까요. '내가 가정에 돌아가려는 건 나의 선택이야.' 누가 강요한 바가 없는 것처럼 보여요. 이게 중요해요. 베티 프리단의 고민 자체가 이거죠. '이 선택이 진짜 내 선택이야?' 공부도 할 수 있었고 직업을 가질 수 있었는데도 불구하고 내 자유의지에 따라서 내가 결혼을 한 것이고 주부가 된 것조차도 나의 선택이니 이 선택을 존중해달라는 게 프리단 시대 여성들의 이야기였던 거잖아요. 그런데 프리단은 '이게 정말 우리의 선택일까' '우리의 선택처럼 보이게 하는 작동 기제는 무엇일까'를 묻고 파헤친 거죠.

그렇다면 저는 프리단이 표현한 '신화'야말로 의식적인 차원이 아니라 습관일 수 있고, 문화일 수 있고, 아니면 무의식의 차원에서 우리를 그렇게 몰아세우는 것일 수 있다고 봐요. '그래, 당연히 그런 선택도 있지. 하지만 이건 나의 선택이야'라는 기제 밑에, 의식 저편에 있는 현상들을 드러내고 싶었던 것 같아요. 그러니까 여기서 신화라는 건 아주 이중적인 것 같아요. 자유의지, 자유 선택의 밑에 깔린 그 기제를 신화라고 표현한 것 같고, 동시에 여성성이라는 게 원래부터 있다고 하는 본질주의, 즉 여성성이라는 게 이런 것이라고 하는 본질주의 자체가 신화적이라는 이중적 의미에서 신화를 말한다는 거죠. 저는 이 책에서 말하는 신화를

여성은 다르다: 복수의 여성들

그 두 가지 의미로 이해해봐야 할 것 같고, 그것이 우리가 착목해야 하는 부분이라고 봅니다.

그런 점에서 '여성성의 신화'라는 이 책의 제목은 굉장히 잘 지은 제목인 거죠. 여성들이 스스로 선택했다고 하는 그 선택, 자유의지 밑에 깔려 있는 게 무엇인지를 굉장히 자세히 분석해요. 그 분석을 통해 프리단은 우리가 자유의지로 선택을 했다고 믿게 만드는 구조가 있다고 설명했고, 프리단과 같은 소위 제2물결 페미니스트들은 여성과 남성은 권력에 차이가 있고, 이 권력의 차이가 발언의 기회, 세상을 보는 시각에 문제를 야기한다고 설명하면서 이 구조에 이름을 붙였어요. 이름을 붙인다는 건 중요하죠. 이름이 없으면 그냥 원래 그런 것이거나, '그런 게 문제일까?' '좀 특수한 거 아닌가?' 이렇게 생각할 수 있잖아요. 그런데 그 문제가 되는 구조에 이름을 붙여버리니까, 비슷한 문제들의 원인을 알아낼 수 있게 되는 거죠. 그 구조의 이름이 바로 가부장제예요.

A라는 사람이 어떤 자유로운 선택을 했다고 믿었어요. 그런데 그 선택을 하게 한 데는 구조가 있어요. 그런데 A가 이 구조에 복종하게끔 만드는 게 이 구조가 하는 일들이었어요. 그런데 자유로운 선택과 어떤 구조에 복종한다는 말 자체는 굉장히 모순적이죠. 구조는 A를 복종하게끔 해요. 그런데 A는 뭐라고 믿어요? 자유롭게 선택을 했다고 믿죠. 그러니까 눈에 보이는, 선명한 방식의 지배적인 권력을 휘둘러서 따르게 한 게 아니라는 거죠. 가령 따르지 않을 경우에 본때를 보여주겠다, 바로 사형에 처하

겠다는 게 아니라는 거잖아요. 프리단도 '왜 자유로운 선택이라고 믿는 걸까' '왜 자유로운 선택이라고 하게끔 했을까' 이걸 묻는 건데, 사실 자유로운 선택도 아니었고 자유로운 선택이라고 하게끔 하는 어떤 구조가 있다는 거죠.

저는 우리가 이걸 생각해봤으면 해요. 어떤 억압을 만들어내는 구조가 있는데, 그 구조 속에서 사람들은 자신이 자유로운 선택을 한다고 생각을 해요. 이걸 어떻게 해결할 거냐는 거죠. 지금 한국 사회에서도 자유로운 선택이라고 하는 많은 것들이 실은 구조와 관련이 있다고 하면, 우리의 선택이 자유로운 선택이라고 믿게끔 하는 장치나 작동원리가 무엇인지 밝혀내는 게 중요해지겠죠. '왜, 어떻게 이 구조가 작동하고 있는가.' 베티 프리단이 말하는 신화에 두 가지 의미가 있다고 제가 말씀드렸잖아요. 한 가지는 여성성이라는 게 사실은 만들어진 것에 불과하다는 의미에서 신화이고, 또 한 가지는 신화처럼 작동한다는 의미일 수도 있다는 거죠.

여러분, 《오즈의 마법사》 아시죠? 신화와 관련해서 《오즈의 마법사》 이야기를 드리고 싶은데요. 미국 캔자스에 사는 도로시라는 여자아이가 갑자기 회오리바람에 휩싸여서 오즈의 나라, 마법의 땅에 가게 되잖아요. 도로시는 집에 돌아가고 싶어서 위대한 마법사라는 오즈를 찾아가는데, 그 길에 똑똑해지고 싶은 허수아비, 심장을 원하는 양철나무꾼, 용기가 필요한 사자를 만나죠. 다들 소망을 이루고 싶어서 오즈를 만나러 가요. 그런데 알고 보니 오즈가 마법사가 아니었죠? 마술사였잖아요. 자기를 대단한 신처럼 보이게 하는 기계 뒤에 숨어 있었던 거죠. 그래서 도로시 일행이 엄청 실망하죠. 오즈가 대단한 마법사인 줄 알고, 그 신화를 믿고 온 거니까요. 결국은 서로 '정신승리'를 하면서 끝이 나는데, 이런 식이죠. 겁 많은 사자한테 네가 이 길을 오면서 얼마나 용감해졌는지 아느냐고 하면서요. 그런 면에서 신화는 사실이 아닐지라도 그 신화를 믿는 자에게 어떤 동기 부여를 하기도 하고 신화를 사실로 만드는 것 같아요.

그래서 신화라는 건 사라지지 않는 것 같아요. 사람들한테 위력, 권력, 힘을 발휘하기 때문에. 특히 지금 같은 시대, 구조가 있는데도 자유로운 선택이라고 믿는 시대에서는 신화라는 게 권력에 더 필요한 시대처럼 보여요. '성공 신화' '아메리칸 드림' '코리안 드림' 이것도 신화잖아요. 열심히만 하면 당신도 승리할 수 있다는 신화. 제가 대학 입시를 준비할 때 이런 말이 있었어요. '4당 5락'이라고, 네 시간 자면 붙고 다섯 시간 자면 떨어진다는 말이에요. '아침잠이 없으면 성공한다' '조금만 자자' '성실해야 한다'. 모두 다 일종의 신화잖아요.

이 구조가 사람들로 하여금 그들의 선택이 자유로운 선택이라고 믿게 하는 데는 어떤 신화가 있다는 거고, 그 신화를 작동시키는 데 프리단은 지그문트 프로이트와 마거릿 미드Margaret Mead의 역할이 컸다고 분석해요. 마거릿 미드가 인류학을 통해 교육의 문제를 이야기하고, 프로이트가 정신분석학이라는 틀거리로 신화를 움직이고 작동시키고 있다는 겁니다.

제2차 세계대전이 끝났다는 건 여러 가지를 의미하죠. 철학적으로는 근대의 종언을 의미해요. 근대라는 건 인류가 더 나아질 수 있고 진보할 수 있고 대서사가 이루어진다는 건데, 근대의 종언이라는 건 그것들에 대한 의심인 것 같아요. 그리고 그런 의심과 상관없이 정치권력은 전쟁 전으로 사회를 복원하려고 전쟁영웅들을 국가의 지도자로 삼으면서 그 체제를 몇 년간 지속시키지만요. 하지만 그게 1960년대부터 흔들리죠. 제2차 세계대전으로 제국의 질서가 무너지고 새로운 민주주의 국가들이 탄생하는데, 이는 기존의 제국에도 영향을 줘요. 민권 운동 같은 것으로요. 미국의 경우에는 블랙팬서Black Panthers와 같은 흑인 민권 운동과 페미니즘 운동이 일어나요. 이들은 전쟁 이전의 질서를 더 이상 지속할 수 없다는 구호를 공유합니다. 급진적인 재현은 문화운동의 차원에서 일어나고요. 그게 세계적으로 폭발한 게 68혁명이라는 거죠. 프랑스에서만 일어난 게 아니고, 제2차 세계대전 패전국인 독일에서 예술가들을 중심으로 자기 부모 세대를 고발하는 움직임이 있었어요. 페터 한트케Peter Handke를 위시한 47그룹Gruppe 47의 활동이나 빔 벤더스Wim Wenders를 위시한 뉴시네마 운동이 그러한 것이죠.

그리고 기독교 신자, 교회에 나가는 사람들이 줄어들어요. 인간은 선하고, 인간은 구원받을 수 있다는 등 기독교적으로 인간을 생각하는 데 의구심이 생기는 거죠. 아주 끔찍한 전쟁을 겪었잖아요. 아우슈비츠라는 게 있었고요. 아주 많은 사람들이 트라우마를 겪고 있었던 거죠. 예를 들면 이런 거예요. 우리 아버지는 너무 좋은 사람이고, 어머니한테도 너무 잘하는 사람인데, 우연히 아버지가 내 선생님이랑 불륜관계인 걸 알게 된 거예요. 그럼 그 순간 어때요? 그 아버지가 더 환멸스럽잖아요. 인류는 위대하다는 둥, 자유, 평등, 박애 이런 거 이야기하더니 결국 해놓은 게 제2차 세계대전 벌이고, 아우슈비츠에서 유대인 학살한 거예요. 나는 몰랐지만, 몰랐던 것도 죄인 것 같고요. 더 심한 건 뭐죠? 핵무기. 핵무기를 만들어놨는데, 그 정도로 인간한테 문제를 일으키는지 몰랐던 거죠. 그런데 핵폭탄을 떨어뜨린 일본 히로시마, 나가사키를 보니까 몇 년 뒤에 인간이 죽어나가고, 그다음에 태어난 아이들이 아프잖아요. 유전자 변형이 일어나고요. 인간의 기술력을 신뢰할 수 없는 일들이 벌어져요.

그걸 우리가 '트라우마'라는 용어로 말해요. 종교적으로도 해석이 안 되고요. 상흔이라고 하죠. 특히 서구권의 사람들이 상흔을 입은 거예요. 이 상흔을 치료하고 치유하고 이야기할 필요가 있었고, 전쟁을 겪었던 군인들도 그걸 요구했어요. 그러면서 이때 미국에 정신분석학이 들어오고 많이 쓰이게 되는데, 특히 독일 파시즘의 물결을 피해 미국으로 온 사람들 중에 프로이트주의자들이 많았거든요. 그런 사람들이 실제로 임상실험을 하고 사람들을 치료하면서 이 정신분석학이 일종의 새로운 종교적 역할을 하기 시작해요. 베티 프리단은 프로이트 심리학이 "고통에 대한 치유법이 되었고, 모든 것을 포함하는 미국의 이데올로기와 새로운 종교가 되었다"*라고 써요. 이런 거죠. 미국인들이 동양인

---

*   같은 책, 242쪽.

들한테 너무 사회성이 없고 수줍어한다고 하잖아요. 그런데 그건 동양인들이 영어를 못해서일 수도 있고 문화가 달라서일 수도 있죠. 그런데 무조건 '상담 좀 받아', '약 먹어' 이러잖아요.

예전에는 종교 만능주의였죠. 신부님과 의논을 하거나 죄가 있다면 교회에 가서 죄 사함을 받고 왔는데, 이제는 프로이트의 정신분석학이 그 기능을 해요. 그리고 그와 동시에 프로이트의 대전제들이 수용되기 시작한 거죠. 바로 오이디푸스 콤플렉스를 미국에서 중요하게 들여와요. 19세기 미국에서는 이걸 들여온 적이 없는데 20세기 전쟁 이후에 프로이트의 정신분석학이 새로운 이론으로 수용되기 시작하는 거죠.

그런데 베티 프리단은 프로이트의 정신분석학은 이상하다는 거예요. 여성들이 득을 본 것도 있다는 거죠. 억압적 도덕에서 벗어나게 한다는 점에서 여성해방 운동 이데올로기의 한 부분이기도 했고, 프로이트는 섹스와 섹슈얼리티가 구별될 수 있다는 점을 알고 있었어요. 그러니까 섹스, 성적 행위intercourse 안에 생식 행위만 있는 게 아니라는 것도요. 어린이의 섹슈얼리티도 이야기했죠. 하지만 또 한편으로는 프로이트가 문화 현상을 설명할 때, 오이디푸스 콤플렉스를 중요한 기제로 사용하잖아요. 그리고 이 오이디푸스 콤플렉스를 통해 여성의 본질이 시기와 질투라고 설명하고요. 그래서 많은 페미니스트들이 프로이트 이론에 대해서 양가적인 입장을 갖고, 또 비판적 입장을 갖는 거예요. 프리단 역시 그랬고요.

여성은 다르다: 복수의 여성들

프로이트와 마거릿 미드에 대한 비판

오이디푸스 콤플렉스에는 '아버지, 어머니, 나'가 등장을 하는데 이때 '나'는 언제나 누구예요? 소년이잖아요. 그러니까 프로이트의 구도에서는 정상적인 인간이 통과해야 할 문화적 상징의 중심이 소년이에요. 소년이 성인 남자가 될 때 통과할 수밖에 없는 기제가 오이디푸스 콤플렉스라고 이야기하거든요. 그런데 프로이트가 여성은 그렇게 치지 않았던 거죠. 여자는 처음에 자기가 남성인 줄 안다는 거죠. 혹은 인간은 기본적으로 양성성, 그러니까 남성성, 여성성을 모두 갖춘 존재지만 자라면서 남자는 페니스가 있다는 걸 깨닫고 여자는 페니스가 없다는 걸 깨닫는다는 거예요. 그런데 여자는 페니스가 없는 자기 자신을 싫어하고, 페니스를 가진 남자를 시기하고 질투한다는 거죠. 여기서 페니스가 일종의 상징물이 되니까 그게 권력이 돼요. 그래서 여자들이 자기가 가질 수 없는 돈, 권력, 명예를 가진 남자를 원한다는 거고요. 게다가 더 좋은 페니스를 선망하는 게 여자들의 특성이기 때문에 더 좋은 남자, 더 좋은 차 타는 남자랑 결혼한 여자를 미워하고 질투할 수밖에 없다고 프로이트가 해놓은 거죠.

그래서 베티 프리단은 오이디푸스 콤플렉스를 굉장히 비판하고 프로이트 역시 엄청나게 비판합니다. 페니스를 갖고 있는 소년이 어떻게 성인 남자가 되는가를 설명하면서 그것이 인류 보편의 역사와 문화의 기제인 양 이야기를 해버리니까요. 그리고 이 프로이트의 이론이 새로운 종교적 역할을 담당하면서 어떻게 된다는 거죠? 신화가 된다는 거예요. 즉, 기존 여성성의 신화에 여성들을 고착시키는 결과가 만들어지는 겁니다.

베티 프리단은 이 신화가 자유 선택과 맞물려 있다는 거예요. 저는 신화 분석이라는 게 중요한 것 같아요. 그리고 그 신화가 언제 생겨났는지를 아는 게 중요하고요. 예를 들면 남자는 태어나서 세 번 울어야 한다고 하죠. 그런데 그거 언제부터 그랬던 걸까요? 궁금한 거죠. 고조선 때부터 있었던 이야기일까요? 하여튼 옛날부터 들었던 것 같아요. 그러니까 우리의 통념이라고 하는 게 주로 신화로 작동되는 것 같은데, 그 신화를 이루고 있는 중요한 구조가 가부장제라는 걸 프리단이 밝혀낸 거죠. 프로이트가 만든 신화는 이런 거예요. 오이디푸스 콤플렉스를 통해서 소년이 아버지 남자가 된다는 것이고, 이 과정이 인간이 되는 당연한 통과 의례라는 거예요.

그런 방식이 되게 보편적인 것처럼 이야기하는데, 프리단은 이게 정말로 인류 보편의 역사인지 묻는 겁니다. 인류 보편이 정말로 그렇게 오이디푸스 콤플렉스를 겪는지 묻는 거죠. "프로이트의 이론은 1940년대까지는 미국에서도 시작되지 않았다."* 프로이트에 대해서 그때는 별로 관심이 없었다는 거예요. 그런데 전쟁 이후에 프로이트의 이론이 '여성성의 신화'를 만드는 데 굉장히 일조했다는 거죠. 여성성의 신화를 만들고, 여성이 스스로 선택했다고 믿게끔 하는 데, 여자들이 스스로 자유의지를 가졌다

---

*   같은 책, 211쪽.

여성은 다르다: 복수의 여성들

는 함정에 빠지게 하는 데 일조했다는 거예요.

프로이트가 억압적 도덕에서 벗어나 성적 충족의 자유에 중점을 뒀다는 점에서 여성해방에 기여한 바는 있지만, 오이디푸스 콤플렉스나 문화적 기제들을 일반적으로 만들었다고 비판해요. 특히 프로이트가 말한 구강기를 엄청 비판하죠. 가령 구강기를 일반적인 것이라고 믿지 않으면 담배를 좋아하는 사람한테 '너 담배 좋아하는구나?' 하고 끝날 거 아녜요. 그걸 구강기로 수렴시키지는 않겠죠. 이론을 다 일반화시키기 시작하면 사실은 관련이 없는 것도 마치 그것과 관련된 것처럼 해석하게 되잖아요. 베티 프리단은 프로이트의 이론이 마치 인류의 본질, 인류 전체를 설명하는 것 같지만, 프로이트가 살았던 시대에 프로이트가 관찰한 사람이 20세기 중반이 지난 1960년대 미국에 있겠느냐는 거죠. 그런 사람을 지금은 관찰할 수 없는데, 왜 굳이 옛날 이론에 지금을 끼워 맞추려고 하느냐는 거예요.

그러면서 프리단은 프로이트라는 개인을 분석해요. 그러면서 프리단은 '프로이트, 너를 한번 보자' 하는 거죠. 우선, 프로이트가 빅토리아 시대의 남성이었다는 사실을 기억하자고 하면서, 프로이트의 인생사를 프리단이 다 점검해요. 프로이트의 어머니는 굉장히 아름다운 사람이었고, 아버지보다 나이가 아주 어린 여성이었는데, 프로이트 아버지는 좀 나쁜 사람이었던 거죠. 나이가 어리고 예쁘다는 이유로 그 아내와 결혼을 했는데, 말이 안 통하니까 결혼하고 나서는 무시하는 거죠. 프로이트의 어머니는 평생 아버지한테 기어 살았던 거고요. 그러다가 프로이트의 어머니는 아이를 낳고, 새로운 태양인 프로이트를 섬겨요. 어느 정도였느냐면 프로이트의 누나가 음악적 재능이 뛰어난 사람이었는데, 프로이트가 "누나, 피아노 소리 때문에 공부를 못 하겠어" 이러면 다음 날 피아노가 딱 치워지는 거죠. "프로이트가 조용히 하라잖니. 조용히 해!" 이런 거요.

여기서 프로이트의 요구를 다 들어줬던 사람이 누구죠? 프로이트의 어머니잖아요. 그런데 프로이트의 어머니는 결론적으로 누구 거죠? 아버지 거잖아요. 그러니까 오이디푸스 콤플렉스는 프로이트 개인의 경험이라는 거죠. 프로이트 너한테는 그럴 수 있는데, 왜 네 개인 경험을 인류사로 만드냐는 거예요. 아주 재미있는 비판인 것 같아요. 사실 여성이 굉장히 억압받았던 현실로 인해서 오이디푸스 콤플렉스와 같은 상황이 발생한 거잖아요. 어머니가 지위가 아주 낮고, 당시 빅토리아 시대의 문제점 때문에 어머니는 아들을 믿으면서 산 거죠. 지금 한국 사회, 유교적 가부장제도 그렇잖아요. 오이디푸스 콤플렉스라는 건 그 시대의 산물인 건데, 오이디푸스 콤플렉스가 마치 여성성을 만든 것처럼, 선후와 인과가 전도되었다는 거죠. 한 개인이 겪은 가부장제가 강했던 시대의 산물인데 그걸 보지 못하니까 마치 오이디푸스 콤플렉스라는 게 마치 일반적인 인류사에 존재해온 것처럼 말하고 있다는 거예요.

그리고 더 웃긴 건 프로이트 자신도 항상 여자들이 어린아이 같다고 한다는 거예요. 여러분 이런 식의 이야기 들어보신 적 있나요? '저 부부는 아직도 연애하는 것 같아. 남편이 얼마나 부인을 귀여워하는지. 부인이 말도 안 듣고 떼써도 부인이 하자고 하는 대로 하고. 그래도 저 부인은 얼마나 천진한지 몰라. 남편은 의젓하고.' 결혼하는 데 좋은 나이 차이가 있다고도 하죠. 오빠, 동생 할 수 있는 나이 차이요. 오빠가 동생을 귀여워하듯이 하는 게 좋다는 거잖아요.

프로이트가 딱 이런 거죠. 좋은 부인이란 어린아이 같은 여성이라고 하거든요. 귀여워할 수 있는 여성이라는 거죠. 여자가 좀 서투르게 일을 하거나 계산을 틀리면 어린애 같다, 천진하다고 하는 거 있잖아요. 그런데 일처리 잘하고 셈도 잘하고 뭐든 척척하면 징그럽다는 식으로 말하고. 여자가 남자 같다고 하면서요. 좀 미숙한 데가 있어야 귀엽다고들 하고요. 요새는 남성들한테도 귀엽다고도 하지만, 보통 귀여움은 여성의 상징이잖아요. 혀 짧은 소리, '애교' 같은 것들요. 애교가 위키피디아에도 'aegyo'라는 단어로 등재됐다면서요. 특히 아이돌 걸그룹이 하는 행동이라고 되어 있는데, 케이팝을 통해서 이 말이 전파돼서 외국 유튜버들도 '애교'라는 말을 쓴대요. 정말 경악스럽지 않나요.

그런데 프로이트 자신이 그런 여성을 부인으로 얻었다고 나와요. 프로이트의 부인인 마르타도 자신의 어머니의 보호 속에서 사랑스러운 어린아이로 살았다고 해요. 프로이트는 마르타의 어린아이 같은 천진함과 귀여움에 반했다고 하고, 마르타의 친구인 엘리제와 어울리지 말라는 편지까지 써요. 엘리제가 남자들에게 공손하지 않다는 이유로. 프로이트가 자기가 생각하는 완전한 여성상을 말한 게 있는데, 그 부분을 한번 보죠. 너무 어이없거든요. "프로이트는 그녀[마르타]가 자신이 추구하는 완전한 여성상을 갖추어야 한다고 주장했다. 항상 '젊고 귀여운 애인이어야 하며, 언제까지나 늙지 않고 한 주 정도만 늙은 것 같아야 하며, 모든 신랄함의 흔적을 재빨리 지울 수 있는 여인이어야 한다'고 주장했다. 하지만 그 바람은 '전혀 실현되지 못할 것'을 누구나 안다."* 그러니까 마르타도 처음에는 그렇게 착했고 예뻤는데, 점점 신랄하게 '바가지'를 긁는 거죠. '원래 착하고 예쁜 여자였고, 내가 당신 손에 물 하나 안 묻히게 해줬는데도 생활이 당신을 이렇게 만들었군.' 이런 말이 부인을 굉장히 생각하는 말 같지만 사실은 부인 욕보이는 말이죠. 부인을 천진하고 아름답고 때 묻지 않은 소녀 같은 여성이라고 말하는 방식이니까요. 프리단은 프로이트가 자신이 살았던 시대의 한계를 보지 못하는 사람이었다고 계속 말하고 있어요. 그런데 문제는 전쟁 이후에 이게 미국의 새로운 종교가 되어버렸단 거죠. '인간이라면 마치 이럴 것이다'라고 되어버렸다는 거예요. 언제나 여성은 사랑스럽고 천진한 주부가 되어야 한다는 '여성성의 신화'를 작동시키는 데 프로이트가 크게 일조했다는 거죠.

이어서 인류학자인 마거릿 미드도 건드려요. 미국의 인류학자로 사모아, 뉴기니, 발리에서 인류학 연구를 한 사람이죠. 1929년에 컬럼비아 대학에서 박사학위를 딴 그 시절에 드문 배운 여성이기도 하고요. 세계적으로 유명해진 인류학 저서 《사모

---

*   같은 책, 224쪽. 대괄호 안은 저자의 것입니다.

아의 청소년》을 쓰고 사실상 대중적 성공과 학문적 명성을 얻어요. 1969년에는 《타임Time》이 수여한 '올해의 어머니'가 되기도 하고요.

　　문제는 미드가 대중매체에 등장해 현대 사회와 관련한 여러 문제에 전문가 의견으로 출현했다는 거예요. 인류학은 인간을 어떤 과학적 관찰의 대상으로 삼는 거잖아요. 그리고 유럽의 인간만이 아닌 여러 부족을 연구하죠. 그런데 마거릿 미드는 프로이트의 이론을 수용하면서 인류학을 연구해요. 프로이트 이론을 통해서 여성과 남성의 신체적 차이가 이후 젠더 역할과 행위의 준거점이 된다고 주장하는 연구를 합니다. 그렇게 연구를 하면 어떻게 될까요? 인류학적으로 프로이트 이론이 들어맞는다고 하면 사람들이 증거를 대보라고 하잖아요. 그럴 때 '마거릿 미드에 의하면 서양만 그런 게 아니라 폴리네시아도 그렇고 다른 데도 그렇다더라'라며 미드의 연구가 '인간이 원래 그런가보다'의 증거가 되는 거죠. '인간은 왜 그래? 당연히 그렇지 않겠어? 여성의 신체를 봐. 가슴이 있잖아. 그리고 여성은 한 달에 한 번씩 생리하고 애를 낳잖아. 그러니까 애를 돌보는 건 여성의 일이야.' 여성성의 신화를 인류학으로 증명해버린 꼴인 거죠.

　　프리단은 미드가 자기가 뭘 잘못했는지 모르는 게 더 문제라고 비판해요. 미드는 본인이 여성이었고 인류학자였잖아요. 교육의 혜택을 받고 직업의 전선에 뛰어든 거죠. 그러면서 매체에 뭐라고 썼느냐면, 대학을 나와서 학자가 되거나 직업을 갖지 않고 결혼하려는 여성들의 모습이 이해가 안 된다고 해요. 개인의 자유로운 선택을 왜 그런 식으로 날리느냐는 건데, 프리단은 그 글을 보고 당황스럽다는 거죠.

이 '자유로운 선택'의 기저에 있는 게 신화로 굴러가는 구조잖아요. 그런데 이 신화를 작동시키는 정신분석학을 인류학 이론으로 만든 게 마거릿 미드고, 미드의 이론을 당시 미국 대학에서 가르쳤잖아요. 1950년대에 대학을 나온 여성들은 모두 마거릿 미드의 기능주의적 이야기를 듣고 자란 거죠. 직업을 갖는 것과 아이를 낳는 것 중에 더 소중한 건 아이를 낳는 것이고, 아이가 세 살 때까지가 중요한데 돈 몇 푼 벌겠다고 애를 세 살 때까지 안 보면 잘못한 게 된 거잖아요. 이런 걸 인간이라면 당연히 해야 하는 일처럼 생각하는데, 프리단은 여기에 마거릿 미드가 굉장히 일조했다고 비판하는 거예요.

프리단이 '여성성의 신화'를 작동시키는 두 기제, 정신분석학과 마거릿 미드를 비판적으로 이야기하는 데는 이런 이유가 있어요. '그런 신화는 없다. 만들어진 것이다'라는 걸 밝히면서 여성들의 경험을 '자유로운 선택'을 한 개인의 문제로 치부할 수 없다는 걸 말하는 거예요. '너희들에게 모든 선택지가 있는데 왜 취직하거나 사회로 진출하지 않고 가정에 머무르냐. 그런 선택을 하는 너희가 정말 잘못된 거다'라는 이야기로는 어떤 것도 해결하지 못해요. 어떤 시기에는 그럴 수 있겠지만, 시간과 공간을 초월해서 '모든 인간, 모든 여성은 이래야 한다'라고 할 수 있는 건지 질문해야 한다는 거죠.

사람들은 우리의 생각이 특수하다고 보기보다는 인간이

라면 대체로 그러하다고 생각한다고 말씀드렸죠. 그런 방식을 따라가면 '여성이라면 원래 그래야 된다'라는 것도 보편적인 이야기가 돼요. 프리단은 그것이 어느 시기에 만들어진 신화라고 고발하는 거고요. 그래서 도서관에서 잡지들을 뒤져가며 '여성이라면 원래 그래야 된다'라는 이미지가 만들어진 시기가 있다는 걸 밝혔잖아요. 이런 이미지들이 보편적 사실인 것처럼 재현되고 사람들이 그걸 믿어버리면, 이런 이미지를 사실로 설파한 구조는 사라지고 여자라면 그 이미지에 따라 행동해야 하는 것이 되죠. 그렇게 되면 그 책임은 다 누구 몫이죠? 개인 책임인 거잖아요. 지금 우리한테도 그런 신화 많죠. 가난의 이유를 개인의 게으름이나 불성실함에서 찾으면서 개인에게 모든 책임을 떠맡기면 어떻게 되나요? 가난의 구조적 문제를 해결할 수 없게 되고, 개인이 죄책감에 시달리게 되잖아요. 그리고 죄책감에 시달리다 병에 들면 누구를 찾아가요? 정신분석학자를 찾아가요.

그런데 실제로 여성성의 신화의 시대에 많은 주부들이 괴로워해서 정신분석학자를 만났는데, 좋아지기는커녕 더 이상해졌다는 거예요. 그러니까 프리단은 이 신화가 작동하는 구조, 그 구조를 만드는 데 일조한 이 두 사람을 강하게 비판하는 거죠. 저는 이런 이야기들이 중요한 것 같아요. 특히 우리 시대에 자유로운 선택을 방해하는 걸 다들 철천지원수처럼 너무 싫어하잖아요. 구조에 대해서 인식도 없다가 그 구조가 나를 방해하고 있다고 생각하면 난리가 나죠. '네가 내 선택을 막아?' 이러면서 구조를 밀어내고 그것과 투쟁해요. 그런데 구조에 문제가 있는 걸 알고도 내가 그 구조를 택했다면, '그 문제점을 내가 수용하고 말지. 그건 내 책임이야' 이렇게 받아들인단 말이에요.

구조와 선택 사이의 매개인 신화의 장치들을 잡아내고 그 속에서 '내 몸은 내 것이다'라고 외치는 것과, 그 신화가 작동되는 원리를 모르는 상태에서 '내 몸은 내 것이다'라고 외치는 것 사이에는 질적인 차이가 크게 있다고 생각해요. 신화의 작동으로 내가 선택이라고 믿는 상황이 생겨났다는 점을 분석한 것이 프리단의 업적이죠. 이러한 프리단의 분석은 제2물결 페미니즘의 중요한 구호, '사적인 것이 정치적인 것이다'와 연관됩니다. 이 구호는 정치적인 것과 사적인 것을 누가 구별하느냐고 묻는 거잖아요. 다시 말해, 한 개인의 선택이라고 흔히들 말하는 사적인 영역이 실은 굉장히 정치적인 일이 발생하는 곳임을 밝힐 뿐 아니라, 이 영역이 정치적 영역임을 여성 스스로도 인식하지 못하게끔 은폐하는 구조와 기제들을 비판하는 거예요.

집안일은 왜 끝이 나지 않을까

《여성성의 신화》의 10장과 12장의 제목은 '집안일은 왜 끝이 나지 않을까?' '가정이라는 이름의 안락한 포로수용소'죠. 제2물결 페미니스트들은 과격한 발언을 서슴없이 하는 사람들인 것 같죠?

우선 왜 집안일이 끝나지 않는다는 걸까요? 저는 사실 이 이야기가 충격적이었어요. 결론부터 말씀드리면, 일을 일부러 끝내지 않는다는 거예요. 집안일을 한번에 싹 할 수 있는데, 일부러 여성들이 집안일을 끝내지 않는다는 거예요. 저는 이 말에 조금 동의도 되거든요. 집안 살림하는 여성들 보면, 손도 크고 온갖 먹을 걸 계속 만들잖아요. 장도 담그고 잼도 만들고, 일을 만들어서 하잖아요. 아시죠? "이런 일 후딱 하지" 이러면서 하잖아요. 본인은 먹지도 않아요. 자기는 먹지도 않는데 자식들 나누어준다고 하고 일을 만들잖아요. 그러면서 맨날 "아, 힘들어 죽겠다" 이래요. 즐겁게 하는 것만도 아니에요. 이놈의 일 끝나지도 않는다면서 계속해요.

　　여러분도 그런 집 보신 적 있죠? 저는 그런 걸 많이 봤거든요. 신이 나고 기분이 나서 일을 하기도 해요. 어떨 때는 이렇게 일하는 게 몸에 배서 일을 안 하면 못 견디겠다고도 해요. 일 안 하면 아프다고도 하죠. 밖에서 일하는 여성들은 집안일이 너무 힘드니까 대체로 위탁하려고 하죠. 대강 좀 했으면 좋겠고, 빨리 빨리하고, 집이 엉망진창이어도 상관이 없죠. 그런데 특히 한국에서 더 그런 것 같은데, 자식들도 다 자기가 키워서 좋은 대학도 보내고 집도 깨끗하게 해놓고 사는 여성들 있잖아요. 그런 사람들 가운데 돈이 많아서 누구한테 가사를 위탁할 수 있어도 집안일을 계속 만들어서 하는 사람들이 있어요. 밖에 나가서 사회활동을 하지 않는 이상 끝나지 않는다고 하고. 그러면서 계속 본인도 힘들다고 하죠. 이중적이잖아요. 집안일이 끝나지 않아서 힘들지만, 집안일을 만들고 있는 거죠.

집안일 이야기를 하니까, 홈쇼핑이 떠오르는데요. 홈쇼핑 채널을 보고 있으면, 제일 많이 나오는 물건이 가사랑 관련 있는 가전제품이나 물건인 것 같더라고요. 별 게 다 있어요. 물걸레 청소기니 뭐니, 보고 있으면 청소 도구가 끝이 없어요. 그리고 보고 있으면 다 잘 닦일 것 같으니까 사고 싶어요. 후드 청소기 같은 거 너무 신기하더라고요. 가스레인지 싹싹 잘 닦이는 것도 너무 신기하고요. 스팀으로도 닦고, 틈새도 닦고, 집 청소를 할 수 있는 용품들이 너무 많아요. 가정주부의 끝나지 않는 일, 이 현상이 왜 벌어지는지에 대한 프리단의 통찰을 말씀드리려고 저 홈쇼핑 이야기를 드린 건데요. 프리단은 소비주의의 문제를 지적해요. 당시 미국에서는 포디즘을 통해서 자본주의가 굉장히 발달하고 있었죠.

1960년대 미국 사회의 중산층 가정주부, 중산층 가정이라는 상이 있잖아요. 아메리칸 드림이라고 할 때 떠오르는 미국의 표준적인 상 같은 거요. 미국 영화 같은 데 나오는 미국 중산층 집이라고 하면 어떤 게 떠올라요? 창고 있고, 차고 있고, 풀밭도 있고, 우체통도 그 앞에 하나 있고요. 가끔 바비큐 파티도 하고 마시멜로우도 구워 먹고. 핼러윈이 되면 호박 통에 애들이 사탕 달라고 하는 모습들요. 그런데 원래부터 그랬던 게 아니라, 1960년대부터 그게 미국 중산층의 모습이 되는 거예요.

그때 갖춰야 할 것들이 가전제품들이죠. 냉장고, 텔레비전 같은 거요. 텔레비전이 그때 엄청나게 보급되기 시작해요. 미국인들한테는 달 착륙 장면이 중요한 기억이라고 하는데, 그 이유가 텔레비전으로 그 장면을 다 봤기 때문이라는 거죠. 텔레비전이 그렇게 많이 보급된 거예요. 가정주부들도 집안일과 관련된 냉장고, 세탁기 같은 것들을 사들여요. 그러면서 주부와 가전제품을 같이 미디어에서 광고하는 게 많아졌던 거고요.

그러면 이 가전제품들이 집안일을 하는 시간을 줄여줄 것 같잖아요. 단축된 것도 사실이죠. 그런데 많은 가전제품을 팔아야 하니까 주부들에게 '이런 것도 해보세요' '저런 것도 해보세요' 하면서 자꾸 권해요. 없던 집안일을 만드는 거죠. 주부라면 깔끔한 집을 만들어야만 할 것처럼요. 건조기가 생겨서 침대 시트를 자주 깔끔하게 갈 수 있지만, 그만큼 전보다 세탁을 자주해야 하는 거죠. 믹서기가 있으면 없을 때는 안 했던 뭔가를 갈아서 만드는 일을 해야 되는 거고요. 소비주의와 가정주부가 가전제품 같은 것으로 연결되는 거죠. 이 가전제품과 어울리는 주부라는 상이 미국 소비주의에 굉장히 중요한 측면이었던 거예요. 가정주부라면 이 가전제품을 갖고 있어야 하고, 이 가전제품에 어울리는 짝은 주부이고, 여성의 역할은 바로 주부밖에 없다고 만드는 데 이 소비주의가 일조했다고 프리단이 지적해요.

소비주의라는 건 뭐가 탄생한다는 거예요? 광고죠. 프로파간다 같은 거요. 특히 텔레비전 광고죠. 예전에는 잡지나 신문 한 칸에 광고가 실렸는데, 이제는 물건을 잘 팔리게 하려고 광고가 엄청 발전하기 시작해요. 그런데 이때 소비주의가 그려내는 여자는 주부이고, 미디어에서는 계속 주부인 여성이 이렇게 행동해야 한다고 말해준다는 거예요. 이러한 광고를 자꾸 보다보면 정말로 그렇게 행동해야 하는 것처럼 생각하게 되고 실제로 그렇게 행동하게 된다는 거죠.

　　이 책 9장 '여성을 노리는 상술'에 여성들이 집에서 어떤 식으로 일을 하고, 어떻게 소비하면서 지내는지가 나와요. 소비주의는 여성의 마음을 사로잡고 여성의 역할을 소비와 연결시킬 수 있는 방식을 연구할 수밖에 없다는 거죠. 그 당시에 이런 상황이 일어난 가장 큰 이유 중 하나는, 당시 전자제품 구매력의 75퍼센트를 여성들이 담당하고 있었기 때문이에요. 그리고 산업 지평의 변화도 있었어요. 군수품을 만들던 회사들이 이제는 다른 상품들을 만들어야 했으니까요.

　　여러분 독일 자동차 회사 BMW 엠블럼 모양 아시나요? 원 안에 파란색, 흰색이 채워져 있잖아요. 그 엠블럼이 상징하는 게 하늘과 구름이에요. 자동차에 왜 하늘과 구름을 넣었을까요. BMW는 원래 독일에서 전투기를 만들었던 회사예요. 그런데 독일이 패전하고 전쟁이 끝나니까, 엔진을 만드는 기술로 전투기가 아니라 자동차를 만들었다는 거죠. 오랫동안 전기제품은 전쟁에서 소비가 된 건데, 전쟁이 끝났잖아요. 그러니까 군수물품을 만들었던 회사들이 더 이상 수익을 올릴 수 없으니 가전제품을 만들어서 이익을 담보하는 거죠.

　　그렇게 가전제품 시장이 성장을 하는데, 그러면 구매를 해야 할 거 아녜요. 그러니까 여성들이 그 구매를 하게끔 하는 소비주의와 연결된다는 거죠. "적당히 조작된 미국 주부들은 물건을 구매함으로써 정체성과 목표를 찾고, 창조력을 느끼며, 자아를 실현한다고 느낀다고 한다. 심지어 부족한 성적 희열까지 느끼기도 한다. 그가 여성들이 미국 전체 구매력의 75퍼센트를 차지한다고 자랑할 때 나는 갑자기 그 사실이 지니는 중요한 의미를 깨달았다. 또 미국 여성들이 상품을 구입하는 데 있어 위력적이라는 것과, 수많은 상품들의 희생양이라는 것도 알게 되었다."*

소비라는 경험이 여성들한테도 중요한데, 내가 무언가를 사면 어떤 결정자가 되는 것 같잖아요. '나는 뭘 사면서 스트레스를 풀어' '지름신이 왔다' 이런 이야기들 하잖아요. 그런데 지름신이 언제 오나요? 직장 같은 데서 스트레스를 받을 때죠. 옴짝달싹 못 하고 있지만 적어도 카드를 그을 때, 지를 때만은 내가 주체가 되는 거 있잖아요. 그런 이야기인 거죠. 미국 주부들이 물건을 구매함으로써 정체성과 목표를 찾고, 창조력도 느끼고, 자아를 실현한다고 느끼고, 심지어는 오르가슴까지 느낀다고요.

그런데 이게 여자들이 계속 가사일에 매몰되는 현상으로 이어진다는 거예요. 그래서 미국 여성들이 수많은 상품들의 희생양이라는 거죠. 가사와 관련된 제품이 늘어날수록 여자들이 계속 닦고 치우게 만들잖아요. 요즘에 보면 특히 청결 강박 같은 게 있죠. 화장실 청소할 때도 보면 청소 물품이 너무 여러 가지예요. 그런 물품이 다양해질수록 더 사게 되고 더 몰입하게 되잖아요. 이런 상술로 인해서 여성들은 더 집안일에 몰입하게 되고, 계속 그렇게 되니까 여자들이 집안일을 못 끝내는 거죠.

---

*   같은 책, 377쪽.

아주 역설적이에요. 집안일이 힘들지만 여성들이 가정주부로서만 존재할 수밖에 없다면 자기를 느끼는 방법은 집안일을 계속하는 것밖에 없어요. 집안일 외에 다른 걸 해야 된다고 해봐요. 내가 학교를 가야 하거나 새로 뭘 열심히 배우기로 했다면 집안일을 계속해요? 대강 끝내고 빨리 나가잖아요. 그런데 집안일 말고는 할 일이 없다는 거예요.

사실 이런 부분 때문에 베티 프리단이 비판을 받아요. 미국 중산층 여성의 경험만을 대변한다는 거죠. 밖에서 일도 하고 애도 키우고 가사일도 하느라 시간이 없는 여자들은 이러지 않는다는 거예요. 프리단은 백인 중산층 여성들의 문제점만 이야기했을 뿐이지 모든 여성을 대변하지 않는다는 건데, 옳은 비판이죠. 그런데 저는 그래도 프리단의 이 이야기가 들을 만한 가치가 있다고 생각해요. '왜 집안일을 끝내지 않느냐'라는 문제를 논할 때, 이 일을 끝내지 않는 여성에게 책임이 있다는 게 아니라, 그것으로밖에 정체성을 찾지 못한다면 여성이 이 집안일을 끝내지 않은 채로 계속 집안일을 하게 된다는 거니까요.

그렇기 때문에 오히려 집안일을 더 해야 되는 거죠. 아이 교육이나 남편 시중드는 일 같은 거요. 한국에도 '헬리콥터 맘'이라는 게 있잖아요. 특히 중산층에서 많이 보이죠. 자녀 교육이 다 여성 몫이잖아요. 아이 교육 때문에 분주하게 돌아다니죠. 그리고 모든 일을 잘하려고 노력하고요. 그리고 어느 시기에는 가정일만 해도 시간이 모자랄 때가 있죠. 가정일밖에 할 수가 없을 때도 있는 거예요. 그런데 가정일이 바쁜 시기가 지나고 나서 다른

여성은 다르다: 복수의 여성들

일을 하려고 하면 쉽지 않은 거죠. 가정일의 특징이 안 하면 티가 나고, 하면 안 하느니만 못한 거잖아요. 벌어진 걸 치운다는 건 목적이 되거나 조직이 되는 일이 아니라는 거예요. 그리고 똑같은 일을 계속 반복하잖아요. 그러다보니까 그런 일에 계속 노출이 되면 사회적으로 무언가를 배운다거나 다른 일을 하는 능력이 감소해요. 베티 프리단이 인터뷰한 한 여성은 이렇게 말해요.

> 저는 저를 만족시켜줄 일을 찾고 있습니다. 이 세상에서 가장 근사한 일을 하면서 필요한 사람이 되고 싶은 거예요. 하지만 무슨 일을 어떻게 할지 모르겠어요.*

집안일이 아닌 다른 일을 하더라도 거기에서 의미를 못 찾는 거예요. 나이 든 여성들이 할 일이 없어서 무언가를 하면, 사람들은 남편이 뼈 빠지게 돈 벌어다주니까 여자들이 빈둥거린다고 하죠. 그런데 그게 빈둥거리는 건가요? 여자들의 죄인 것인가요? 주부들이 카페에 모여서 커피 마시면서 떠들다가, 남편 밥 시간 되면 늦었다고 하면서 가고, 자기 몸 가꾼다고 운동하는 것들이 여자들 문제인가요? 그럴 수밖에 없는 이유가 뭐죠? 여자들이 주부로서의 정체성만 있다면 여자들은 누가 봐도 게으른 것들이 되는 거잖아요.
저는 이런 이야기도 들어본 적 있어요. 어떤 남자가 자기

---

* 　같은 책, 421쪽.

부인을 이해를 못 하겠다는 거예요. 가정주부인데 왜 설거지를 바로바로 안 하는지 모르겠대요. 아침 내내 친구랑 떠들다가 자기 오기 직전에 설거지하는 게 너무 싫다는 거예요. 하루종일 뭐 했는지 물어보면 집에 있었다고 하고. 자기는 매일 일하고 오는데 부인은 설거지도 제때 안 한다는 거죠. 또 부인이 뚱뚱하고 늘어져 있는 것도 이해가 안 된대요. 집에서 시간이 그렇게 많은데 설거지를 잘하는 것도 아니고 몸 관리를 잘하는 것도 아니고 그 많은 시간 동안 뭐하는지 모르겠다는 거예요. 그 부인이 엄청 게으른 인간처럼 들리죠. 설거지하면 될 시간에 친구랑 전화하고 떠들고 있고, 운동도 안 가고요. 그 남편은 부인이 허겁지겁 게걸스럽게 먹는 것도 너무 싫대요. 그 많은 시간 동안 이것도 하고 저것도 하는 여성상을 부인한테 바라는데 자기 부인이 그걸 왜 안 하는지 이해가 안 된다는 거죠.

얼핏 들으면 이 여자한테 문제가 있는 것 같잖아요. 그런데 베티 프리단은 여성에게 주어진 역할이 주부밖에 없다면, 거기에 권태감을 느낄 때 할 수 있는 일이 없다는 거예요. 권태감을 느끼면 무기력해지고 모든 일이 시들해지니 다 귀찮아져요. 남들이 보기에 느려터진 사람이 되고 시간도 많은데 아무것도 안 하는 이상한 사람이 되는 거예요. 결론적으로 외부의 시선으로 봤을 때는 게으른 사람으로 평가되죠.

프리단은 자꾸 여성을 집에 묶어놓고 어머니 역할에 가두면 이렇게 여성들의 존재를 망가뜨릴 뿐 아니라, 아이들의 정서 발달에 나쁜 영향을 미친다는 거예요. 정말 한국 사회에 꼭 필요한 이야기죠. 엄마가 애를 키워야 된다고 자꾸들 말하잖아요. 그런데 어머니의 역할이 아이와 머무르는 거라고 하면, 여자들이 아이를 좌지우지하려고 한다는 거예요. 자기를 실현할 수 없는 존재인 여자들이, 어머니의 역할로만 자기를 실현하려고 했을 때 자기 아이를 좌지우지하려는 거죠. 이 책을 보면 엄마들이 되게 이상한 이야기들을 해요. 애들이 안 컸으면 좋겠다는 거예요. 아이들이 떠나면 할 일이 없어지니까요. 또 아이들을 자기 멋대로 하고 싶은 거고요. 그랬을 때만 자기의 자아가 실현되거나 자기가 위력을 행사할 수 있다는 생각도 할 수 있는 거죠.

결론적으로 그게 어떤 현상으로 나타나느냐면, 아이들한테는 좋은 영향이 없어요. 왜? 아이들이 맨날 엄마랑 묶여 있으니까, 엄마 눈치나 기분을 살피게 되잖아요. 엄마가 잘해주면 너무 좋은데 엄마가 잘해주지 않으면 힘들고. 또 자기 아이들이 커서 나와 다르게 자랄 생각을 하면, 심지어 질투가 난다는 엄마들도 있어요. 실은 나는 자식을 질투한다는 거죠. '얘는 제멋대로 살 건데 나는 갇혀 있지 않느냐.' 되게 이상한 이야기잖아요. 우리가 생각하는 어머니의 모습과는 너무 다르지 않나요? 우리는 어머니를 베풀어주는 존재, 자식을 위해 봉사하는 존재로 생각하잖아요. 특히 자식을 질투하는 어머니상은 딸과 어머니 관계에서 더 크게 악순환으로 작동한다는 거예요

어머니는 딸을 어떻게 키우고 싶어 하느냐면, 영원히 자라지 않는 아이로 키우고 싶어 해요. 잘 자라서 능동적인 여성으로 크면 어머니처럼 살지 않겠죠. 거기에 어머니가 양가감정을 느낀

다는 거예요. 이게 되게 중요한 것 같아요. 왜냐면, 정신분석학에서는 항상 아들의 관점에서 어머니와 자식의 관계를 성찰하잖아요. 프리단은 그것도 비판해요. 정신분석학의 중심인물은 소년이고, 소년이 어떻게 성인 남성으로 자라는지만 보고, 소녀는 소년의 고추 없는 버전으로만 다루어진다는 거죠. 소녀를 특수성을 지닌, 자기의 특별한 차이를 지닌 존재가 아니라 페니스가 없는 존재로 위치를 설정하면서 서술한다는 점을 비판해요.

하지만 진짜로 소녀는 그저 고추 없는 소년에 불과한 것인가요? 프로이트가 서술하는 어머니와 아이 관계에 딸의 시선은 있는 것인가요? 이에 대한 비판을 많은 페미니스트들이 하고요. 낸시 초도로우Nancy Chodoro 등 여성의 시각에서 정신분석을 하는 흐름이 페미니즘에 존재합니다. 프리단 이후에 제2물결 페미니즘의 한 축에는 여성주의적 관점에서 정신분석학을 다시 해석해보려는 노력들이 있어요.

제가 오늘 이동을 하다가 백화점을 지나쳤거든요. 그런데 백화점 건물에 이런 광고가 붙어 있는 거예요. 엄마와 딸이 카카오톡 메시지를 주고받는 건데, 엄마가 '딸, 엄마랑 쇼핑?' 이러면, 딸이 '오케이' 하고, 해시태그로 '#엄마와 딸 #영원한 친구' 이렇게 쓰여 있어요. 그 백화점에서 20년 가까이 진행한 이벤트인데 '엄마와 딸 페스티벌'이래요. 쇼핑은 엄마랑 딸이랑 한다는 거죠.* 그런 이야기 많이 듣지 않아요? '딸은 엄마의 영원한 친구다.' 어떻게 생각하세요? 저는 사실 엄마의 영원한 친구이긴 한데(웃음) 저의 인생과 상관없이 이야기할게요. 저는 옛날부터 그게 싫었어요. 아들더러 '너는 내 친구야' 이렇게 말하는 어머니는 없지 않나요? '내 아들이 나의 가장 중요한 친구다' 이렇게 말하는 아버지 본 적 있어요? 부모들이 아들한테는 부모를 버리고 넓은 세상으로 나가라고 해요. 아들이 집에만 있으면 '너는 그렇게 부모한테 의탁하면 뭐가 되려고 그러니' 그렇게 이야기하잖아요. 그런데 딸한테는 세상으로 나가라고 하지 않고 '너에게 잘해줄 사람이 필요하다'라고 해요. 그리고 엄마와 딸이 언제 친구가 되는지가 중요한 것 같아요. 엄마와 딸이 항상 친구인 건 아니에요. 딸이 엄마가 되면 그때 친구가 돼요. 아니면 엄마의 마음을 헤아려줄 때 친구가 되죠. 그러니까 그 이야기는 여성성의 신화를 공유할 때 엄마와 딸이 친구가 된다는 뜻일 수 있지 않을까요.

다시 돌아와서, 프리단은 여성성의 신화의 문제 가운데 집안일을 끝내지 않는 여성 내부의 심리를 이렇게 정리합니다.

1. 여성이 사회에서 자기의 능력에 알맞은 역할을 박탈당할수록, 집안일과 어머니로서 해야 할 일, 아내로서 해야 할 일은 늘어난다. 그리고 더욱더 집안일과 어머니로서의 일을 끝내려 하지 않고 할 일을 남겨두려고 할 것이다.(여성도 분명히 인간의 본성대로 진공상태를 혐오한다.)**

---

*   이주현, 〈현대백화점, '창사 47주년 고객 감사제' 개최〉, 《전자신문》, 2018년 10월 23일 자, https://www.etnews.com/20181023000378?m=1.

**   같은 책, 426쪽.

여성도 인간이기 때문에 진공상태, 아무것도 안 하는 상태를 싫어한다는 거예요. 자기가 무가치한 걸 싫어하니까, 집안일을 일부러 남겨둔다는 거죠. 중요한 통찰이죠. 그리고 두 번째로,

2. 집안일을 하는 데 필요한 시간은 그녀가 하고 있는 다른 일이 해볼만한 가치가 있느냐에 따라 반비례해서 다양하게 나타난다. 가사 외에 특별한 흥밋거리가 없는 여성은 순간순간을 사소한 집안일에 바칠 수밖에 없게 된다.*

프리단은 이렇게 말하는 거예요. 미국 여성들이 특히 에너지가 많다는 거죠. 예전에 서부 여성들은 총도 쐈고, 운동을 통해서 참정권도 얻어냈고요. 그래서 긍정적인 에너지가 넘쳐흐르는데, 사회에서 가둬놨잖아요. 그러니까 더 열심히 가정일을 하고 안 끝낸다는 거예요. 에너지가 넘치니까. 일을 안 하고 그 에너지가 넘치면 결론적으로 어떻게 돼요? 아픈 거죠.

둘 중 하나예요. 너무 불행한 것 같다고 느끼면서 아프거나, 자기보다 약한 사람들을 괴롭히는 거죠. 예를 들면 아동학대도 그래요. 남편한테 맞는 여자들이 자기 아이들을 때리기도 하죠. 훈육과 돌봄이라는 목적을 걸고요. 가부장제 사회에서 아이들은 그 누구보다 어머니와 연루된 관계에서 자라니까 아이들도 그냥 자기들이 잘못해서 그런가보다 하고요. 모성이라는 신화는

---

* 　　같은 책, 426쪽.

여성들만이 아니라 아이들에게도 결코 좋을 게 없다는 거예요.

　프리단은 여자들이 요양원이나 교회 같은 데 가서 사적 노동을 하는 것도 분석해요. 여자들이 공허하니까 집안일, 그러니까 돌보는 일만 하는데 그걸 집에서 못하면 어떻게 해요? 나가서 하는 거죠. 무료 노동, 봉사활동을 그렇게 많이 하잖아요. 사회에서 해야 될 일을 돌봄이라는 이름으로 다 하죠. 교회 가서도 일해주고. 이런 걸 어떻게 이해해야 할 것인가. 여성성의 신화가 결국 여성들을 공허하게 하기 때문에 여성들이 집안일을 끝내지 않는다는 게 프리단의 아주 중요한 통찰이에요. "여성성의 신화에 따라 산다는 것은 역사의 되돌림이고, 인간의 진보에 대한 가치를 저하시키는 것이다"[**]라는 거예요. 당연히 그렇다는 거죠.

가정이라는 이름의 안락한 포로수용소

　프리단은 이 책의 12장, '가정이란 이름의 안락한 포로수용소'에서 딱 결론을 내요. 가정을 포로수용소라고 하죠. 전쟁 중 포로수용소에 갇힌 사람들은 살아남기 위해서 어떻게 적응을 할까요. 프리단은 한국전쟁 당시 포로였던 미국 사병을 관찰한 연구를 인용하는데요. 이 포로들은 살기 위해 적응을 하려고 수용을 해요. 포로가 되고도 살아남으려면 뭘 해야 돼요? 내가 포로수

[**]　　같은 책, 447쪽.

용소에 갇혔다는 사실을 인정해야 해요. 포로수용소에 갇혔는데도 자신이 포로가 아니고 자유인이라고 하면 어떻게 돼요. 투쟁하다가 죽거나 하겠죠. 자기 생을 계속 누리지 못할 거 아녜요. 살아남으려면 내가 포로라는 사실을 받아들이고, 포로답게 행동해야 간수한테 걸리지 않겠죠. 어린아이처럼 행동하고 개성을 포기하고 특성이 없는 존재로 살아가야 되는 거예요. 혹독한 포로수용소 안에서 살아남은 사람들을 연구한 내용에 이런 이야기가 나온다는 겁니다. 그렇게 혹독한 곳에서는 다른 어떤 것보다, 오직 산다는 것만 중요해지죠.

프리단은 여자들이 왜 여성성의 신화를 받아들이고 납득하고 적응하게 되는지를 보는데, 그 행태가 마치 포로수용소에 갇혔던 수용자들 같다는 거예요. 이 여성성의 신화는 미디어가 아름답게 포장하는 안락한 미국 중산층 가정이라는 이상적 이미지로 만들어지지만, 프리단은 이 가정을 안락한 포로수용소라고 주장해요. 저는 이렇게 과격한 주장을 본 적이 없어요. 가정이 포로수용소의 역할을 하고, 가정 내 주부들이 그곳의 포로들과 유사한 태도를 보인다는 거죠. 포로들이 자기 상황을 받아들이는 것과 같은 방식으로 자신의 상황을 수용한다는 거예요.

우선 자기의 정체성을 포기해요. 그리고 내가 죽는지 사는지, 거기에도 관심을 가지지 않아요. 또 포로수용소의 수감자들은 어른처럼 행동하면 안 돼요. 어린아이처럼 행동해야 해요. 자유를 박탈당하는 거죠. 개성도 포기해요. 특성을 포기하도록 만들어요. 그래서 포로수용소는 수감자에게 수용소만을 유일한 세

여성은 다르다: 복수의 여성들

계이자 현실로 만들고, 원초적이고 육체적인 욕구만 생각하게 만들어요. 그리고 제일 중요한 건 수용자에게 자기 결정 능력을 빼앗는 거죠. 어린아이처럼 굴어야 한다는 건 자기 결정 능력을 빼앗긴다는 거예요. 아주 역설적이죠. 결국 여자들이 했던 자유로운 선택은 자유로운 선택이 아니었던 겁니다. 왜? 오랫동안 여성성의 신화를 주입함으로써 선택할 수 있는 능력을 빼앗은 다음에 선택의 기회를 줬다고 하는 거니까요. 그때는 이미 세뇌되었으니까, 그 길로 갈 수밖에 없는 거죠. 그리고 그 역할을 사회와 가정에서 특히 소녀들한테 되물림한다고 프리단은 이야기합니다.

그리고 포로들은 미래를 생각하지 않아요. 내가 미래에 뭘 원하는지, 내 전망이 어떤지 이런 걸 생각하지 않죠. 이런 걸 두고 '하루하루 살아간다'라고 하잖아요. 삶이 재미가 없어요. 그냥 살긴 살아야 하니까 하루하루 살아간다는 거죠. '권태로운 삶이지만 하루하루 그렇게 사는 거지 뭐.' 그렇게 단순하게 살아야지 생존할 수 있거든요. 내가 미래를 예측하면 이 수용소에서 나가겠다는 것처럼 보이고, 그러면 나는 죽을 수도 있는 거잖아요. 내 생사여탈권을 누가 갖고 있죠? 나한테 있는 게 아니라 수용소에 있는 권력자한테 있는 거잖아요. 그걸 수감자, 즉 여성들은 알고 있다는 거죠. 마음 깊은 곳에서요.

포로수용소의 이런 조건들이 미국 주부들의 자아정체성을 상실시키는 조건과 비슷하다는 거예요. 포로들과 마찬가지로 미국 주부들도 새로운 상황에 대항하는 능력이 사라지면서, 수동적인 존재로만 머물게 되고 주체적인 의식을 갖지 않게 된다는 거죠. 그래서 베티 프리단을 비롯한 제2물결 페미니스트들이 능동성과 주체성을 중요하게 말하는 것 같아요. '여성이 여성의 입으로 말하게 하라.' 저는 이 말이 자유로운 선택을 하게끔 하라는 말만은 아닌 것 같아요. 여성이 여성의 입으로 말하게 하라는 건, '여성에게 자유의지가 있으니 여성을 자유롭게 해다오'라는 것만을 의미하는 게 아니라, 우리의 자유를 막는 권력의 구조, 즉 '자유로운 선택'이라는 말 안에서 신화를 통해 주입시켰던 그 구조를 폭로하려는 걸 의미한다고 봐요. 그런 점에서 우리가 우리의 입으로 말하게 하라는 뜻이지 우리에게 본능적인 자유를 달라는 식으로 이해하는 건 아닌 것 같아요.

다시 돌아가보죠. 이렇게 자아의식이 약해지면 관계성이 다 단절되잖아요. 그러면서 여성, 가정주부가 굉장히 이기적인 태도를 갖게 된다는 거예요. 저는 이것도 되게 센세이셔널했어요. 왜냐하면 우리가 가정주부, 어머니라고 하면 언제나 누군가를 돌보는 존재, 즉 이타적이고 희생적이라고 생각하잖아요. 그런데 사실 여자들은 이타적이어서가 아니라 이기적이기 때문에 돌봄을 행한다는 거니까요. 살기 위해서. 특이하고 재미있는 해석이에요. 흔히 여성의 돌봄노동을 두고 여성이 이타적이라고 하고, 여성 리더십 같은 걸 이야기할 때도 여성의 돌봄을 통해서 리더십을 배우자는 식으로 말하잖아요. 그런데 베티 프리단에 따르면 여자가 돌봄을 하는 건 관계적이어서가 아니라 이기적이기 때문이라는 거죠. 그리고 이렇게 관계성에서 단절된 이기심에 곧장 빠질 뿐 아니라, 적극적인 목적이나 야망, 이익을 잊어버리고, 추상적인 사고에 대해서 무력해지고, 바깥세상을 향한 활동에서 후퇴한다는 거예요.

베티 프리단은 1950~1960년대 아이들의 정서장애가 증가하는 현상과 포로수용소에 갇힌 주부들 사이에 상관관계가 있다고 지적해요. 어린이가 여성성의 신화에 의해 무기력해진 어머니와 함께 생활하면서 상호 파괴적인 공생으로 나아가고, 이게 다시 여성성의 신화를 통해 악순환으로 구축된다는 거예요. 수동적인 의존에 갇힌 주부와 아이들 사이에 통제할 수 없는 폭력이 증가하는 징조를 프리단이 목격하는 거죠. 그러니까 아이들을 정서장애에서 해방시키려면 어떻게 해야겠어요? 엄마가 애를 키우지 않아야 되는 거죠. 이런 상황에서 엄마가 아이를 키우면 아이가 더 이상해진다는 이야기예요.

특히 소녀들한테 영향이 가요. 어떤 식이 되느냐면, 가정이 답답하니까 소녀들이 집에서 벗어나려고 조혼을 해요. 1960년대에 미국에서 10대 어머니들이 증가한 이유가 이거라는 거예요. 원가족이 가난하거나 불안정할수록 결혼을 빨리하는 경향이 있어요. 한국에서도 그런 일이 많아요. 어떤 르포를 봤는데, 어린 엄마 아빠가 둘 다 맥도날드에서 일을 해요. 둘 다 부모에게서 굉장히 학대를 당했던 사람들이고요. 안정적인 직업이나 대학에 진학하는 대신 어린 나이에 각자 집에서 나와서 결혼하고 아이를 낳은 거죠. 그러니까 생활기반이 불안한 곳에서 일하면서 또 가난이 반복되고요.

이런 점에서 프리단은 여성들이 가정이나 아이에게 완전

히 헌신해야 한다고 요구하는 여성성의 신화가 지닌 역설을 직시해야 한다는 거예요. 여성들이 더 여성적이 되도록 촉구하는 것도 멈춰야 한다는 거죠. 이게 아이들과의 관계에 더 나쁜 영향을 미친다는 거예요. 아이를 더 수동적으로 만들고, 의존성을 증가시키기 때문에. 그러니까 여성들이 밖으로 나가야겠죠. 여성이 자기 능력을 완전히 사용하도록 사회가 용인해야 하고, 여성이 완전한 능력을 갖춘 사람으로 성장하도록 고무해야 된다는 거죠. 그리고 이건 오로지 여성성의 신화를 일소해야만 가능하다는 거고요. 여성은 남성의 성적인 대상이자, 자식의 어머니로서만 존재할 수 없다는 거예요. 남편이나 자식을 통해 삶의 목적을 이루는 게 아니라 자신의 삶을 스스로 성취할 수 있어야 한다는 거고요. 이 사회에는 다양한 여성들의 모습이 필요하다는 거예요. 이건 사회문제이기 때문에. 여성만을 위한 게 아니라 사회 전체에 풍기는 병적 징후로부터 벗어나기 위한 일이라는 거죠.

여성성의 신화라는 것들이 정말로 신화잖아요. 돌봄노동, 집안일을 하는 게 여성의 본질인 것처럼 말하고, 거기에 남성 가부장제 신화는 어머니의 희생을 말하는데, 그게 그냥 신화에 불과하다는 거죠. 프리단이 집안일이 끝나지 않는 이유를 분석하고, 가정을 안락한 포로수용소라고 하는 건 그런 게 다 그냥 신화에 불과하다는 걸 드러내기 위한 거잖아요. 실은 뭐라는 거죠? 이기적인 행동이라는 거죠. 여성들이 자기의 에너지를 어떻게 할 수가 없기 때문에 벌어지는 일이고, 그게 부모와 자식 관계에도 더 안 좋다는 거죠. 그런 점에서 우리는 이 사회의 병적 징후를 해방하기 위해서라도 여성성의 신화, 즉 여성을 어머니, 현모양처라는 틀에 가두는 것으로부터 벗어나야 된다는 거예요.

베티 프리단도 알고 있어요. 이게 말이 쉽지 얼마나 어려운 일인지. 이 책 마지막 장의 제목이 '여성들의 새로운 인생을 기획하기 위하여'인데, 이렇게 시작해요.

"말이야 쉽죠." 가정주부라는 올가미에 갇혀 있는 여성은 투덜댔다. "그렇지만 고함지르는 아이와 정리해야 할 빨래 더미 속에서, 아이 봐줄 할머니도 없는데, 혼자 집에서 무얼 할 수 있겠어요?"*

너무 현실적이죠. 프리단은 알고 있어요. 여성 개인들의 선택만으로 여성들이 새로운 인생으로 나아갈 수 없다는 걸요. 이 문제를 개별 여성한테 "너 집안일에서 탈출해!"라고만 해서는 해결이 안 되는 거잖아요. 그러면 어떻게 해야 되겠어요? 이 사회의 구조, 가부장제라는 구조가 부서져야 된다는 거죠. 문제는 사회이고 구조라는 겁니다. 사회와 구조가 변하지 않는 한, 여성들이 새로운 인생을 살기는 어려워요. 하지만 그 전에 여성들이 그 사회와 구조가 변화해야 한다고 소리지르기 위해서라도, 여성들은 자기 선택이라는 신화에서 빠져나와 자기의 삶을, 세상을 바라봐야 합니다.

---

* 같은 책, 579쪽.

베티 프리단의 《여성성의 신화》는 말하는 바는 스릴도 있고 굉장히 과격한데 말투는 평온하죠. 과격하다는 게 우리가 흔히 생각하는 것처럼 뭔가를 불태우는 것만을 의미하지는 않아요. 가장 과격할 수 있는 일들은 우리의 일상적인 삶, 조용한 시간들에서 시작되곤 합니다. 프리단은 자기의 삶으로부터 문제를 발견했고, 그 문제가 자신만의 문제가 아니라 여성들의 문제였음을 밝혀냈어요. 어찌 보면 보통의 가정주부였던 프리단의 변화한 삶 자체가 우리에게 용기를 주는 것일지도 몰라요. 그래서 이 책이 페미니즘의 제2물결, 페미니즘 대중화에 불을 지핀 중요한 책이라고 평가받는 듯싶어요.

또한 페미니즘 운동에서 기혼 여성의 위치를 다시 점검하고 생각해볼 필요가 있다는 것도 제시하는 책이죠. 물론 당연히 한계도 있습니다. 프리단이 백인 이성애자 여성이고, 이를 마치 여성 일반인 것처럼 사유한 점이 그렇죠. 결국은 가족이나 결혼 자체에 문제를 제기하지 않았다는 점도 그렇고요. 시대의 한계를 동반하지만, 그럼에도 불구하고 여전히 많은 여성들이 프리단이 각성시키고자 하는 삶에 머물러 있다는 점에서, 프리단의 용기는 울림을 주고 있다고 생각합니다.

Betty Friedan,
1921–2006

5장

성 계급을 호명하며
자궁으로부터 해방을 선언하다

슐라미스 파이어스톤과《성의 변증법》에 관하여

Shulamith Firestone,
1945~2012

딸들의 이야기

슐라미스 파이어스톤의 《성의 변증법》은 베티 프리단의 《여성성의 신화》가 인기를 얻은 다음에 나온 책이에요. 파이어스톤의 이야기는 사실 딸들의 이야기에 가까워요. 가족제도 안에서의 딸, 결혼하지 않은 여성들의 입장과 가까운 이야기들이 《성의 변증법》에서 나오기 시작하죠. 그러니까 가족 안에서 어머니 역할을 했던 존재에서, 이제는 어머니가 될지도 모르는, 그리고 남자와 결혼하라고 권유를 받는 젊은 여성들의 이야기로 넘어가는 거예요. 보통 성공한 로맨스를 결혼이라고 하잖아요. 하지만 로맨스 신화 안에서 결혼 이후의 삶이라는 건 결국 이렇죠. '결혼하면 다 그렇지 뭐.' 결혼에 이르는 과정에서는 여성들이 공주처럼 대접받고, 달콤한 신화를 약속받는데, 실상 결혼 후의 삶은 그 약속들이 다 거짓발림 같다고 느끼게 되잖아요.

파이어스톤도 그런 관점에서 이야기를 시작해요. '여성성의 신화'만으로는 안 된다는 거죠. 그러니까 이 사람은 페미니스트 중에서도 가장 과격한 사람 중 하나에요. 소개를 좀 해볼게요. 슐라미스 파이어스톤은 1945년 캐나다 오타와에서 유대인 부모 밑에서 여섯 자녀 중 둘째로 태어났어요. 이후에 미국으로 이주해서 몬태나주 캔자스시티에서 자라고, 격동의 1960년대에 세인트루이스 워싱턴 대학교를 졸업한 후, 시카고 미술 대학Art Institute of Chicago에서 회화를 공부해요.

파이어스톤은 이 책, 《성의 변증법》을 스물다섯 살에 쓰기 시작합니다. 원래 캐나다인이었던 파이어스톤은 미국으로 옮겨가서 대학에 입학을 했는데, 당시 미국은 민권 운동, 베트남전쟁으로 인한 반전 운동이 거셌던 거죠. 그래서 파이어스톤이 반전 운동을 비롯한 미국의 온갖 사회운동에 참여를 했는데, 그 속에서 뭔가를 발견해요. 바로 여성의 지위가 굉장히 낮다는 사실입니다. 처음에는 다 같이 시민으로 싸우는 것 같지만 항상 여성은 이등시민인 거예요. 그 안에서 성폭력 문제가 일어나거나. 흑인 인권 운동을 하는데 거기서 흑인이라는 건 항상 흑인 남성이고 흑인 여성은 언제나 이등시민인 거죠. 파이어스톤은 이런 걸 확인하면서, 《성의 변증법》을 쓴 거예요.

성적 계급은 보이지 않을 정도로 뿌리가 깊다

파이어스톤은 마르크스주의자이기도 한데, 《성의 변증법》을 이해하는 데 이 점이 굉장히 중요해요. 마르크스Karl Marx는 경제 변천과 발전의 역사를 인류의 역사로 이해하죠. 역사의 시기마다 각 생산양식이 있다고 보고, 생산수단을 가진 자들과 이들에 의해 착취당하고 억압당하는 자들의 대립과 투쟁으로 역사를 그려냅니다. 마르크스의 관심사는 자본주의라는 생산양식인데요. 자본주의에서는 생산수단을 가진 자본가와 그들에게 노동력을 파는 노동자가 존재합니다. 그리고 마르크스의 분석에서 요점은 하나의 상품을 완성하는 데 중요한 역할을 하는 건 노동자들의 노동이라는 거죠. 실제로 이 상품의 가치를 창출한 건 노동자라는 거예요. 문제는 자본주의 내의 이러한 사회적 관계가 계속되는 한, 노동자들이 정당한 대가를 받을 수 없다는 것이고요. 그리고 마르크스는 이 노동자를 하나의 개인이 아니라 생산수단의 유무로 존재 방식이 구별되는 계급class이라는 용어로 설명해요. 자본가 역시 개인이 아닌 자본가 계급으로 바라보고요. 자본주의 사회의 주요한 사회 모순이 바로 이 두 계급 간의 첨예한 적대이고, 다른 사회적 문제는 부차적 모순이라고 설명하죠. 이러한 주요한 모순을 격파하기 위해서 이후에 마르크스는 정치적 혁명론을 이야기하기도 합니다.

특히 마르크스는 노동자와 자본가, 지배계급과 피지배계급 간의 근본적인 모순이 끝나면 이후에 다른 문제들은 점차 해결이 될 것이라고 설명했어요. 파이어스톤은 마르크스주의자였지만 마르크스주의의 이런 분석이 틀렸다는 거예요. 왜죠? 노동자 투쟁하는 데 가면 그 안에서도 여성 문제는 항상 무시하고, 여성들은 이등시민인 거예요. 같은 동지고 같이 싸운다면서도 여자들은 언제나 밥을 해오고 남자들은 편하게 얻어먹으려고 하는 거 있잖아요. 파이어스톤이 이런 걸 보게 되는 거죠. 그다음에 '노동자'라고 하면 '노동자 남성'이 딱 생각나잖아요. 노동자 여성은 없어요. 인종 문제 안에서도 마찬가지고요. 피억압 계급이라는 사람들의 투쟁을 봤더니, 그 안에서도 여성들의 문제는 부차적이었다는 거죠. 즉, 계급 문제 같은 근본 모순이 해결되면 다른 모순들이 다 해결된다는 건 거짓말이라는 거죠. 파이어스톤은 진짜 중요한 기본적인 불평등이 있다는 거예요.

이 사람이 얼마나 과격하느냐면, 여성을 하나의 계급이라고 생각해요. 파이어스톤은 이 생각을 마르크스주의에서 빌려온 건데, 전통적인 마르크스주의에 따르면 노동자와 자본가는 모순관계잖아요. 네가 죽으면 내가 살고, 내가 죽으면 네가 사는 관계죠. 모순이라는 관계는 같이 있으면 안 되는 거예요. 모순관계는 A와 not A의 관계와 같아요. '있다'와 '있지 않다'가 함께 있을 수 있나요? 이 분필이 여기 있는데, 이 분필이 있지 않음이 이 시공간 속에서 함께 있을 수 있나요? 그럴 수 없죠. 이런 걸 모순 상태, 모순이라고 해요.

그래서 마르크스주의에 따르면, 노동자와 자본가의 관계는 모순관계이고, 따라서 노동자 계급이 승리하려면 자본가 계급이 없어져야 되거든요. 이걸 혁명이라고 해요. 파이어스톤이 이걸 차용한 거예요. 여자를 불평등하게 만드는 가부장제가 있고, 가부장제의 지배자인 남성이 여자를 일종의 노예처럼 생각한다는 거예요. 여성을 일종의 하나의 계급으로 만든 거죠.

파이어스톤이 '계급class'이라고 한 게 아주 중요해요. 파이어스톤이 마르크스주의로부터 출발했잖아요. 마르크스주의자에게 노동자는 계급이죠. 노동자는 개인이지만 이 정체성을 어디에서 부여받아요? 노동자라는 계급으로부터 자기 정체성을 부여받는 거예요. 처음에는 자기가 노동을 하고 있어도 자기가 노동자라는 걸 몰라요. 자본가한테 복종하기도 하고 이득을 얻기도 해요. 그런데 뭔가 딱 깨닫게 되는 거죠. '아, 이 자본가와 나 사이에

여성은 다르다: 복수의 여성들

는 건널 수 없는 강이 있다. 결코 같이 갈 수 없다.' 불평등한 계급 관계를 깨트리려면 자본가와 같이 갈 수 없다는 걸 깨닫는 거죠. 이런 걸 계급의식이라고 하죠. 계급의식이 각성되는 거예요.

여성도 마찬가지인 거예요. 남성과 같이 잘 놀고 즐겁게 살고 데이트도 하고 애도 낳아주다가, 이게 굉장히 불평등하다는 걸 깨닫는 순간, 여성 계급으로서 각성을 하는 거예요. 계급의식이 생기고 각성을 한 거잖아요. 그러면 이제 이렇게 살 수 있어요? 못 살겠다는 거죠. 그러면 어떻게 해야 돼요? 때려 부숴야지. 때려 부수고 불평등을 만들어내는 걸 싹 없애고 불 지르고 끝내야죠. 혁명이에요. 이 사람이 혁명 이야기를 했어요. 제가 이 사람 무섭다고 했잖아요. 파이어스톤 되게 무서운 사람이에요. '여성이여, 당신은 계급이다! 그러니까 계급의식을 각성해서 혁명을 일으키자!' 이게 슐라미스 파이어스톤의 책 《성의 변증법》의 기본적인 내용이에요. 무서운 책이죠? 갑자기 다르게 보이지 않나요?

"성적 계급sex class은 보이지 않을 정도로 뿌리가 깊다."* 얼마나 충격적이에요. 여성이라는 게 하나의 계급이라는 거예요. 여성이라고 각성을 하는 순간 내가 하나의 개인이 아니라 여성이라는 계급이 되는 거죠. 계급이라는 개념이 나왔다는 건, 구조의 억압, 구조의 착취를 전제하고 있다는 거예요. 여성이 착취당하고 있는, 억압받고 있는 계급이라는 뜻이죠. "성적 계급은 보이지

---

*   슐라미스 파이어스톤, 《성의 변증법》, 김민예숙·유숙열 옮김, 꾸리에, 2016, 13쪽.

않을 정도로 뿌리가 깊다"라는 건, 여성은 하나의 개인이 아니라 계급이라는 선언입니다.

베티 프리단의 《여성성의 신화》와는 다르죠. 《여성성의 신화》가 개인의 삶들을 살피는 이야기라면, 파이어스톤은 '여자로 태어났으면 계급의식으로 각성하라'라고 하는 거죠. 《성의 변증법》은 각성을 촉구하는 책이에요. 각성해서 혁명을 일으키라는 거죠. 굉장히 센 책이에요. "그것은 단지 약간의 개혁이나, 어쩌면 여성의 노동세력으로의 완전한 통합에 의해 해결될 수 있는 피상적인 불평등으로 보일지도 모른다."* 이렇게 생각할 수 있잖아요. '여성이 계급이라고 하지만, 사실 약간 개혁만 하면 되는 거 아니야? 남자랑 여자랑 비율이 8 대 2니까 5 대 5로 바꾸자.' '양성평등' 이야기하잖아요. 수준을 똑같이 만들자는 거죠. 남자 임금이 100이고 여자 임금이 65면, 임금을 똑같이 맞추자는 건데, 파이어스톤은 이런 걸로 문제가 해결되지 않는다는 거예요. 무서운 사람이에요. 거기에서 그치자는 건 문제의 본질을 보지 못했다는 거예요. 혁명이 필요하다는 거죠.

우리가 이렇게 생각할 수 있잖아요. '왜 혁명이 필요해. 그냥 임금 똑같이 받으면 되고 동수 만들면 되지. 웬 혁명?' 그런데 파이어스톤은 남녀에게 임금을 똑같이 주고 남녀 동수를 맞추자는 건, 실제적으로 약간 실패한 이야기라는 거예요. 자유주의 페미니스트들은 여성에게 선택의 자유를 요청하고, 남성과의 동등

---

* 　같은 책, 13쪽.

한 법적 대우를 주장했지만, 그런 정도의 슬로건으로 만족해서는 안 된다는 거예요.

왜일까요? 여기서 아주 급진적인 이야기가 나와요. 한번 생각해보세요. 남자랑 여자랑 돈도 똑같이 받고, 의회에서 같은 수로 자리를 얻고, 똑같이 권력을 쥐면 될 문제인데, 이걸로는 왜 안 되는 걸까. 바로 여성의 생물학적 조건 때문이라는 거예요. 여자는 생물학적으로 자궁을 갖고 있죠. 그래서 언제나 출산의 문제, 양육의 문제가 걸려 있다는 거예요.

베티 프리단도 똑같은 문제의식을 갖고 있잖아요. 베티 프리단이나 슐라미스 파이어스톤이나 차이의 문제에 굉장히 주목해요. 남자와 여자가 다르다는 거죠. 여기서 베티 프리단은 남자가 여자의 여성성을 제멋대로 규정해왔다는 걸 말했고요. 그러니까 우리 안에 있는 굉장히 다양한 여성성을 인정하고 주부, 아내뿐 아니라 여성의 다양한 역할을 만들자는 거죠. 그래야 사회가 잘 돌아갈 수 있다는 거잖아요. 그게 《여성성의 신화》의 내용이었죠. 아이도 여성이 혼자 기르는 게 아니라 사회가 같이 길러야 한다고 하고요.

그런데 파이어스톤은 베티 프리단이 말한 것처럼, 여자들이 다양한 역할을 맡고, 직장으로 나가라는 이야기만으로는 안 된다는 거죠. 왜냐하면, 그럼에도 불구하고 여전히 남자가 여자를 계급적으로 착취하고 있으니까요. 이 사람이 여자를 일종의 계급으로 봤잖아요. 계급으로 본다는 건, 이 구도를 착취와 피착취라는 두 개의 구도로 본다는 거예요. 파이어스톤은 마르크스주의자니까요. 마르크스주의의 방법론을 차용해서 여성의 존재론적 지위를 분석하는 거예요. 베티 프리단이 개인으로 보는 것에 그쳤다면, 파이어스톤은 계급으로 접근하는 거죠. 그러니까 어떤 방식으로 착취와 피착취가 일어나는가를 분석하는 거예요.

자본주의하에서 노동자가 왜 자본가에게 착취당하죠? 자본이 없어서예요. 몸뚱이밖에 없잖아요. 그러니까 일을 안 하면 어떻게 돼요? 굶어죽는 거죠. 집에 재산도 없고, 모아둔 돈도 없는데 일자리가 딱 끊기면 어떻게 돼요? 굶어죽는 거잖아요. 그 굶어죽을 자유밖에 없는 거잖아요. 노동이 자아를 실현한다 어쩌고 하지만, 여러분 노동하는 거 좋아하세요? 아니잖아요. 빌딩이 있어서 따박따박 돈 들어오는 게 좋아요, 아니면 뼈 빠지게 노동하는 게 좋아요? 사람들이 건물주 되고 싶어 하잖아요. 그런데 그런 건 뭐죠? 남의 잉여노동을 가져오는 거잖아요. 나는 아무것도 안 했는데 세입자가 열심히 일해서 내는 돈을 받는 거잖아요.

그러니까 노동자들이 착취당하는 건 자본가들이 못된 사람들이라서가 아니에요. 구조적인 문제고, 이 구조의 계급 안에 속한 개인의 인격과는 아무 상관이 없는 문제예요. 노동자들은 자본이 없어요. 자본가가 자본을 독점하고 있죠. 마르크스주의에 따르면 노동자들은 일을 안 하면 굶어죽을 수밖에 없는 거예요. 그러니까 공황 시기라든지 일자리가 불안한 시기에는 임금을 깎아가면서까지 일자리를 구하려고 노력해요. 그런 상황 자체가 착취를 발생시키는 거잖아요. 노동자 개인이 혼자서 임금 좀 올려달라고 하면 안 올려주잖아요. 단체로 투쟁하거나 누구 하나 죽

여성은 다르다: 복수의 여성들

어나야 해주잖아요. 그리고 자본가 입장에서 노동자 인건비는 그 냥 비용이에요. 비용처리해야 되는 항목. 형광등 값이랑 똑같은 거예요. 어떤 공장에서 기계 하나 감가상각해서 낡은 기계 바꾸 려는 것처럼 계산으로 처리되는 거예요. 노동자를 사람으로 대우 를 안 하니까 소외가 일어난다고 하잖아요. 그러니까 이게 자본 가 개인이 못돼 처먹어서 소외가 일어나는 게 아니라, 그 구조가 착취를 발생시킨다는 게 핵심이에요. 이걸 여러분이 이해하셔야 해요. 왜냐하면 파이어스톤도 같은 걸 보거든요.

'우리 남편이 얼마나 착한데' '내가 남자들 더 부려먹어' '여 자들만 그래? 남자들은 더 불쌍해. 우리 남편 맨날 열심히 일하고 오는데 무슨 착취야' 이럴 수 있잖아요. 남자들은 또 이런 이야기 들을 하고요. '내가 우리 아버지처럼 밥상을 받아봤냐' '나가면서 내가 음식물 쓰레기 버리고 간다' '좀 쉬려고 하면 주말마다 애랑 같이 밖에 나가자고 하고, 나는 쉬지도 못하고 뭐하는 짓인지 모 르겠다'. 그러니까 이런 거죠. '인간이 원래 불쌍하지. 사는 게 고 통스러운 거야. 그래, 인생은 고품라는 말이 맞네, 이 세계를 끊고 저 세계로 가자!' 그런데 그렇게 말하면 할 말이 없잖아요. 우리가 어떤 문제를 구조로 본다는 건, 한 개인의 인격을 문제 삼는 게 아 니라는 거예요. 노동자-자본가 간의 계급 모순과 투쟁관계 역시 그 개인들의 사이가 좋고 나쁜 문제가 아니라는 거죠.

그러면 왜 파이어스톤은 남녀관계에서 남자가 여자를 필 연적으로 착취한다고 봤을까요? 그리고 왜 여자가 하나의 계급 이라고 이야기했을까요? 생산이라는 게 상품을 만드는 거죠. 마르크스주의에서는 실제로 상품을 생산할 때 굉장히 중요한 일을 노동자가 한다고 보죠. 생산에서 가장 중요한 건 노동자, 노동력이라는 거죠.

그런데 노동자는 사람이잖아요. 그럼 노동자가 생산되기 위해서는 뭐가 필요해요? 우리 대에서만 노동하고 끝날 거예요? 재생산이 필요하잖아요. 아이를 계속 낳아야 되는 거죠. 왜 국가에서 아이를 낳으라고 할까요? 세금 낼 사람이 없잖아요. 인구절벽으로 대한민국이 위험하다고들 하죠? 세금 낼 사람 없으면 대한민국이 위험한 거 맞죠. 노동자도 계속 재생산돼서 노동자 계급이 계속 있어야 인건비가 안 올라가죠. 노동자 계급이 계속 아이를 안 낳으려고 하면 어떻게 되죠? 3D 업종에서 아무도 일을 안 하려고 하니까 이주노동자를 받았죠. 노동자로 쓸 만한 사람들이 없으면 문을 열어요. 들어와서 일을 하라고. 그러니까 계급 재생산, 노동력 재생산은 아주 중요한 문제인 거죠. 아이 낳으면 돈을 주는 지자체도 있잖아요. 결혼하고 아이 낳으면 가족수당 나오고요. 결혼한 사람이 결혼하지 않은 사람보다 혜택을 받는 게 다 재생산 문제와 관련이 있는 거예요.

그리고 노동력을 재생산한다는 게 아이를 낳는 것만을 말하는 건 아니죠. 아이를 낳는 것도 있고, 노동자가 다시 충전할 수 있는 시스템을 말하기도 해요. 일하고 피곤에 쩔어 있으면 다음 날 일을 못하잖아요. 밥도 먹고 쉬어야 다음날 또 일을 할 거 아니에요. 그러면 이 노동자를 돌봐주는 어떤 시스템이 있어야 된다는 거죠. 그게 어디에요? 가정이죠. 그런데 중요한 건 사회에서 노동자들한테는 임금을 주는데, 재생산에 대해서는 돈을 안 주잖아요. 애 낳고, 가정을 만들고, 가정에서 가사노동하는 거에 대해서는 돈을 안 주죠.

그렇기 때문에 파이어스톤에 따르면, 생산관계에서 노동자의 노동력이 상품을 만드는 중요한 힘이라면, 실제로 노동자를 만들어내는 건 재생산, 가정의 일이지 않느냐는 거죠. 그런데 재생산은 누가 담당하죠? 애 낳는 거 누가 해요? 양육은 누가 하죠? 여자잖아요. 이 자본주의를 사실상 잘 굴리기 위한 노자 간 계급 불평등 이전에 원초적인 불평등이 있다는 거예요. 그게 바로 여성에 대한 착취라는 겁니다. 여성을 착취해야만 사실상 이 계급 관계가 유지되는 거예요. 그래서 엥겔스Friedrich Engels가 《가족, 사유재산, 국가의 기원》에서 약간 분석을 했죠. 이 재생산 문제가 사회 안에 있고, 여성이 착취당하고 있다는 게 나와요. 이러한 언급에도 불구하고 사실상 불충분한 시도였다는 것이 파이어스톤의 평가고요.

재생산 문제에서 어린아이도 아주 중요하죠. 사회에서 아이들한테 공교육을 제공하죠. 요새 공교육에서 논쟁적인 주제 중 하나가 학교, 대학의 역할인데, 요즘 대학은 직업학교를 자처하잖아요. 학교를 평가할 때 학생들 취업을 수치화해서 보죠. '우리 학교 학생들은 취직 100프로!' 이런 걸로 광고도 하고요. 대학에서 학생들 취직을 위해서 커리큘럼을 바꿔요. 사회나 기업이 원하는 방향으로. 그러니까 왜 기업에서 직원을 뽑아서 해야 될 일을 학교에서 대신 해주느냐고 논쟁이 붙는 거죠. 대학은 대학만의 순수한 기능이 있는데, 왜 기업에 알맞은 사람으로 훈련시키는 일을 대학이 대신하느냐는 거예요. 이런 걸 보면 교육도 대부분 생산에 투입될 노동자를 만드는 과정이라는 거죠.

마르크스주의에서 노자 간 대립을 왜 타협으로 끝내지 않고 혁명을 일으켜야 한다고 하는지 이해가 되지 않나요? 이 이야기를 그대로 따라가면, 노동자를 재생산하는 데 누가 개입을 하고 있죠? 자본가 말고 하나 더 있잖아요. 국가죠. 그러니까 혁명을 해서 국가를 때려 부숴야 하는 거죠.

마찬가지로 파이어스톤이 왜 혁명을 말하는지 이해가 되시나요? 파이어스톤은 노자관계보다 더 뿌리 깊은 모순을 성적 모순이라고 보는 거예요. 그런데 여성이라는 계급이 각성을 못하고 있는 거죠. 특히 가부장제가 여성을 계급으로 각성하지 못하도록 한다는 거예요. 그렇다면 여성 계급은 어떻게 정하죠? 간단히 정해버릴 수 있어요. 재생산을 할 수 있는 여성들이에요. 재생산을 할 수 있는 자궁이 있는 여자들. 이 자궁이 바로 재생산의 수단이잖아요. 아이를 낳았으니 여자가 아이를 양육하는 건 당연하다는 게 인간 역사에서 지속되어왔고요.

특히 인간은 유아기가 길어요. 개, 소, 고양이는 태어난 다음에 금방 일어서고 눈 뜨죠. 그런데 인간은 어때요? 태어나면 젖 냄새가 나는 데로 금방 기어가요? 아니잖아요. 그대로 두면 어떻게 돼요? 죽어요. 목도 못 가누잖아요. 목을 가누는 걸 축하하는 파티가 생후 1년에 하는 돌잔치잖아요. 인간은 자라는 시간이 길고 돌봄이 아주 많이 필요해요. 재미있는 건 인간이 원래부터 그렇게 진화한 건 아니라는 거예요. 인류의 가까운 조상들은 안 그랬거든요. 인간은 일부러 유아기가 길게 진화했어요. 인간을 인간답게 하는 가장 중요한 기준이 무엇일까요. 인간과 동물을 가르는 기준이 뭐죠? 두뇌의 크기죠. 그런데 아이가 태어날 때 머리가 너무 크면 산도를 못 빠져나와요. 아이 낳는 사람이 죽어요. 아이가 나올 때마다 여자 죽일 거예요? 그러면 어떻게 해야겠어요. 적정한 크기로 나와서 머리를 키워야겠죠. 그래서 갓 낳은 아이들 머리는 만지면 안 된다고 하잖아요. 숨구멍이 열려 있으니까. 그래서 유아기가 길 수밖에 없는 거예요. 누군가의 돌봄이 길게 필요한 거죠.

인간의 이러한 특징을 고려한다면 아이들을 길러내고 돌보는 재생산은 매우 중요한 일이죠. 사실상 사회적 계급관계 이전에 인간의 재생산이 더 근본적이라고도 볼 수 있어요. 파이어스톤은 마르크스의 사적 유물론을 차용해서, 모든 사회적 관계 이전에, 모든 사회적 불평등 이전에 존재하는 불평등으로 인간을 재생산하는 역할의 배분과 그에 따른 구조를 지적합니다.

파이어스톤은 제2물결 페미니즘 안에서 이 불평등을 역사적 구조의 문제로 분석합니다. 《여성성의 신화》만 해도 여성성을 남성들이 만들어왔고 가부장제가 문제라고는 하지만, 이게 뿌리 깊다고까지는 안 해요. '미국의 1930년대는 안 그랬는데 지금은 왜 이럴까' 하는 정도죠. 그런데 파이어스톤은 마르크스의 사적 유물론을 들여와서, 인간이라는 존재가 있을 때부터 쭉 성으로 인한 불평등이 있어왔다고 해요. 엘리자베스 여왕도 여성이라는 이유만으로 이 구조 안에서는 자유로울 수 없다는 이야기도 나오잖아요. 그러니까 이런 주장도 나와요. 여자가 하나의 계급이라면, 부자인 여자든 가난한 여자든 단결할 수 있다는 겁니다. 왜? 노자관계보다 성 계급sex class이 우선이니까 여자들끼리 연대해야 된다는 거죠. 성적 모순이 더 중요한 모순이고, 돈이 많고 적은 건 부차적 모순이라는 거예요. 파이어스톤은 성적 모순이 정말로 뿌리 깊은 것이고, 이를 깨달은 여성들은 혁명을 요구할 수밖에 없다는 거예요.

그래서 페미니스트들이 처음에는 이 성차별을 문화적 문제로 접근했지만, 이게 문화를 넘어서는 자연구조적인 문제라고 해요. 지금의 성차별주의라는 건 한때 현상이 아니라고요. "페미니스트들은 모든 **서구** 문화에 대한 것뿐만 아니라 문화 구조 그 자체, 그리고 더 나아가 자연 구조 자체까지도 질문해야 한다."* 그리고 진화를 통해서 성차별이 이렇게까지 발전해온 거라는 거죠. 그래서 자기는 마르크스와 엥겔스의 변증법적이고 유물론적 분석 방법을 따라가겠다고 선언해요.

경제적 혁명을 위해서 계급 대립에 관한 마르크스-엥겔스의 분석이 필요했던 것처럼 페미니스트 혁명을 위해서도 포괄적인 성전쟁 역학dynamics of sex war에 대한 분석이 필요할 것이기 때문이다. …… 이러한 분석을 만들어 내는 데 있

---

* 같은 책, 14쪽.

여성은 다르다: 복수의 여성들

어 우리는 마르크스와 엥겔스로부터 많은 것을 배울 수 있다. 여성에 대한 그들의 문자화된 견해가 아니라 …… 오히려 그들의 분석 방법이다.[**]

마르크스와 엥겔스로부터 여성을 구조에 억압된 하나의 계급으로서 볼 수 있는 가능성을 얻었다는 거죠. 물론 마르크스와 엥겔스는 여성이 노동자보다 더 근본적으로 억압된 존재라는 걸 못 봤죠. 파이어스톤은 자기는 그걸 봤다는 거예요. 하지만 그들의 의견을 체현했다는 거죠. 마르크스와 엥겔스 이전의 초기 사회주의자들은 사회적 불의를 과학적으로 분석하지 않았기 때문에 유토피아에 머물렀지만, 마르크스와 엥겔스는 역사에 대한 과학적 접근을 시도했다는 것이고, 그럼에도 마르크스와 엥겔스의 공산주의가 그리는 이상향에도 한계는 있다고 해요. 마르크스가 계급이 없어지면 모든 착취가 사라질 거라고 하잖아요. 그런 사회에서는 개인이 아침에는 사냥을 하고, 오후에는 낚시를 하고, 하고 싶은 걸 다 할 수 있을 거라고 하죠. 그런데 파이어스톤에 따르면 그런 유토피아가 와도 착취는 사라지지 않는다는 거예요. 여성 착취는 있을 테니까. 그러니까 진정한 근본적인 혁명은 성적 계급, 여성들이 일으켜야 된다는 거죠.

[**]　같은 책, 14~15쪽.

마르크스주의자, 파이어스톤

가부장제가 문제가 있다는 건, 그 제도가 남성이 자신의 재산권, 명예에 대한 권리, 혹은 성에 대한 권리들을 자기 아들, 생물학적 자식에게 물려주는 제도이고 그 안에서 여성들이 남성보다 훨씬 종속적 지위에 있을 수밖에 없는 시스템이라는 걸 지적한다는 뜻이죠. 그것들이 문화상징적이기도 하고요. 이런 건 제2물결 페미니스트들 대부분이 지적하고 분석한 바예요. 앞서 우리가 살펴본 베티 프리단도 그런 이야기를 하죠. 그런데 슐라미스 파이어스톤은 가부장제를 마르크스주의의 사적 유물론과 결합해서 바라보고, 근본 모순을 성적 모순으로, 근본적 피억압자가 여성이라고 본다는 점에서 차이가 있어요.

여성의 종속화가 인류의 근본 모순이라는 것이고, 이 분석을 하는 데 마르크스주의의 방법론을 가져온 거예요. 마르크스주의의 방법론이 생산양식에 대한 거잖아요. 그때 이 생산이라는 걸 하려면 노동자들이 임금을 받고, 계속 노동력을 유지해야 하죠. 그리고 이 노동력을 유지하는 데 가사노동과 같은 재생산 노동이 그 임금노동자의 노동에 아주 중요한 역할을 한다는 거고요. 그렇다면 노동자 계급을 유지하고 노동자 계급을 계속 창출하는 재생산이라는 게 핵심적이라는 거죠. 그리고 파이어스톤은 여기서 끝내는 게 아니라, 마르크스주의적 관점에서 여성을 가장 근본적인 피억압자로 이해를 해요. 특히 노동자들은 그들의 노동을 인정받았지만, 여자들의 재생산 노동은 노동으로조차도 인정

여성은 다르다: 복수의 여성들

을 못 받았잖아요.

노동자가 생산 활동을 하는 데 여성이 해왔던 일들이 재생산 활동으로서 가치가 있다는 분석은 고전적 의미의 마르크스주의적 페미니즘이 했던 일이에요. 그런데 파이어스톤은 그런 식으로 이야기하기보다는, 마르크스주의적 분석체계를 갖고 들어와서 근본적인 불평등 관계, 즉 여성과 남성의 관계를 분석하고 왜 그런 일이 벌어질 수밖에 없었는지를 파악하며 여성의 생물학적 특징에 주목해요.

그렇다고 생물학적 특징으로만 이야기한 것도 아니에요. 파이어스톤이 단일한 성 계급으로 여성을 호명할 때, 여성이 어떤 능력을 갖고 있다거나 여성다움의 특징이 어떤 것이라는 식으로 자세히 묘사하지도 않아요. 단 한 가지예요. 노동자가 노동자 계급으로 호명되는 건 임금노동자라는 거잖아요. 노동자가 자신의 노동 시간을 판매해서 임금을 받는 자라는 그 정의 하나로 노동자 계급으로 호명되는 것처럼, 여성도 오직 재생산 활동을 할 수 있는 그 가능성, 즉 아이를 낳을 수 있는 생식 능력이 있다는 단순한 정의로 성 계급이 되는 거죠.

그러면 어떻게 그렇게 단순한 정의로 여성을 하나로 묶을 수 있냐는 반론이 나올 수 있죠. 여자를 아이를 낳을 수 있는 가능성, 생식 능력이 있다는 것으로만 묶으면, 여기서는 인종도 사라지고, 소위 말하는 신분질서도 다 사라지고 아이를 낳을 수 있다는 생물학적 가능성만 남는 거예요. 그런데 아이를 낳을 수 있지만 아이를 안 낳는 여성도 있고, 질병 때문에 자궁이며 난소를 다

들어냈다면 어떻게 볼 거냐는 거죠. 이런 논쟁이 많을 수 있어요.

하지만 파이어스톤이 강조하려고 했던 건 여성의 재생산 능력 자체가 불평등의 조건이고, 그렇기 때문에 여성을 불평등한 집단으로 묶을 수 있다는 거예요. 그리고 여성 계급의 조건을 예를 들어 눈으로 확인할 수 있는 유방의 유무로 말하지 않고 재생산 능력이라고 했던 건 마르크스주의적인 분석틀을 따랐기 때문이고요. 또, 사적 유물론을 따른다고 하더라도 나라에 따라서 특수한 요건들이 있고 특수성이 있을 수 있잖아요. 하지만 파이어스톤은 이런 특성을 거의 사상하고 보편성으로 접근합니다. 가부장제를 비판한다고 하면서 '여자가 억압을 당했으니까 하나의 여성으로 모여라!' 이렇게 좀 단순하게 접근을 하는 경우가 흔하잖아요. 그런데 파이어스톤이 보편성으로 접근을 한 건 맥락이 달라요. 그리고 역사 전반에 걸쳐서 어느 세계에서든지 존재하는 문제로서 여성 억압을 분석하려는 것이었습니다. 그러한 이유로 마르크스의 관점이 용이했다는 거예요. 특히 여성을 성 계급으로 호명할 수 있다는 점에서 유의미했다는 거고요. 또한 파이어스톤의 이런 보편성을 통한 접근은 여성이 이 세계의 가장 심한 불평등을 겪고 있다는 점을 강조하려는 의도로 봐야 합니다.

가족과 사유재산의 문제: 남성 계급과 여성 계급의
차이, 그리고 여성해방을 위하여

엥겔스의 《가족, 사유재산, 국가의 기원》이라는 책은 사유재산의 기원 안에 가족이 있다는 점을 밝혀요. 이게 맞는 말인 게, 아리스토텔레스의 《형이상학》을 보면 사회적인 삶의 영역과 사회적이지 않은 삶의 영역을 나누는데, 후자의 영역을 경제적 영역, 가사의 영역이라고 해요. 그걸 오이코스oikos라고 부르는데, 그게 이코노미economy의 어원이거든요. 그런데 그 이코노미 영역에 여성, 자식, 노예, 가축이 들어가요. 이 영역에 속하지 않은 사람들이 시민이었단 말이에요. 그러니까 시민이 소유하고 있는 재산에 누가 들어가는지를 알려면 이 이코노미 영역을 보면 되는데, 여기에 여성이 들어가고 가족이 들어가요. 예전에 대갓집을 보면 그 집의 대표체들은 집안의 어른들이고, 나머지는 가솔이라고 불렀잖아요. 그러니까 사유재산이라는 자본주의의 기원 아래 가족이라는 게 있었다는 걸 엥겔스가 짚은 거죠. 여자는 애를 돌보고 남자는 밖에 나가서 일하는 남녀 간 성별 분업도 가족관계 안에서 발생할 수밖에 없고, 가족관계 내에서 남편은 소유자이자 자본가인 거고 아내는 아이를 낳는 생산수단이 되는 거죠.

영화 〈매드맥스: 분노의 도로〉(2015)에서 이게 아주 잘 드러나죠. 이 영화를 보면 억압자인 어떤 지배자가 여러 여자를 소유하고 있어요. 자기 애를 낳게 하려고요. 그 여자들에게 정조대를 채워서 가둬놓고요. 남자가 여러 여자를 소유하고 그 여자들의 정조권과 자궁을 통제하는 건데, 사실 전 세계가 그렇지 않나요? 여태까지 그래왔잖아요. 여자가 정조를 못 지키면 어떻게 해야 돼요. 우리나라에서는 알아서 죽으라고 은장도도 줬죠. 은장도가 일본이 만들어낸 신화네 하는 이야기도 있지만 어쨌든 정조라는 건 여자들에게는 되게 중요하지만 남자들에게는 중요하지 않았잖아요. 수컷의 본능이네 해가면서.

엥겔스는 이런 부권 사회, 가부장제가 시작되자 가족 내에서 분업이 시작되고, 일부일처제가 진행된다고 분석해요. 일부일처제일 경우에는 아이의 아버지가 누구인지 정확하잖아요. 아이가 바로 그 아버지의 자식이라는 거죠. 이 점에서 부권제가 경제 체계보다 선행된 권력체계라 할 수도 있어요. 그리고 이 부권제 성립과 정주민 세계의 형성이 일치한다는 거예요. 모권제 사회에서는 유목민 생활을 하기 때문에 땅이 없고 사유재산이 없었다는 거죠. 그런데 부권제의 시대, 즉 아버지가 자기 자식의 권리를 소유하는 자, 성씨 소유자가 되기 시작하면 그때부터 남자들이 밖에 나가서 일을 한다는 거죠. 채집이라는 걸 하지 않고 밭을 갈고, 여자들은 집에 들어앉고. 이런 식으로 최초의 원시축적이 시작된다고 엥겔스가 분석을 해요.

파이어스톤은 마르크스주의자로서 이런 엥겔스의 분석을 가져와서 사유재산 성립의 더 깊은 기원이 재생산을 통제하는 데 있다는 점에 착목을 하는 거죠. 그런데 여성은 불행히도 생물학적 특징 때문에 재생산을 통제당할 수밖에 없는 위치에 있다는 거예요. 애를 낳아주고, 애를 키워주고, 집 안에 들어앉는 일. 그러니까 베티 프리단은 《여성성의 신화》에서 여성들이 밖에 나가서 일을 해야 한다고 했지만, 그게 꼭 좋은 것만은 아닌 거죠. 예를 들면 나가서 일을 해도 애를 돌보는 건 결국 누구 몫이 돼요? 여자 몫이 되잖아요. 여자가 돈을 아주 많이 벌거나 그 남편이 돈을 아주 많이 벌면 집안일 대신 해주고 애를 돌봐줄 수 있는 사람을 붙일 수 있지만, 여자가 밖에서 벌어오는 게 그 돈이 그 돈이면 들어앉으라고 하잖아요. 그래도 여자가 일을 해야겠다고 하면 어떻게 돼요? 아니면 남편 혼자 버는 걸로는 안 돼서 맞벌이를 하는 경우도 있죠. 이럴 때 집안일을 누가 하죠? 남편이 해요, 부인이 해요? 부인이잖아요. 다른 가사일은 남편이 나누더라도 애 보는 건 부인이 하게 되죠. 애는 여자가 봐야 된다는 식으로요.

그러니까 '여자들이 밖에 나가서 일을 할 수 있는 자유로운 여성성이 있을 거야' 하는 베티 프리단 같은 사람들의 이야기에 파이어스톤은 헛소리하지 말라고 하는 거죠. '네가 배불러서 그렇구나. 가난한 여성들은 이중노동을 하게 돼. 밖에서도 일을 하고 집에서도 일을 해. 쉴 데가 없어. 이게 좋은 거야? 왜 이런 일이 벌어지는 것 같아? 구조가 이 모양 이 꼴이니까 혁명을 일으키지 않는 한, 여자들이 다양한 역할이나 직업을 갖더라도 해결은 안 돼.' 예를 들면 아무리 잘난 여자라도 옛날에는 결혼을 했어요. 그러면 제사를 드려야 되죠. 좋은 데로 시집가면 갈수록. 종부 노릇 해야 되잖아요. '똑똑한 사람이 종부 노릇까지 한다'면서 칭찬받잖아요. 아니면 슈퍼우먼이라고 칭찬받죠. '애도 낳았는데 뭐도 했다'면서요. 남자들도 그렇게 평가받나요? '애도 있는데 뭐도 했다'라는 식으로 평가받지 않잖아요. 그런데 여자들은 '훌륭한 여자들은 애도 낳는데 어떤 일을 했다' 이렇게 되잖아요. 이중적이라는 거예요. 베티 프리단이 그 구조를 본 건 좋지만, 파이어스톤이 보기에는 구조가 없어지지 않는 한 베티 프리단식의 해결책은 진정한 해결책이 될 수는 없다는 거죠.

따라서, 파이어스톤의 관심은 여성이 어떻게 불평등한 구조에 묶이게 되었는가를 분석하는 데 있어요. 특히 가족이라는 억압의 현장을 분석하는 거예요. 파이어스톤은 마르크스주의자로서 재생산을 강조하고, 재생산을 이끄는 중요한 단위가 가족이라고 보았기 때문에, 가족 안에서 근본적인 착취가 일어난다고 설명합니다. 가족을 착취의 자리로 분석하는 데에는 많은 여성들이 직관적으로 동의하게 되죠. 특히 한국 사회에서는 가족제도 안에서 권력의 차이가 선명하잖아요. 가족 구성원이 평등하지 않죠. 아버지가 숟가락 들기 전에 숟가락 들면 안 되잖아요. 명절 같은 때 여럿이 식사하면 나이 든 사람들, 그다음에 남자 어른들이 숟가락 들어야 된다고 하잖아요.

그러니까 제사 같은 거에 여자들이 질색팔색하는 건 명절이니 제사니 하는 문화 안에서 여자가 '아, 내가 아무리 잘나도 이 집에서는 내 지위가 제일 바닥이구나'라는 걸 확인하기 때문인 거죠. 그게 되게 기분 나쁜 거예요. 자꾸 확인을 시켜주는 거잖아요. '너는 어쨌든 이 가부장제도 안에서는 항상 낮은 지위에 있어. 밥도 따로 먹어야 돼.' 가족이라는 현장에서 이런 일이 일어난다는 통찰을 파이어스톤이 제공하는 거예요. 이 통찰이 여러 상황

여성은 다르다: 복수의 여성들

에 대한 분석틀로는 다 적합하지 않다고 생각할 수 있을지라도, 심정적으로 동의되는 부분은 많을 것 같아요.

파이어스톤의 성 계급은 이후에 비판도 많이 받죠. 성 계급을 생물학적으로만 묶을 수 있느냐는 식의 비판들도 있고요. 그럼에도 불구하고 우리가 생각해볼 수밖에 없는 것들이 있는 거죠. 지금도 가족을 아주 중요한 단위로 삼고, 한국 사회도 가족 중심 사회잖아요. 그렇기 때문에 더 문제인 것 같아요. 이 세계는 우리에게 투쟁의 공간이고, 우리가 위안을 얻을 곳은 가족밖에 없다고들 하잖아요. 그런데 가족이 위안의 공간이라는 발화를 누가 하는 거죠? 가족은 위안의 공간이고, 가족은 나를 돌봐준다는 이야기를 여자가 할까요, 남자가 할까요.

남자들이 부인한테 '너는 하는 일이 뭐니? 집 꼬라지 봐라' 이런 식으로 말하죠. 그리고 자기가 바쁘다고 생각하니까 집에서 부인이 뭘 하고 있는지 보지도 않고 자기 필요한 물건이 있으면 갑자기 찾아내라고 하잖아요. 그렇지 않나요? 본인이 가장 중요한 사람이라고 생각하니까 그런 거죠. 우리에게 평화를 주고 위안을 준다는 그 가족이라는 게 사실 가장 근본적인 착취가 벌어지고 있는 곳이라는 인식들을 파이어스톤을 통해서 얻을 수 있어요. 그리고 한국의 유교문화가 겹쳐졌을 때 이 이야기는 아주 직관적으로, 감각적으로 호소력이 있는 것 같아요.

또 한국 사회는 가족을 사회화시키죠. 가족문화라는 게 있잖아요. 조금만 친밀해지면 '형', '누나', '이모' 하고 부르고, '이 사람은 우리 조직에서 아빠 같은 역할, 엄마 같은 역할' 이런 식으로 말하죠. 식당 갔을 때도 밥 주는 분한테 '이모님' 하고 부르잖아요. 가족관계를 이렇게 사회적으로 확장시키면서 발생하는 문제들도 있고요. 나이 서열도 그런 거죠. 성추행하고 나서 '딸 같아서 만졌다'라고 하는 것도 생각해보세요. 그럼 딸은 지 멋대로 만질 수 있다는 건데, 그 자체가 딸의 몸이 가부장의 것이라는 생각인 거잖아요.

　　이런 이야기를 드리는 건, 파이어스톤의 이야기가 충분히 호소력이 있고, 특히 이 사람이 가족 문제를 잘 잡아냈다는 걸 말씀드리고 싶어서예요. 파이어스톤은 엥겔스의 《가족, 사유재산, 국가의 기원》이 재생산의 문제를 포착했지만, 여성 억압의 문제를 불충분하게 다루었다고 봐요. 남성 계급과 여성 계급 사이에 존재하는 지배와 착취가 더 근본적이고 본질적인 역사이기 때문에. 노동계급에 대한 착취보다 오래되고 고질적인 것은 여성에 대한 착취와 억압이라는 거죠. 그렇다면 남성 계급과 여성 계급 사이에 차별이 발생하는 원인이 뭐냐는 거예요. 그리고 이때 파이어스톤은 남성과 여성을 '남성 계급'과 '여성 계급'이라고 호명하죠. 남성 개인과 여성 개인의 문제가 아니라, 남성 계급과 여성 계급의 생물학적 차이가 있다는 거고 그 차이가 바로 임신과 출산이라는 겁니다. 아이를 낳고 키운다는 생물학적 차이. 특히 아이를 임신하기 위한 기관 발달이 무력을 약화하고 임신과 육아의 긴 시간 동안 그것이 더더욱 약해질 수밖에 없다고 해요. 아이를 낳기 위한 신체를 생각할 경우에 여성의 신체는 단련될 수가 없죠. 임신과 육아의 긴 시간 동안 더더욱 계속 무기력하게 붙들려

　　　　　　　여성은 다르다: 복수의 여성들

있을 수밖에 없고요.

사회문화적으로도 남자아이들은 많이 먹으라고 하지만 여자아이들은 적게 먹기를 바라잖아요. 살찐다고 하면서. 그리고 여성들이 운동을 할 때, 체중을 줄이고 몸매를 가꾸기 위한 운동을 하는 경우는 많지만, 튼튼한 몸을 키우는 걸 원하는 경우는 드물잖아요. 남성도 물론 다이어트를 하지만, 남자들이 살이 찌거나 몸이 크다고 해서 사회에서 그걸 추하게 보지는 않죠. 그 사람이 가진 특수한 지위나 직업에 관련되지 않는 한. 남자들한테 '풍채가 좋다'고 하면 욕이 아니지만 여자들한테 그 말을 하면 욕이잖아요. 여자들은 '풍채가 좋다' '얼굴 좋아 보인다' 이런 말을 들으면 '나 살쪘나?' 하고 받아들이죠. 파이어스톤이 보기에 이런 게 여자들한테 굉장히 억압적이라는 거죠.

그리고 남성 계급과 여성 계급을 가르는 이 생물학적 차이, 즉 남성과 여성의 자연적 생식 차이가 모든 계급 제도의 전형이고 최초의 분업의 형태라는 건데, 이런 인식 속에서 이 사람이 어떻게 혁명을 일으키려고 하는지, 어떤 식의 혁명을 원하는지를 우리가 그려볼 수 있죠. 예를 들면 노동자들이 공장점거 투쟁을 하잖아요. 생산수단이 자본가의 소유라고 하더라도 노동자가 이 기계를 돌리지 않으면 자본가한테 아무 소용이 없잖아요. 상품을 못 찍어내면 무용지물이죠. 그렇기 때문에 노동자들이 일을 하지 않고 그걸 점거해서 투쟁한단 말이에요. 노동자들이 어디서 파업해요? 공장에서 파업하잖아요.

그러면 여성들도 성 계급으로서 남성 계급으로부터 벗어

나려면 뭘 해방해야 돼요? 뭘 점거해야 될까요? 출산이죠. 출산은 여성의 것이라는 거예요. 지금 여성들이 애 안 낳겠다고 하니까 다 벌벌 떨잖아요. 지금도 한국 사회에서는 낙태, 즉 임신중지가 이슈가 되잖아요. 여성들이 계속 낙태의 권리를 달라고 해왔고, 여기에 대해서 종교적으로나 뭐나 안 된다고 해왔죠. 아일랜드에서 2018년에 낙태죄가 폐지됐는데, 이 가톨릭 국가에서 동성애자의 시민결합권이 낙태죄 폐지보다 더 먼저 인정됐어요. 그 정도로 낙태에 대한 사회적 억압이 큰 거죠.

낙태는 왜 사회적인 문제가 되는 걸까요. 여성들이 낙태할 권리를 갖게 된다는 건 재생산의 권리가 여성의 권리로 넘어온다는 거고, 그러면 가부장제가 흔들리는 거죠. 그러니까 페미니스트라면 낙태에 대해서는 다 이야기를 할 수밖에 없어요. 낙태 합법화를 말하면 '그렇게 인간을 죽이고 싶어? 너는 생명의 소중함을 몰라?' 이런 식으로 나오잖아요. 그런데 페미니스트의 관점에서 이 문제는 인간의 생명을 존중하지 않겠다는 게 아니라, '지금이 사회에서 내 몸이 내 거냐'라고 묻는 거예요. 그래서 그 근거는 조금씩 다르더라도 페미니스트라면 누구나 낙태에 대해서 한마디씩 할 수밖에 없는 거죠.

파이어스톤 같은 경우에는 낙태할 권리는 당연하다는 입장이죠. 재생산의 권리를 쥐려면. 낙태할 권리가 없다는 건 여성이 노예 상태에 놓여 있다는 걸 방증한다는 거니까요. 그런데 파이어스톤은 낙태할 권리는 너무 당연하다는 데서 끝나지 않아요. 이 사람은 가족제도를 아예 없애버리자고 나와요. 가족제도가 만

　　　　　　　여성은 다르다: 복수의 여성들

병의 근원이라는 거죠. 가족 안에 여자를 묶어놨으니, 가족을 없애자는 거예요. 그리고 여성의 해방을 위해서는 생식수단을 여성이 완전히 점유해야 한다는 결론으로 나아가는 거고요.

파이어스톤이 본 프로이트의 업적과 한계

결국 파이어스톤은 "양성 모두를 위한 단성에 의한 종족생식은 인공생식으로 대치될 것이다"*라는 주장까지 나아가요. 생식을 자연생식이 아니라 인공생식으로 바꾸자는 겁니다. 이러한 주장은 프로이트의 성과를 받아 안는 동시에, 한계를 분석한 바에 따른 것이고요.

프로이트는 교미와 성적 쾌락을 위한 섹스를 구별해요. 전통적인 의미에서의 섹스는 사실 교미잖아요. 교미가 생식이죠. 애를 낳는 행위잖아요. 쾌락은 별로 안 중요해요. 그러니까 전통적인 의미에서 애를 낳기 위한 행위에서 쾌락은 중요하지 않아요. '오늘이 며칠이죠? 나는 배란기네요. 당신 정자는 깨끗한가요?' 해서 생식을 위한 행위를 하면 되고, 소위 로맨틱한 그림은 없어도 되는 거잖아요. 그런데 여러분은 그런 걸 원하세요? 사람들이 '결혼하면 교미합시다' '나와 교미할 파트너를 구합니다' 이런 걸 원하지 않잖아요. 이성애 섹스를 할 때 콘돔을 사용한다는 건, 교

---

*   같은 책, 25쪽.

미하지 않는 섹스를 하겠다는 뜻이죠. 전통적 기독교에서 콘돔 사용이나 질외사정에 반대하는 건 교미가 안 되기 때문이에요.

그런데 프로이트는 인간의 섹슈얼리티가 어린 시절부터 있다고 해요. 섹슈얼리티라는 게 단순히 교미, 성행위만이 아니고 인간 생명활동의 아주 넓은 부분을 차지하고 있다는 걸 밝히죠. 자연적 생식만으로 아이를 얻을 필요가 없다는 이야기, 체외수정 같은 이야기가 이미 이런 데 나와 있는 거죠. 또한 파이어스톤은 프로이트의 이론이 가족이라는 구조, 오이디푸스 콤플렉스라는 구조가 어떤 식으로 남자가 여자를 착취하는지 보여줬다는 점을 부각해요. 어쨌든 프로이트가 가족을 통해 계급구조가 재생산되고 있다는 걸 포착해내서 좋은 분석틀을 제공한다는 거죠.

"프로이트의 업적은 섹슈얼리티의 재발견이었다. 프로이트는 섹슈얼리티를 근본적인 생명력으로 보았다."*프로이트가 마침내 성sex, 즉 섹슈얼리티가 인간 삶의 핵심적 문제라는 걸 파악했다는 거예요. 프로이트는 처음에 비판을 많이 받았죠. 인간을 이성적이라고 볼 수도 있고 여러 측면에서 볼 수도 있는데, 인간을 성애적인 존재로만 본다는 거죠. 여기서 성애, 섹슈얼리티는 리비도libido라 칭해지는데 리비도는 생명력이라 할 수 있어요. 프로이트의 관심사는 생명의 발달에 따른 생명력의 집중과 집중하는 지점의 변화를 설명하고 리비도의 분화로 인간을 이해하는 거죠. 그래서 이 분화사를 생명 발달에 따라 구강기, 항문기, 성기

---

* 　　　같은 책, 72쪽.

여성은 다르다: 복수의 여성들

같은 단계로 설명합니다.

그런데 프로이트가 인간을 그렇게 본다는 건, 인간을 이성적 존재가 아닌 신체적 존재, 생물학적 존재로 봤다는 걸 뜻하는 거예요. 리비도의 핵심은 인간이라는 개체가 어떤 식으로 발달해서 자라나는가에도 있지만, 리비도를 다루면서 오이디푸스 콤플렉스를 이야기했다는 건 인간을 개체적 존재만이 아니라 종을 이어가는 존재로 본다는 거죠. 동물들도 그렇잖아요. 한 개체가 성체가 된다는 건 뭘 의미해요? 개가 다 컸다고 하는 건 언제죠? 발정기가 시작됐을 때잖아요. 섹스가 가능할 때 성체가 되는 거예요. 우리 인간도 이렇게 따지면 열넷, 열다섯 살에 이미 성체인 거죠. 섹스만을 두고 보면요. 보통 성체라고 하는 건 교미를 할 수 있는 시기라는 거죠. 그런데 사마귀 같은 경우는 교미가 끝나면 암컷이 수컷을 먹어버리고, 어떤 경우는 교미가 끝나면 죽어버리기도 하죠. 그다음 생명체가 나오면 먹히기도 하고요. 암사마귀가 숫사마귀를 먹는 건 암컷이 못돼서가 아니라 그러지 않으면 그다음 생을 이어가지 못하기 때문이죠. 이런 것처럼, 인간을 생물학적인 존재로 본다는 건 개체의 성장 자체도 신체적 발달 단계로 이해하는 동시에, 그 개체의 성장이 전체 종을 이어가는 것과 관련이 있다고 본다는 거예요.

파이어스톤은 이런 점에서 프로이트가 의미가 있고 페미니즘에 굉장히 중요한 업적이 있다고 해요. 베티 프리단도 '성해방의 단초가 프로이트 안에 있지만 프로이트 정말 이상해졌네?' 이러잖아요. 파이어스톤도 마찬가지죠. "프로이트주의는 무척이

나 비난할만하지만, 프로이트가 현대 삶의 핵심적 문제인 섹슈얼리티를 파악했기 때문에 부정하는 것은 불가능하다."* 그러나 프로이트가 아들, 아버지, 어머니로 구성된 가족 삼각형을 문명화의 본질로 본 것을 비판해요. 왜냐하면 가부장적 가족 및 사회 안에서 작동하며 행사되는 '권력'의 문제를 프로이트는 보지 못했기 때문에. 가족이 큰 권력체, 즉 실제로 권력이 돌아가는 어떤 것이라는 점을 보지 못했다는 거죠. 그리고 프로이트가 오이디푸스 콤플렉스를 극복하지 못한 인간들이 동성애를 한다는 식으로 동성애를 억압하는 것도 문제라는 거예요. 프로이트는 족외혼의 이성애만을 정상으로 수용하고 강제를 했다는 거죠.

파이어스톤은 프로이트 이론 그 자체를 반대하기보다는 중요한 전제를 공유하면서 가족을 분석하기 시작합니다. 《성의 변증법》 3장의 제목이 '프로이트주의: 오도된 페미니즘'인데, 그러니까 프로이트주의가 페미니즘에 어느 정도 역할을 했지만, 페미니즘의 중요한 논지까지는 못 갔기 때문에 오류를 만들어낸 페미니즘 같은 일을 하고 있다는 거예요. 그래서 이 장에 '프로이트주의와 페미니즘의 공통된 뿌리'라는 절이 나와요. 첫 번째, 프로이트주의와 페미니즘은 같은 토양에서 자랐고 두 번째, 프로이트주의와 페미니즘은 같은 재료로 만들어졌다는 겁니다. 그 이유는 프로이트주의와 페미니즘 모두 섹슈얼리티를 재발견했기 때문이라는 거예요.

---

*   같은 책, 70쪽.

파이어스톤은 프로이트가 인간을 이해하는 데 섹슈얼리티를 가장 중요한 자원으로 보는 점에는 매우 동의한다고 하고, 오이디푸스 콤플렉스, 페니스 선망은 성기가 없다고 질투를 하는 문제가 아니라 실은 권력에 대한 질투, 가부장제 권력과 승계에 대한 묘사라는 점에서 상당히 들을 만한 이야기라고 봐요. 왜냐하면 파이어스톤은 어떻게 여성이 매우 불평등한 구조 안에서 착취당하고 억압당하는 계급이 되었는지에 대한 이야기들을 해줘야 하잖아요.

주된 생산양식이 무엇이냐에 따라 지배계급에게 유리한 방식의 국가 통치 양식이 나타난다는 게 마르크스주의적 해석인데, 파이어스톤에게는 프로이트의 관점이 여기서 유용한 거예요. 이 생산양식을 유지하는 재생산의 중요한 틀거리가 이런 거죠. 하나는 현존하고 있는 노동자들이 어떤 식으로 일상생활로 복귀할 수 있는지 가사노동이라는 측면에서 재생산 활동을 보는 거예요. 두 번째는 생산양식을 유지하는 재생산 활동에서 성sex이 근원적이라는 점이에요. 물질적인 어떤 것들을 만들어내는 기초 안에서 성의 문제가 근원적이라는 건데, 프로이트도 인간의 활동에서 근원적인 게 성sex과 섹슈얼리티 문제라고 했던 점에서 동의를 한다는 거죠.

파이어스톤이 프로이트에게 동의하는 지점이 또 있어요. 오이디푸스 콤플렉스가 페니스 선망이라는 내용 때문에 페미니스트들한테 욕을 먹잖아요. '내가 언제 페니스를 선망했냐. 그런 거 없어도 돼' 이렇게요. 그런데 파이어스톤은 오이디푸스 콤플렉스 안에서 가부장제 내에서의 권력 균형을 봐요. 엥겔스도 가부장제라는 게 그냥 가족제도의 문제가 아니라, 계급을 재생산하는 거라고 본 거잖아요. 그런데 그 가족 안에서도 계급이 있다는 거죠. 파이어스톤은 성 계급이라는 게 있고, 가족이라는 단위 안에서 계속 권력 재생산이 되는 방법의 모양을 가장 잘 설명해주는 게 오이디푸스 콤플렉스라고 보는 거예요. 우리가 프로이트 이론이 근대 핵가족을 아주 잘 설명해준다는 점을 생각해봐야 할 것 같아요. 가족 삼각형이라고 하는 그 모델이 근대적인 의미의 핵가족이에요. 프로이트 이전, 근대 이전, 프랑스대혁명 이전의 사회나 프랑스대혁명이 끝난 직후의 사회만 봐도 아이를 부모가 안 키워요. 사회계약론자들 글만 봐도 아이들은 유모가 키우죠. 제가 별로 좋아하지 않는 말이지만, 우리나라 말에도 '젖어미'라는 말이 왜 있겠어요. 그러니까 양반집에서는 부모가 아이들에게 교육이나 지식은 제공하지만 양육은 하지 않는 거죠.

옛날 사회를 생각해보면 아이는 대체로 유모가 키우고, 아이가 아버지를 보는 건 드물죠. 제가 사극 보는 걸 좋아하는데, 보고 있으면 왕한테 후궁이 너무 많으니까 아버지가 자식을 보는데, '네가 몇째였구나, 이제 보는구나' 거의 그런 수준이에요. 아버지의 역할은 그냥 '내가 이 아이의 아버지다' 이런 것뿐일 때도 있어요. 돈을 대준다든지. 누군가의 뿌리라는 역할뿐인 거죠. 지금은 부모가 아이를 같이 돌봐야 한다고 하지만, 근대 이전에는 아버지가 누구를 돌본다는 건 없었고, 어머니의 경우에도 실제 돌봄은 없었다는 거죠.

이런 건 상류층에 해당하는 이야기라고 하는데, 하류층이나 하류계급은 집단, 군집으로 자랐어요. '가족'이라는 개념은요, 상당히 근대적인 개념이라는 것을 강조하고 싶어요. 이게 무슨 이야기냐면 우리가 지금의 부권제 방식의 가족으로 산다는 게 너무 당연시되고 막 2,000년 전에도 이렇게 살았다고 생각을 하잖아요. 그렇지 않다는 걸 이해를 해볼 필요가 있는 거예요.

가족이라는 이름의 권력 구조와 아동 억압

가족을 갖고 성씨를 갖고 피를 나누고, 자식에게 내가 재산을 주는 건 예전에는 아주 드문 경우였던 거죠. 고결한 혈통, 아서 왕 정도는 되어야 일어나는 일인 거죠. 그런데 하층 계급의 대부분은 군집의 형태로 살았다는 게 더 정확한 것 같아요. 친척끼리도 결혼할 수 있는 거고 혈통 같은 것도 중요하지 않고 사생아라는 말이 언제나 들려오고. 뒤섞여 있는 거죠. 그러니까 애를 키우는 것도 '내 애를 내가 키운다' 이런 개념이 없었을 수 있다는 거예요.

특히 군집의 특징 중 하나가, 이 군집에 가부장제적인 특징이 있을 때 일부다처제적이라는 거잖아요. 지금은 핵가족의 형태를 우리가 가족이라고 말하고, 법적으로도 그렇죠. 그런데 예전에는 그렇지 않았거든요. 내 애를 내 애로만 키우는 게 아닌 거죠. 옆에 있는 사촌 애도 키우고, 누구 애도 키우고. 못사는 사람들 같은 경우에는 더더욱. 일종의 공동육아랄까요. 지금은 어린이집 보내는 시기, 아이들이 언제 무슨 예방주사를 맞아야 되는지 국가에서 다 정해주잖아요. 국가에서 아이들을 관리 감독을 하는 거죠. 특히 지금처럼 출산율이 낮아지면 더 그런 거고요. 그런데 19세기만 해도 영유아 사망률이 얼마나 높았다고요. 우리 부모님들 이야기만 들어봐도, 형제도 많고 그중에 어렸을 때 죽은 형제도 많잖아요.

파이어스톤은 가부장제를 유지하는 가장 중요한 기제로 가족을 분석하고 가부장 외의 구성원이 처한 불평등에 대해 설명합니다. 특히 어린이의 지위에도 관심을 갖는데요. 지금은 우리가 어린이 인권을 이야기하고 어린이가 어른과는 다르다고 생각을 하잖아요. 그런데 옛날에 어린이는 그냥 작은 어른이었어요. 지금 어린이들은 어린이들끼리 놀잖아요. 아이들끼리 모아놓고 아이들끼리 생활하고 비슷한 또래끼리 모아놓죠.

그런데 예전 한국 사회도 한번 생각해보세요. 할머니들 보면 본인 동생들보고 '내가 널 업어서 키웠어' 이런 말씀들 하시잖아요. 저는 그런 이야기 들으면 한 열다섯 살쯤에 동생을 키우셨나 생각했었거든요. 그런데 보면 여덟 살짜리 애한테 한 살짜리 업혀놓고 그랬던 거죠. 사진 보면 그래요. 예전에 남의 집 식모로 들어가는 경우도 그랬죠. 식모로 들어가서 잘사는 집에서 먹고 자면서 그 집 살림하는 거잖아요. 그 나이가 열세 살쯤일 때예요. 학교도 안 보내고 자기 앞가림은 자기가 하라고 했던 거죠. 예전에 서울로 농촌 여자아이들이 식모로 많이 갔잖아요. 1960년대,

1970년대 소설 보면 식모살이 하는 내용이 많이 나와요.

지금 보면 아동학대죠. 식모 나이가 중고등학생 나이고, 여덟 살에 애 보고 밥도 하고 그러잖아요. 어린이의 개념이 지금과 달랐던 거예요. 그런 점에서 지금 주로 생각하는 가족이라는 건 밖에서 노동하는 아버지, 집안일하는 어머니, 그리고 다음 세대로 자라나는 미성년으로 이루어진 핵가족의 형태라는 거고, 또 가족 안에서 역할들이 분명해요. 물론 문화나 종교적 이유로 흔히 생각하는 가족 내 역할과 규범과는 다른 방식으로 살아가는 형태도 분명히 존재합니다.

예를 들면 이스라엘에 가면 굉장히 전통적인 유대인들이 살잖아요. 그 사람들 보면 어린애들, 우리로 치면 초등학생 정도 된 아이들이 담배를 막 피워요. 종교법의 영향이 더 크니까 어린이들이 담배를 피우는 게 이상하지 않은 거죠. 신기하지 않나요? 저는 그거 보고 정말 놀랐어요. 통곡의 벽 앞에서 남녀노소 가리지 않고 담배를 막 피우는 거예요. 그 사람들은 본인들이 너무나 종교적으로 헌신하기 때문에 아예 일을 안 하죠. 아이를 굉장히 많이 낳고, 피임도 안 하고요. 그러니까 국가에서 우리를 먹여살리라고 떳떳하게 주장하는 거죠. 그런 사람들은 율법을 따르기 때문에, 그 안에서는 어린이의 개념이 세속 국가와 다른 거예요. 사실은 어린이가 없는 거죠.

이를 통해서 생각해볼 수 있는 건, 지금 우리의 가족제도가 실은 아주 근대적인 산물이라는 거예요. 굉장히 근대적인, 세속적인, 종교의 영향을 떠난 가족제도라는 거예요. 어린이를 대접하는 이유는 아직 미성년이고 시민으로 성숙하지 않았지만 그들의 인권을 보장해야 한다는 생각 때문인 거죠. 그런데 어른이라는 말, 어른이 됐다는 말이 지금의 근대적인 의미와는 다를 수 있다는 걸 우리가 이해를 해봐야 할 것 같아요.

　　파이어스톤이 전개하는 가족의 해체를 다루면서 제가 이런 이야기를 강하게 하고 있어요. '가족 해체? 사람이 애 낳고 살고, 가족이 서로 사랑하는 모습을 어떻게 해체할 수가 있느냐. 가족은 근본적인 거 아니야?'라고 했을 때, 당신이 생각하는 가족이 무엇이냐고 물어볼 필요가 있는 것 같아요. 우리가 보편적이라고 생각하는 가족의 모습이라는 게 근원적인 것인지 한번 물어봐야 될 것 같다는 거예요. 지금 가족의 모습은 어떤 시대에 만들어진 것이고, 이전에는 대부분 군집으로 살았다는 것도 이해해볼 필요가 있는 것 같아요.

　　19세기에 많은 지배 계급이 노동자 계급이 성적으로 문란하고 방종했다고 비난을 해요. 가족을 이루지 않는다는 걸 굉장히 비판한 거죠. 왜냐면 가족을 이루었을 때 통제하기가 쉽거든요. 가족이 왜 의미가 있을까요. 헤겔 같은 사람이 딱 이야기해버렸잖아요. 가족은 사회의 기본 단위라고요. 그건 이런 의미예요. 사회에서 교육할 걸 가족에서 미리 가족 안에서 교육할 수가 있잖아요. 예를 들어 저는 그런 교육 굉장히 싫어하는데, '밥상머리 교육'이라는 말 있잖아요. 밥상에서 밥만 먹으면 되지 뭘 교육까지 해야 하는지 모르겠어요. 어쨌든 이 '밥상머리 교육'이라는 말이 시민으로서의 교육을 아버지가 대신 시켜준다는 걸 의미하는 거죠. 그러니까 사회의 가치를 미리 가족이 선취해서 알려준다는 거잖아요. 야만으로 산다는 게 아니라. 그런데 그게 실은 일종의 비용 절감일 수도 있어요.

사실상 근대적 의미의 가족은 자본주의와 긴밀한 관계를 맺고 있고요. 부권제 역시도 부계 상속을 통해 유지된다는 점에서 사적 소유의 재산권과 떼려야 뗄 수 없어요. 확실히 노동자 계급의 재생산이라는 측면에서 보자면, 재생산을 담지하는 사회경제적 최소 단위를 가구와 일치하는 가족으로 설정할 수밖에 없겠네요.

그런 점에서 파이어스톤이 가족을 해체하자고 하는 건 근대적 의미의 가족, 즉 착취의 최소 단위일 수도 있겠죠. 저는 파이어스톤의 이야기 중에서 가족을 다루는 내용이 굉장히 시원해요. 사회는 이리 떼가 들끓는 서로 물어뜯는 경쟁적인 곳이지만 가족은 평안하고 사랑의 공동체인 것처럼 말하잖아요. 그런데 실제로 가족이 그런 곳인가요? 그리고 가족이 정말로 사랑의 공동체인가요? 아니, 가족이야말로 대단한 경제공동체 아닌가요. 오히려 파이어스톤은 가족이 사실은 경제공동체로서 자리하고 있다는 것, 그리고 이 경제공동체의 가장 큰 수장이 가부장이고 그 가부장의 권력 유지는 여성과 아이들을 통제하면서 이루어진다는 것을 폭로한 거죠. 이 논제가 실은 이 자본주의적인 질서와 여성 통제가 아주 긴밀한 관련을 맺고 있다는 점을 보여줬다고 생각해요.

파이어스톤이 성 계급을 초역사적인 걸로 만든 부분은 우리가 생각해볼 여지가 있고, 마르크스주의적 분석틀을 들여와서 세계 어느 나라에서나, 언제나 이건 변하지 않는다고 말한 건 다시 검토해볼 필요가 있어요. 하지만 가족을 단순히 혈연공동체만으로 이야기하기는 어렵다는 것, 가족이야말로 만들어진 것이고 인구통제, 혹은 미셸 푸코 같은 사람들이 생명정치라고 하는 차원에서 가족의 문제들을 보게 하는 것, 그다음에 페미니스트들이 재생산을 둘러싼 싸움에 뛰어들 수밖에 없다는 것을 파이어스톤의 분석에서 볼 수 있어요.

'혼자서 밥 먹으면 동물이랑 다를 게 없는 거고, 가족끼리 오순도순 모여서 뜨거운 찌개 호호 불어서 숟가락도 같이 휘저어 가면서 먹어야지 밥맛이 나는 거다' 이렇게 말할 수 있겠죠. 그런데 그거 무너진 지 오래고, 또 예전 아버지 같은 경우에는 그렇게 말한다고 쳐도 요새 젊은 남편, 젊은 남자들 중에는 오히려 집이 더 불편하다는 사람들도 있어요. 집에 가면 해달라는 것도 많잖아요. 요새는 사회적으로 압박을 좀 주잖아요. 쓰레기도 버려라, 뭐도 해라. 그러면 집도 편하지 않은 거죠. 아이 키우게 되면 원래 좋아하는 오락도 못하고요. 너무 싫은 거죠. 네이트 판 같은 게시판 보면 '부인이 내가 아끼는 피규어 다 갖다 버렸어요'(웃음) 이런 거 올리고요. 그런 걸로 싸우고 그러면 집이 좋은지 잘 모르겠다는 이야기들도 나오는 거죠.

이렇게 '행복한 나의 집'이라는 게 서서히, 아니면 완전히 확 무너질랑말랑한다는 거죠. 이럴 때 가족이라는 게 변화한다는 걸 이해해볼 필요가 있다는 중요한 생각을 파이어스톤이 던지는

여성은 다르다: 복수의 여성들

것 같아요. 그리고 당시에 파이어스톤이 '가족을 해체하자' '가족이라는 게 이렇게 쓸모없다'고 했을 때 사람들이 말도 안 되는 공상과학인 것처럼 생각했어요. 그런데 지금에 와서 보세요. 파이어스톤이 《성의 변증법》을 쓰고 나서 지금 60년쯤 지났잖아요. 이 세대 안에서 아주 큰 변화가 있었다는 것도 생각해보시면 좋겠어요.

그러니까 파이어스톤은 가부장제 가족을 가족 밖 사회에서 벌어지는 온갖 지배와 차별의 근원으로 보는 거죠. 가족이라는 이름의 권력구조를 분석하는 거예요. 예를 들어 마르크스주의 안에서는 노동자 계급과 부르주아 계급, 프롤레타리아와 부르주아가 서로 투쟁하는 공장이라는 공간이 지배와 차별을 보여주는 지점이었던 거죠. 그래서 그걸 점거해야 되는 거잖아요. 그런데 파이어스톤은 그보다 근원적인 건 가족이라고 봤으니까, 이 가족으로부터 투쟁의 장을 마련하자고 하죠.

우리가 근본 모순을 딱 설정했을 때, 어떤 걸 투쟁의 장으로 잡느냐를 생각해볼 필요가 있는 것 같아요. 그런 점에서 파이어스톤의 이야기가 아주 의미 있게 독해될 수 있는 건 지금 한국의 영영 페미니스트들의 이야기인 것 같아요. 2016년 강남역 여성혐오 살인 사건으로 각성한 페미니스트 세대를 흔히 1990년대의 영 페미니스트들과 구분하는 의미로 영영 페미니스트라 칭하기도 하잖아요. 이러한 영영 페미니스트들의 어떤 말들은 파이어스톤의 마르크스주의적 분석은 썩 받아들이는 것 같지는 않아요. 영영 페미니스트들의 대안은 마르크스주의적이지는 않거든요. 오히려 아주 자본주의적인 것 같아요. 자본주의적인 것에 대한 생각을 많이 안 했을 수도 있겠죠. 그런데 영영 페미니스트들의 다른 어떤 말들은 파이어스톤의 문제의식과 매우 닿아 있는 것 같아요. 파이어스톤이 잡아낸 가족에 대한 이야기들, 그러니까 가족이라는 제도가 굉장한 폭압이라는 점, 그다음에 여자라면 이런 문제를 모두 겪고 있지 않느냐는 문제의식요.

그럴 수밖에 없는 게 한국이 가족이라는 권력구조가 굉장히 크고 이로 인한 문제가 많으니까요. 특히나 제사 문화라는 게 가부장의 권력을 승인하는 걸 보여주는 질서잖아요. 그리고 결혼한 다음에 보수화되는 사람들이 많아요. 결혼하고 나면 어떤 역할을 가족 안에서 해야 되는지 모르니까 흔히 했던 역할을 재답습하는 거죠. 그것을 자꾸 훈련하는 일들을 하게 되면서 보수화에 일조하는 것 같다는 말이에요.

그런데 이런 게 또 유지가 되기 어려운 게, 여성들은 더 이상 그런 가족 안에 편입되고 싶지 않다고 하거든요. 이 가족을 투쟁의 중요한 지점으로 삼는 것 같아요. 그런데 파이어스톤도 똑같은 이야기를 해요. 그러니까 저는 오히려 이 영영 페미니스트들의 이야기를 우리가 들을 때, 파이어스톤의 저작을 다시 들여다보는 게 필요하고, 파이어스톤이 가족을 가장 중요한 투쟁의 장으로 삼을 수밖에 없었던 이유들을 이해했으면 좋겠어요. 한국에서 가족이라는 제도를 투쟁의 대상으로 삼을 수밖에 없는 이유와 파이어스톤의 이유는 다르겠지만요.

영영 페미니스트들이 이 가족제도가 근원적으로 문제가

여성은 다르다: 복수의 여성들

있다고 한다면 파이어스톤의 분석을 따라야 돼요. 물론 뭐든 그 대로 따른다면 문제가 있겠죠. 그런데도 제가 이 이야기를 강하게 드리는 이유는 파이어스톤이 '가족을 해체하자', '가족을 없애 자'라고 하면서 삼는 대안이 굉장히 급진적이기 때문이에요. 사회에서 파이어스톤의 주장을 도저히 받아들일 수가 없는 이유가, 사회를 유지하는 방식이 아니라 사회 해체적인 방식을 말하기 때문이거든요.

파이어스톤은 가족이 권력, 불평등의 문제가 벌어지는 중요한 장이라고 하는 건데, 그러면 여기서 가족을 좀 고쳐 쓰면 안 되냐고 할 수 있잖아요. 그런데 안 된다는 거예요. 왜? 피억압자들은 단결해서 억압 계급을 없애버려야죠. 그럼 여기서 피억압자는 누구일까요. 아버지 외에 다. 어머니와 자식들이 단결해서 억압자 아버지를 몰아내자는 거죠. 그런데 서양에는 친부 살해에 관한 이야기들이 있잖아요. 프로이트 같은 경우는 그게 바로 종교상 죄책감의 근원이라고 하는데, 살부에 대한 이야기를 파이어스톤이 본격적으로 끄집어낸 것 같아요. 여성이 '살부' 이야기를 한다는 게 어떤 의미일까요. 이건 제도에 대한 이야기겠죠.

파이어스톤은 여기서 더 나아가서 아동 억압을 이야기하고, 조금 더 근본적인 이야기, 아동의 섹슈얼리티까지 이야기를 해요. 이런 점에서 파이어스톤은 지금 들어도 받아들이기 어려운 면이 있죠. 지금의 세속적 의미의 도덕률로 봤을 때 '이런 이야기가 가능한가?' 오해할 수 있는 이야기들도 있습니다. 어쨌든 이 사람은 아동 억압이라는 측면도 이 책에서 아주 강하게 다뤄요.

아동 억압은 중세 말까지의 대가족 제도 안에서는 오히려 찾아보기 어렵다고 합니다.

중세까지 가족은 다양한 세대 구성은 물론이거니와 하인, 하녀 등 무수한 사용자들이 함께 동일 공간에서 생활하는 군집체였다는 거예요. 군집체라는 건, 한 가족만 사는 게 아니라는 점에서 중요해요. 앞서도 잠깐 말씀드렸지만 대갓집이라고 하면, 그 집 식솔이 있잖아요. 혈연가족만이 아니라 신분질서가 다른 사람과 엉켜 살기도 한다는 거죠.

"이러한 중세적 가족—상층계급에서는 가계의 명예, 하층계급에서는 공동체 속에 심어진 부부 단위 이상의 그 어떤 것도 아닌—이 점차 우리가 아는 성냥갑 같은 가족으로 발전한 것이었다."* 예전의 가족 형태가 핵가족이 아니었다는 걸 우리가 이해해야 해요. 그러니까 예전의 대가족이라는 건 사실 군집체라고 이해하는 편이 나아요. 대가족이라고 하면 핵가족을 늘린 형태라고 생각하잖아요. 조부모와 3대가 함께 사는 가족을 대가족이라고 이해하는 거요. 그런데 실제로 봉건 가족을 이렇게 이해하는 건 잘못된 파악인 것 같아요. 저도 오랫동안 대가족이라고 하면 3대가 모여 살고 핵가족의 형태들을 복합화한 형태라고 생각했던 적이 있는데, 그게 아니라 그걸 군집의 형태로 파악하는 게 더 정확한 것 같아요.

"아이는 가족생활에서 본질적인 것이 아니라, 단지 커다란

---

*   같은 책, 114쪽.

     여성은 다르다: 복수의 여성들

가부장제 가구의 한 구성원이었을 뿐이었다. 모든 가족에서 아이는 낯선 유모에 의해 키워졌고 그 후에는 …… 다른 가정에 보내졌다."*** 이 군집 생활에서 아이는 부모와 현재와 같은 유대관계는 없었던 거죠. 즉, 부모와 자식은 혈연이라는 의미는 있지만 친밀함intimacy의 관계는 아니라는 거죠. 저는 이런 점에서 모성애에 대해서도 생각해볼 필요가 있다고 봐요. 모성은 있을 수 있어요. 그런데 모성과 모성애는 또 구별되어야 하잖아요. 모성은 이런 거죠. 여자의 생식 능력으로 아이를 낳고, 아이를 낳으면 여러 몸의 현상이 벌어져요. 젖이 나올 수 있고 자기가 낳은 존재에 대한 애착이 형성되기도 하죠. 그런데 여기에 애착관계만 있는 건 아니잖아요. 복합적이죠. 그러니까 모성은 생리 능력에 수반되는 어떤 현상들이에요.

그런데 애愛의 문제, 애정을 갖는 문제, 친밀성의 문제는 다른 문제인 것 같아요. 부성과 부성애가 다른 것처럼 모성과 모성애도 다른 거죠. 특히 모성애라는 말 자체는, 또 한번 강조하지만 핵가족의 산물이에요. 왜냐하면, 아빠가 일하러 밖에 나가면 집에 양육을 할 사람이 누구밖에 없죠? 엄마밖에 없어요. 지금 우리가 '독박육아'라는 말을 하잖아요. 그게 뭘 의미하는 거냐면, 한국이 완전히 핵가족화된 사회라는 걸 말해요. 지금은 사람들이 결혼을 하면 부모랑 같이 살 생각을 해요, 안 해요? 아무도 안 하죠. 그리고 부모들도 싫어하잖아요. '나는 노년을 즐기고 싶다. 나

**   같은 책, 116쪽.

랑 같이 살자는 건 경제적으로 내 뽕을 뽑아먹겠다는 거고 나더러 너 대신 양육을 하라는 뜻이잖아' 이렇게 생각하죠. 30~40년 전만 해도 결혼하면 부모랑 같이 산다고 생각하는 사람들이 꽤 있었지만 지금은 그렇지 않잖아요. 한국 사회는 완전히 핵가족화가 된 거예요. 그러니까 양육이 가장 문제가 되고 양육을 전담할 역할을 여성에게 더 요구할 수밖에 없어요.

산업 발달 단계에서 대다수의 경제활동을 남성이 독점하게 되죠. 또 한편으로 핵가족화와 함께 교육률이 증가해요. 이는 가족 구성원 수의 축소와 맞물려 있기도 하고요. 핵가족화는 소위 경제 성장과 도시화와 맞물려 있기에, 경제 성장에서 소득 수준이 일정 정도 달성되고 의무교육의 확대를 거치면서 핵가족에서 태어난 여성들의 교육 기회가 확대되기도 합니다. 여성들도 당연히 공교육의 혜택을 받을 뿐 아니라 대학 진학률도 높아지는 거죠. 이는 1990년대와 2010년대 이후에 페미니즘 운동이 크게 발현한 효과를 일으키는 것도 같고요. 여성들의 사회 진출이 점점 당연시되면서도, 여전히 양육을 여성이 계속 담당해야 한다고 주장할 때마다 여성들이 가만히 있지 않고 글을 썼잖아요. 제2물결 페미니스트들이 미국에서 계속 나왔던 것도 미국에서 핵가족이 본격화되었기 때문인 것 같아요. 그 안의 여성들이 독박육아를 할 수밖에 없는 현실이 된 거죠. 그런데 이제 한국도 마찬가지인 거예요. 그러면 계속 여성이 양육을 담당하도록 유지시킬 수 있는 어떤 이념체계가 필요하겠죠. 그게 모성애잖아요. 그리고 모성애가 여성의 생식 능력으로 인해 당연히 발생하는 것이라

여성은 다르다: 복수의 여성들

고 자꾸 교육을 하는데, 생식 능력과 애정이 다르다는 것도 우리가 이해해볼 필요가 있어요.

중세시대만 보더라도, 파이어스톤이 지적한 것처럼 자기 자식을 직접 키우는 부모는 거의 찾아보기 어렵고, 아동은 유모나 다른 여자들의 손에 자랐어요. 아이들의 친밀함이 어머니에게만 향해 있는 건 아니죠. 그런 점에서 프루스트의《잃어버린 시간을 찾아서》는 상당히 어떤 의미에서 근대적 소설이죠. 엄마가 안아주기를 기다리잖아요. '엄마가 왜 딴 남자한테 갔지? 엄마가 나를 좀 안아줬으면 좋겠어' 이런 이야기가 나오거든요. 그러니까 모성애라는 게 근대의 산물이라는 거죠.

또 당시의 아동은 성인의 축소판, 덩치 작은 성인이었다는 거예요. 그래서 아이들도 어른들하고 똑같은 복식을 갖췄어요. 아동복이라는 게 없어요. 지금은 어린이와 어른 사이에 단절적인 지점이 명확하게 있죠. 성인과 비성인을 가르는 틀이 있어요. 그리고 성인과 섹스할 수 없는 비성인의 나이 기준이 법적으로 존재하고, 성년의 날이라는 것도 있고요. 그런데 파이어스톤은 예전에는 성인과 비성인 사이에 이런 불연속적인 분기점이 없었다는 걸 강조해요. 가장 큰 이유는 성인이 아닌 존재를 섹슈얼리티가 없는 존재로 여기는 구분을 파이어스톤이 의문시하기 때문이에요. 당연히 가부장적 근대 가족 체계 안에서 미성년은 섹슈얼리티와 무관한 순수한 존재로 묘사하지만, 어느 순간 불연속적으로 급격하게 섹슈얼리티를 갖는 존재처럼 설명될 수 있느냐는 거죠. 파이어스톤은 인간의 생애사를 구분 짓는 가부장제의 방식에 반대하면서 어찌 보면 논란적일 수도 있는 주장을 합니다. 바로 아동기를 없애자는 거예요.

아동기를 없애자

이 아동 억압에 대해서 다시 이야기를 해보죠. 특히 20세기 초반에 들어서면서 영유아 사망률이 낮아지고, 아이를 낳는 숫자가 적어져요. 그러면서 아이를 잘 키워야겠다는 생각이 들겠죠. 아동기라는 게 그냥 생겨난 게 아니라 영유아 사망률이 낮아지고, 그다음에 아이를 낳는 횟수가 적어지고, 그다음에 근대 인권의 발달과 함께 아동기라는 개념이 생겨나기 시작한 거죠.

그런데 이 아동기가 길어진다라는 건, 양육기가 길어진다는 거예요. 그런 증거 중 하나가 텔레비전 예능 프로그램 〈미운 우리 새끼〉(2016~) 같은 거죠. 그 프로그램이 시작되고 나서 제가 몇 편을 봤는데, 어떤 내용이냐면 결혼을 안 한 남자 연예인들을 찍고 그들의 어머니들이 스튜디오에 나와서 자식들 사는 장면들을 보면서 이야기를 하는 거예요. 그런데 그 결혼 안 한 남자 연예인이 만약에 나이가 50이면, '600개월 누구 아들 누구누굽니다' 이렇게 표시를 하는 거예요. 그러니까 결혼하지 않은 아들이 아직 아기라는 거죠. 전 그게 너무 충격적이었어요.

또 이런 말도 많이 하죠. '결혼만 하면 애들이 딱 잘살 줄 알았더니, A/S가 길대. 애도 키워줘야지 김장도 해줘야지.' 점점

여성은 다르다: 복수의 여성들

아동기가 길어지는 것 같죠. 그리고 경제적으로 젊은 세대가 돈이 없는 게 아동기를 길게 만드는 원인 중 하나인 것 같아요. 부유한 집에서는 자식이 아이를 낳을 때마다 몇 억을 준다고도 하고, 아니면 캥거루처럼 계속 부모가 자식을 끼고 살기도 하죠. 한국만 그런 게 아니라 부동산 가격이 너무 뛰면서 외국에서도 집으로 다시 들어와 사는 성인 자식들이 많다고도 하잖아요. 가족과 자본주의 사이에 큰 연관성이 있다는 예시 같기도 하죠.

아동기가 늘어난다는 건 부모의 역할과 개입의 시간도 그만큼 늘어난다는 거죠. 그리고 이게 뜻하는 건, 독립적인 성인이 키워질 수 없다는 것, 그리고 미성년자가 미성년의 기간이 길어지니까 그만큼 기존의 성인이 권력을 계속 갖고 있고 그들의 가치를 계속 주요한 가치로 이야기를 하게 된다는 거죠. 파이어스톤은 아동기가 길어지는 게 이 사회가 아주 착취적이라는 증거라고 생각하는 것 같아요.

> 여성들이 아이들과 가지는 특별한 유대는 누구나 인식한다. 그러나 내 의견으로는 이 유대의 본질이란 억압을 공유하는 것 이상이 아니다. 게다가 이 억압이 복잡하게 얽혀있고 또 서로 복잡한 방식으로 강화하므로 우리는 아동해방을 논의하지 않고는 여성해방에 관해 논의할 수 없고, 그 반대도 마찬가지라고 생각한다.[*]

---

[*]   같은 책, 109쪽.

여성 착취와 억압 위에 세워지는 가부장적 가족에 기초해서 이 사회가 유지, 존속되는 한 아동에 대한 각종 억압도 사라지지 않을 거라는 이야기죠. 아동기가 길어졌다는 건 아동을 잘 돌봐주는 것처럼 보일지 모르지만, 이건 아동을 착취하고 억압한다는 거예요. 그래서 아동기를 철폐하는 것도 가족을 해체하는 데 중요한 모티브가 될 수 있고, 아주 중요한 해결점이 될 수 있다고 보는 거죠. 그래서 파이어스톤이 아동기를 없애자는 이야기를 강하게 하는 거예요. 그리고 아동기를 없애자는 건, 아동에 대한 착취를 없앤다는 의미도 있지만 여성과 아이 사이의 유대도 끊을 수 있는 거죠. 왜냐하면 아동을 잘 돌봐야 한다고 하는데, 언제나 엄마가 돌보거든요. 특히나 핵가족 사회에서는 더 그렇죠. 아동기를 없애면 엄마의 돌봄으로 이어지지 않을 수 있잖아요. 아이들을 그냥 냅두자는 게 아니고, 아동기의 방식이 아닌 사회 집단적으로 아이를 키우자는 거죠.

이 아동기라는 말을 우리가 많이 생각해볼 필요가 있는 것 같아요. 인간의 발달에 보편적인 단계가 있다고 전제하잖아요. 그런데 이걸 길게 넘어가보면, 아동기가 끝나면 무언가 해야 된다는 게 있다는 거죠. 제가 봤을 때 생물학적 의미에서 아동기의 끝은 사춘기거든요. 아동기의 끝이라는 건 2차 성징이 나타나는 거잖아요. 흔히 여자아이들이 생리를 시작하고 남자아이들이 수염이 나기 시작하고 몽정을 하는 걸 아동기가 끝나는 시점으로 보잖아요. 그러니까 이건 재생산이 가능한 나이대라는 거죠.

아동기가 문화상징적 의미도 있지만, 재생산하고도 크게

여성은 다르다: 복수의 여성들

관련이 있다는 거예요. 그리고 사실상 아동기란 단계는 인류 발달사에서 출현한 지 얼마 안 되었고, 아동기와 더불어 사춘기가 생겨났다는 거죠. 아동기와 사춘기, 그러니까 인생의 단계들이 생겨나요. 지금 우리는 이런 단계들을 당연하게 생각하잖아요. 그런데 저는 그런 생각이 위험하다고 봐요. 질 들뢰즈 같은 사람은 선분성에 대해서 비판하죠. 선분성이 뭐냐면 사람의 삶에 시간대를 나누는 건데, 이때는 뭘 해야 되고, 이때는 뭘 해야 되고, 이때는 뭘 해야 된다는 거요. 청소년일 때는 대학에 가야 된다고 하고, 대학을 나오면 직업을 얻으라고 하고, 직업을 얻으면 결혼하라고 하죠. 결혼한 다음에는 애를 낳으라고 하잖아요. 애를 낳으면 좋은 학교 보내라고 하고, 좋은 학교 보내면 걔 직장 잡으라고 하고. 인간의 인생을 보편적인 어떤 틀거리에 맞춰서 계속 재생산해내잖아요.

그런데 파이어스톤은 그 재생산이 누구를 위한 거냐고 묻는 거예요. 인간을 자꾸 아동기, 사춘기, 이런 식으로 나누는 건 지배계급을 위한 것이라는 이야기죠. 그래서 아동기를 없애자는 파이어스톤의 말을 무책임한 발언이라고 생각할 필요는 없는 것 같아요. 제가 파이어스톤을 여러분과 함께 다루는 건, 파이어스톤의 저작을 이해해보려는 것도 있지만, 이걸 통해서 여러 다른 통찰도 우리가 가져볼 필요가 있다고 생각하기 때문이에요. 아동기 같은 경우도 '아동을 보호해야지' 이렇게 생각하기만 해서는 이 함의를 다 끌어내기 어려운 것 같아요. 아동기가 사실 억압일 수도 있다는 것도 우리가 생각해볼 필요가 있다는 거죠.

여성 억압의 핵심은 자녀 출산과 자녀 양육의 역할이다. 그리고 또한 아이들이 이 역할과의 관계에서 정의되고, 그 관계에 의해 심리학적으로 형성된다.[*]

아이가 세 살 될 때까지는 엄마가 봐줘야 된다는 말 들어보셨죠. 아이 정서 발달에 엄마가 큰 영향을 주니까 그래야 된다는 건데, 안 그러면 아이가 심리적으로 잘못된다는 거고, 그게 엄마 탓이라는 거죠. 아빠 탓은 안 해요. 아빠를 탓하는 건 '내가 뭐 사달라고 할 때 안 사줬어' 이런 거죠. 아빠한테는 경제적 문제를 탓하지만, 뭔가 내가 간절히 원했는데 그게 안 될 경우에는 엄마 탓이라는 거죠. 엄마가 동네 북이잖아요. 그렇지 않나요?

그리고 엄마들의 죄책감 중 하나가 이런 거잖아요. '내 자식인데 걔가 미웠다' '내가 못해줬다' '아이가 여럿인데 똑같이 예쁘지 않았다'. 이런 마음이 많은 엄마를 심리적으로 죄인을 만들죠. 누군가의 심리 형성에 도움을 준다는 건 거꾸로 여성에게 굉장히 부담을 준 거잖아요. 심리적으로 억압한다는 건, 이 사람이 다른 역량을 펼 수 있는 걸 저하시키는 거예요 에너지가 한정적이라고 했을 때, 자기 문제에만 골치 썩고 있다는 건 다른 가능성을 소진시키는 일이잖아요. 여성들의 정서적 소진에는 이런 맥락이 있는 것 같아요. 그리고 여성들이 특히 신을 부르짖는 이유 가운데 하나도 이런 데서 찾아볼 수 있는 것 같고요. 저는 여성을 죄

---

[*]   같은 책, 109쪽.

여성은 다르다: 복수의 여성들

책감 덩어리로 만드는 게 종교적 무리를 만드는 데 중요한 자원 같다는 생각도 해요.

그런 점에서 파이어스톤은 여성이 하나의 인간으로서 착취 구조에서 벗어나려면, 양육, 아이와의 정서적 친밀성으로부터 벗어나야 한다는 주장을 하는 것 같아요. 굉장히 중요한 이야기를 하고 있다고 생각해요. 그래서 파이어스톤은 아동기를 숭배하는 것도 경멸하죠. 저도 아동기 숭배에 대해 다시 생각해볼 여지가 있다고 보거든요. '내가 어렸을 때 우리 엄마, 아빠는 나를 항상 사랑해줬어' '우리 아이가 어렸을 때는 얘가 우리 집 왕이었지' 이러면서 아동기가 무슨 천상의 시절인 것처럼 말하잖아요.

그런데 제가 생각하기에 아동기만큼 만들어진 신화가 없다는 거예요. 이 아동기의 숭배 안에는 종교적 은유가 있죠. 에덴동산에서 살던 시절에 어린아이 같은 두 남녀가 부끄러움을 모르고 벌거벗고 다니죠. 신체적 특징이 별로 중요하지 않다는 거잖아요. 어린아이들이 그렇죠. 그리고 신이 하지 말라는 건 안 하고 먹지 말라는 건 안 먹었죠. 무지하고요. 노동할 필요도 없고 애를 낳을 필요도 없고, 굉장히 행복한, 정말 천상의 시절인 것처럼 묘사해요. 아동기도 그렇게 그리죠. 또 그만큼 어른이 되면 굉장히 많은 부담이 있다는 거고요. 그런데 아동이 된다는 게, 아무것도 모르고 누구한테 의탁하는 존재인 게 정말로 행복하냐는 거죠. 파이어스톤은 결국 아동기에 대한 숭배와 가부장제 핵가족의 발달이 연결되어 있다는 점을 말하는 겁니다. 이 아동기의 숭배를 지탱하는 것은 다름 아닌 여성들의 양육과 모성애라는 신화인 것이죠. 그리고 아동의 순수함과 모성애의 지극함은 결합되어 가부장제를 지탱합니다.

또한 파이어스톤은 아동기의 성에 대해 이야기하는 건 죄악시하면서, 갑자기 사춘기라는 시절에 비밀리에 성에 대해서 이야기하는 것도 비판적으로 지적해요. 특히 사춘기 시절의 성에 대한 담론은 이성애 섹슈얼리티를 정상 섹슈얼리티로 승인하는 과정을 동반합니다. 그래서 파이어스톤은 '순수한 아동기—과도기로서 사춘기—성인으로 진입'이라는 일련의 과정을 당연시하는 것을 문제화해요. 확실히 파이어스톤이 굉장히 래디컬하죠. 당연시되는 것을 정말로 당연하게 생각할 수 있냐고 자꾸 되묻잖아요.

이러한 일련의 과정을 인간의 발달사로 만들면서 이성애적 섹슈얼리티를 왜 정상 섹슈얼리티로 둘 수밖에 없을까요? 파이어스톤의 도식에 따르면 그 이유가 뭘까요? 가족을 만들어야 하니까요. 착취 단위인 가족을 또 생산해야 하는 거예요. 그러면 동성애를 하면 안 되죠. 왜? 재생산이 안 되잖아요. 무쓸모한 거예요. 애가 안 나오면 무쓸모, 애가 나와야지 쓸모. 이성애 가족이어도 애가 없으면 무쓸모. 노동자 계급이 하나 더 나와야 될 거 아니에요. 그러니까 아이가 없으면 쾌락에 미쳐 있는 취급을 하는 거죠. 아주 이기적인 존재로 취급하고요.

아이 없는 부부들, 딩크족이라고 하죠? 딩크족을 이기적이라고 하잖아요. 특히 나이 많은 어른들이 그러죠. '아니, 애도 안 낳고 지 좋자고만 산다.' 사실 그게 이상한 말이잖아요. 인간의 행복은 자기 실현, 그러니까 지 좋자고 살자는 건데 딩크족이 지 좋자고 산다고 욕해요. 그러니까 결혼을 해서 아이를 낳지 않는 게 사회규범에 어긋난다는 건데, 바로 이런 이유로 파이어스톤이 아동기를 없애자고 주장하는 거예요. 아동기, 사춘기를 정한다는 건 어떤 주기를 만들어놓은 거죠. 어떤 시기들을 거쳐서 가족을 만들어야 된다는 거예요. 이런 주기를 근본적으로 없애려면 아동기부터 없애고, 사춘기도 없애고, 인간을 단계적으로 나누는 거 자체에 반기를 들어야 된다는 거예요. 아주 근본적이죠.

파이어스톤의 요구와 혁명적 결론

자본주의 사회 이전에 아동기가 없었을 때 아동들이 행복했다는 걸 말하는 게 아니죠. 다른 문제예요. 그때는 아동이 아이가 아니라 작은 하인이었다고 해요. "**모든** 아이들은 말 그대로 하인이었다. 그것은 성인기로 나아가기 위한 도제살이였다."*그래서 예전 같으면 아이가 죽었을 때 시신을 묻어주지 않거나 무덤을 안 세우기도 하고 그랬잖아요. 지금이야 애들이 죽으면 시신을 잘 챙겨주지만 예전에는 막 거적때기로 산에다 그냥 버리기도 했잖아요. 제가 너무 야만의 역사를 이야기했나요? 이 사람이 아동기를 없애자는 건, 아동기가 없던 중세에 아동이나 여성이 더

---

* 　　같은 책, 115쪽.

행복했다는 게 아니에요. 중요한 건, 적어도 아동기가 핵가족, 자본주의적 가부장제와 밀접하게 연동되는 개념이고, 아동기가 지금의 가족 형태를 유지하는 기초적인 틀거리가 된다는 거예요.

우리가 받아온 공교육도 한번 생각해보세요. 발달사를 그려내고 그에 따라 정상적 인간 유형을 확정해요. 이 정상적 인간 유형이 가부장제적 구조를 전제하고 있다는 것을 기존의 공교육에서는 지적하지 않았어요. 페미니즘이 교육 문제를 이야기하고 많은 교사들이 페미니즘을 공교육의 장으로 끌고 들어오려는 이유가 바로 이런 정상 유형의 인간을 공교육이 만들어내기 때문이에요. 베티 프리단이 마거릿 미드를 비판했던 이유도 바로 교육의 측면 때문인 거죠. 남성성과 여성성의 기원을 확립시키고 그게 보편 인류의 특성이라고 만든 미드의 이론을 학교에서 가르치면서 그런 생각이 더 확산됐다는 거잖아요. 인간의 발달 단계라는 것도 마찬가지죠. 저도 그런 단계들이 있다고 생각했어요. 그렇게 배웠으니까요.

지금 많은 여성들, 특히 직장에서 일하는 여성들이 이런 생각을 하는 거죠. '그래도 나는 아이의 그 단계에서만은 내가 영향을 주고 싶어.' 어릴 때 부모와 친밀감을 갖지 않으면, 아이가 커서 좀 이상해진다고 생각하는 거 있잖아요. 엄마가 안 키우고 할머니 손에 자랐다고 하면 '아, 그래서 엄마에 대한 그리움이 있구나' 이런 식으로 해석하고요. 모든 해석을 그렇게 하잖아요. 남성 동성애자에 대해서 아버지의 부권이 결핍되어 그렇다는 식으로 해석하는 것도 본 적이 있어요. 그게 꼭 그런 이유가 아닐 수

여성은 다르다: 복수의 여성들

가 있잖아요. 그런데 인간의 보편적 발달 단계가 있다고 하면, 모든 걸 거기에 끼워맞추거든요. 중요한 건 우리가 이걸 상대화하는 작업이 필요하고, 교육이 왜 이런 발달 단계를 보편화시키는지 생각해볼 필요가 있다는 거죠. 결론적으로 그게 어떤 목적이 있다는 거예요.

이런 점에서 공동체나 국가 안에 산다는 걸 승인받는 게, 공동의 목적에 동참한다는 의미라는 걸 아는 게 중요해요. 사실 우리가 이 국가에서 살아간다는 건, 이 국가의 이념에 순응한다는 뜻이죠. 어떤 문제를 제기하지 않고 그냥 따라가는 건 아주 쉽다는 거예요. 그것도 자발적으로. 페미니스트들은 그걸 봤어요. 왜냐하면 보편 인간이 남자라는 사실을 계속 언급하잖아요. 오히려 가족제도를 공격하면서 아동기를 없애자고 해버리는 이유는 아동기, 사춘기 같은 식의 발달 단계를 계속 이야기하면 어떤 인간은 정상적인 인간이고 나머지는 비정상적인 인간이 되기 때문이에요. 결핍된, 모자란, 부정적인 존재. 그래서 그들한테 시혜적 입장으로 인권 개념을 제시하죠?

그런데 우리가 생각을 바꿔버려야 돼요. 정상성이라는 기준을 누가 만들었는가부터 생각을 하는 거죠. '그걸 정상적이라고 해야 하나? 오히려 그냥 있는 그대로의 모습을 존재하게끔 하는 걸 평등이라고 생각하면 안 되나?' 이렇게 물어볼 수도 있어야죠. 다르게 존재하는 것을 인정하는 게 평등일 수도 있잖아요. 이게 결핍인 게 아니라, 모자란 게 아니라, 그냥 이렇다는 걸 받아들이는 거요. 파이어스톤이 성 계급을 통해서 이룬 큰 업적은 근본적인 문제를 드러내면서, 이 성 계급을 유지하고 있는 틀거리를 하나씩 공격하고 해체하는 작업이에요. 제 생각에는 여성을 성 계급으로 모이게 하는 것보다 여성을 하나의 성 계급으로 모이게 끔 하는 장치들이 무엇인가를 하나하나 노출시키는 게 파이어스톤의 정말 중요한 업적이라고 봅니다. 이 장치들을 하나씩 해체하자는 게 상당히 혁명적인 결론인 것 같아요.

　　제가 재미있는 기사를 봤는데요. 새로운 가족에 대한 상상력들을 다루는 기사인데, 여기에 헤테로 여성과 게이 남성이 만든 미국 가족의 사례가 나오더라고요.* 여기서 이 남성은 게이가 체외수정In vitro fertilization, IVF 외에는 애를 못 갖는다고 생각을 했는데, 알고 보니 사실 그 남성의 아버지도 게이였던 거예요. 이 사람도 아이를 너무 갖고 싶었던 거고요. 그래서 아주 깊은 우정 관계에 있는 헤테로 여성과 그냥 생식관계를 맺어요. 섹스만 한 거죠. 그게 로맨틱한 것과는 전혀 관련이 없다고 생각을 하고 애를 낳은 거죠. 재미있지 않나요? 그들은 가족이지만 같이 살지 않아요. 그러면서 이 남자가 자기는 연애와 사랑, 섹스는 가족 밖에서 해결하고 싶고, 자기 혈연을 갖거나 아니면 문화를 만들어가는 것으로 가족을 정의하고 싶다고 하더라고요. 저는 이 이야기가 너무 재미있다고 생각했어요. 가족을 마치 DIY하는 것 같잖아요. 원하는 대로.

---

*　　David Arrick, 〈나는 게이다. 그녀는 이성애자다. 우리는 함께 아이를 갖기로 했다〉, 《허핑턴포스트》, 2018년 5월 28일 자, https://www.huffingtonpost.kr/entry/story_kr_5b0650a3e4b07c4ea104bca7.

어떤 사람들은 자기 혈통을, DNA를 남기고 싶어 할 수도 있잖아요. 그렇다고 무조건 이성애 가족을 만들고 이성애적 섹스도 해야 되는지를 의문시하는 거죠. 또 싱글맘이고 싶은 사람도 있잖아요. 남자친구도 있고 그 남자친구랑 섹스도 하고 친밀한 관계도 갖지만, 싱글로서 아이를 갖고 싶을 수는 있잖아요.

그런데 또 10년 같이 산 이성애 부부한테 '둘이 좀더 로맨틱한 관계를 가져야지' 하면 '무슨 소리야. 가족끼리 징그럽게' 이러잖아요. 부인과 경제공동체는 맞지만 로맨틱한 관계라는 거에는 질색팔색을 하면서 외부에서 다른 일이 일어나는 것들. 부인도 마찬가지죠. 물론 남편은 사랑하지만, 그 사람이 섹시하진 않다고 공공연하게 말하고 불륜을 이야기하죠.

가족, 생식, 섹스, 친밀감, 섹슈얼리티 같은 것들이 일치하지 않는 사회에 살고 있는 걸 우리가 인정해야 되는 것 같아요. 이런 걸 단 하나의 단일한 선으로 유지하게 만들었던 그 중요한 틀이 가부장제라는 건데, 파이어스톤이 이걸 하나씩 뒤흔들면서 이야기를 하는 거죠. 그 실험들을 이야기하는 거예요. 그런데 그 가운데 지금 법적으로 이야기를 해야 된다고 하는 것 중 하나가 싱글맘에 대한 거죠. 출산율이 굉장히 낮으니까요. 이런 걸 보면 파이어스톤이 출산 문제를 제기했다는 게 정말 놀랍죠. 혁명적이고요. 결국 가족을 흔들려면 출산을 뒤흔들어야 한다는 거잖아요. 재생산의 권리를 누구의 손으로 차지하자는 거죠? 여성의 손으로 차지하자. 결론이 어떻게 되든 이건 페미니즘의 중요한 이야기라고 생각해요.

그래서 저는 낙태권의 문제는 여성의 자기 몸에 대한 권리, 내 신체에 대한 자기결정권의 문제로만 협소하게 해석할 수 있는 문제가 아니라는 이야기를 꼭 드리고 싶어요. 파이어스톤이 재생산의 권리를 제기한 이유를 떠올리면서요. 파이어스톤은 재생산이라는 게 지금의 가부장제를 지탱하는 억압이라고 분석했고, 이로부터 저항하면 가부장제라는 구조를 다 흔들어버릴 수 있다고 말한 거잖아요. 그리고 재생산 문제 때문에 성 계급까지 호명했잖아요. 그렇죠?

이 재생산의 단위인 가족 집단하에서 억압받는 건 여성뿐 아니라 아이들도 포함이 되고, 재생산이 아동기, 사춘기, 모든 인간의 발달사와 관련이 있고, 이성애를 정상 섹슈얼리티로 인정하는 것 역시 결국 재생산의 문제라는 이야기를 하잖아요. 파이어스톤은 아이를 낳을 권리의 문제 이전에 아이를 원하지 않을 권리의 문제도 있다는 거예요. 내 몸을 내가 결정할 권리만이 아니라요. 그렇기 때문에 낙태에 대해서 이야기를 할 때, 여성의 문제라고만 하기 어려운 것도 있다고 생각해요. 어떤 섹슈얼리티를 정상 섹슈얼리티로 전제하는가의 문제가 함께하기에, 섹슈얼리티의 정상성에 대해 질문하는 퀴어 담론과도 연관됩니다. 그래서 가부장제의 질서를 문제시하고 반대한다는 말은 굉장히 되게 큰, 넓은 의미의 영역들을 건드리는 거예요.

결국 파이어스톤에게 유토피아는 완전한 성적 자유예요. 파이어스톤은 성 계급을 없애면, "행복의 성취를 허용하는 완전한 성적 자유"*를 얻을 수 있다는 거죠. 이걸 "성, 연령, 인종 구분과 권력심리의 문화적 소멸"**이라고 해요. 계급으로서 성sex이 없어진다는 건, 간단히 말하자면 성 구분이 없어진다는 거죠. 성 구분이라는 게 계급이고, 그게 불평등 구조를 만든다는 거잖아요. 그러니까 파이어스톤에 따르면 성 계급이 사라진다는 건 성 구분이 없어진다는 거고, 즉 섹스'들' 혹은 n개의 성이 된다는 거겠죠. 연령이나 인종의 구분도 사라지는 거고요.

성 계급이 사라지면 이를 당연시했던 문화, 즉 지배계층의 문화도 사라지면서 진정한 자기 실현이 가능할 것이라고 합니다. 어찌 보면, 파이어스톤은 상당히 아나키한 의견을 표명한다고 볼 수도 있어요. 그러니까 이 사람은 성 계급sex class에서 시작해서 성sex을 없애버리자는 결론을 내는 거예요. 계급이 되는 순간 억압이 있다는 게 되는 거잖아요. 그렇기 때문에 파이어스톤이 '여성이여, 단결하라'만을 이야기하려는 건 아닌 거죠. 모여서 단결하자는 건 피억압자로서 모이자는 건데, 혁명을 끝낸 후 억압을 없애면 당연히 피억압자의 지위도, 성 계급도 사라진다고 생각하는 거예요.

그럼 이 혁명을 위한 파이어스톤의 요구는 무엇일까요. 《성의 변증법》에서 이 부분이 제일 재미있어요. 1번, "모든 가능한 방법을 통하여 여성을 생식의 압제로부터 해방시키고 양육의 역할을 여성뿐 아니라 남성, 즉 사회 전체로 확산시킬 것".*** 여성

---

*   같은 책, 273쪽.
**   같은 책, 273쪽.
***   같은 책, 294쪽.

을 생식의 압제에서 해방시켜야 한다는 거예요. 우리가 불평등한 이유가 생식 때문이라면 거기서 해방되겠다는 거죠. 그리고 양육의 역할을 남성, 즉 사회 전체로 확산하자고 해요. 공동육아, 공동탁아에 대한 이야기죠. 여기에 대해서는 자유주의 페미니스트를 포함해서 모든 페미니스트들이 같은 이야기를 하죠. 서로 입장이 다른 페미니스트의 연대가 가능한 주제예요.

그리고 생식에서 해방되기 위해서 인공생식과 같은 자연과학적 테크놀로지의 사용도 적극적으로 고려해야 한다고 해요. 맨 처음에 인공생식 이야기가 나왔을 때는 무슨 웃기는 소리냐고 했지만 지금은 가능하죠. 체외수정이 가능하잖아요. 한편에서는 대리모를 그 대안으로 삼는 경우들도 있는데, 이건 이것대로 논쟁이 있죠. 〈구글 베이비〉(2009) 같은 영화에도 나오는데, 기존에는 인도 여성들이 대리모를 많이 해왔는데, 인도에서 이걸 법적으로 금지한 이후에 네팔 여성들이 대리모를 하거든요. 결국 여성들 내에서의 계급관계가 드러나는 건데, 출산이 아웃소싱되는 측면이 있는 거예요.

2번, "여성들과 아이들에게 경제적 독립에 기초한 정치적 자율성을 줄 것".* 가족을 해체하고 양육을 사회화하자는 논의입니다. 앞서 아동기를 없애자라는 논의를 요구사항으로 만든 거예요. 혈육 중심의 가족제도와 그 가족을 지탱하는 양육하는 어머니라는 신화를 부수기 위해서라도 여성과 아동에 대한 정치적 자

---

*   같은 책, 295쪽.

    여성은 다르다: 복수의 여성들

율성이 중요하다는 겁니다.

3번은, "여성과 아이들을 사회에 전면적으로 통합시킬 것".** 오랫동안 여자들과 아이들은 사회적 영역에 속해 있지 못했어요. 아리스토텔레스는 인간의 삶인 비오스bios라는 사회적 삶과 이코노미economy 혹은 조에zoe의 영역을 나누고, 여자와 아이들 그리고 노예와 짐승을 한데 묶죠. 사회적 삶에 속해 있지 않기에, 이 영역은 공동체의 영역 바깥이고 보호받을 수 없는 공간이자 벌거벗은 삶의 영역이라고도 칭해지고요. 이러한 오랜 구분에 맞서 파이어스톤은 여성들과 아이들을 사회적 삶의 영역으로 통합시켜야 한다고, 그래서 진정한 자기 실현을 쟁취해야 한다고 주창하는 겁니다.

그리고 파이어스톤은 학교를 없애자는 이야기까지 해요. 미셸 푸코 같은 사람도 학교라는 공간을 규율과 억압의 공간으로 말하죠. 학교에서 배우는 지식과 학교생활을 지탱하는 규범, 그리고 학교생활이 지향하는 바가 이 사회에서 요구하는 상의 인간을 만드는 것이기 때문에 비판하는 거겠죠. 무엇보다 확실히 학교는 훈육의 공간으로서 가부장적 모델을 기초로 삼아요. 정상성에 도달하기 위해 시험을 치르고 기준에 미달하면 탈락시키고요. 특히나 경쟁 모델은 정상성의 추구를 당연한 인간의 욕망인 것처럼 만들죠. 이런 점에서 페미니스트들의 가부장제 비판과 대안은 근대성을 비판하고 넘어서려는 사상가들의 의견과 교차합니다.

** 　　　같은 책, 297쪽.

그다음 마지막 요구가 굉장히 논쟁적이에요. "모든 여성과 아이들에게 성적 자유를 줄 것."* 파이어스톤은 왜 섹슈얼리티를 단순히 이성애적 섹스의 관계로만 생각하느냐고 문제를 제기하는 거예요. 범성애pansexual에 대한 이야기도 했잖아요. 그리고 프로이트주의적으로 생각한다면, 섹슈얼리티의 힘을 인간이 자기실현을 하고 자기를 구성하는 것과 관련이 있는 것으로 이해할 수 있지 않냐는 거죠.

그리고 삽입 중심의 섹스만 섹스로 이해하는 것, 즉 모든 섹슈얼리티 활동들을 재생산, 생식에만 몰두하게 하거나 그렇게만 이해하는 것들로부터 벗어나서 다른 생각들을 가져야 된다는 거예요. 섹슈얼리티가 예술적인 활동이 될 수도 있고, 다른 실현이 될 수도 있다는 거죠. 섹슈얼리티가 생명력이라고 한다면 각 인간마다 섹슈얼리티를 통한 자기 실현의 방식이 다를 수도 있다는 거예요. 보통 섹슈얼리티는 곧장 생식으로 연결되기 쉽고, 타인 지향적인 방식으로만 사유되기도 하지만, 파이어스톤은 섹슈얼리티를 자기를 실현하거나 자기를 구성하거나 세계와의 다른 활동을 하는 방식으로 이해할 수 있다는 거예요.

그리고 파이어스톤은 실제적 해방을 위해서 사이버네틱 코뮤니즘cybernetic communism을 말해요. 출산으로부터의 해방과 더불어 기계를 통한 노동으로부터의 해방을 말하는 거죠. 직업에서의 해방을 가능하게 하려면 출산에서의 자유와 함께 인간 노동을 기

---

* 같은 책, 297쪽.

여성은 다르다: 복수의 여성들

계로 대체할 필요가 있다는 거예요. 적어도 파이어스톤의 이야기 안에서는 가족제도가 혈연으로 구성되었다는 의미만이 아니라, 경제제도, 문화와 긴밀한 연관이 있다는 걸 알 수 있는 거죠.

파이어스톤은 정말로 궁극의 혁명을 주창한다고 할 수 있는데요. 가부장제를 분석하고 여성을 성 계급으로 호명하면서 가부장제를 없애는 혁명을 주창했어요. 그리고 인간의 잠재적 차원의 가능성을 넓히는 것을 통해 대안 사회에 이를 수 있다는 결론을 이야기하죠. 그리고 SF적 상상력을 발휘합니다. 페미니즘은 픽션에 의지해서 살아왔어요. 픽션, 한 번도 보지 못한 세계들을 그려내는 힘으로부터요. SF 소설가들 중에도 페미니스트들이 많고요. 소위 공상과학소설처럼 보이는 이야기들이 이후에 실현되기도 해요. 그리고 지금 당연시 여기는 이 세계에 의문을 던지면서 새로운 사고실험을 도모합니다. 누군가는 이들을 헛물켜는 몽상가라고 부르기도 해요.

그렇다면, 파이어스톤은 몽상가라고 불릴 수도 있어요. 몽상은 이 세계에 맞추어 살기에는 어려운 능력일 수 있으나, 이 세계 너머의 세계를 그려내고, 그러한 세계가 가능하다는 믿음을 품고 있다는 점에서 큰 의미를 지닌다고 할 수 있죠. 그래서, 이 책 《성의 변증법》은 파이어스톤의 목소리가 들리는 듯 우렁차고 확신에 차 있으며 주저하지 않고 나아갑니다. 무엇보다도 자기 뼈를 갈아서 쓴 것 같고요. 이 책이 1970년에 출간된 책이고, 쓰인 지 오래됐지만 저는 이 책을 여러 번 읽을수록 많은 생각을 하게 됩니다. 페미니즘의 고전이라 불리는 책의 저자들이 그러하듯,

그들은 나의 시대와 다른 연대기에 존재했지만 이상하게도 그들의 글은 지금 여기에 있는 듯한 생생함을 줍니다. 특히나 파이어스톤의 저작이 제기하는 가족의 문제, 출산과 양육의 문제가 페미니즘의 중요한 주제라는 점에서 이 책의 생동감이 더 큰 듯하고요. 그래서 여러분과 파이어스톤의 이 열정적인 사고, 열정적인 통찰을 나눠보고 싶었습니다.

Shulamith Firestone,
1945-2012

6장

자매들의 밖에 서서
자매들에게 차이의 문제를 묻다

오드리 로드 I

Audre Lorde,
1934~1992

차이의 문제를 제기하며

이번에는 차이의 문제에 착목한 페미니스트 이론가이자 시인인 오드리 로드의 《시스터 아웃사이더》를 중심으로 차이에 대한 문제들, 여성의 차이, 여성과 차이의 문제에 관한 페미니즘 이론의 주요한 지점을 탐구해보려고 합니다.

이 차이의 문제가 지금 한국 페미니즘 안에서도 많은 논쟁이 되고 있어요. 특히 다양한 복수의 여성들에 대한 강조에도 불구하고 하나의 여성으로서 발언을 해야 할 필요성이 제기되는 것이죠. 제2물결 페미니즘 역시 이러한 차이의 문제로부터 출발했고요. 앞서 살펴보았듯이, 이 차이의 문제로부터 제기된 첫 번째 발견은 우선 남성과 여성이 다르다는 거죠. 이 둘이 굉장히 다르다는 거고, 남성이 규정하는 방식으로서의 비非남성이 여자는 아니다라는 이야기, 여성들만의 독특한 차이가 무엇인가를 주요하게 탐구하려고 했잖아요. 베티 프리단은 남성이 만들어놓은 여성성에서 벗어나서 여성 스스로가 다양한 여성성의 모습을 만들어내자고 했고, 파이어스톤은 성 계급을 이야기해버렸죠. 여성 자체가 성 계급이고, 성 계급이 나뉠 수 있는 건 여성의 생물학적 생식 능력 때문에 가능하다고 했고요.

여성은 남성과 다른 방식의 동질한 감정이든 속성이 있다는 거죠. 파이어스톤은 아주 분명히 여성의 생식 능력을 말했고, 베티 프리단은 자세히 말한 바는 없지만 백인 중산층 여성들을 중심으로 여성의 동질성을 밝혔던 것 같아요. 그런데 이때 이들이 호명한 '우리 여성' 혹은 '모든 여성'은 그냥 남성 외의 모든, 어쨌든 여성이라고 부를 수 있는, 눈으로 봤을 때 여성이라고 알아차릴 수 있는 존재들을 생각한 것 같아요. 그렇다면 모든 여성을 아우를 수 있는 공통적 보편성의 강조가 사실상 어떤 특수한 여성을 보편으로 재현한 것은 아닌지 질문을 던지게 되는 거죠. 동시에 '우리 여성'이라고 말할 때의 그 여성이 실은 오랫동안 남성이 설명해온 여성인 것은 아닌지도 생각해볼 수 있겠죠. 그렇다면 남성의 반대항으로서가 아닌 여성을 생각하게 될 거고요. 남성의 반대항으로서 여성은 우선 흔히 여성의 생물학적 성인 섹스의 문제와 사회적 성별의 측면에서 남성성의 반대항인 여성성이라는 젠더를 통해 제기됩니다. 제2물결 페미니즘은 섹스와 젠더의 관계가 인과적이라는 사유를 거부하는 거죠. 이러한 논의의 과정은 여성들의 다양한 차이를 사유하는 계기, 가부장제의 구조를 빗겨갈, 벗어날, 그로부터 무관한 '여성'에 대해 사유하는 계기를 마련합니다. 제2물결 페미니즘에서 이러한 논의가 본격화된 것이고요.

하지만, 남성이 규정한 여성이 아닌 여성의 목소리로 말하려는 시도에서, 발언권을 가진 여성들은 주로 백인 여성들의 이야기, 가족은 억압이라는 이야기를 하고 있었던 거예요. 베티 프리단은 여성들이 집에만 얽매여 있지 말고 애 놓고 밖으로 나가야 한다고 했잖아요. 그런데 흑인 여성들은 다른 이야기를 하는 거죠. '우리 흑인 여자들은 원래부터 일을 해왔어. 하녀로도 일을 하고 옛날부터 백인들을 대신해서 백인 아이들에게 젖도 먹이고

여성은 다르다: 복수의 여성들

키웠어. 우리 흑인 여성들한테 일을 한다는 건 특별한 게 아니고, 옛날부터 그래왔어. 일을 계속하는 건 사실은 이중 업무인 것 같아. 오히려 이 가정에서의 권리를 내가 찾는 게 더 중요한 문제일 수 있어. 그리고 이 흑인이라는 영역 안에서 가족은 우리를 단결시키고, 우리의 혈통, 혈족, 문화를 이야기하는 게 우리한테는 굉장히 중요해. 백인들은 가족이 억압이라고 하면서 집에서 다 나가버리라고 하지만, 우리 흑인 여성들에게 가족은 그런 게 아냐. 여기는 우리한테 힘을 주는 곳, 임파워링하는 곳이야.

　　그리고 우리의 가족은 백인들과 좀 달라. 백인들은 핵가족 단위로 살지만, 우리는 남편이 집을 나가버리는 경우도 많고, 가족을 책임지지 않아. 빈곤층이 많으니까. 흑인 엄마들은 강인해질 수밖에 없어. 남편들은 다 집을 나갔지만, 서로가 서로의 아이들을 키워줘. 그리고 우리는 남편의 여자이기도 하지만, 여자들의 여자이기도 해.'

　　여자들의 여자라는 건 또 무슨 말일까요? 이런 거예요. '나는 A라는 사람의 부인이기도 하지만, B라는 사람의 부인과 깊은 자매애를 맺고 있고, 이 자매애가 사랑의 관계들처럼 다정해. 나는 어쩌면 내 남편보다 이 여자를 더 사랑할지도 몰라. 이 여자가 남편에게 맞고 있으면 내가 대신 가서 그 남편을 패주기도 하고, 그 남자가 내가 때린 손에 휘둘려 나가버리고 내가 이 자매를 안 아줬지. 그리고 그 집 아이를 내가 데려다 자식처럼 먹이기도 하고. 내가 돈이 없으면 B의 부인이 나한테 돈을 주기도 했어. 그런데 가족이라는 게 백인들 너희가 말하는 그런 거라고? 내가 이 집을 나가야 한다고?' 아니라는 거죠.

한국도 옛날에 일부다처제인 경우가 많았잖아요. 지금은 일부일처제로 살지 않는 게 이상하지만요. 중혼 금지는 1920~30년대 민법으로 정착되기 시작하지만, 첩을 들여 산다는 개념은 1960년대까지만 해도 흔했고 축첩이 이혼 사유로 인정된 것이 1960년대 재판상에서 처음이었어요. 축첩을 이유로 재판을 뭐 얼마나 했겠어요. 그러려니 하고 살았죠. 그랬을 때 부인들이 형님, 아우로 사는 경우들도 있잖아요. 서로 싸우고 투기한 것처럼만 이야기하지만, 실은 다 같이 잘 사는 사람들도 있었던 거죠. 한집에서 남자한테 복종하고 사는 여자들인 게 아니라, 그 여자들 사이에 애정이 있을 수도 있는 거죠. 그리고 왜 그렇게 사느냐고 그 여자들한테 물으면, 이렇게 답하는 거죠. '나가 살면 못 사니까.' 나가 살면 집을 어떻게 얻고, 어떻게 일을 하느냐는 거죠. 비겁하다고 할지 모르지만, 이게 본인이 사는 방식인 거고, 오늘밤에 남자가 내 방에 안 들어오고 다른 여자 방에 들어가는 게 기쁘기도 한, 그런 거요.

마치 그런 것처럼 흑인 여성들에게 가족은 다르다는 거죠. 이렇게 묻는 거예요. '백인 여자들과 우리를 똑같이 이해할 수 있는 걸까?' 그러면서 너희들이 이야기하는 여성이라는 게 누구냐, 이 여성이 백인인지 흑인인지 묻는 거예요. 너희는 '여성'이라고 호명했지만, '백인 여성'이라고 해야 한다는 거죠. 너희가 말하는 건, 백인 여성이지 모든 여성이라고 할 수 없다는 거예요. 그리고 백인 여성들이 남성이 대신해서 '여성이 누구다'라고 하는 걸 아주 불쾌히 여겼고, 왜 우리의 목소리를 침묵시키느냐고 그렇게 화를 냈는데, 너희 백인 여성들이 '우리 모든 여성'이라고 해버리는 게 남자들이랑 뭐가 다르냐는 거죠. 흑인 여성은 여성 아니냐는 거죠. 흑인 여성의 목소리는 별 의미가 없느냐고 묻는 거예요.

그러니까 이 차이의 문제라는 건, 남성과 여성이라는 문제를 다루는 게 아니에요. 여성을 섹스로서의 여성이 아니라 사회적 성별인 젠더로 이해하고, 이 젠더를 구성하는 것에 대해서 묻기 시작하는 거죠. 젠더를 구성하는 데 인종이 있을 수 있는 거예요. 인종이 여성이라는 젠더와 맞물려서 다른 목소리가 나온다는 거죠. 그래서 여성들 간의 차이들의 문제가 제기되기 시작해요. 여성은 하나가 아니라 복수이고, 여성이라는 말 안에 단수의 여성은 없다는 거죠.

여성은 언제나 여성'들'이라고 말할 수 있는 거죠. 누가 누구의 목소리를 대변한다는 게 문제라는 건, 사실 19세기 민권 운동 안에서도 있었어요. 막 해방된 미국의 흑인 노예였던 소저너 트루스Sojourner Truth가 1851년 여성권 집회에서 연설 중에 이렇게 말해요. "나는 여성이 아닌가요?" 자기는 남성만큼 일했고, 남성만큼 먹을 수 있고, 남성만큼 채찍질을 견뎠는데, 그럼 자기는 여성이 아니냐는 거예요. 민권 운동을 하면서, 흑인 여성도 여성이라는 이야기를 하기 시작한 거죠.

그리고 이런 식의 이야기들이 제2물결 페미니즘에서 다시 시작되는 거예요. 베티 프리단이 《여성성의 신화》를 쓰고 나서 전미여성기구National Organization of Women, NOW를 공동 창립하고, 미국 여성운동을 이끌어가요. 특히 여성들의 평등권, 낙태에 대한 이야기들을 많이 했는데, 그 안에서 많은 여성들이 하나로 모이기 시작하면 어떤 일이 벌어질까요? 각자 억눌렸던 걸 이야기하기 시작하겠죠. 그러면서 여러 여성들의 모습이 나타나기 시작해요. 베티 프리단 같은 여자들만 있는 게 아니라, 장애 여성도 나타나고, 레즈비언도 나타나요. 그러면서 같음과 다름을 둘러싼 문제가 가시화되기 시작해요. 예를 들면 베티 프리단은 '레즈비언은 나가라'라는 식으로 말을 하거든요. 여자들이 페미니즘 이야기를 하는데 왜 퀴어들이 나오냐는 거죠. 섹슈얼리티 문제에서 우리는 남성과 여성 간의 지배관계를 말하는 건데, 레즈비언들이 끼면 페미니즘의 논제가 흐려진다는 거죠. 한편 흑인 페미니스트들은 '우리 여성은 다 똑같은 여성'이라는 데 화도 나는 거고요. 당신들이 뭔데 우리를 대변하느냐는 거죠. 이런 식으로 여자들 간의 차이들의 문제가 제2물결 페미니즘에 중요한 추동력이 되고, 이 흐름을 끌고 갑니다.

　　　제가 제2물결 페미니즘에서 여러분과 가장 나누고 싶었던 게 이 이야기 같아요. 여자'들'의 문제들. 그다음에 더 나아가면 이런 거예요. '내가 한 명의 여자다'라고 해보죠. 그러면 이 여자 안에 하나의 여자만 있을까를 물어볼 수 있는 거죠. 이 질문은 정체성의 정치와 맞물리는 문제인 건데, 정체성identity이라는 건 하나의 동일한 정체성을 말해요. 그러니까 나랑 비슷한 사람들끼리, 같은 정체성을 가진 사람들이 결사체를 만들거나 결의를 하는 거죠. '너 노동자야? 너도 노동자, 너도 노동자네. 우리 하나로 모여 싸우자!' 이런 식으로 항상 '같음'을 중심으로 정치를 해왔던 거예요. 그래야 '단결' '투쟁' 이런 게 되니까요.

그런데 그런 방식이 맞는지 묻기 시작하게 돼요. 포스트모더니즘이라는 흐름이 등장하거든요. 포스트모더니즘은 하나의 동질한 정체성에 대해서 의문을 표하는데, 그러면서 차이의 문제도 논하게 되는 거죠. 이 차이라는 건 이런 거예요. 제가 김은주라는 사람이잖아요. 그런데 김은주라는 사람은 단 하나의 정체성으로만 이루어져 있느냐는 거죠. 저는 학생들 앞에서는 선생이기도 하고, 동시에 여성이기도 하죠. 그리고 또 다른 게 있을 수도 있잖아요. 예를 들어 노동운동을 한다고 하면 그 안에서 노동자 정체성으로 싸울 거라고 생각하지만 노동자도 다 똑같은 노동자는 아니라는 거죠. 다른 노동자가 있을 수 있다는 거예요. 정규직 노동자와 비정규직 노동자가 같냐는 거죠.

그렇다면 여성이라는 정체성이 그저 단일하다고 이야기할 수 있을까? 그리고 여성을 단일한 하나의 정체성으로 재현하고 대표하는 것으로만 여기고 각기 다른 여성들의 목소리를 막는 것이 여성운동에 이로운 것인가? 이에 대해 우리는 생각해볼 필요가 있습니다.

차이의 정치와 힘

선거 시기에 누가 저한테 '사표' 만들지 말자는 이야기를 하는 거예요. 진보 진영은 각자 자기 이야기하느라 단결을 못 하는데 보수주의자들은 일사분란하게 단결한다고요. 무슨 이야기냐면 정치를 할 때는 하나의 의제로 모여서 연대하고 단결하는 게 중요하지, 자꾸 소수자들이 나와서 차이 이야기를 하면 다 찢어지고 원하는 걸 얻지 못한다는 거예요. 예를 들면 미국에서 트럼프가 대통령으로 당선된 건 미국의 진보 세력이 단결을 못 하고 각개 다른 이야기를 했기 때문이라고요.

그런데 한번 생각해보세요. 정말 그래서 그런가? 흔히 단일한 대오의 정치는 단결하기 쉽고 연대하기 쉬운데 차이를 정치적 내용으로 가져오기 시작하면 분열되니까 이 차이를 다 사상하고 차이가 있을지라도 그중에서 공통점을 찾는 게 더 중요하다고 하죠. 그런데 제2물결 페미니스트들 끝에 나오는 이 오드리 로드, 흑인 페미니스트들, 다양한 차이들을 이야기하며 '여성은 복수다'라고 하는 사람들은 '차이는 분열이 아니라 역량, 운동의 역량이다'라는 거예요.

이런 이야기를 강하게 했던 페미니스트들 중에 한국에 많이 소개된 사람이 《모두를 위한 페미니즘》으로 유명한 벨 훅스 bell hooks, 그리고 우리가 살펴볼 오드리 로드예요. 《시스터 아웃사이더》를 중심으로 함께 오드리 로드의 사상을 엿볼 건데, 책 제목이 재미있죠. 자매들인데 아웃사이더예요. 이 자매들은 왜 아웃사이더일까요. 백인 여성들은 중심부에 있고, 이 사람들은 주변화되어 있는 거예요. 경계선 밖에 있는 사람들인 거죠. 이 경계선 밖에 있는 여자들의 이야기라는 건 무시해야 되냐, 이런 여자들

여성은 다르다: 복수의 여성들

의 이야기에 목소리를 내는 게 실은 여성운동의 중요한 역량이라는 걸 오드리 로드가 말하기 시작하는 거예요.

이제 이 차이'들'에 대한, 복수의 여성들에 대한 이야기들을 여러분과 함께 살펴보려고 합니다. 지금 우리에게도 아주 필요한 이야기라고 생각해요. 우리 사회에서 흔히 이렇게들 말하죠. 다양한 소수자들의 인권을 보장하는 것도 중요하지만, 중요한 의제를 성취하려고 할 때는 다름이나 차이를 강조하기보다는 우리가 같다라는 이야기를 해야 연대가 된다고요. 그게 흔히 말하는 정체성의 정치죠. 그런데 제2물결 페미니스트들의 끝에 나오는 오드리 로드 같은 사람들은 이렇게 말하잖아요. 차이는 분열을 일으키는 게 아니고, 차이는 정치의 역량, 힘이라고요. 이게 이후의 여성들 간의 차이, 그리고 여성 자신의 내부의 차이들을 페미니즘 정치의 주요한 주제로 삼는 제3물결 페미니즘을 만들어내는 데 굉장히 중요한 영향을 줍니다.

오드리 로드는 서인도제도, 그러니까 쿠바가 있는 카리브 제도의 이민자 가정에서 태어난 흑인이에요. 그런데 우리가 참 무지한 게, 흑인이라고 하면 뭉뚱그려서 그냥 다 '흑인'이라고 하잖아요. 서구권 사람들이 아시아인 얼굴을 구별하지 못하는 것처럼요. 한국인, 일본인, 태국인이 우리는 다 너무 다르다고 생각하는데, 그들한테는 그냥 다 통쳐서 아시아인인 거죠. 흑인들도 마찬가지잖아요. 우리가 흑인이라고 부르는 사람들이 굉장히 다양하다는 거예요. 흑인이라고 하면 '피부가 검다'라고 생각하지만, 피부색도 다 다르죠. 아시아인 피부를 그냥 노랗다고 할 수 있어요? 그런데 그냥 그들이 보기에는 '옐로우'인 거죠. 아시아인 비하할 때 '옐로우 몽키yellow monkey'라고 하고 찢어진 눈 흉내 내잖아요.

흑인들을 '블랙'이라고 하지만, 다른 색의 피부를 지녔죠. 푸른빛이 도는 블랙도 있고 조금 붉은 블랙도 있고, 아주 어두운 피부인 사람도 있고 밝은 피부인 사람도 있죠. 그러니까 이런 생각이 들어요. '편의에 따라서 이들을 똑같이 같다고 묶어버리는 것이다.' 같다고 묶여버린다는 건 우리한테 굉장히 모멸감을 줘요. 예를 들면 서구인이 한국인한테 이렇게 말하는 거예요. '너희들은 태국인과 일본인 중에 일본인과 더 친밀감을 느낀다고 하지만, 내가 보기엔 태국인이나 한국인이나 일본인이나 큰 차이를 모르겠어.' 아무리 다르다고 해도 '너희는 다 똑같다'라고 하는 거예요. 이럴 때 모멸감을 느끼잖아요. 거기에 저항하지 못하고 '어, 그래? 그런가보다' 하는 순간 저항감을 느끼고 모멸감을 느끼죠. 이런 걸 보통 '동일성의 폭력'을 겪었다고 해요.

동일성의 폭력이라는 건 자기와 동일하지 않은 존재를 타자화시키는 거예요. 나를 하나의 주체로 만들 때, 나는 다르다고 말하는데 그 말을 무시하고 '내가 생각하기에 너는 이래'라고 해버리는 걸 타자화라고 해요. 이게 바로 동일성의 폭력이죠. 그리고 이것이 정체성의 정치와 연결돼요. 정체성의 정치에서는 누군가를 배제하는 일들이 생겨요. 정체성의 정치가 무언가를 하나로 묶어버리게 되면, 그 주위에 외부가 생기고 그 외부에 있는 사람들을 배제하는 일들이 생기는 거예요. 마찬가지로 백인 여성들이

여성은 다르다: 복수의 여성들

'우리 여성들'이라고 하면서 자기들이 여성성을 다 대변해버리는 순간 흑인 페미니스트들은 뭐를 느껴요? 동일성의 폭력을 느끼는 거죠.

흑인 여성들이 자신들의 경험은 다르다고 말해도 '아니, 뭐가 달라. 흑인 여성들은 좀 조용히 해봐. 다 똑같은 여성이잖아' 이렇게 나오는 순간 흑인 여성들은 동일성의 폭력을 느끼는 거예요. 나를 타자화시키는 그런 폭력들을 느끼면서, 이 폭력은 가부장제의 산물이고 남자들의 산물인데 왜 여성들이 자꾸 그걸 반복하느냐는 거죠. 그러면 우리가 싸우고자 하는 사람들이랑 똑같은 거잖아요. 우리가 문제가 있다고 생각하는 사람들과 똑같은 방식으로 싸워야 되냐는 거예요. 얘가 날 때리고 배제하는데, 그러면 내가 더 힘을 길러서 누군가를 배제하는 자리에 앉으면 문제가 다 해결이 된 건가요? 그런 건 아니지 않나요? 누군가를 타자화시키고 동일성의 폭력을 겪어내는 방식으로 세계를 바꾸겠다고 한다면 세계가 바뀔까를 묻는 거예요. 정체성의 정치에 대한 문제의식은 이런 거예요. '정체성의 정치를 한다고 해서 실제로 연대가 될까' 하는 문제도 있지만, '우리가 문제적이라고 생각하는 그 제도가 유지되는 방식을 대안과 비전 없이 똑같이 따라야 되느냐'는 거예요.

그럴 때 차이의 정치는 이런 질문을 던지는 거죠. '오히려 목소리를 내지 못했던 사람들의 목소리를 내게 함으로써 다른 비전, 다른 대안을 고민하는 게 정치의 몫이 아닐까.' 내가 조금이라도 더 힘을 모아서 권력을 탈취하는 게 목적이 아니라, 새로운 세상을 이야기해볼 수 있는 새로운 방식을 고민해야 하지 않나를 질문한다는 거예요. 이게 바로 차이들을 이야기하는 의미인 것이죠. 그리고 이런 이야기를 오드리 로드가 시작했다고 보시면 돼요.

시인, 오드리 로드

로드는 1934년에 서인도제도 출신 이민자 가정의 세 딸 중 막내로 태어나서 미국의 뉴욕 할렘에서 자랐다고 합니다. 굉장히 가난했던 거죠. 열두 살 때부터 주로 시를 썼다고 해요. 오드리 로드의 삶을 이야기할 때, 흑인 여성이 시를 쓴다는 부분을 우리가 생각해볼 필요가 있어요. 백인 여성 시인과 흑인 여성 시인이 다르게 받아들여지는 거죠.

그러니까 흑인 여성에 대한 편견의 문제인 건데, 예전에 미국 사회를 보면 백인 여성이 강간을 당해서 신고를 하면 경찰이 달려와요. 특히 흑인 남성이 백인 여성을 강간하면 무조건 사회적으로 난리가 나죠. 예를 들면 한국 여성이 난민 남성한테 강간을 당했다고 했을 때 예상되는 반응을 생각해보세요. 그런데 흑인 여성이 강간을 당했다고 신고를 하면, '네가 어떻게 강간을 당해?' 이렇게 나오는 거예요. 왜죠? 흑인 여성은 섹슈얼리티가 넘쳐서 남자를 유혹한다는 거예요. 흑인 여성에 대한 편견이 있는 거죠.

같은 여성이지만 또 다른 여성인 게, 백인 여성은 고결하고 깨끗한 여성이지만 흑인 여성은 검고 섹슈얼리티가 넘치는 여성이라는 거죠. 그래서 흑인 여성은 유혹자이지 누군가에게 폭력적으로 강간을 당한다고 생각을 안 해요. 그다음에 또 '그들'이 보기에 흑인 여성들은 몸이 크고 거대한 거죠. 그런데 크고 거대한 누군가가 물리적 폭력을 통해서 작고 연약한 누군가를 억압하는 게 강간의 이미지잖아요. 그러니까 크고 거대한 흑인 여성들이 강간을 당한다는 건 말도 안 된다는 식인 거예요. 굉장히 불쾌한 이야기죠. 그런 흑인 여성이 시를 쓴다고 하니까 그것도 비슷하게 여겨지는 거예요. '어떻게 흑인이, 어떻게 흑인 여성이 시를 써?' 시라는 건 굉장히 이성적이고 고결한 산물인데 어떻게 흑인 여성이 시를 쓰느냐는 편견이죠.

오드리 로드는 레즈비언이기도 해요. 1954년, 1년간 멕시코 국립대에서 공부했고 개인적으로나 예술적 차원에서 레즈비언 시인으로서의 정체성을 확신하게 된 후 뉴욕으로 돌아와 시를 쓰는 동시에 헌터 칼리지에서 문학과 철학 공부를 마쳤어요. 이후에 컬럼비아 대학에서 도서관학을 공부하며 사서로 일했고요. 그런데 이 사람이 레즈비언 시인으로 자기 정체성을 확립한 이후에 게이인 에드워드 롤린스Edward Rollins와 결혼을 하고 아이를 가져요. 1960년대 미국에서는 사회운동을 하면서 공동체 생활을 하는 일이 많았거든요. 그때 레즈비언, 게이 공동체인 그리니치빌리지에서 에드워드 롤린스라는 사람을 만난 거죠. 그런데 어떻게 레즈비언이 게이랑 결혼해서 아이를 갖느냐고 생각할 수 있잖아요. 어떻게 생각하세요?

우리가 앞 장에서 한번 같이 봤는데, 가족을 만든다는 게 성애 활동도 같이하고, 친밀감도 나누면서, 혈연공동체도 만드는 거라고 생각을 하지만 요새 그렇지 않은 가족 형태도 등장하고 있다고 했잖아요. 가족도 DIY처럼 원하는 대로 만드는 거죠. 게이와 레즈비언이 사랑이나 친밀감과 관계없이 아이를 갖기 위해 관계를 갖고 가족을 만드는 것처럼요. 오드리 로드도 그런 방식으로 아이를 가졌던 거죠.

이후 1968년에 첫 번째 시집 《최초의 도시들The First Cities》을 출간하고 미시시피주 투갈루 대학에서 남부 흑인 학생들에게 시를 가르치고, 현실 참여적인 작품들을 쓰기 시작해요. 이 시기에 롤린스와 이혼하고 투갈루 대학에서 만난 심리학과 교수인 백인 여성 프랜시스 클레이튼Frances Clayton과 함께 가정을 꾸리는데, 오드리 로드가 오랜 기간 아주 사랑했던 사람이에요. 그런데 한편 재미있기도 하죠. 로드는 페미니즘 안에서 흑인 여성들을 이야기해온 사람인데, 오래도록 사랑했던 사람은 백인 여성이었으니까요. 그러면 로드는 레즈비언 정체성이 흑인 정체성보다 더 크다는 걸까요? 저는 그렇게 말할 수는 없다고 생각해요. 로드가 백인 레즈비언과 더 잘 맞았던 이유는 레즈비언 정체성이 더 크고 인종적인 차이는 별로 느끼지 못해서일까요? 아니죠. 복합적이에요. 우리 안의 작동들은 복합적일 수도 있다는 거죠.

오드리 로드는 평생을 차이의 문제에 천착했어요. 로드가 천착한 차이의 문제 중 가장 중요한 사고 중 하나는 여성의 섹슈얼리티를 이성애로 단정 짓는 사고이기도 했죠. 사실상 가부장제

여성은 다르다: 복수의 여성들

를 유지하고 지탱하는 것 중 하나가 이성애 섹슈얼리티를 정상 섹슈얼리티로 여기는 규준이기도 하니까요. 가부장제는 생식하는 섹스만이 섹스라는 생각이 있는 거예요. 그러니까 이성애 섹스를 정상적 섹스로 보는 것 자체에 대해서도 문제 삼아야 한다고 보는 거죠.

페미니스트들의 의제, 즉 가부장제에 저항하는 페미니스트의 의제가 여성들의 문제라고 이야기할 때는 동성애 혐오, 이성애 섹스만이 정상 섹스라고 이야기하는 호모포비아, 퀴어를 배제하는 문제들을 다시 한번 통과할 수밖에 없는 거죠. 그때 가부장제가 여성을 통제하는 것에 문제를 제기한다고 생각할 수 있는 거예요. 그래서 가부장제는 사실상 동성애 혐오, 인종차별주의, 성차별주의를 양산하면서 소위 정상 여성을 규준하는 구조를 유지하기 때문에 오드리 로드는 가부장제에 대해 실제적으로 저항하기 위해서라도 이에 저항하는 것이 필요하다고 생각했어요.

《시스터 아웃사이더》의 국내 번역본에는 사라 아메드Sara Ahmed의 추천의 글이 실려 있는데요. 사라 아메드는 지금 아주 중요한 페미니스트죠. 퀴어 현상학을 연구하는 사람인데, 특히 페미니스트한테 중요한 건 연대가 아니라고 하는 사람이에요. 그럼 뭐가 중요하다고 하느냐면, 불화래요, 불화. 싸우는 거요. '난 너랑 같지 않아. 너랑 싸워도 상관없어' 이런 거요. 불화하면서 내 목소리를 내는 게 중요하다는 거죠.

이 사라 아메드가 강조해서 소개하는 로드는 여성주의 안에서도 힘이 있는 백인 여성들, 즉 주류 여성들이 아니라 주변화된 여성들의 목소리를 북돋는 것이 페미니즘적 실천이라고 생각했던 사람입니다. '여성은 복수들이다'라고 이야기하는 차이의 정치학의 목표를 아시겠죠. 정체성의 정치학은 우리가 같다는 걸 계속 확인하는 작업들을 해요. 차이의 정치학은 그게 아니라 다른 사람들이 자신의 목소리를 가질 수 있도록 하는 일을 과제로 삼는 거예요. '다르다'라는 건 목소리가 별로 없다는 뜻이에요. 왜? 다르기 때문에. 다 다르기 때문에. 그런데 이 다른 자들이 자신의 목소리를 가질 수 있도록 북돋는 게 정치의 과제라고 생각하는 게 바로 차이의 정치학이라는 거예요.

권력과 정치, 언어와 목소리:
'침묵을 언어와 행동으로 바꾼다는 것'

여기서 저는 이런 이야기를 하고 싶어요. 페미니즘은 여성이 권력을 찾는 문제이기도 하고 권력을 갖는 문제이기도 하지만, 페미니즘 운동은 권력자 입장에만 설 수는 없는 것 같아요. 페미니즘 운동은 **언제나 권력을 갖지 못하는 사람의 역량을 강화하는 데 관심을 가져야 하니까요.** 권력을 쟁취해야 하는 문제도 있겠죠. 하지만 권력을 쟁취하는 방식은 사실 정체성의 정치학의 방식이거든요. 차이의 정치에서는 권력을 생산하는 방식이 아주 중요한 것 같아요.

'이게 무슨 말이냐. 저기 있는 권력자들을 그 권좌에서 내

여성은 다르다: 복수의 여성들

리고 우리 피억압자들이 그 자리에 가야지.' 이것도 물론 중요하겠죠. 많은 이들이 오랫동안 그런 방식으로 싸움을 많이 해왔어요. **그런데 그것보다는 권력을 갖지 못하는 사람들이 권력을 가질 수 있는 목소리를 내고 권력을 생산해내는 것이 차이의 정치의 목표인 거죠.** 어떤 사람들에게는 그 권좌를 빼앗아오는 것도 중요할 수 있겠죠. 하지만 그것보다는 지금 이 자리가, 이 삶의 자리가 온전히 지켜질 수 있는 그 자체가 권력이 될 수 있다는 것도 우리가 생각해볼 필요가 있는 것 같아요.

권력이라고 하면 탈취의 의미, 빼앗고 빼앗기는, 소유의 의미로 생각하죠. 그런 권력이라는 건 한정적이에요. 그런데 미셸 푸코를 비롯한 어떤 사람들은 권력은 생산되는 것이라고도 해요. 권력을 누군가를 지배하는 것이 아니라 살아낼 수 있는 힘으로 이해하고, 주변화된 이들이 삶의 자리를 인정받을 수 있는 위치를 만들어내는 것을 권력의 생산이라고 이해한다면 어떨까요. 그럴 때 이 주변화된 사람들이 권력을 만들어낼 수 있고 그들이 힘을 가질 수 있도록 하는 작업이 정치라면요. 이렇게 이해할 때 로드 자신이 직면했던 것들을 바꾸는 작업의 출발점은 무엇이었을까요? 언어를 갖는 것, 목소리를 갖는 것이겠죠.

'가스라이팅'이나 '그루밍' 같은 말들 아시죠. 없던 말들이 생겨나요. '어, 이게 나만 그런 건가?' 했는데 그걸 지칭하는 말이 생겨나면, 거기에 대해 저항하기 시작하거나 그게 문제라는 의식이 생겨나기 시작하고 사회에서 그런 행위들을 지목해요. '이거 그루밍 아니야?' '이거 성차별주의 아니야?' 이런 식으로. 언어를 갖게 한다는 게 굉장히 중요하다는 거예요.

　페미니스트로 사는 건, 이렇게 언어를 갖게 되면서, 분명 힘들겠지만 그럼에도 새로운 힘과 가능성을 얻게 되는 일이기도 합니다. 이러한 새로운 가능성은 자신이 살아온 삶으로부터 이탈하거나 벗어나는 것이 아니에요. 흔히들 말하죠. '사는 거, 인간사 다 똑같지. 먹고 싸고 자고.' 그런데 그런 데서 탈출하는 새롭고 다른 방식이나 생각이 아니라 "그것을 느끼는 새로운 방식"*이 있다고 해요. 우리가 '아, 입맛이 사라졌어' 이럴 때 있죠. 맨날 먹던 밥인데 입맛이 사라졌다고요. 이 입맛이 사라졌다는 걸 우리는 이런 증표로 생각하죠. '사는 게 재미없고, 밥도 맛이 없다' 이렇게요. 이럴 때 다른 밥 먹으면 맛있을까요? 아니죠. 이건 감각이 무뎌지고 의욕이 없다는 뜻이잖아요. 우울증의 중요한 증표 가운데 하나가 입맛이 없는 거잖아요. 불면증일 수도 있고 무기력해서 잠만 자고 싶어지기도 하고요.

　그런데 새로운 감각을 느끼면 똑같은 밥인데도 맛이 다르죠. 명쾌하게 자고 명쾌하게 일어나서 우리의 삶을 꾸려나가는 거죠. 중요한 건 새로운 감각을 일깨우는 것들이죠. 이게 생명력인 거고요. 무기력한, 새롭지 못한 감각들에서 벗어나기 위한 제일 중요한 기제를 이 사람은 "침묵을 언어와 행동으로 바꾼다는 것"**이라고 하는 것 같아요. 무기력하게 만드는 어떤 공간에서

＊　　오드리 로드, 〈시는 사치가 아니다〉, 《시스터 아웃사이더》, 주해연·박미선 옮김, 후마니타스, 2018, 44쪽.

여성은 다르다: 복수의 여성들

어떻게 새로운 방식으로 우리는 감각할 것인가.

　　우리를 침묵시키는 건 이런 거죠. '너무 내가 나대는 거 아니야? 이렇게 말해도 될까? 이렇게 말하면 누군가 나를 쳐다볼 텐데, 찍히는 거 아니야?' 그런데 로드는 침묵을 하든 침묵을 깨든 억압의 구조는 상관없이 계속 작동할 거라 말해요. 그러니까 두려워할 필요 없고, 설치고 떠들어야죠. 침묵하며 살지 말고, 이 한 번밖에 없는 삶을 언어와 행동으로 바꿔나가자는 거죠. 이런 생각이 담긴 로드의 글이 바로 〈침묵을 언어와 행동으로 바꾼다는 것〉입니다.

　　그런데 오드리 로드가 이 글을 썼던 시기는, 유방암 때문에 유방 절제 수술을 받은 직후였어요. 당연히 쉽지 않은 시기죠. 자, 뭔가 크게 병을 앓았어요. 하지만 로드는 그 과정이 자신을 뒤흔들었지만 훨씬 더 강하게 만들었다고 말합니다. 왜냐하면, 그 과정을 통과하면서 자기가 예전부터 침묵을 언어와 행동으로 바꿔야 한다고 해왔는데, 그래야 하는 더 큰 이유를 발견했다는 거예요. 나를 죽게 할 수도 있는 종양을 겪어내는 순간에 내 삶이 유한하다는 것, 이 삶에 끝이 있다는 것을 깨닫는 거죠. '이 삶이 얼마나 소중한가. 나는 결국엔 영원한 침묵에 빠져들 텐데, 왜 내가 살아서 침묵을 지켜야 하는가.' 영원한 침묵이라는 건 죽음이죠. 삶이라는 건 이렇게나 소중하고 나는 결국은 영원한 침묵에 빠질

**　오드리 로드, 〈침묵을 언어와 행동으로 바꾼다는 것〉, 《시스터 아웃사이더》, 주해연·박미선 옮김, 후마니타스, 2018, 46쪽.

거잖아요. 그러니 내가 살고자 하면 이 영원한 침묵의 상태인 죽음의 상태에 머무르지 말고 활력의 상태를 만드는 것, 그러니까 침묵을 언어와 행동으로 바꾸는 게 정말 중요하겠다는 걸 깨달았다는 거죠.

이 침묵으로부터 깨어나야 한다는 이야기를 계속하는 이유는요. 여성들이 인간을 남성으로만 칭했던 바에서 깨어난 것처럼, 흑인 페미니스트들도 '아, 백인 페미니스트들만 여성인 게 아니에요. 나도 여자예요. 난 여자 아닌가요?'라고 묻는다는 거예요. 그리고 그 물음을 던지면서, 침묵으로부터 벗어나면서, 비로소 '이 답답한 침묵에서 나오는 것이 정말로 나를 살게 하는 것이구나'라는 깨달음을 이제 이야기하는 거죠.

차이를 이야기하면 로드를 싫어하는 사람이 생길 테고 분명 힘들 거예요. 하지만 로드는 힘주어 말합니다. 당연히 언제나 우리의 실존은 여러 방식으로 상처를 입는다고요. 그리고 고통은 결국 바뀌거나 사라지기 마련이죠. 우리는 고통이 영원할 거라고 생각하지만 불행히도 우리의 삶이 유한하기 때문에 우리의 고통도 유한합니다. 그리고 살아지죠. 우리가 언제든지 죽을 수 있고 우리가 유한하다는 것이 오히려 우리에게 힘을 준다는 것을 깨달았다는 거예요. '우리가 이렇게 유한한 존재인데, 영원히 침묵에 빠질 텐데 이렇게 침묵하고 답답하게 살아야 해?' 유방암을 앓고 큰 깨달음이 있었나봐요. 아프고 나면 '더 조용히 살아야지' '목숨 보전해야지' 하는 사람들도 있는데, 로드는 이런 거죠. '내가 말하지 못할 게 뭐야. 말 좀 해야겠어. 이게 살아있는 거지.'

페미니스트들한테 참 중요한 게, 이거예요. 언어, 목소리. **페미니스트들은요, 실은 폭력을 이야기한 적이 없어요.** 페미니스트들이 과격하다고 하는데, 말은 과격하죠. 왜 과격할까요? 말이 없던 사람이 말을 시작하면 과격해요. 언어가 없었기 때문에, 정교하지 못하기 때문에. 수사학이 없어요. 페미니스트들은 항상 언어와 목소리를 이야기했어요. 왜? 자기 목소리로 말해본 적이 없었으니까. 페미니스트들의 말은 언제나 더듬는 말이었죠. '너 조리 있게 말을 해봐. 울지 말고' 이런 말들은 폭력이에요. '내가 알아듣게 네가 말해야지'는 중요하지 않아요. 누군가를 설득할 수 있게 말을 해야 한다는 건 두 번째 문제예요. '어버버' 하면서 말하는 거 있잖아요. 울면서, 눈물을 흘리면서 말하는 거요. 사람들이 흔히 '비이성적'이라고 욕하는 방식으로. 페미니스트의 말하기는 대체로 그래요. 몸으로 말하기. 몸으로 펼쳐내기.

누군가를 설득하기 위해서 말하기도 하지만 내가 살기 위해서 언어와 목소리를 갖는 게 페미니스트의 아주 중요한 출발점이에요. 오히려 비난하는 사람들의 언어와 목소리가 폭력적인 거죠. 동일성의 폭력. 그래서 페미니스트들은 어떤 사람이 말을 하기 시작하면 무슨 말을 하려는지 들어주려고 하죠. '네가 나를 설득해봐' 하는 게 아니고요. 이게 페미니스트들이 지닌 중요한 태도라고 저는 생각해요.

그런데 그거를 보고 '아, 되게 배려심 많다. 착하다' 이런 뜻으로 받아들이시면 안 돼요. 그런 뜻이 아니에요. 목소리가 없던 사람들이 말을 하기 시작했을 때, 어떻게 해주면 더 말을 하겠어요? 딴짓하면서 듣나요? 아니죠. 잘 들으려고 해야 되잖아요. 그리고 '날 좀 이해를 시켜봐' 이런 게 아니라 뭐라도 듣는 척, 듣는 시늉이라도 해야 상대방이 말을 하죠. 그게 중요한 일종의 태도, 에토스예요. 언어와 목소리를 찾기 시작하면 그다음부터는 조금씩 서로가 소통할 수 있는 언어들이 또 생겨나겠죠. 로드는 어떤 믿음이 있었던 것 같아요. 차이들 덕분에 세상에 맞는 언어를 탐색하게 되고, 차이에도 불구하고 배려와 보살핌이 우리에게 있다고요. 그리고 그로부터 힘을 얻을 수 있다고요.

로드는 침묵의 횡포에 맞서는 일을 전쟁으로 칭하고요, 우리는 상처를 입은 피해자이기만 한 게 아니라 죽음의 힘에 맞서 싸우는 전사이기도 하다고 해요. 죽음은 생명의 호흡이 멈추는 일이죠. 로드는 한 생명체로서의 죽음만이 아닌 사회적 죽음, 살아도 살아있지 않은 상태로서의 죽음에 대해서도 생각하는 듯합니다. 회사에서 누구 내보내려고 할 때, 어떻게 신호를 주죠? 한직에 보내버리고, 없는 사람 취급, 투명인간 취급을 하잖아요. 그게 사회적 죽음이죠. 그런데 바로 소수자들의 목소리를 막아버리는 게 사회적 죽음하고 똑같은 거예요.

그러면서 로드는 우리가 두려워한다고 할 때 무엇을 두려워하는 건지 중요한 통찰을 해요. '나는 두려워서 말을 못 하겠어' 이러면 우리는 두려워하는 대상으로 권력자, 우리를 억압하는 사람을 떠올리잖아요. 그런데 로드는 조금 다른 이야기를 합니다. 사람들이 두려워하는 건 권력자일지도 모르지만 '내가 주변인이 될 수 있다'라는 그 두려움일 수도 있는 거죠. 바로 이 두려움, 당신들이 두려워하는 바로 이 주변인의 얼굴에서 나는 나를 선언하고 이야기하겠다는 거예요. 이 안에서 우리가 차이의 정치학을 생각해볼 필요가 있어요. 흔히 차이의 정치학을 분열의 정치라며 비난하는데, 정치의 목표가 달라요. 정체성의 정치학은 단결을 목표로 하지만, 차이의 정치학은 차이 나는 존재들에게 힘을 실어주는 게 목표예요. 그렇죠?

차이의 정치에 목표라는 말이 썩 어울리지는 않지만, 차이의 정치학에서 이야기하는 바는 이런 거예요. 내가 힘을 가진 권력자가 되겠다고 선언하는 게 차이의 정치의 목표일까? 아니죠. 오히려 내가 내 안에 얼마나 많은 타자들이 있는가를 발견하는 것, 실은 내가 다양한 타자들로 이루어졌다는 사실을 인정하는 것. 그것은 내가 굉장히 두려워하는 것이죠. 많은 사람들이 한 번도 밀려나지 않는 인생을 살고 싶다고들 하죠. 우리가 두려워하는 모습은 사회적 약자가 되는 거잖아요. 그러니까 '너 공부 못하면 저런 사람 된다' 하는 거. 약자가 된다는 건 우리한테 공포로 다가오잖아요.

그런데 차이의 정치학은 우리가 사회적 약자라는 사실을 인정하는 거예요. 우리가 언제든지 사회적 약자가 될 수 있다는 사실을 이해하는 것들이에요. '사회적 약자? 내가 왜 사회적 약자야. 나 지금 부자고, 나 지금 멀쩡한데?' 하지만 우리는 아주 어린 아이로 태어났고, 노인이 되고, 언제든 사고를 당할 수 있어요. 그리고 그 1퍼센트의 부자가 아닌 많은 사람들은 언제나 불안정한 고용 상태에 시달리기도 하죠.

하지만 약자가 되면 우리는 졌다고 생각하잖아요. '나는 그런 약자 아니야. 그런 데서 벗어날 거야' 그렇게 이야기해요. 그런데 차이의 정치학은 우리가 약자일 수 있는 가능성을 노출하고, 우리가 약자임을 인정하는 게 이 사회구조를 변화시키는 데 중요한 요소라는 걸 이해하는 일 같아요. 그리고 차이의 정치학을 분열의 정치학이라고 비난하지만, 차이의 정치는 그런 비난을 두려워하지 않죠. 목표도 다르죠. 그리고 어떤 것이 소수자, 주변에 서 있는 사람들에게 더 나은 정치의 방식일 것인가를 생각하죠. 이런 점에서 이 책의 추천사를 쓴 사라 아메드가 불화를 두려워하지 말라고, 자신은 불화하는 페미니스트라고 한 이유들을 생각해볼 수 있어요.

오드리 로드는 차이의 정치학이 가진 힘을 이야기해요. 우리가 오드리 로드의 글을 하나씩 읽으면 그 글 속에서 차이의 정치학이 그려내는 지평선이 무엇인지를 알 수 있어요. 지평선의 특징이 뭘까요. 언제나 걷는 사람들에게 지평선은 저기잖아요. 저기 가서 도달해보면 또 저기가 있잖아요. 그 지평선을 그려내고 있어요.

이렇게 지평선을 따라 걷는 아무것도 가진 게 없는 사람이 가진 힘이 뭘까요. 로드는 바로 피억압자들이 지닌 취약함이 힘이라고 말합니다. 억압당하는 사람은 취약한 상처를 드러내고 싶어 하지 않아요. 흑인이라는 게 안 드러났으면 좋겠잖아요. 사실 여성들도 그렇잖아요. 프로페셔널한 여성인 걸 보여주기 위해서 어떤 걸 입어요? 남성들이 입는 수트 비슷한 걸 입잖아요. 말할 때도 "네, 그렇습니다, 선배님" 이렇게 남성성을 흉내 내잖아요. 흑인들도 백인처럼 보이려고 곱슬곱슬한 머리를 펴잖아요. 최대한 안 드러내려고 하는 거죠. 그리고 퀴어들은 커밍아웃 많이 안 하잖아요. 왜? 벽장 안에 있는 게 낫다는 거죠. '커밍아웃하면 다 나를 퀴어로만 볼 텐데?' 그게 불쾌한 거고, 그게 '아, 쟤는 그래서 그렇구나' 하면서 나를 취약하게 만들잖아요. 그런데 나를 취약하게 만드는 그 가시성이 가장 큰 힘의 원천이기도 하다는 거죠.

왜 이 차이를 중요시해요? 이 차이라는 게 역량이고 힘이라는 거죠. 우리가 다르다는 사실, 이 동일한 것들과 다르다는 사실은 큰 역량이라고 하는 겁니다. 그게 왜 힘이고 역량인지 그걸 설명하는 이론은 많아요. 우선 많이 이야기하는 입장론standpoint theory을 조금 소개해드릴게요. 샌드라 하딩Sandra G. Harding 같은 철학자가 대표적이죠. 입장론은 마르크스주의적 인식론에 근거할 때가 많고, 흑인 페미니스트들이 많이 이야기하는 이론이에요. 마르크스주의적 인식론에 따르면 이런 거죠. 프롤레타리아 계급이 부르주아들보다 훨씬 넓은 시각을 갖고 있다는 거예요. 부자인 사람들은 부자들의 세계밖에 못 보지만, 가난한 사람들은 부자들의 세계도 보고 가난한 사람들의 세계도 보니까, 더 많은 것을 보는 것이고 더 많은 지식에서 참되다는 거죠.

차이가 훨씬 더 많은 역량일 수 있다는 이야기도 입장론에 따르면 이런 거죠. 중심부에 서 있는 사람들은 이 중심밖에 못 보는 거예요. 하지만 이 주변화된 사람들은 중심부에도 살죠. 중심부에서 피착취 계급으로 살아요. 운전수로도 살고, 벨보이도 하고, 구두닦이로도 살고, 메이드로도 살죠. 이들은 중심부에서 주변화된 노동을 하고 있거나, 무시되어 안 보이는 사람처럼 살고 있지만 더 많은 걸 볼 수 있죠. 주변부 사람들이 사는 지역에 살지만 일하러 중심부로 가기도 하니까. 이 둘을 오가면서 그 차이를 느끼기 때문에 훨씬 더 많이 본다는 거죠. 이런 점에서 차이가 진리의 역량이라고 하기도 합니다. 동시에 그거랑 상관없이 차이가 역량이라고 이야기하는 다른 이론들도 있고요.

그런데 흑인이라는 건 변치 않는 사실이잖아요. 차별받든 아니든 그걸 무시하고 살 수 없잖아요. 침묵하든 떠들든 간에 차별과 억압은 점점 더 커지고 세상은 차이가 있는 존재들을 철저히 파괴하려고 하니까요. 그래서 로드는 자신의 가족이 아프리카계 미국인들의 추수감사축제인 크완자를 지내고 있고, 크완자에서 지켜야 할 원칙들인 단결, 자결, 협동과 책임성 같은 걸 말하면서 이런 문제들을 해결할 수 있다고 해요.

우리가 이 이야기를 통해서 알 수 있는 건 이런 거죠. 내가 차이를 가졌다는 건 나를 두렵게 하는데, 차이를 힘이라고 하는 건 이런 이유가 아닐까 싶어요. 우선은 내가 차이를 지녔다는 걸 인정하고 이해하게 되면, 시야가 넓어져요. 그건 나만이 차이를 가진 게 아니라, 다양한 사람들이 다채롭게 차이를 지니고 있다는 걸 알게 된다는 거예요. 모두가 동일하다는 주장의 허상을 깨는 거죠. 다양한 차이들과 더불어 이미 공동체는 존재하기에, 이 차이를 통해서 공동체에서 함께 살아가겠다는 다짐을 하게 될 뿐 아니라 공동체를 새롭게 일구겠다는 약속도 할 수 있게 돼요. 그래서 차이는 중요한 역량일 수 있다는 거예요. 그렇기에 차이를 이야기하고, 이 차이로 인한 차별과 억압을 증언하고 저항하면서 역량을 키워내야 하는 것이죠. 그런 점에서 언어와 목소리를 갖고 침묵에서 벗어나는 게 중요하다고 하는 거예요.

하지만 그럼에도 불구하고, 차이에 대해서 이야기하면 분열을 말하게 된다는 비난을 받기도 하고요. 그리고 많은 이들이 이미 그러한 생각을 내면화하고 있기도 해요. 또한 차이는 보편적인 것이 아니기 때문에 당사자가 아니고서야 그 문제를 전달할 수 없다고도 하죠. 예를 들면 이렇게 말하는 사람이 있어요. '야, 페미니스트는 여자들만 하는 거잖아. 그럼 남자들이 어떻게 페미니스트를 해. 페미니스트들이 하는 말 나 하나도 이해 못 하겠다' '내가 흑인들로 살아봤어야지 흑인들의 경험을 알지' 이런 거죠. 그런데 우리가 플라톤, 셰익스피어가 되어본 적이 있냐고 로드는 되묻는 거죠. 아니잖아요. 그런데 어떻게 가르치냐는 거죠. 우리는 우리가 한 번도 되어보지 않은 것들을 다 가르쳐왔잖아요. 《데미안》이나 《이솝 우화》 다 읽고 가르치잖아요. 그런데 그런 걸 배우면서 '왜 우리한테 백인 남성이 쓴 책을 가르쳐?' 하고 문제 제기하는 사람은 아무도 없었잖아요.

'내가 이렇게 특수한 차이를 이해할 수 있을까?' 하는 게 아주 잘못된 생각이라는 거죠. 로드는 차이를 말하면서 서로가 서로에게 배울 기회가 생긴다고 말합니다. 그리고 차이가 다원적 정체성들을 의미하는 것은 아니라고 말합니다. 차이가 그저 다양한 정체성들만을 의미한다면, 즉 저 사람이 지닌 차이와 내가 지닌 차이는 영원히 소통할 수 없는 당사자성들과도 같은 것이라고 생각한다면, 차이를 주창하기보다는 각각의 정체성들을 이야기하는 것에 불과한 거니까요. 사실상 로드가 강조하는 것은 하나의 정체성이라고 생각하는 그 범주 안에 실은 차이들이 존재한다는 것이고, 그 차이에 대해 말한다는 것이 정체성을 분열시키는 행위가 아니라 정체성이 본질적인 것이 아닌 후험적 산물임을 드러낸다는 것이죠. 그리고 또한, 동일하다고 믿는 정체성이 실은 다양한 차이를 차별하고 억압한다면 그 문제를 당연히 말하고 그로부터 저항하는 것이 정의이기도 하다는 거예요. 차이의 정치학은 동질하다고 믿어 의심치 않은 그 당연한 전제를 다시 되묻고, 존재하는 차이들, 특히 차별로 인해 쉬쉬했던 그 차이를 말하게 하고, 그 차이의 경험을 나누려는 것에서 시작하는 것이죠.

그리고 여기서 경험을 나눈다는 건 같아지기 위해서가 아니라 저 차이들을 이해하기 위한 거예요. 이게 바로 차이의 정치학이라는 거죠. 그런 의미에서 차이의 정치학은 어떤 권리의 달성으로 끝나는 정치학과는 달라요. 왜냐하면 침묵에서 벗어나 언어와 행동을 해야 하는 이유가 그저 내가 내 목소리를 내는 것에 그치는 것만은 아니기 때문이니까요. 당연히 목소리를 갖지 않았던 자들이 목소리를 내는 것도 중요하죠. 이와 동시에 많은 사람들의 목소리를 들으면서, 그 목소리들 안의 차이들을 통해 많은 이해들, 많은 지식들을 갖게 되는 것들이 정말로 중요해요. 우리가 당연시하고 있던 플라톤, 아리스토텔레스, 셰익스피어를 만나봤나요? 안 만나봤죠. 그래도 읽잖아요. '보편 문학'이라고 하잖

여성은 다르다: 복수의 여성들

아요. 보편적이라는 건데, 공자가 왜 보편적이죠? 2,500년 전 중국 사람이 하는 말인데. 예수의 말씀이라는 것도 중동 지방에서 2,000년 전에 했던 말씀인데 그걸 왜 보편이라고 하나요. 한 번도 되어본 적 없는 사람들을 보편적이라고 이야기하면서 어떤 흑인 여성이 말하는 걸 어떻게 이해하느냐고 하는 게 말이 되냐는 거죠. 그 안에는 이미 편견이 있는 거예요. 누구를 보편으로 삼고, 누구를 보편 인간으로 삼는 거요. 사실 그들도 특수한 것일 수 있는데 왜 보편으로 삼느냐는 거죠.

차이를 역량으로 만들어내는 방법:
'표면에 흠집 내기'

2018년에 웹하드 카르텔이 폭로됐을 때, 알고 봤더니 드라마화까지 됐던 원작 만화의 모델이기도 했던 유명한 어떤 노조위원장이었던 사람이 그 카르텔에 연루가 되어 있었던 거예요. 그런데 그걸 두고 페미니스트들이 노동운동에 악영향을 준다는 식으로 말하는 사람들이 있었어요. 이런 이야기가 왜 잘못된 거죠? 노동운동하는 데 여성 노동자는 없었느냐는 거예요. 그게 백래시죠. '흑인 여성들이 나대면서 흑인 남성이 흑인 여성을 강간한 일을 자꾸 폭로해서 부끄럽다' '백인 인종주의자들이 흑인들 공격하는 걸 한데 모여서 박살내는 데 힘을 실어주지 못할망정 우리 치부를 드러낸다' '페미니스트들은 어딜 가나 분쟁을 일으키고 다니는 나쁜 ×들이다' 이렇게 이야기하는 거 있잖아요.

거기에 대해서 흑인 페미니스트들이 흑인 남성들, 지식인들이 되게 웃기다고 하는 거죠. '이게 왜 연대를 막는 일이야? 당신들이 말하는 흑인들 안에 우리 여자들이 있어? 당신들은 정체성의 정치로 동일한 흑인을 말하지만 우리는 차이의 정치를 이야기할 거야. 우리가 목소리를 내는 건 파괴하는 게 아니라 더 많은 역량을 만드는 거야. 우리 목소리를 통해서 새로운 비전을 만들어낼 거야. 당신들은 백인들 자리에 흑인들이 들어가면 모든 일이 다 잘될 거라고 하지만, 진짜 그럴까? 우리 이야기도 이렇게 안 들어먹고 우리를 분열주의자라고 하는데.' 이렇게 말하는 거예요. 그러면서 이 차이가 역량임을 역설하는 로드의 이야기를 잘 알 수 있는 글이 바로 〈표면에 흠집 내기〉라는 글입니다.

그래서 '흠집 내기'라는 거죠. 매끈매끈하다고 생각하는 표면에 흠집을 낸다는 건데, 이건 동질하지 않다는 걸 보여주는 거예요. 오드리 로드는 네 가지 방식의 흠집 내기를 말해요. 인종차별, 성차별, 이성애중심주의, 동성애 혐오가 바로 그것이고, 이것들이 같은 뿌리를 갖고 있다는 걸 오드리 로드가 지적하는 겁니다. 일종의 "맹목성"과도 같은 그 뿌리에는 "차이를 인간의 역동적 힘으로 인식하지 못하는 무능력"*이 있다는 거죠. 맹목성이라는 건 눈이 있어도 눈을 가리고 안 보는 거잖아요. '왜 너는 흑

---

* 오드리 로드, 〈표면에 흠집 내기〉, 《시스터 아웃사이더》, 주해연·박미선 옮김, 후마니타스, 2018, 55쪽.

인들이 백인들의 인종차별주의에 맞서 싸우고 있는데 흑인이 잠간 실수한 걸 폭로해서 분열을 만드니? 역시 차이를 말하는 분열주의자야'라고 하는 사람들, 즉 차이를 이야기하는 걸 역동적 힘으로 보지 못하고 분열로 보는 사람들이 무능력하다는 거죠.

그러니까 차이에 대해서 계속 이야기해야 한다는 거죠. 〈표면에 흠집 내기〉는 로드가 흑인 공동체의 남성 지식인들을 비판하면서 쓴 글이에요. 말로는 흑인 공동체에 성차별이 없는 것처럼 이야기한다는 거죠. 예전에 남자 뒤에 두 걸음 물러나 있던 여자들이 이제 남자들과 함께 서 있다면서요. '예전에는 우리보다 두 걸음 뒤에 있으라고 했는데 이제는 같이 서라고 하잖아. 우리가 얼마나 진보적인데. 우리 정도면 얼마나 평등하게 대하고 있는 건데. 이거 분열 책동하는 거야? 너 지금 백인 편에 선 거지. 남자친구가 백인인 거 아냐?' 뭐 이런 거요. 이렇게 보는 건 문제가 있다는 거예요. 차이를 억압하고 공동체에 위협이 된다면서 차이를 사상하는 건 언제나 문제가 된다는 거죠. 저는 이게 남의 이야기 같지가 않아요.

이런 맥락에서 로드는 흑인 공동체가 이성애 섹슈얼리티만 정상 섹슈얼리티로 이야기하고 있다고 비판해요. 흑인 레즈비언들이 등장하면 문제가 되는 거죠. 그리고 이러기도 하죠. '시인으로서는 좋아. 레즈비언이 아니라면 더 좋겠지.' 뭔지 아시겠죠. 이런 흑인 여성들을 협박하고 폭행하는 문제들도 있는 거고요.

결론적으로 로드가 하고 싶은 이야기는, 사람들은 차이를 말하는 게 흑인 남성과 흑인 여성을 분열시키는 것이라고 하는데, 오히려 차이를 말하는 걸 금지하는 게 우리를 분열시킨다는 거예요. 한번 생각해보세요. '조용히 해. 우리 같은 편이야. 부끄러운 이야기하면 안 돼' 하는 경우 많잖아요. 운동권, 진보 정치 진영 안에서도 많죠. '우리 안에서 성폭력 있었다는 거 말하고 다니면 외부에서 얼마나 우리 욕하겠니. 진보적이라고 했는데 성폭력이 있었다는 건 부끄러운 일이니까 조용히 하자' 이러는 거요. 이 조용히 하자고 하는 게 그 안에서 같은 편이라고 생각했던 사람들끼리 찢어지게 한다는 거예요.

그걸 밝히고 대화를 나누고 문제 있는 사람들을 교정하거나 배제하거나 문제가 있다고 비판하거나 통제했을 때 오히려 연대가 살아날 수 있다는 거예요. 그런데 우리는 거꾸로 생각한다는 거죠. 그래서 이 차이의 정치학은 차이를 분열로 이해하거나 연대를 해치는 것으로 바라보는 게 아니라, 오히려 새로운 연대와 새로운 이해를 마련할 수 있고, 다양한 차이를 지식을 넓혀가는 자원이자 원천으로 이해하고 있어요.

이제 이렇게 물어볼 수 있죠. '누가 연대를 깨는가? 차이를 말하는 사람인가, 아니면 차이를 은폐하는 사람인가?' 오드리 로드는 이야기해요. 차이를 은폐하는 사람이 연대를 깬다고요. 그리고 그렇게 연대를 깨기 시작하면 우리가 반대하는 사람들을 똑같이 닮아가는 것이라고 해요. 이 이야기는 정말 중요해요. 오드리 로드의 글 가운데 누구나 다 읽는 글이 있습니다. 〈주인의 도구로는 결코 주인의 집을 무너뜨릴 수 없다〉라는 글인데, 이 제목이 무슨 뜻인지 아시겠죠. 차이는 분열을 책동하는 거니까 우리

여성은 다르다: 복수의 여성들

는 모두 조용히 하고 연대해야 된다고 말하는 게 주인의 말인 거죠. 차이가 있다고 표현하는 사람들을 노예라고 했을 때, 우리가 대항하려고 하는 이 주인이라고 하는 지배자의 방식을 우리가 똑같이 사용하면 지배자의 집을 무너뜨리지 못한다는 거예요. 지배자들이 이야기하죠. '그래, 너희들이 아무리 덤벼봤자 우리는 이미 그거에 익숙하거든. 너희들이 우리 따라오려고 해봤자 우리가 원본인데 너희가 아무리 모방해봤자 안 되는 거지.'

그러면 착취받는 사람들, 이 억압의 체계에서 피억압에 놓인 사람들은 지배자의 방식대로 싸워봤자 안 된다는 거예요. 제가 새로운 지평선들, 그 비전들을 그려나가는 게 차이의 정치학의 목표가 되어야 한다고 말씀드렸죠. 그랬을 때 진정한 연대, 어떤 사안에 대해서 같이 싸워갈 수 있는 힘을 마련할 수 있다는 이야기들을 하는 거예요.

로드는 '흑인 여성으로서'라는 말을 힘주어 강조합니다. 흑인 여성으로서의 주체화를 말하는 것인데요. 흑인 여성에 대해 말할 때 흔히 '여성+흑인'이라고 생각하잖아요. 그렇지만 로드의 말은 그런 식의 사고를 비판합니다. 이와 관련해서는 킴벌리 크렌쇼Kimberle Crenshaw의 교차성에 대해서 생각해볼 수 있어요. 교차성은 흑인 여성의 경험을 왜곡하는 단일축single-axis 분석에 대한 비판에서 시작됩니다. 단일축에 따른 틀framework이 주로 집단의 특권층에 기대어 있다는 사실을 밝혀요. 살아있는 여성의 경험을 단일축의 범주로 묶어버리면 인종차별은 특권적 흑인 남성의 관점에서, 성차별은 특권적 여성에 맞추어져 다루어지게 돼요. 그렇게 되면 흑인 여성으로서 겪는 경험과 차별은 사라져요. 흑인 여성으로 겪는 교차적 경험은 인종주의와 성차별을 합한 것보다 훨씬 더 크다는 거예요. 크렌쇼는 교차로에서 네 방향으로 오가는 차량의 예를 통해 교차성을 설명하는데, 교차로를 통과하는 차량과 마찬가지로, 차별은 한 방향으로 흐를 수도 있고 다른 방향으로 흐를 수도 있다는 거죠. 여기서 크렌쇼는 다차면성 multidimensionality을 강조하면서 교차로에서 일어나는 사고는 특정 방향에서의 이동 때문일 수도 있고, 때로는 모든 방향에서의 이동 때문일 수도 있다는 점을 지적합니다. 흑인 여성은 교차로에 있기 때문에 성차별이나 인종차별로 인해 다차면적 차별을 당할 수 있다는 거죠.*

로드가 차이를 강조하는 것은 바로 흑인 여성 경험이 다차면적이라는 것이고, 이 차이를 사상하지 않아야 한다고 강조하는 거예요. 그래서, 사실상 차이가 역량이 되기 위해서는 차이를 무시하는 게 아니라 차이를 인정해야 된다는 거고, 그래야 같이 싸울 수 있다는 거예요. 그러니까 '차이를 이야기해서 같이 싸울 수 없다'가 아니라 '차이를 이야기함으로써 같이 싸울 수 있다'라는 건데, 이게 굉장한 패러다임의 전환이에요. 많은 사람들이 차이로 인해서 분열이 된다고 하지만 차이를 말하지 못하게 해서 분열이 됐다는 거거든요. 생각을 바꾸면 세상이 달라 보이죠. 그리고 이 많은 진보주의의 성취는 많은 차이를 이야기했기 때문에

---

* 김은주, 〈여성은 인간이다〉, 《페미니즘 고전을 찾아서》, 에디투스, 2018, 30~31쪽.

여성은 다르다: 복수의 여성들

얻을 수 있었던 게 아닐까요. 이 사회의 문제점에 대항해왔던 많은 사람들, 소수자들의 많은 투쟁의 역사들은 그 소수성들을 드러냄으로써 이만큼 전진(별로 좋아하지 않는 말이지만 쓰겠습니다) 혹은 인정받았고, 공동체의 권리 투쟁 안에 포함될 수 있었다는 거죠. '침묵을 언어와 행동으로 바꾸면서 표면에 흠집 내기.' 이건 누군가를 성가시게 하려는 태도가 아니에요. 누군가를 괴롭히는 태도가 아니라, 어떤 존재가 자기의 두려움을 떨치고 삶을 끝까지 살아내려는 몸부림인 거죠.

차이의 동력, 섹슈얼리티: '성애의 활용'

오드리 로드는 페미니즘의 힘을 차이 나는 여성들의 목소리에서 찾습니다. 그리고 〈성애의 활용〉이라는 글에서 그 힘의 문제를 섹슈얼리티와 연관시켜 설명하고 있어요. 성애라는 걸 음침한 거라고 생각하는 사람도 있고, '철학자 입에서 그런 걸 말하다니' 하고 생각하는 사람도 있겠죠. 제가 한번은 자크 데리다 Jacques Derrida를 인터뷰하는 다큐멘터리를 보는데, 인터뷰어가 데리다한테 이걸 물어보는 거예요.** 여러 철학자들이 있는데 그들한테 관심 있는 게 뭐냐고요. 그랬더니 데리다가 철학자들의 성생활이 궁금하다고 대답을 하는 거예요. 특히 헤겔의 성생활이 너

** 커비 딕, 〈데리다Derrida〉, 2002.

무 궁금하다고요. 그때 제가 헤겔을 한창 열심히 읽고 있었는데 머리가 너무 아픈 거예요. 그 순간 '왜 우리는 지식, 진리라는 것과 섹슈얼리티가 무관하다고 생각하는 걸까' 그런 생각을 했어요. 왜 섹슈얼리티는 아무도 없는 골방이나 은밀한 공간에서 쉬쉬하면서 말하거나 술자리처럼 이성이 풀린 곳에서 발화되어야 할 것이지, 이성적인 대화와 학문적 질서들이 오가는 곳에서는 할 수 없는 이야기라고 생각하는 것일까.

오랫동안 철학에는 육체 혐오와 섹슈얼리티 혐오의 역사가 있었죠. 철학은 이성의 학문이잖아요. 그런데 이성은 우리의 신체와 관련이 없는 곳에서 벌어지는 것으로 여겨져요. 그런데 미셸 푸코의 《성의 역사》는 어떻게 근대에 주체로서 자기 의식이 만들어졌는가를 질문하면서, 그것이 실은 섹슈얼리티와 굉장히 긴밀한 관련을 맺고 있다고 해요. 왜? 자기 의식이라는 건 자기에 대해 성찰하고 자기에 대해 굉장히 많이 관심을 가져야 만들어지는 거니까요. 그게 서구의 고해성사라는 가톨릭 문화 안에 있었다는 거예요.

그런데 고백의 핵심은 뭘까요? 고백을 주로 어떨 때 하죠? 잘했을 때가 아니라 잘못했을 때, 죄를 지었을 때 하는 거죠. 이때 어떤 게 큰 죄일 것 같아요? 섹슈얼리티에 관한 게 큰 죄잖아요. 섹슈얼리티를 금지하니까 죄가 되고 이걸로 죄가 있다고 고백을 하는 건데, 이렇게 섹슈얼리티를 금지시키면 어떤 일이 벌어지느냐면 섹슈얼리티가 점점 부각돼요. 무의식적으로 혹은 말하지 않지만 속으로 '이게 죄네. 저 사람한테 음심을 품는 게 죄네. 이것

여성은 다르다: 복수의 여성들

도 문제네' 이런 식으로. 그래서 그 금지된 섹슈얼리티를 고백하는 것들이 내가 누구인가에 대해서 대답하는 진리의 주체를 만드는 데 중요한 일을 했다는 거죠. 미셸 푸코는 근대 주체를 주체로 만드는 데 섹슈얼리티가 실은 긴밀하게 관련이 되어 있다고 하는 거예요.

저는 페미니즘의 중요한 성찰 중 하나가 섹슈얼리티에 대한 새로운 해석이라고 봐요. 바로 페미니스트들의 목소리로 섹슈얼리티를 주체화하는 문제가 중요하다는 거죠. 흔히 남성들의 섹슈얼리티는 능동적이고, 여성들의 섹슈얼리티는 부정적이거나 소극적인 것처럼 이야기하잖아요. 그런데 그게 부정적이든 소극적이든 간에 섹슈얼리티에 대해서 언명할 수 있거나 선언할 수 있거나 서술할 수 있는 조건이 누구에게 있죠? 남성들, 즉 가부장제 안에서 승인된 사람들에게만 있는 거죠. 그 외의 사람들에게는 섹슈얼리티를 말하는 것 자체가 무례하거나 금지된 일이라는 거예요. 그리고 그저 섹슈얼리티는 생식과 곧장 이어지죠. 성애를 확인하는 일이 여성들한테는 '애를 낳아라' 이런 것밖에 안 되는 거고, 남성들한테는 애를 낳거나 소위 남성의 재미를 보는 일로만 이해가 되는 거예요.

사실상 이러한 섹슈얼리티에 대한 사유는 상당히 체제 유지적 보수주의를 전제하는데요. 이러한 전제에서 섹슈얼리티라는 건 인생에 도움이 안 되는 거예요. 창조적 활동에 섹슈얼리티를 이야기할 수가 없어요. 섹슈얼리티가 넘쳐흐르는 여성의 육체를 그릴 수는 있어도 섹슈얼리티가 우리 삶을 풍요롭게 해주거나 인생을 새롭게 닦는 데 도움이 되거나 하는 건 없는 거죠. 너무 거기에 관심을 가지면 안 돼요. 그럼 정신력이 없어진다고 하죠. 성생활에 너무 집중하면 공부를 못 한다고 하잖아요.

그게 뭐냐면 성생활과 비성생활을 구분하는 거죠. 예를 들어서 지식인들이 공부를 한다는 게 금욕의 길을 걷는 거라고 하면, 그때 그 금욕은 성욕이라는 욕구의 반대로서의 금욕인 거죠. 그런데 그건 오드리 로드가 말하는 성애랑은 다른 것 같아요. 가부장적인 의미의 섹슈얼리티는 정말로 금욕의 반대로서 생식과 결부된 것이죠. 남성적인 의미의 섹슈얼리티, 가부장적 의미의 섹슈얼리티를 활성화시키는 일만을 섹슈얼리티로 이야기했을 때는 아 섹슈얼리티는 아이를 낳거나 남성에게 쾌락을 주는 그 이상의 다른 쓸모가 없다는 거예요.

오드리 로드는 그런 식으로 섹슈얼리티를 보는 건 잘못됐다는 거죠. 사람들이 페미니스트라고 하면 '아, 성해방? 페미니스트는 성에 자유로운 거 아니야?' 하면서 오늘 우리 즐겁고 술도 마셨고 하니까 자러 가자고 하는 경우 보셨죠. 그런데 그럴 때 페미니스트들이 정말 해방하고 싶어 하는 섹슈얼리티가, 그 남성이 말하는 섹슈얼리티와 같느냐는 거예요. 다른 거죠. '페미니스트들이 성에 좀 자유롭잖아' 이럴 때 그 성을 아주 잘못 이해하고 있다는 거죠. 왜? 그들한테 성은 가부장제가 말한 섹슈얼리티, 생식과 결부되는 섹슈얼리티잖아요. 그러니까 페미니스트들이 성해방을 말하는데, 거기에다 '페미니스트라면서 왜 빼냐' '페미니스트면 조신한 거 싫어하고 정절 지키고 그런 거 싫어하고, 성해방

여성은 다르다: 복수의 여성들

한다고 하고 가족도 싫어하는 거 아냐. 그런데 왜 나랑 안된다는 거냐' 이러는 거죠.

말도 안 되는 논리처럼 보이지만 왜 말도 안 되는 건지 헷갈릴 때도 있잖아요. '페미니스트라면 성해방을 해야 되는데, 이 사람이 맞는 거 아니야?' 잘못 생각하는 경우도 있잖아요. 그런데 이게 왜 잘못 생각하는 거냐면, 그 섹슈얼리티는 가부장제가 말한 섹슈얼리티이고, 생식이라는 의미의 섹슈얼리티이기 때문이죠. 그렇기 때문에 더더욱 페미니스트들은 섹슈얼리티를 이야기해야 돼요. 그들이 말하는 섹슈얼리티가 틀려먹었다는 거를 이야기하기 위해서. 그래서 로드가 섹슈얼리티를 활용하고 섹슈얼리티의 힘에 대해서 이야기하자고 하는 겁니다. 로드가 강조하는 건, 섹슈얼리티가 오랫동안 인정받지 못하고 활용되지 못한 힘이자, 무엇보다도 여성적이며 영적인 지평에 있는 큰 힘이라는 사실이에요.

이건 오드리 로드만 특별히 말하는 건 아니에요. 어떤 의미에서 프로이트가 이야기했던 리비도라는 건 생명의 어떤 힘이거든요. 생명의 에너지들을 리비도라고 하잖아요. 우리가 리비도라는 걸 이성애적 의미의 섹스로만 생각하기 쉽지만, 실제로 프로이트가 말하는 리비도는 생명이 자기를 유지하려는 에너지 자체이고 그것이 섹슈얼리티라는 거예요. 그러면 그게 우리 안 깊은 곳에 있겠죠.

그리고 이 성애는 인식하지도, 표현하지도 못했던 감정이 지닌 힘과 맞닿아 있어요. 섹슈얼리티는 넓은 의미의 정신활동들

중에서 특히 감정의 차원이기도 한 거죠. 여기서 정신분석학을 조금 가져올 필요가 있는데, 우리가 무언가를 기억할 때 언어표상으로 기억하는 게 있고 사물표상으로 기억하는 게 있어요. 언어표상으로 기억하는 것들은 어떤 거냐면 정확히 판단이 들어가 있어요. '이건 잘못된 거야!' 이런 거 있잖아요. 그런데 사물표상으로 기억되는 것, 즉 이미지 표상으로 기억하는 건 판단하기가 어려워요. '그냥 그런 거야'라고 기억되고 정확하게 뭔지 모를 때도 있어요.

언어를 갖지 못한 어릴 때는 주로 이미지 표상으로 기억을 하잖아요. 그래서 성폭력 피해자들이 어렸을 때는 몰랐는데 크고 나서 그게 문제였다는 걸 아는 경우들이 있는 거죠. 사물표상으로 기억을 하고 있는데 잘 떠오르지가 않는 거예요. 사물표상으로 기억할 때는 기억이 엉켜 있거든요. 어떤 기분만 있는 거죠. 기분이 별로 안 좋은 것 같은데, 내가 뭔가를 잘못했다는 생각을 주로 갖게 되는 거고요. 그런데 나중에 언어를 통해서 말로 서사를 다 구성해보는 순간, '내가 잘못한 게 아니라 그쪽이 잘못했구나' 하면서 이제 뭔가 문제가 생기는 거죠.

바로 섹슈얼리티란, 인식하지 못하는, 언어를 갖지 못하는 그 감정의 힘에 굳게 뿌리내리고 있다는 거예요. 그래서 억압하려는 자는 피억압자의 문화에 있는 여러 힘들의 자원을 가치절하하면서 억압을 지속하려고 합니다. 섹슈얼리티가 실제적으로 우리의 감정, 즉 우리가 에너지를 지니고 생명력 있게 계속 살아갈 수 있게 만드는 아주 중요한 권력이자 역량인데, 가부장제 내에

여성은 다르다: 복수의 여성들

서는 이 역량들을 발휘할 수 없게 만드는 거죠.

왜? 억압자들이 굉장히 싫어하는 게 뭘까요. 베티 프리단이 가정을 포로수용소에 비교했죠. 포로수용소의 수감자와 가정주부가 똑같다고 했잖아요. 그들을 무력화하는 게 핵심이라고 했죠. 어린애같이 만들고, 의지하게 만들고. 미래를 설계하거나 계획을 절대 하지 못하게 만드는 게 그 특징이라고 했잖아요. 한마디로 에너지를 빼앗는 거예요. 동력을 빼앗기. 그래서 의존을 하게 만드는 거죠. 로드는 그 에너지가 섹슈얼리티라는 거예요. 이 섹슈얼리티를 쓰게 되면 '이거 그릇된 거 아니야? 이러면 안 되지' 이렇게 만들죠. 그리고 애 낳는 데, 아니면 남성들이 원할 때 쓰는 거 외에 여성들이 섹슈얼리티를 이야기하면 그건 이상한 게 되고 그 여성들을 사회에서 징벌하잖아요. 섹슈얼리티를 징벌해왔던 오랜 역사가 있어요. 제일 유명한 존재들이 마녀들이잖아요. 마녀들의 죄 가운데 하나가 그들이 방종하다는 거잖아요. 그들이 악마랑 교미를 한다는 둥. 섹슈얼리티가 넘친다는 거예요.

우리 사회에서도 오랫동안 그랬죠. 김동리 소설 《무녀도》 읽어보셨나요? 무당의 존재를 그런 식으로 표현해요. 무녀의 딸은 그 아비가 누군지 모르겠다고 말하고, 무녀들을 섹슈얼리티가 넘치는 존재로 묘사하죠. 고대 사회에서 신전에 거주하는 신녀들, 신탁을 받는 자들을 성매매하는 자들로 이해하기도 해요. 그들은 특히 가정에 속하지 않은 자들이기에 이들이 가진 힘의 특별함을 섹슈얼리티에서 비롯되는 것으로 생각해온 동시에 점차 천대해온 거고요.

여성적인 힘은 신성한 힘이지만, 그 섹슈얼리티는 무녀라든지 무당이라든지 사회 밖에 있는 그런 존재들에게 깃들어 있잖아요. 사회에서 오랫동안 인정받지 못하는 섹슈얼리티들은 늘 비사회적인, 비가시적인 존재들이죠. 서울 익선동, 종로3가 같은 곳들은 예전에 요정이 많아서 기생들이 많았던 곳이고, 옛날에 일본인 관광객들이 '기생관광'을 하고 갔던 곳이고, 성소수자들이 많이 모이는 곳이죠. 그런데 어떻게 취급되었죠? 있지만 없는 곳, 없지만 분명히 있는 곳이었죠. 사람들이 보고 있지만 보지 않는 곳이에요.

언제나 눈에 보이지만 못 본 척하는 거예요. 예를 들면 용산역. 저는 지금 용산역 근처를 가면 복잡한 심정이 돼요. 제가 어렸을 때 1호선을 타면 어른들이 용산역 광장에서 내리면 안 된다는 이야기를 해줬어요. 미군기지가 가깝고, 거기에는 성매매업소들이 모여 있고, 성매매하는 여성들이 돌아다닌다는 거죠. 네가 돌아다니면 그렇게 오해받기 때문에 가지 말라는 거였어요. 저한테는 항상 그곳이 무서운 곳이었어요. 그리고 제가 굉장히 이상한 기억을 하나 말씀드리고 싶은데, 예전에 제가 겨울에 추워서 두툼한 점퍼를 입고 걸어가는데 누가 저를 잡아요. 제가 키가 크니까 남자인 줄 알고 "놀다 가" 하면서 잡은 건데, 제 앞모습을 보고 여자니까 그분도 너무 놀란 거예요. 그날 되게 기분이 이상했어요. 이게 무슨 이야기냐면 여성들에게 성애는 그런 식으로만 등장한다는 거예요. 그리고 여성들은 그 안에서 스스로 어떤 여성이어야 될까를 검열하죠. 섹슈얼리티를 단속해요.

그러니까 제가 용산역에 가면 안 된다고 생각했던 거고, 그 호객하는 여성에게 붙잡힌 경험이라는 건 저한테는 기이한 건데 남성들은 그렇게 느끼지 않았을 거예요. 그래서 거기에 가면 항상 여자가 잘못된 거고, 거기에서 무슨 험한 꼴을 당해도 거기는 그런 공간이기 때문에 네가 가면 안 된다고 하고요. 사실상 가부장제 사회에서 어떤 특정한 공간을 섹슈얼리티로 가득 찬 곳으로 설정하고, 정상적 여성들은 그런 공간에 가면 안 된다고 금기시하잖아요. 다들 알지만 말하지 못하는 곳인 거죠. 특히나 여성들이 그곳을 입 밖에 내면 그 여성은 그 말할 수 없는 공간에 속한 자로 여겨지고요. 여성의 섹슈얼리티를 억압하는 사회일수록 섹슈얼리티에 대해서 여성들이 말할 권리를 박탈해요. 가부장제가 섹슈얼리티를 정의하고 사용하고 누릴 권리를 독점화합니다. 그런 점에서 섹슈얼리티 해방, 성해방이라는 게 아무하고나 자고 싶다는 의미가 아니라 섹슈얼리티를 단속하는 자들에 대한 문제를 제기하는 거잖아요. 그러니까 섹슈얼리티의 억압이라는 건 섹슈얼리티를 생식으로만 결정시키면서 여성들의 섹슈얼리티를 이야기할 수 있는 것을 막고 왜곡하고 타락시킨다는 것을 뜻한다는 거예요.

성애를 천박하게 여기고 여성이 지닌 열등성으로 만들어버려요. 여성은 신체적인 존재이고 한 달에 한 번씩 피를 흘리는 존재죠. 그러니까 참 신기해요. 여자들이 아이를 양육을 하는 건 찬양하지만, 여자들이 아이를 낳는다는 기능을 또 아주 찬양하지는 않아요. 아이를 낳는 기능 때문에 벌어지는 신체적 현상들에 대해서는 어떻게 취급하죠? 월경을 찬미하는 걸 본 적 있나요? 별로 없어요. 예를 들면 가톨릭의 성모 마리아는 처녀virgin죠. 원죄 없이 태어났다고 하고요. 거기에 월경의 이미지를 갖다 붙이는 순간 신성모독이 되는 거죠.

어디 가서 생리대 하나 사려면 물건 파는 사람이 "이거 싸드릴까요?" 물어봐요. 브래지어도 그렇죠. '브래지어'라고 말하는 순간 여성의 유방을 떠올리면서 음란한 상상을 하고 성적 환상을 펼치죠. 여성을 대상화하는 시각들은 섹슈얼리티 단속을 통과해요. 그래서 정상적인 여성들은 순결한 자들이고, 섹슈얼리티 단속을 거부하는 여성들은 불순한 자들이 됩니다. 이 불순한 여성들을 가부장제는 단속하고 욕하고 함부로 대하고요. 참 이상한 논리죠.

그리고 가부장제가 여성들을 성애적 존재로 경멸하기에, 여성들 역시 이러한 경멸을 내면화합니다. 그러니까 거꾸로 되는 거예요. 페미니스트들은 자기 몸을 증오하게 될, 그런 순간들이 있을 수 있어요. 모든 페미니스트들이 그렇다고 할 수는 없지만, 저는 그런 순간이 있었어요. '여자의 몸으로 사는 게 힘들다. 나를 여자로 대하지 마!' 이런 거 있잖아요. 내가 다른 일들을 할 수 있는 존재인데 자꾸 성애적 대상으로만 보는 게 너무 싫으니까 긴 머리를 잘라버리는 그런 거요.

페미니스트인데 거식증 환자인 사람의 이야기를 본 적이 있어요. 페미니스트인데 거식증이 있다는 게 이상하잖아요. 그런데 이건 자신을 남성의 시각적 폭력에 노출시키고 싶지 않다는 거죠. 내 육체에 살이 많을수록 노출되잖아요. 그러니까 안 먹게 되는 거예요. 마르고 싶은 거죠. 성애의 공간에서 탈출하고 싶은 거예요. 내 몸을 탈성애화하고 싶다는 거죠. 비성애적 공간으로 빼내는 거예요. 그러니까 안 먹는 걸 택해요. 안 먹으면 살이 빠지고, 그러면 여성으로 보일 수 있는 기본적인 특징들이 사라지잖아요.

몸에 대해 규율이 많으니까 오히려 이 몸이 나를 거북스럽게 한다면 이 몸으로부터 나는 벗어나겠다고 하는 그런 일들에 대해 우리가 한번쯤 생각을 해봐야 하는 거죠. 그런데 로드는 이렇게 지적합니다. 성애를 눌러서 강해질 수 있다는 그러한 생각은 남성적 권력 모델 안에서 작동하는 환상일 뿐이라고요. 그 환상은 정말 강해서 여자들은 성애가 줄 수 있는, 섹슈얼리티가 가진 힘을 의심하고, 똑똑한 여자들은 섹슈얼리티를 감추려고 하고, 그렇지 않은 여자들은 '진짜 나는 동물이 되는 게 아닌가?' 이런 식으로 생각하게 된다는 거죠.

남성들은 성애의 힘을 업신여기면서 여성들에게 그 힘을 믿지 말라고 경고하고, 성애의 역량을 남성을 위한 것으로만 사용하도록 만들어버렸죠. 그런 경고를 두려워하지 말고 우리는 우리의 섹슈얼리티의 힘을 믿어야 된다는 거예요. 사회를 변혁시키는 커다란 힘이 사실 섹슈얼리티 내에 있기 때문에. 그래서 로드는 포르노그래피를 성애적인 것들로 보는 걸 문제시해요. 포르노그래피가 뭘까요? 우리가 음란하다고 하는 건 뭘까요? 여성을 성적으로 대상화하지 말라고 할 때 그게 우리를 성애화하지 말라는 뜻일까요? 저는 성적 대상화를 하지 말라는 말은, 남성적 의미의 성애화에 성애를 가두지 말라는 뜻으로 읽어야 된다고 생각해요. 그런데 포르노그래피라고 하면, 이건 참 복잡한 문제예요.

포르노그래피는 우선 성애를 상품화하는 거죠. 사물화의 중요한 특징 중 하나는 상품화예요. 팔릴 수 있는 것으로 똑같이 만들어내고 돈으로 바꿀 수 있는 것으로 만들죠. 그리고 포르노그래피의 특징은 어떤 건가요? 어떤 성애적 활동을 한다고 했을 때, 자율성을 우선 포획해요. 뭐냐면, 포르노그래피의 핵심은 성애적 행위에 있는 게 아니라 그런 행위를 특정한 응시와 시선에 포박시키고 그 응시의 보편과 일관성 속에서 기호로 읽어버리는 거예요. 그렇기 때문에, 성애적 행위 자체가 문제가 아니라 그 행위를 일반화하고 보편화하고 응시화하면서 대상화시켜버리는 것, 그게 정말 문제가 되는 거죠.

로드에게 성애란 다양한 차이들을 지닌, 한계를 그을 수 없는 역량을 지닌 복수적 성애들이에요. 그런데 포르노그래피는 성애의 자율성을 앗아가고 그 힘을 포획해서, 성애를 가부장제적 권력의 언어로 규정해버리죠. 이러한 성애는 기쁨의 원천이 될 수 없죠. 포르노그래피는 성애를 열정이나 친밀감으로부터 분리하고 철저히 대상화된 욕망으로만 환원시켜요. 우리 인간이 사는 모습들은 사실 특별할 게 없어요. 아침에 일어나서 밤에 자잖아요. 매일매일 하루가 반복되죠? 우리는 그걸 쳇바퀴 같은 인생이라고 하지만 그렇지 않으면 살 수가 없잖아요. 우리의 육체라는 건 항상성을 갖고 살아야 되니까. 하지만 우리의 삶은 매일매일

여성은 다르다: 복수의 여성들

다르기도 하죠. 그 다름은 뭐예요? 하는 일이 특별해서? 여행을 가거나 특별하고 익사이팅한 일들이 일어나서? 아니잖아요. 그 삶에서 벌어지는 순간들에 다양한 감각이 열리고 그 다름을 우리가 느끼는 순간 그 삶은 똑같은 일을 행하더라도 다르다고 하잖아요.

이걸 성애라는 문제로 가져오면, 성애를 가부장제의 동일한 응시의 폭력으로 묶어버리고 그것들을 상품화하는 순간 이 성애는 포르노그래피가 돼요. 그런데 다양한 차이들을 발생시키는 것으로 성애를 이해하면, 성애는 포르노그래피적인 것이 아니에요. 그런데 가부장제는 오랫동안 섹슈얼리티를 가부장의 환상, 남성들의 응시, 남성들이 그렇다고 이야기하는 것들로 묶고 싶었어요. 사실 저는 나쁜 의미로 말하면 포르노를 보는 게 참 불쌍하기도 해요. 맨날 비슷한 걸 봐야 되잖아요. 정말 모든 소년들이 그거를 보면서 흥분을 했을까 생각해보면 아닐 것 같거든요. 그래야 된다고 믿었고 그래야지 강한 남자가 된다고 믿었을 것 같아요. 잘못된 성교육이라고 해야 할까요?

다른 섹슈얼리티를 느끼는 남자들이 놀림당할까봐 일부러 여자들하고 일부러 경험을 빨리 한다든지 이런 일들이 있잖아요. 아니면 폭력적으로 성행위를 하려고 하거나. 이런 게 포르노그래피예요. 그러니까 사회가 보여주고 있는 성애에 대한 표상과 그 재현 외에 다른 걸 상상하지 못하게 하는 방식의 포르노그래피고, 이 포르노그래피는 감정 없는 감각을 강조한다는 거죠. 로드는 성애가 우리를 주체화시키고 우리가 느끼는 감정의 강렬한 혼돈 속에 위치하고 있기 때문에 우리의 깊은 감정과 굉장히 관련이 있다는 거죠. 그러니까 이성애적, 포르노그래피적 의미로 성애를 닫아버리는 건 아주 문제가 있다는 거예요.

그래서 가부장제의 포르노그래피적인 의미가 아닌 성애의 힘을 기른 여성들은 위험하게 취급되죠. 그래서 성애적 요구를 생식의 섹스에만 한정시키고, 삶의 다른 중요한 영역과 연결하지 못하도록 가르쳐요. 그러니까 여자들 같은 경우 좋아서 하는 게 아니라 '남자들이 하자고 하니까' '애 낳으려고' 한다고 하고, 내가 느끼는 건 너무 흉하고 상스러운 게 되는 거죠. 특히 성애의 가치와 활력은 이윤으로만 재화를 설명하는 사회에서 사그러들 뿐 아니라, 그러한 사회의 제도에 의해 착취당해요. 이윤으로서만 재화를 정의하고 심리적, 정서적 요소를 배제한 채 남성의 시선에 의해 포르노그래피적 의미를 규정하고, 특히 번식하는, 남성적, 이성애적 의미의 섹스의 성애만을 성애로 규정하는 방식에서 벗어나는 게 아주 중요하다는 거예요.

왜 이런 이야기를 하는 걸까요. 페미니스트의 상상력은 이 세계를 완전히 다른 방식으로 살게끔 매일매일의 우리 삶의 조건들을 변화시키는 것들이거든요. 미래의 좋을 어떤 날들을 위해 싸우는 게 아니라요. '미래의 어떤 날에 이게 다 이루어질 거야'가 아니라 고통스럽지만 충만한 삶을 지향해요. 그게 무슨 말일까요. 저는 페미니스트의 삶이 그런 것 같아요. 고통스럽죠. 왜죠? 안 보이던 게 보이니까. 그런데 충만해요. 그로 인해서 열린 감각들로 느낄 수 있고 그로 인해 우리는 활력을 얻을 수 있고요.

사실 활력과 감각은 고통을 동반하죠. 어떤 걸 분리시킬 수 없어요. 쾌와 불쾌를 분리시킬 수 없어요. 우리가 사랑하는 사람들과 격렬하게 포옹할 때 너무 격렬하게 포옹하면 숨이 막힐 것 같죠. 왜 사람들이 '숨이 막힐 만큼 꼭 안아줘'라는 말을 하겠어요. 그게 우리가 가진 어떤 묘한 것이죠. '사랑이 폭력을 동반한다' 이런 뜻이 아니라, 쾌와 불쾌를 엄밀하게 가리기 어려운 게 우리 삶의 감각이라는 거예요. 고통 없이 단 것만 있다는 게 아니라, 그것들이 섞여 있고 미묘하게 어떤 순간부터 고통이고 어떤 순간부터 쾌인지 알 수 없는 모든 혼란스럽고도 복잡한 감각이 우리의 삶의 에너지라고 생각해요. 그게 바로 성애이고요. 섹스와 재생산을 업신여기는 것이 아니라, 성애가 다양한 의미의 활력을 뜻한다는 거죠.

로드가 강조하는 성애의 첫 번째 역할은 연결의 의미인데, "다른 사람과 어떤 일을 깊이 나눌 수 있게 해줌으로써 힘을 준다는 것",* 즉 서로에게 힘을 불어넣는 거예요. 분명히 우리는 다르죠. 사실상 우리의 실존은 그 자체로 특이하며 각기 달라요. 그럼에도 불구하고 우리는 서로 연결됩니다. 이 연결은 우리의 다름을 사상하지 않아요. 연결되어 풍부해지지만, 여전히 자기 자신으로서 존재하게 해요.

그리고 두 번째 성애의 역할은 "내가 기쁨을 두려움 없이

---

*   오드리 로드, 〈성애의 활용〉, 《시스터 아웃사이더》, 주해연·박미선 옮김, 후마니타스, 2018, 74쪽.

솔직하게 향유할 능력을 열어 주는 것",* 즉 내게 있는 두려움을 사라지게 하고 순수하고 솔직하게 내게서 피어오르는 기쁨을 느끼고 향유하게 하는 거예요. 저는 이게 참 중요한 것 같아요. 페미니스트가 아니라도. 우리가 삶이 고통스럽다고 느끼는 이유는 삶이 고통스러워서가 아니라 기쁨을 향유할 방식이나 기쁨을 향유하고 기쁨을 받아들이는 것들을 부끄러워하기 때문이죠. 우리는 고통에 대해서는 민감하지만, 기쁨을 느끼는 데에는 아주 인색해요. 성애는 바로 고통만이 아니라, 기쁨을 두려움 없이 솔직하게 향유하는 능력이라는 거죠. 이게 얼마나 커다란 능력이에요. 정말 어려운 일이에요. 사실상 성애는 자기 자신이 삶과 온전히 합치되는 경험이자 삶의 활력이라는 거예요.

그런 점에서 저는 페미니스트들이 성애에 대해서 이야기를 할 때 고통과 슬픔, 기쁨과 만족감이 구분되어 있다고 생각하고 분류하는데, 실제로 성애도 그렇지 않고 우리의 삶도 그렇지 않다는 걸 생각했으면 좋겠어요. 삶이 고통스럽다고 할 때는, 고통만큼이나 기쁨을 향유할 수 있는 그 힘들을 가부장제가 우리로부터 앗아갔기 때문인 것은 아닌가 생각해봐야 하는 거죠. 고통을 없애는 것도 중요하지만, 우리의 기쁨을 느낄 수 있는, 향유할 수 있는 느낌을 키우는 것도 페미니스트로서의 자산이라는 이야기를 드리고 싶어요. 왜냐하면 페미니스트로 산다는 건 녹록한 일이 아니지만 기쁜 일이기 때문에. 기뻐야 된다고 우리가 외칠

---

* 같은 글, 75쪽.

수는 없으니까, 그러면 우리의 성애적 힘들을 갖춰야 한다는 걸 말씀드리고 싶어요.

로드가 말하는 성애에 대한 이야기는 결국 긍정에 대한 이야기예요. 제가 강의를 할 때 항상 이야기하는 건데, 여성혐오, 미소지니misogyny는 누가 가장 많이 할까요? 남성들일까요? 아니에요. 가부장제 내에서 권력을 가진 남성들은 자기네들에 대한 나르시시즘으로 벅차서 여성을 미소지니할 수도 없답니다. 빈정거리는 말인 건 아시죠?(웃음) 미소지니는 여성들이 제일 많이 해요. 여성들은 자기가 여성이라는 걸 부정해요. 자기 부정이죠. 그런데 성애는 여성들이 자기 자신을 긍정하는 거죠. 이게 정말 중요한 일이라는 거예요. 그래서 저는 기쁨을 느끼는 게 굉장히 중요하다고 생각해요. 로드는 우리가 섹슈얼리티와 깊이 연결이 되었을 때, 외부에서 부과되는 어떤 것들에 눌리지 않고 내 안의 긍정에까지 돌파할 수 있는 힘이 생긴다고 해요.

로드가 제기하는 이 섹슈얼리티에 대한 새로운 해석, 페미니즘적인 해석들은 오드리 로드의 생생한 경험으로부터 나온 말들인 것 같아요. 페미니스트가 아닐지라도 분명히 새겨들을 수 있는 말들이라는 생각도 들고요. 긍정이라는 게 '모든 것에 감사하자' 이런 태도만을 말하는 건 아닌 것 같아요. 그런 게 긍정의 핵심이 아니죠. 우리가 가진 복합적 감정들 가운데 부정적인 것이나 고통에만 민감하도록 길드는 게 아니라, 그 안의 기쁨들을 수용할 수 있고 누릴 수 있는 자유를 여성들이야말로 더 긍정해야 된다는 거죠.

이게 왜 중요하냐면, 차이의 정치를 하는 데 외부의 힘을 받는 것도 아주 중요하지만 자기를 긍정하는 게 되게 중요하잖아요. 이 차이를 긍정하기 위해서요. 고통 속에서 삶을 어떻게 사랑할 것인가에 대한 통찰력이 중요하다는 것이죠. 저는 로드가 섹슈얼리티를 말했을 때, 이것은 '우리가 고통 속에서 어떻게 살아갈 것인가'로 이해해야 한다고 생각해요.

로드는 차이의 동력으로서 성애와 섹슈얼리티의 중요성을 강조했는데, 섹슈얼리티와 연결된 신체의 중요성을 페미니즘의 의제나 논의와 연결해서 생각해보는 것은 큰 의미가 있어요. 그래서 많은 페미니스트들이 여성 신체의 억압과 대상화에 대해 이야기하고 신체의 자기 결정권을 문제로 삼는 거죠.

예를 들면 2018년 월경 페스티벌에서 불꽃페미액션이라는 페미니즘 단체 활동가들이 상의 탈의를 했거든요. 우리가 학교 운동장에서 남자애들이 축구하다가 더워서 옷을 벗어젖히는 걸 보면 '야, 청소년들 참 싱그럽다' 이렇게 말하잖아요. 그런데 갑자기 소녀가 상의를 벗어던지면 어때요? '헉, 미쳤어?' 이러잖아요. 싱그러움으로 여겨지지 않죠. 마찬가지로, 월경 페스티벌에서 옷을 벗어던진 여성들 사진을 그 단체에서 페이스북에 게시를 했더니 페이스북이 그 게시물을 음란물로 규정하고 게시를 하지 못하게 한 거예요.

그들은 음란하게 하려고 한 게 아닌데 누가 음란하다고 한 거죠? 사회에서. 여성의 몸에 음란하다는 이미지를 씌우니까, 그걸로 시위를 한 거잖아요. 실제로 상의를 탈의해버리는 거죠. 그

여성은 다르다: 복수의 여성들

리고 이 단체에서 페이스북코리아에 항의하는 의미로 페이스북 본사 앞에서 또 상의 탈의 시위를 했거든요. 그런데 경찰들이 와서 담요를 덮어요. 음란물이 아닌데, 누가 음란물로 만드는 것인지가 정확하게 나오죠. 제가 최근에 봤던 시위 중에 제일 멋있다고 생각했어요. 그러니까 음란물로 만드는 게 누구인가를 정확하게 그 시위에서 보여주고, 페이스북이 음란하다고 하는 그 기준이 무엇인지가 나오죠. 로드의 글을 읽으면서 우리는 페미니스트들의 활동을 더 이해할 수 있게 되기도 합니다.

차이를 사상하는 페미니즘은 가능한가: 주인의 도구로는 결코 주인의 집을 무너뜨릴 수 없다①

〈주인의 도구로는 결코 주인의 집을 무너뜨릴 수 없다〉라는 글은 로드의 가장 유명한 글일 거예요. 저는 로드가 참 멋있어요. 로드는 흑인이잖아요. 흑인은 오랫동안 미국에서 노예였고요. 그런데 '주인'이라는 말을 써버리잖아요. 얼마나 도발적인가요? 노예였던 자가 주인을 호명하고 주인의 도구로 주인의 집을 무너뜨릴 수 없다고 이야기하는 당당함. 경멸의 표식을 가진 자가 자기에게 경멸의 표식을 준 자들의 이름을 호명하죠. 자기에 대한 경멸이 있었다는 걸 애초에 상기시키는 거죠. 그런데 그걸 역량으로 삼아서 나는 다르게 살겠다는 이야기를 하는 아주 멋있는 제목이라고 생각합니다.

그런데 언제 이 글이 나왔느냐. 이 책에도 설명이 나와 있는데, 이 글은 시몬 드 보부아르의 《제2의 성》 출간 30주년 기념 학술대회의 마지막 세션이었던 '개인적인 것과 정치적인 것'에서 연설한 내용이에요. 페미니스트들은 '개인적인 것이 정치적인 것, 정치적인 것이 개인적인 것이다'라고 하죠. 개인적인 것과 정치적인 것, 사적인 것과 공적인 것에 대한 그 기준을 누가 정하는가에 대한 문제를 제기하는 거예요.

이게 '사적인 것과 공적인 것의 구분을 없애야 한다' '모든 것을 다 공적으로 만들어야 한다' 이런 이야기가 아니에요. 중요한 건 이 기준을 누가 정하느냐라는 거죠. 가정폭력 문제 같은 걸 '집안일'이라고 하면서 묵인하죠. 이런 점에서 집안일과 아닌 것의 기준을 누가 정하는가를 봐야 한다는 거죠. 하지만 또 가부장제의 영역이라는 게 사적인 것이에요. 재미있게도 그 안에서 사실 여성들에게는 사적인 게 없고요. 주부들 같은 경우에 자기 공간이 없잖아요. 가부장들은 집에 벌컥벌컥 들어오죠. 가부장들은 온통 자기 거지. 집도, 텔레비전도. 돈 많이 벌어오거나 권력이 센 가부장들은 집에 들어오는 순간부터 온 군데 자기가 있음을 알리잖아요. 텔레비전 소리도 자기 듣고 싶은 대로 틀어놓고, 쿵쾅거리면서 걷고, 문도 쾅 닫고. 그 안에서 가부장이 아닌 사람들한테는 공간이 없잖아요. 가부장들은 심지어 벌거벗고 다니는 사람들도 있죠. '가족끼리인데 어때!' 그러면서. 그런데 가족끼리인데 싫잖아요. 모든 것을 공적인 것으로 보자는 게 아니라는 거예요. 그 기준을 누가 정하는지, 가부장제가 정해놓은 사적인 공간 안에 여성의 사적인 공간은 없다는 것도 우리가 한번 생각해볼 중요한 테제이고요. 이 개인적인 것과 정치적인 것을 말하는 자리에서 로드는 여성들의 차이에 대한 이야기들을 한 거예요.

당시 페미니즘이 '물결'이라고 표현할 만큼 운동으로도 많이 성장했고 이론도 다양하게 등장하는데, 그중에서 주류 페미니즘, 백인 여성의 이야기가 페미니즘의 대표가 되는 문제가 생겼다는 겁니다. 말하자면 《여성성의 신화》의 이야기가 페미니즘의 대표가 되는 거예요. 주로 여성의 직업, 노동권이나 가정이 얼마나 억압적인 공간이냐는 이야기들. 그 경험들이 가짜라는 게 아니라, 그 경험만이 모든 여성의 경험인 것처럼 이야기되면서 다양한 여성들의 목소리들이 짓밟히게 되는 문제가 생기는 거죠.

이 가부장제 내에서 이성애자, 백인 여성들이 느끼는 문제만을 여성 보편의 경험인 것처럼 말하는 건 아주 폭력적인 거예요. 그러면 '너희 레즈비언, 동성애자들은 동성끼리 서로 사랑하자는 건데 페미니스트들이랑 무슨 상관이야. 페미니스트 모임에서 너희들 나가라' 이렇게 되거든요. 실제로 그랬고요. 동시에 흑인 여성들한테도 자꾸 여기 와서 인종차별주의 이야기를 하지 말라는 거죠. 우리가 여성으로서 뭉치는 경험을 이야기해야지 흑인 여성으로서 이야기하면 논제를 흐린다는 거예요. 문제는 알겠는데 논점은 흐린다고요.

그래서 로드가 이렇게 말합니다. "우리 여성들 사이에 존재하는 수많은 차이를 성찰하지 않으면서, 또 가난한 여성, 흑인 여성과 제3세계 여성, 레즈비언 여성들의 중요한 이야기를 외면

하면서, 페미니즘 이론을 논한다는 건 오만한 탁상공론에 불과한 일이 될 것입니다."* '페미니즘은 돈이 된다' '이 문제를 해결하려면 돈만 있으면 장땡이다'라는 이야기들이 있죠. 물론 페미니스트들이 여성의 임금이 남성의 임금보다 낮은 것, 여성의 경력이 인정되지 않고 경력이 단절되는 것에 맞서 싸우는 것은 필요하죠. 남성과 똑같이 권리를 보장해달라는 평등권의 차원에서 이야기되어야 할 측면들이 있어요. 그렇지만 부유한 여성들만이 여성의 모습은 아니잖아요.

　　페미니스트들이 멋진 여성의 모습, 멋진 노년을 원한다고 할 때 그 모습들이 사실 돈이 있어야 가능한 게 이 사회잖아요. 페미니스트들이 살아가는 건 현장이고 이 현장에서 목소리를 낸다고 했죠. 그리고 이 현장에서 뺄 수 없는 건, 우리가 자본주의 사회를 살아간다는 거예요. 그런데 돈 많은 여성들의 삶과 돈이 없는 여성들의 삶은 다르잖아요. 페미니스트들이 여성이 부자가 되어야 한다는 이야기를 많이 하죠. 영영 페미니스트들이 주식 투자도 해보자고 하고요. 그 말이 나쁘다고 생각하지 않아요. 그런데 이 이야기들이 방증하는 게 뭘까요. 페미니스트들이 가난하다는 거예요. 슬프게도. 그리고 가정폭력 같은 문제는 경제적 불평등과도 관계가 깊죠. 실업률이 높아지면 남자들이 여자를 때리잖아요. 여성의 가난, 가난한 여성에 대해서 우리가 이야기해야 할

---

*　　오드리 로드, 〈주인의 도구로는 결코 주인의 집을 무너뜨릴 수 없다〉, 《시스터 아웃사이더》, 주해연·박미선 옮김, 후마니타스, 2018, 174쪽.

이유들인 거죠. 경제적 불평등이 페미니즘의 문제와 구조적으로 연결되어 있으니까요.

흑인 여성들은 백인 여성들에 비해 가난에 노출되어 있을 수밖에 없고요. 우리나라에서도 이주 여성들이 가난하잖아요. 레즈비언 여성들은 이야기도 못 하는 거고. 레즈비언이라는 말은 두 가지를 뜻하죠. '결혼을 하지 않았고, 가부장제에서 남자 없이 사니 당연히 가난하다.' 일단 우리나라에서 레즈비언이든 아니든 비혼 여성으로 산다는 건 너무 어려운 일이에요. 나이가 들수록. 소위 말하는 혼기가 찬 나이, 혼기의 마지막 끝물을 달렸을 때까지는 괜찮아요. 그런데 이 나이가 넘어가면 주택 시장에서 이 여성들은 살 수가 없어요. 그리고 주로 결혼을 안 한 여성들에게 간병 같은 돌봄노동을 부과하죠. '너는 애도 없고 시간도 많잖아' 이러면서. 결혼을 안 한 여성은 아이가 없는 결여된 존재니까, 거꾸로 말하면 시간이 많다는 식인 거죠. 레즈비언 여성은 또 여성이기 때문에 원래 집이 잘살거나 특별한 직업을 지닌 것이 아닌 한에는 부자일 가능성이 또 낮죠.

차이들이 발생하는 조건들은 사실 연결되어 있기도 해요. 그런데 그게 연결되어 있다고 해서, 그 차이들이 같은 거라고 할 수는 없다는 거예요. 그래서 로드가 이러한 이야기들을 외면하면서, "페미니즘 이론을 논한다는 건 오만한 탁상공론"**이라고 말한 것이죠.

**   같은 책, 174쪽.

오드리 로드가 화가 난 거죠. 로드는 학술대회에서 본인만이 레즈비언이자 흑인 페미니스트로 초대받은 사실을 발견해요. 페미니스트들이 어떤 학술대회를 열 때 어떤 주제로 열 것인가, 어떤 주제를 할당해야 될 것인가, 이런 것들이 사실상 논쟁거리가 될 때도 많잖아요. 로드는 정말로 분노한 듯합니다. 페미니즘은 차이가 차별이 되는 것에 저항하는 운동으로 시작했다고 했잖아요. 그런데 이 많은 차이들을 사상하면 뭐가 되는 거죠? 주인들. 너희가 그렇게 되고 싶어했던 주인들과 똑같은 짓거리들을 하고 있는 게 아니냐는 거예요.

그 모든 차이들을 사상한 동일성의 방식으로 이 페미니즘의 어떤 문제, 그리고 차이에 대한 문제를 보는 것 자체가 무슨 소용이 있느냐는 거예요. 그건 최소한의 변화, 즉 이 사회가 용인할 수 있는 그 정도만 허용하고 나머지는 허락하지 않겠다는 거죠. 또한, 차이에 대해서 이야기를 하면 연대를 깨뜨린다고 비난하기도 하고요.

누가 혜택을 보면 누가 손해를 보고, 누가 손해를 보면 누가 혜택을 본다는 식의 모델로 여성들 사이의 관계나 연대를 말하는 것. 실제로 연대를 깨뜨리는 건 그런 식으로 발화하는 자들이라는 거예요. 차이는 연대를 깨뜨리는 게 아니라, 차이를 통해서 연대를 하거나 이후에 우리의 의제들을 풍부하게 이해할 수 있게 된다는 거죠. 앞서 이야기했듯이, 차이를 이야기함으로써 서로 차이를 이해하고 그 인식이 폭넓어질 수 있어요.

학문을 하는 사람도 자기가 모르는 일들이 있을 거 아니에요. 예를 들면 저는 이주 여성의 삶을 몰라요. 그런데 내가 얼추 이주 여성에 대한 책을 많이 읽고, 관찰기도 보고 '이주 여성은 이렇다' 이야기를 했다고 해보죠. 그런데 이주 여성 당사자가 거기에 대해서 뭐라고 이야기를 하려고 하는데 '당신이 뭐라고 하는지 알겠는데, 내가 학술 연구를 더 많이 했으니까 내가 이야기할게'라고 해버리면 그건 문제가 있는 거예요. 그런 걸 두고 그 사람을 사물화시켜버린다고 하죠. 이럴 때는 당사자성이 중요한 것 같아요.

더 문제인 건, 학자들이 자기가 실제로 연구도 안 해보고 잘 모르면서 어떤 문제에 대해서 거대한 이론, 거대한 대의를 들이대면서 '이게 그랬다더라' 하는 식으로 말하는 거죠. 어떤 경험들을 자기의 눈으로 해석해버려요. 자기가 보고 있는, 내 눈의 인식이 언제나 맞다라는 확신으로 파악을 한다는 거잖아요. 그런데 페미니스트들은 그런 오만한 방식을 버려야 해요. 그건 가부장제의 방식이에요. '내가 보는 이 틀은 틀릴 수 있다'로 봐야 해요. 이 틀을 자꾸 검증할 수 있는 걸로 봐야 한단 말이에요. 이 틀이 잘못되었으면 그냥 갖다 던져야죠. 새로운 안경을 끼든가. 그렇게 해야 되는 거 아니에요?

로드가 그런 점에서 이야기하는 거예요. 이 페미니즘 학술대회라는 데서 흑인 레즈비언들의 당사자성을 무시한 채, '아, 흑인 여성들이 이렇다더라' 하는 식으로 이야기들을 하고 있는 거예요. 흑인 레즈비언으로서 로드 본인이 알고 있는 걸 완전히 묵살하는 모델을 누군가 이 대회에서 발표한 거죠. 그러니까 로드가 화가 났겠죠. 그런데 이게 주로 동일성의 모델, 동일성의 정치학에서 나타나는 모습이잖아요. 자기가 잘 모르는 일이면서도 다 아는 척하고 자기를 진리의 담지자라고 부르는 거요. 심지어 페미니즘의 이름을 걸고 말이죠. 오히려, 여성들의 차이를 보지 않는 페미니스트들이야말로 사실 가부장제적 인식을 답습하고 있는 게 아니냐는 말입니다.

공적인 것과 사적인 것의 경계에서 발생하는 차이의 정치: 주인의 도구로는 결코 주인의 집을 무너뜨릴 수 없다②

왜 이런 이야기를 하느냐면, 동일성의 정치, 당시 제2물결 페미니스트들이 '독립적인 여성이 되어라' '개인이 되어라' 이런 말을 많이 했어요. 남들한테 의존하지 말라는 거죠. 그런데 '뭐가 돼라' '뭐를 하자' 이렇게 우리가 어떤 의제를 걸고, 무언가를 분석할 때는 어떤 맥락에서 그것들을 하는지가 중요하잖아요. 그런데 여성들이 당장 따라야 할 모델을 백인 여성들과 그 집단들만으로 상정해서 여성이 독립해야 된다고 하고, 여성들 간의 상호의존을 되게 나쁘게 보는 거죠.

이런 일들이 지금도 많은데, 가령 '히잡을 쓴 페미니스트들이 존재해야 되나?' 이런 이야기들이 있잖아요. 히잡은 여성을 억압하는 종교의 상징인데 히잡을 쓰는 사람이 어떻게 페미니스트가 될 수 있느냐는 거죠. 그러면서 '그들을 우리가 해방시켜야된다' '히잡을 벗겨서 해방시켜야 된다' 이렇게 말하는 페미니스트들도 있어요. 그 종교가 여성의 신체를 대상화시킨다는 건데, 그런데 거꾸로 이야기할 수 있죠. 그러면 이 사회에 살고 있는 우리는 그렇게 대상화된 방식에서 완전히 벗어나서 살고 있느냐는거예요. 히잡을 쓴 것만이 대상화된 것인가요?

'네 눈 안의 들보도 못 보고 남을 탓하다니' 이런 뜻이 아니라, 페미니스트들에게 중요한 건 그들 자신이 주체화되도록 하는 거잖아요. 거기에 우리가 역량을 심어줄 수 있어요. 하지만 그들을 페미니스트적이지 않은 죄인이라고 재단하고 재판할 수 있는가. 저는 그런 방식에 대해서 오드리 로드가 문제시하는 것 같아요. 그래서 로드는 여성들 간에, 여성들이 차이가 날수록 상호의존해야 한다고 해요. 신기하지 않아요? 차이가 날수록 상호 의존해야 한다는 건 차이가 나는 존재들이 서로에게 역량을 불어넣어주는 것empower도 중요하고, 그 차이 나는 경험들에 대해서 열려있어야 된다는 거예요. 로드는 그저 침묵하는 것이 아니라 살면서 싸우고, 그러면서 살아가는 사람들이 지혜를 얻는 방식을 강조하는 거죠.

그러면서 시혜적 입장, 불쌍하게 여기는 걸 아주 강한 말로 비판해요. 그런 것이야말로 "가장 역겨운 개량주의"*라고요. 왜? 우리가 앞에서 〈성애의 활용〉에서 봤지만, 성애라는 게 우리

---

* 　　　같은 글, 176쪽.

가 굉장히 창조적으로 될 수 있는 힘인데 그걸 부정한다고 했죠. 차이를 '관용의 대상'으로 본다는 것도 마찬가지로 차이가 사실은 우리의 힘인데 그걸 부정한다는 거잖아요. 그런 점에서 우리가 평등에 대해서 생각해볼 필요가 있어요. 평등하다는 건, 평등의 아젠다에 참여할 수 있어야 가능한 거예요. 무엇이 어떻게 평등해야 하는지 그 내용들을 정할 수 있어야죠. 그런데 그들이 이미 정해놓은 평등의 내용이 있잖아요. '인간인 우리에게 평등이라는 것은 이런 것이다.' 여기에 단순히 참여해서 그걸 쟁취하는 게 평등의 의미가 아니라는 거예요.

'우리가 시혜적인 입장에서 가난한 사람들 도와주는 게 인권이지. 너희가 인간다운 걸 확인했으니까 인간에 참여시켜줄게. 너희들 교회도 잘 다니고 세금도 잘 내고 더러운 풍속도 생각보다 별로 없더라? 너 인간이니까 들어와라' 이런 게 평등이 아니라는 거죠. 평등하다는 건 무엇일까요? 사실 평등의 중요한 내용은 '각자 생긴 대로 살자' 이거 같아요. 양적 평등이 아니라 질적 평등인 거죠. 사실 그게 평등 아닐까요?

차이를 단순히 관용의 대상으로 보아서는 안 되고, 오히려 강렬한 연결의 힘으로 봐야 한다는 거예요. 우리 공동체는 자꾸 차이를 분열을 책동하는 것으로 여기게 해왔잖아요. 그런데 차이를 관용의 대상으로, 분열의 대상으로 보는 것이야말로 가부장제의 지식이라는 거예요. 새로운 페미니즘의 지식은 차이가 분열의 힘이 아니라, 분열하는 못된 힘이 아니라, 차이야말로 변화하는 힘이라고 우리는 페미니즘의 언어로 다시 한번 이야기한다는 거

여성은 다르다: 복수의 여성들

죠. 분명히 우리가 새로운 공동체를 구성하는 건 맞지만 차이를 보존하고 승인하고 생산하는 공동체가 페미니즘이 지향해야 할 공동체의 자리라는 거예요. 우리 모두를 같게 만드는 게 우리의 페미니즘적 공동체가 아니라는 거죠. 오히려 공동체의 구성과 성장은 차이를 같게 만드는 게 아니라 차이를 힘으로 만드는 것에 달려 있다는 겁니다. 이러한 차이의 역량은 구조 바깥에 있는 아웃사이더들과 함께하는 것에서 비롯되죠. 이들과 함께 새로운 세계를 상상하고 만들어갈 수 있는 공동의 연대를 구축해야 한다는 거예요.

차이가 역량이라는 건 너무 맞는 말인 것 같아요. 정말 직관적으로. 소수자들이 자기의 소수자성을 버린다는 건 동화된다는 거잖아요. 그러니까 차이를 드러낼수록 그것들이 자기 역량이 되는 거죠. 만약 그냥 차별을 받아들인다면, '어쩔 수 없지. 내가 차별받았구나. 그럼 차이를 없애버리면 내가 차별을 받지 않겠구나' 이러면 어떻게 될까요. 차별에 문제가 있다는 그 문제의식도 사라지겠죠. 그러지 않기 위해서는 차이를 긍정해야겠죠. 차이가 나는 것을 차별하는 이 사회가 문제라는 이야기를 할 수 있다는 건, 차이를 긍정해야만 가능한 거잖아요. 그렇기 때문에 "주인의 도구로는 결코 주인의 집을 무너뜨릴 수 없습니다"*라는 것이죠. 왜? 주인의 도구라는 건 뭐죠? 차이를 버려야 한다는 거예요. 같아져야 한다는 거죠. 그렇게 해서는 우리가 가부장제라는 걸 결

---

*　　같은 글, 178쪽.

코 부술 수 없다는 거예요. 가부장제야말로 백인, 남성인 인간이 되라는 거니까요.

　　제가 넷플릭스에서 〈힙합 에볼루션〉(2020)이라는 다큐멘터리를 보면서 충격을 좀 받았는데, 우리가 상상하는 유토피아의 노래들은 주로 백인 남성들이 부른 노래들이더라고요. 비틀스The Beatles 생각해보세요. 그런데 힙합 안에서 해방의 노래들이 많았던 거예요. 하지만 이야기가 된 적이 없는 거죠. 어떤 의미에서는 상스러운 노래였을 수 있겠지만요. '아, 누구의 관점에서 보느냐에 따라서 유토피아를 그리는 노래가 비틀스에게서만 나왔다고 볼 수는 없겠구나. 그들 언어의 방식으로 이야기하는 것일 수도 있겠다. 다르겠구나' 이런 생각들을 제가 하게 됐어요. 그런 점에서 바라보자면, 우리는 언제나 이 사회적 삶 안에서 이 사회에 맞는 방식으로 살라는 압력을 받는다는 거예요. 그런데 그때, 즉 그들이 원하는 어떤 방식으로 살라고 할 때 제일 중요한 건 그들의 방법론이거든요. 그들의 방법을 그대로 따르면 그들이 원하는 방식에 우리가 순응하거나 아니면 우리가 갖고 있던 문제의식이 사라지겠죠.

　　주인의 도구를 이용해서 그들의 규칙을 따르면 일시적으로 승리를 거둘 수 있지만, 진짜 변화는 불가능하다는 겁니다. 페미니즘 안에 있는 다양한 차이들을 무시할 게 아니라 우리의 힘으로 가져가야 되는데, 이 학술대회도 그렇고, 많은 페미니스트들이 다양한 차이를 무시하거나 '페미니스트 모인 것도 얼마나 대단한 일인데 그런 이야기까지 해?' 이러고 있다는 거예요. 그건

368

페미니즘이 가부장제를 뚫고 나갈 급진적인 역량을 스스로 꺾어 버리는 일이라는 거죠.

변화하는 다양한 차이들을 승인하는 것들이 우리가 페미니즘적 논제를 이루기 위한 중요한 방식들인데, 당장 눈앞의 문제들에서는 우리가 다 같아져야 한다는 강박이 있다는 생각이 들어요. 그런데 그 강박은 우리 문제만이 아니라, 실제로 가부장제가 구성해왔던 방법이죠. 그래서 페미니즘에서 아주 중요한 이야기들은 이것들이 아닌가 해요. 첫 번째, 페미니즘적 방법론을 만들어내는 것. 두 번째, 페미니즘적 비전을 만들어내는 것. 이 방법론과 비전의 힘을 갖기 위해서는 바로 차이를 긍정하고, 섹슈얼리티에 대한 긍정적인 힘들을 찾아내는 것들이 중요하다고 오드리 로드의 통찰 안에서 이야기할 수 있는 것 같아요.

우리는 지식에 뭐가 붙어 있다는 걸 항상 까먹고 있죠? 바로 감정이죠. 페미니스트들은 그렇기 때문에 혐오, 수치, 기쁨, 이런 감정들이 지식과 앎과 개인이 갖고 있었던 세계에 대한 많은 이해와 결부되어 있다는 데 주목해요. 그런데 이 혐오와 공포는 불행히도 우리 자신의 얼굴을 하고 있지 않고 우리가 본 적 없는 사람들의 얼굴을 하고 있죠. 우리가 아는 자들은 그럴 리가 없다며 옹호하고요. 우리가 한 번도 만나본 적 없는 사람들을 사회악과 가까운 걸로 이해해요. 그래서 주로 차이 나는 것들이 공포와 혐오의 오명을 뒤집어쓰게 되는 거죠. 이렇게 차이를 혐오와 공포로 여기는 상황은 그저 공적인 차원의 문제가 아니라 사실상 우리가 살고 있는 개인적이고 일상적인 삶에서 벌어지는 일이에요. 그래서 로드는 말합니다. 이 "차이에 대한 공포와 혐오를" 직면했을 때, "비로소 개인적인 것이 정치적인 것"*이 된다고요.

개인적인 것과 정치적인 것을 나누는 기준을 누가 마련한 것인가라고 할 때, 그 기준을 선택하지 않으면 우리를 막 죽이겠다는 게 아니잖아요. 미디어라든지, 다양한 감정의 형태, 프로파간다를 통해서 우리의 자유로운 선택인 것처럼 위장하죠. 그리고 우리 스스로가 우리를 만들어가는 과정에 결부돼요. 여기서 우리가 왜 지금 차이의 정치를 해야 되는지가 나오는 거죠. 억압이나 사회적 문제들이 금지의 형태가 아니라 우리가 거기에 참여할 수밖에 없는 형태로 있다는 거예요. 우리를 만들어놓은 토양이 바로 그 권력이 이야기하는 비전들, 권력이 말하는 좋은 사람의 상과 연결되어 있을 수밖에 없는 거죠. 우리는 그 안에서 다 배웠잖아요. 전 아직도 "민족 중흥의 역사적 사명을 띠고……" 이거 외워요. 배웠으니까요. 누가 저한테 태극기 잘라보라고 하면 바로 못 자를 것 같아요. 태극기가 신성하다고 배웠을 테니까.

우리 자신을 이루고 있는 것들과 이 사회가 이야기하는 것들이 같은 토양 안에 있다는 걸 이해했을 때, 우리는 그걸 직시하는 순간 개인적인 것과 정치적인 것의 그 기준점들이 어떻게 설정되는지, 그리고 그 작동방식이 이성적인 것만이 아니라 감정과 연결되었다는 걸 이해할 수 있고 우리의 선택들도 이해할 수 있다는 거예요. 로드의 글은 정치에 대해서 이야기할 때 우리 자신

---

* 같은 글, 181쪽.

을 쏙 빼놓고 공적인 자리에 있는 자들을 비판하는 것으로 끝낼 수 없다는 것을 다시 한번 사유하게 합니다. 로드는 제2물결의 통찰, 정치적인 것에 있어서 공적인 것과 사적인 것을 구분 짓는 권력의 문제에 대해 동감하면서, 실은 정치가 아주 사적인 것이라고 말해지는 그곳에서 발생하고 있음을 다시 한번 강조합니다. 그리고 차이의 정치가 바로 그 공적인 것과 사적인 것을 구별하는 경계에서 발생하고 있다는 것을 자꾸 일깨우고 있습니다.

7장

서로의 눈동자를 들여다보며
다양한 여성들로 살아가기 위해

오드리 로드 II

Audre Lorde,
1934~1992

정체성의 정치, 차이를 단순한 대립관계로 보는
편협함에 대하여

동일성의 패러다임 속에서 오랫동안 통용되어온 정치의
방식은 같은 사람들끼리 이 잘못된 세상에 대해서 함성을 지르고
간단한 이유로 연대를 해서 이 세계를 변화시키자는 거였죠. 이
런 방식도 크게 의미가 있죠. 어떤 운동이 일어났을 때, 대규모 대
오를 보면서 그들은 같은 의제에 동의해서 나온 사람들이니까 뜻
도 마음도 같을 거라고 생각하게 마련이고요. '우리가 큰 힘을 보
여줘야 해. 그러니까 우리가 한마음 한뜻이어야 돼'라고 하는 건
우리의 직관적인 호소에 응답하는 말인 듯도 싶어요.

그런데 지금 여기서 되짚고 싶은 건, 우선 실제로 굉장히
큰 대오를 이루는 집회나 대규모 운동들에 참여한 사람들 모두가
한마음 한뜻인지는 사실 확인 불가능한 문제일 수도 있다는 거예
요. 그 상황이나 의제에 동의해서 나온 사람들이 그 의제에는 동
의한다고 할지 모르겠지만 이해관계나 목표하는 바가 다 같은지
는 몰라요.

두 번째는 우리가 하나의 목소리, 하나의 마음을 지닌 하
나의 정체성을 가진 사람이라고 하면 '진짜 순수혈통이 누구인
가' 이런 식의 논의가 된다는 거예요. 정말로 그 동일한 뜻, 동일
한 의미, 동일한 목표 같은 것들의 최종적 근거가 동일한 정체성
이라고 하면, 이 정체성에 서열이 생기고 순위가 세워지죠. 이 정
체성이 100퍼센트인 사람은 우리 편, 80퍼센트인 사람은 비슷한

사람…… 이런 식으로 서열을 나누면 마지막에 1퍼센트, 0퍼센트인 사람들은 적이 되겠죠. 여기서 순위 세우기가 생기는 것 같아요. 100, 99, 98, 97, 96, 95…… 이런 식으로요. 처음에는 80퍼센트까지는 우리 편이라고 하겠지만 어느 순간에는 80퍼센트인 사람도 버려야 되는 때가 오고. 이렇게 될 수밖에 없어요. 이런 순수성을 외치는 걸 우리가 문제로 생각해봐야 하는 거죠. 그리고 완전히 순수한 사람이 있을까요? 어떤 정체성을 순수하게 100퍼센트로 가진 사람이라는 게 있다고 할 수 있나요? 사실 그것도 의문이죠.

그리고 이렇게 되면 100퍼센트인 사람을 원본으로 만들겠죠. 나머지는 100퍼센트를 따라한 짝퉁, 사본이 되고요. 이런 형태들만 모여 있을 가능성이 높아요. 그러면 이 안에서도 순수혈통, 100퍼센트의 원본성을 따지면서 여기서 조금씩 이탈한, 아니면 조금 다른 차이를 가진 사람들을 가짜라고 지목하고 '너는 순수혈통이 떨어져. 여성이긴 하지만 95퍼센트밖에 안 돼' 이런 식으로 나가는 거죠. 마치 '100퍼센트 백인' 이런 것처럼요. '네 혈통의 5퍼센트에는 원주민 피가 흐르니까 너는 진짜 백인은 아니지' 이런 식의 이야기들요. 동일성의 정치, 다른 말로 동일한 정체성의 정치는 그럴 가능성이 높다는 거예요.

그런 동일한 정체성의 정치를 외치는 사람들 앞에서 그 동일성이 떨어지는, 소위 말해서 순수성이 떨어지는 사람들은 묻죠. '누가 여성입니까? 나는 여성이 아닙니까?' 이렇게 물을 수밖에 없는 일들이 생겨나는 거예요. 그래서 오드리 로드가 "차이를 재정의하는 여성들"*을 말하는 거고요. 정말로 여성주의, 페미니즘이라고 한다면 차이를 결코 억압해서는 안 되고, 다양한 차이들의 목소리에 귀 기울여야 한다는 것. 그 목소리들이 의제를 분열시킨다고 하는 말, 여성이 하나로 모이는 것도 힘든데 다양한 목소리를 낸다는 것 자체가 분열을 일으킨다는 말들은 실은 가장 주변화되어 있고 가장 소수의 자리에 있는 여성들의 실제적인 고통의 목소리들, 고통의 호소들, 혹은 그 고통으로부터 벗어나려고 하는 용감한 움직임들에 제동을 건다고 하는 것. 이런 이야기들을 오드리 로드의 글에서 읽어낼 수 있을 것 같아요.

우리가 여러 번 반복해서 확인해온 것처럼, 서구 철학의 역사는 차이를 단순한 대립관계로만 이해하죠. '차이는 불온한 것이다'라고 하는 가장 큰 이유 중 하나가 차이는 대립에서만 생겨난다는 전제 때문이에요. 사실 어떤 의미에서 모순적이라고 하는 게 더 정확한 것 같아요. 인식론적인, 논리적인 차원에서 차이라는 건 이런 거죠. A=not A라는 형태에 기반을 해요. 그러니까 차이라는 개념은 이미 분열을 내포하고 있다는 게 서구의 철학적 생각들이 전제하고 있는 바라는 거예요. '차이라는 건 서로 대립하는 관계에서 드러난다' 'A와 not A와 같은 대립의 관계 안에서 차이가 극명하게 드러난다'라는 게 서구의 생각이죠.

우리가 이런 것들을 다른 말로 이분법이라고 하죠. A는

---

*   오드리 로드, 〈나이, 인종, 계급, 성〉, 《시스터 아웃사이더》, 주해연·박미선 옮김, 후마니타스, 2018, 193쪽.

not A. 그리고 이 둘 사이에 위계질서가 있어요. A는 동일자이고 not A는 언제나 동일자의 반대항인 차이이자 타자고요. 이런 걸 오드리 로드가 비판하는 것이겠죠. 차이를 단순한 대립관계, 이분법적인 관계로 보는 사고가 갖고 있는 편협함 혹은 답답함. 그리고 차이를 이렇게 보게 되면 차이가 가진 생산성을 보지 못하게 돼요. 이런 대립관계로 봤을 때, 차이는 생산적이지 않아요. '차이가 생겼어? 우리가 지금 얼마나 힘들게 같아졌는데 또 누가 분열했단 말이야?' 이렇게 되는 거죠. '차이가 있다는 건 너랑 나랑 서로 다르다는 거고, 다르다는 건 분열했다는 거지. 분열했다는 건 너와 나의 이해관계가 대립적이라는 거고. 그러면 내가 살거나 네가 살거나 둘 중에 하나만 살자. 네가 나한테 올래, 아니면 내가 너한테 갈까?' 이거밖에 안 된다는 거예요.

이런 이분법의 논리로 차이를 대립관계로 보는 편협한 사고를 비판적으로 분석해가는 로드의 대표적인 글이 〈나이, 인종, 계급, 성: 차이를 재정의하는 여성들〉입니다. 차이가 있다는 건 어떤 느낌이에요? '아, 서로 이야기 못 하겠다' 이런 거죠. 공통점이 있다는 건 이야기가 좀 통하겠다는 느낌이고요. 서구의 역사가 항상 이런 방식으로 존재해왔다는 거예요. 공통점이라고는 하나도 없어요. 대립관계라는 건 상호적으로 공통의 이해관계라든지 공통적인 어떤 요소들이 없는 거죠.

이런 이분법적 논리하에서 차이의 자리는 언제나 분열과 책동의 자리이고, 차이 그 자체가 어떤 것들의 대립으로만 존재하는 것이 되니까, 차이에 대한 인상이 좋을 수가 없어요. 그래서

여성은 다르다: 복수의 여성들

사람도 이분법적으로 나눈다는 거죠. 선과 악이라는 논리도 마찬가지인데요. 인간의 필요에 의해 선을 말하는 게 아니라, 영리나 이익이 선이라고 하는 사회는 자본주의 사회죠. 그리고 자본주의 사회에서는 항상 체계적인 억압이 존재해요. 자본주의적 논리를 따르지 않으면 실제적으로 존재할 수 없고 존재하기 어려워지기 때문에, 이런 걸 체계적 억압이라고 표현할 수 있어요.

근대적 의미의 자유주의자들은 자본주의 사회가 경쟁 사회일 수밖에 없다고 하잖아요. 경쟁을 통해서 좋은 것들이 살아남고 열등한 것들은 떨어져나가고. 이 자본주의 안에서는 모두 시장에 들어갈 수 있는 자유가 있지만, 수요와 공급에 의해 시장에서 도태되기도 하고 경쟁에서 승리하면 시장에서 살아남기도 하는 거라고 하죠. 그러니까 자본주의 체계에 대한 설명에 따르면 자본주의 안에서는 승자가 있다는 거예요, 언제나. 선택된 자, 상품으로 선택된 자, 상품으로 팔린 것들이 승자죠. 그런데 모든 상품이 팔리지는 않잖아요. 어떤 상품들만 팔리죠. 이 자본주의적 생산관계 안에서는 언제나 열등한 자리에 있는 자들이 존재할 수밖에 없는 거죠. 팔리지 않는 자, 자본주의적 체계 안에서 의미가 없다고 이야기되는 자들이죠. 인간도 아닌 자.

자본주의적 가치관으로 보면 거리의 노숙인을 낙오자라고 느끼죠. 그다음에 그들이 게으르기 때문에 가난한 거고, 그 게으름에 대해 책임을 져야 한다는 식으로 말하기도 하죠. 그러니까 주로 그런 사람들을 열등하다고 보잖아요. 성공한 삶이라고 하지 않죠. 남의 삶에 대해서 실패한 삶이라고 이야기해버리잖아요. 그 사람이 어떤 사람인지 상관없이. 우리도 흔히 그렇게 생각하잖아요. 다들 홈리스가 되고 싶어 하지 않으니까요. 이런 사람들이 잉여적인 존재인 거죠. 여기서 잉여적이라는 건 사회에 그닥 쓸모가 없는 거예요. 주로 어떤 사람들이에요? 미국 사회에서는 "흑인, 제3세계 사람들, 노동계급, 노인, 그리고 여성"*이라는 거죠.

이분법적 차원으로 본다면, 이런 열등한 자리, 비인간화된 자리에 있고 잉여적인 사람들이 흑인, 제3세계 사람들, 노동계급, 노인, 여성이 되는 거잖아요? 그러면 거꾸로 우등한 자리, 인간적인 자리에 있고 비잉여적인 사람들은 어떤 사람들이죠? 비흑인, 비제3세계 사람들, 비노동계급, 비노인, 비여성이 된다는 겁니다. 그리고 그들 사이를 단절하는 아주 높은 벽이 있어요.

저는 묻고 싶어요. 어디서부터 그 벽을 딱 정확하게 정할 수 있을까. 예를 들어 노인, 늙음이라고 합시다. 몇 살부터 그 늙음이 건널 수 없는 강인 것처럼 되는 거죠? 언제부터 노인이 되는 걸까요? 만약 70세부터 노인이라고 하면 69세 12월 31일까지는 노인이 아니고 하루 지나면 바로 노인이라고 할 수 있는 문제냐는 거죠. 무슨 이야기냐 하면 실은 대립적이라고 보는 차이라는 게 인위적이라는 거예요. 노인과 비노인이 서로 완전히 상관없는 존재인가. 그게 대립적인 개념인가. 어느 순간 나도 모르게 노인이 되었다고 할 수는 있어도, '이때부터 노인이다' '저들하고 나는

---

*   같은 글, 193쪽.

여성은 다르다: 복수의 여성들

이해관계가 다르고 너희는 절대 노인이 된 내 마음을 모르고, 노인이 아닌 사람들은 절대로 노인을 이해 못 해' 이렇게 할 수 있는 것일까.

사실 여성도 마찬가지예요. 여성과 비여성은 완전히 다른 걸까요? 트랜스젠더라고 불리는 존재들이 있잖아요. 젠더 자체가 사회적인 것이라면 사실 다른 가능성들도 있을 수 있다는 이야기예요. 제3세계 사람들이라고 했을 때, 제3세계라는 말을 누가 붙이는 걸까요? 우리는 제3세계일까요, 아닐까요. 제가 중고등학교 때는 한국이 제3세계라고 배웠거든요. 그런데 어느 순간부터 중진국이었고 최근에는 선진국이 되었다고 하더라고요. 경제적 관점에서 보면 한국은 제3세계가 아니에요. 지금 우리 생각에 제3세계는 다른 곳이겠죠? 그러면 제3세계라는 것도 누가 그 기준을 정하느냐의 문제인 거죠.

인종에 대한 것도 볼까요? 인종도 뚜렷하다고 하지만 그럴까요. 인종 일반의 유전정보의 평균값을 비교했을 때의 차이가 개인 간 유전정보의 차이보다 더 적어요. 흑인이라고 하면 어디까지가 흑인일까요? 몇 퍼센트가 섞여야 흑인이에요? 그리고 사람마다 피부색이 다 다르잖아요. 그러니까 인종이라는 게 색깔로만 규정되는 것도 아니에요. 흔히 지리적 조건, 사용하는 언어에 민족지를 합쳐서 더 확정적으로 규정하는 것 같긴 해요.

차이라는 게 대립으로만 설명될 수 없다는 겁니다. 사실 차이는 다양성으로 설명할 수 있는 거죠. 그것들을 대립되는 관계로만 포착을 하면 '너와 나', '아我와 비아非我' 이런 관계밖에 안 되는 거죠. 그러면 '우리'와 '우리가 아닌 자'라는 관계 안에서 우리가 우등한 자라면 너희는 열등한 자가 되는 거고, 오랫동안 여성들의 자리는 그 열등한 자리에 있었다는 거예요.

차이에 대한 이런 사고에는 '주체는 동일하다'라는 전제가 있어요. 그런데 여기서 비주체였던 사람들이 나도 주체가 되겠다고 저항을 할 경우에 처하는 문제점을 한번 보죠. 비주체가 주체가 되는 과정은 주로 '우리가 모두 동일하다'고 하면서 정리를 해왔죠. 그런데 오드리 로드는 그런 입장에 반대하잖아요. 비주체였던 사람들이 우리를 비주체로 만든 사람의 방식처럼 주체가 되겠다고 하는 것, '우리는 동일하다'라고 하는 건 문제적일 수밖에 없다는 거예요. 왜? 내가 주체의 자리에 가겠다는 방식 안에서 주체의 동일성을 선취하겠다고 하면, 우리를 비주체로 몰았던 사람들처럼 어떤 존재들을 또 비주체로 만드는 형태들이 되니까요.

서구에서는 오랫동안 이런 이분법적 전통들이 있었고, 그 전통 안에서는 여성, 흑인, 노동계급, 노인과 같은 주변화된 인물들이 비주체로, 열등한 존재의 자리에 있어왔다는 게 오드리 로드의 이야기죠. 그런데 이럴 때 주체의 입장에서 비주체들에 대한 상상을 하면서, 그들이 어떨 것이라고 자기들 마음대로 규정을 해요. 성소수자는 문란할 것이다, 여자는 수동적일 것이다, 노인들은 힘이 없을 것이다, 게을러서 노동자가 된 것이다, 이런 것들요. 주체의 입장에서 비주체들을 제멋대로 규정을 해버릴 뿐만 아니라 주체들은 이 비주체들이 서로 얽혀 있다는 사실을 이해하지 못하죠. 이게 동일성의 철학하에서 정체성을 이야기하는 사람

여성은 다르다: 복수의 여성들

들의 특징이었다고 오드리 로드가 분석을 해요. 차이는 언제나 비주체의 영역이고, 이 차이에 대해서 이야기하는 자는 언제나 주체라는 사람들인 거죠. 로드가 '주인'이라고 명명했던.

그런데 한번 보자는 거예요. 자기 자신을 보겠다. 오드리 로드가 자신의 이야기를 시작하겠다는 거예요. "49세의 흑인 레즈비언 페미니스트이자 사회주의자이며, 딸과 아들을 키우는 어머니이고, 인종 경계를 넘어 백인 여성 배우자와 함께 살고 있는 나."* 자기 자신을 하나로만 이야기하고 있지 않아요. 나이로는 49세예요. 젊은 나이는 아니죠. 여자 나이 49세면 사실 노인이죠. 나이에 대한 감각은 젠더별로 다른 것 같아요. 마흔 후반이어도 남성일 경우에는 연애가 가능한 존재로 이해하지만 같은 나이대 여성은 할머니, 어머니처럼 나이듦으로 표상이 된다는 거예요. 여자로 인정되지 않고 나이든 여자로 인정되는 거죠. 이런 점에서 49세라는 나이는 적은 나이가 아닌 거죠.

그리고 흑인이고 레즈비언이고 페미니스트이고 사회주의자고 동시에 어머니이고 백인 여성 배우자와 함께 살고 있대요. 그런데 이렇게 보면 로드는 자신의 파트너와 비견하자면 타자인 거죠. 주체라고 할 수 있는 입장에 있는 게 하나도 없어요. 젊지도 않고, 인종적으로도 흑인이죠. 그리고 일탈자겠죠. 레즈비언이잖아요. 오드리 로드가 글을 썼을 당시에 레즈비언끼리의 결합은 시민들한테 인정받지 못했고 또 동성애자라고 하면 굉장히 문란

---

* 　　같은 글, 193쪽.

하다고 여겨지거나 일탈된 존재로 여겨졌잖아요.

동시에 열등한 자이고 무언가 잘못된 게 있는 집단에 속한 사람이라고 여겨지겠죠. 잘못됐고 뭔가 부족하다. 그런데 결핍, 부족이라는 말도 이런 데서 좀 생각을 해봐야 돼요. 아까 순수혈통에 대한 이야기를 드렸잖아요. 만약 순수혈통이라는 게 100퍼센트라고 치면, 여기서부터 혈통의 정도가 흐려질수록 뭔가 부족하다고 생각하잖아요. 가령 80퍼센트까지는 얼추 인간다운 건데 그다음부터는 인간답지도 않은 거고, 100이 순수이고 100이 원본이면 거기서 조금씩만 떨어져도 뭔가 부족한 사람이 되는 거잖아요. 부족한 게 없이 자랐다고 할 때, 어떤 조건들이 있잖아요. 예를 들면 좋은 부모 만나고, 재산 어떻게 되고, 결혼 잘했고, 아이들도 잘 키웠고, 편하게 죽었다는 다섯 가지 조건이 갖춰져야 되는데 그중에 하나가 빠졌다고 해봐요. '편히 못 죽었잖니' 이러면 부족한 게 생기죠. 그 모든 조건을 채우기가 어렵다는 식으로 생각하는 건, 어떤 기준이나 정상성을 상정하고 있다는 거죠.

이 동일성의 철학, 정체성의 철학은 무엇이 정상이고 무엇이 완벽한 조건이라는 식의 이상들을 만들어놔요. 그리고 거기에서 하나가 없으면 부족하다고 해요. 그러면 부족한 삶을 살아가는 사람들을 어떻게 생각할까요. 그들은 불행하고 아픈 사람들일 것이라고 생각하겠죠. '나는 선량한 사람이라서 그들을 차별하지 않아. 왜? 그들이 너무 안타깝거든. 부족하잖아. 그래서 차별할 수가 없어. 부족하고 결핍된 사람들을 괴롭히면 돼?' 이런 논리도 사실은 우리가 우월한 존재고, 선민이라는 생각이 깔려 있는 거

여성은 다르다: 복수의 여성들

죠. 우리가 맞는 존재고 쟤네들은 뭔가 부족한 사람들이라는 사고방식인 거예요.

차이에 대한 왜곡된 이해

정체성의 정치에 깔린 이 이분법은 억압받는 자들의 대상화로 이어지게 마련이죠. 흔히 주체라고 불리는 사람들은 비주체를 마음대로 규정해요. '비주체들은 어떨 것이다'라고요. 그게 대상화예요. '저 사람들은 결핍되어 있고 불쌍해, 저들은 불행할 거야.' 이걸 대상화라고 하는 거예요. 이 대상화라는 건 실제로 그 집단의 사람들이 자기 자신에 대해서 설명할 권리를 안 주면서 그들이 어떻다고 다 말하는 거예요. 그들이 말하려고 하면, '조용히 해. 내가 대신 말해줄게. 너는 이런 사람이야' 하는 거요.

대상화의 가장 큰 문제는 그들이 주체가 되는 것들을 막아버린다는 거죠. 이게 굉장히 중요해요. 이들이 주체가 되려고 하는 역량을 꺾어버려요. 대상화의 가장 큰 문제예요. 예를 들면 가스라이팅도 주체가 되는 걸 막기 때문에 발생하는 거죠. 그들의 말에 귀 기울일 수밖에 없고 내가 틀렸는지 자기를 의심하게 되는 거죠. 자기에게 지배적인 어떤 질서와 권력을 휘두르는데 자기도 모르게 그런 사람들의 말을 듣게 하잖아요. 그리고 이 대상화된 집단을 완전히 분리된 삶들로 생각한다는 거죠. 자기들 멋대로 그들을 불행하다고 하고요.

그래서 저는 로드의 이 문장이 흥미로웠어요. 절절하기도 하고요. "지극히 미국적인 억압에 시달리고 있는 우리들은 살아남기 위해 언제나 주변을 경계하며 살아야 했고, 억압자의 언어와 태도에 익숙해져야 했으며, 심지어 때로는 보호받을 수 있다는 착각 속에 그들의 언어와 태도를 차용하기도 했다."* 억압받는 사람들은 언제나 살아남기 위해서 자기가 누구인지 노출하면 안 되는 거죠. 억압자들과 어울리려면 티내면 안 되고, 아니면 그들이 원하는 방식의 눈빛을 보여줘야 된다든지. 그렇죠? 이런 게 재미있는 건데, 소위 지금의 민주주의 사회에서는 차별을 나쁘게 생각하잖아요. 누군가를 차별하면 안 된다고. 그 차이 나는 집단들을 용인하는 제스처를 취하고 싶어 해요. 무슨 뜻인지 알겠죠. 대체적으로 어떤 사람들에 대해서 좋은 일을 하고 싶어 한단 말이에요. 그런데 그때 필요한 모습이 있어요. 누군가를 구호하고 보호하는 모습들을 생각해보세요. 그때 구호받고 보호받는 사람들의 고마워하는 눈빛이 있어야 해요. 당신 덕분에 우리가 더 나아졌다는 제스처가 있어야만 도와줄 수 있는 거죠.

내가 열심히 도와줬는데 고마워하지도 않거나, 주든지 말든지 하거나, 나아지는 게 없으니까 더 내놓으라고 나오면 원조를 할까요, 안 할까요? 끊어버려요. 자기가 원하는 태도를 보여줘야 된다는 건데, 이게 일종의 대상화인 거죠. 그러니까 오랫동안 소수자들은 살아남기 위해서라도 언제나 경계하고, 또 억압자들

---

* 　　같은 글, 194쪽.

여성은 다르다: 복수의 여성들

의 언어와 태도를 따라 해야 됐던 거예요. 억압자들도 막 총칼로 억압할 수는 없잖아요. 왜냐면 같이 사는 척을 해야 하니까. 그럴 때마다 뭐가 힘든지 말해보라고 하고, 가르쳐달라고 하고.

사실 저는 이런 이야기를 많이 들어요. 제가 나름 페미니스트잖아요. 그럼 남자들, 남성 지식인들이 페미니즘적이지 않은 자신들의 태도 때문에 사람들한테 실수를 하니까, 페미니스트 선생님들이 좀 가르쳐달라고 부탁을 하는 거예요. 저는 그게 너무 힘든 거죠. '왜 내가 그걸 가르쳐줘야 되지?' 그래서 제가 최근에 그런 말을 했어요. 그걸 나한테 말하면 안 되고, 국가에 말해야 한다고요. 국가한테 가서 불쌍하게 내가 이런 교육을 못 받았으니까, 이제 국가가 책임을 좀 지라고 해서 국가가 수주를 주면 제가 교육을 해주겠다고 했어요. 무슨 이야기인 줄 아시겠죠. 만약 수주를 받으면 해줄 수도 있을 것 같은데 그냥 내가 알려줘야 될 의무는 없잖아요. 그리고 주로 어떤 식의 입장이냐면, 그냥 막 '선생님 알려주세요' 하는 거죠. 물어보고 이야기하는 것도 아니고, 막 무릎을 꿇고 부탁하는 게 아니에요! 그게 아니란 말이에요. 자기를 좀 설득해달라고 하는 거예요. '내 생각은 이런데, 페미니스트인 당신이 나를 좀 설득해달라.' 그런데 제가 그 사람을 설득해야 할 이유가 없잖아요. 왜 설득해줘야 되죠? 정말 모르겠더라고요. 오드리 로드가 하고 있는 이야기가 이거예요.

억압당하는 사람들은 심지어 억압자들에게 그들이 저지르는 실수가 무엇이 실수인지마저 가르쳐줘야 한다는 거죠. 이거 사실 되게 기분 안 좋을 것 같지 않아요? 그러면 자기가 당했던 걸 다시 되새김질해야 되잖아요. 트라우마 상황에 휩싸이게 만드는 거잖아요. 성희롱 피해자가 자신의 피해를 말했다고 해봐요. 그럼 성희롱을 당했던 상황을 다시 한번 떠올리게 되잖아요. 만약 그 이야기를 하는 게 나한테 힘을 주고, 나를 주체화시켜서, 내 역량을 강화하는 거라면 문제가 안 되는데, 기껏 내 트라우마틱한 기억까지 떠올리면서 말했더니 '그게 왜 성희롱인데' 이렇게 나오면 사실 힘 빠지죠. 그렇게 물어보면 말한 사람한테 그게 힘이 되겠어요? 안 되잖아요. 그런데 주로 그렇다는 거예요. 아주 극명한 예를 들게요. 어떤 사람이 내 뺨을 딱 때려서 내가 울면서 아프다고 호소를 했어요. 근데 나를 때린 사람이 나한테 와서 "야, 내가 왜 잘못했는지 이야기 좀 해줄래?" 이렇게 하면 돼요? 안 되잖아요. 내 뺨을 때린 자가 와서 사람들이 자기더러 잘못했다고 하는데 자기가 왜 잘못했는지 나한테 이야기를 해달라고 하는 것. 말이 안 되죠. 그러니까 우리가 변호인이나 대리인을 쓰는 거잖아요. 날 때린 사람을 직접 보기 싫으니까 변호인 데려다가 쓰는 거 아니겠어요. 나를 보호하기 위해서 쓰는 거잖아요. 직접 날 때린 사람한테 내가 직접 따지는 건 막 멘탈이 강철이이어야 되는 거죠. 그리고 내가 그래야 할 이유도 없는 거고요. 날 때린 사람이 와서 빌어도 내가 용서를 해줄까 말까인데 내가 그 사람의 잘못을 일깨우는 일까지 해야 된다고? 피해자가 구원자 노릇까지 하라는 이런 이야기가 지금 말이 되냐는 거예요.

　　저는 이거 정말 싫어요. 왜 가르쳐야 되는지 모르겠어요. '너희들이 지금 차별받고 있으니까, 너희가 무엇을 차별받고 있

　　　　　　　　여성은 다르다: 복수의 여성들

는지 말을 해야 우리가 안 하지' 이러고 있는 거잖아요. 그런데 그렇게 하지 않아도 되는 거예요. 우리가 너희를 설득해서 안 하게 되는 게 아니라, 여기 차이가 있는 사람들이 자기 자신의 역량을 강화해서 정치적 권리를 말할 수도 있다는 겁니다. 그리고 억압자들이 스스로 진짜 문제가 있다고 생각하면 어떤 문제가 있는지 스스로 생각을 해볼 수 있는 거죠. '아, 우리가 저들의 문화 같은 걸 누락시켰구나' 이런 걸 배우고 탐구하는 작업들이 변화를 만드는 과정이잖아요. 그런데 자기들을 가르쳐야 된다고 하는 건 자기들을 설득하라는 뜻이거든요. 그런데 설득하느라 힘이 빠지는 거잖아요. 그래서 저는 불필요한 싸움은 안 합니다. 차이의 정치는 남을 설득하는 데 쓰이면 안 돼요.

그리고 누구의 언어로 이야기를 하라는 거예요? 그것도 피억압자들이 억압자의 언어를 배우면서 이야기해야 되는 거예요. 예를 들면 미국인이 한국에 오면 당연히 영어로 말하죠. 그들은 한국에 와서 한국어를 하나도 안 하잖아요. 그런데 그들이 한국어 못해서 미안하다고 하는 거 봤어요? "제가 한국까지 왔는데 한국어를 한마디도 못해요. 미안합니다" 이런 말 안 하잖아요. 당연히 우리가 같이 영어로 말해주죠. 너무 당연하잖아요. 그런데 저는 제가 프랑스나 영국이나 미국에 가서 물건 살 때 한국어로 "이거 얼마예요?" 하고 물어볼 생각을 한 번도 해본 적이 없어요. 그리고 그 나라 점원들이 "제가 물건을 팔아야 되는데 한국어를 못해서 죄송합니다"라고 하겠어요? 번역기 돌릴 생각도 안 할 거예요. 당연히 저는 그 나라 말을 쓰거나 영어로 물어봤겠죠. 항상 이렇게 된다는 거예요. 이게 말이 되나요? 말이 안 되잖아요. 로드는 이런 건 책임 회피라는 거예요.

그뿐 아니라 로드는 사회의 구성원으로 인정은 받지 못하는 잉여 인구를 필요로 하는 사회에서 차이는 제도적으로 가치절하된다고 말합니다. 한국 사회에서 이주 노동자들은 어디에 쓰여요. 3D업종에 쓰이잖아요. 그런데 그들이 이 사회에 들어와서 돈 벌고 여기 안에서 진짜 거주하는 사람들처럼 뭔가 해보려고 하면 거부한다는 거예요. 그래서 주로 그런 사람들에 대해서 어떻게 이야기하죠? 그런 차이들에 어떻게 반응하죠? 공포와 혐오죠. '차이가 난다' '다르다' 하면 '뭔가 이상해. 내가 맡아보지 못한 체취야. 잘 모르는 건 무서워' 이렇게 되고, 더 심하면 '이런 게 싫다', 즉 혐오가 되는 거죠. 그런데 우리는 누가 자기를 싫어하고 혐오하는지 알죠. 누군가 나한테 공포나 혐오를 느끼는 걸 경험해보신 적이 있나요? 누가 내 손이 조금 닿는 것도 싫어하는 것처럼 느낄 때 되게 기분 나쁘잖아요. 내가 만졌던 물건을 누가 다 깨끗하게 닦거나 버리면 어때요? 진짜 기분 나쁘죠.

로드는 이 사회가 차이에 공포나 혐오로 반응하게 하거나, 세 가지 중 한 가지 방식으로 다루도록 한다고 합니다. "차이를 무시하라. 차이를 무시할 수 없을 경우, 만약 그 차이가 지배적인 것이라면 그대로 모방하라. 그렇지 않고 만약 그것이 종속적인 것이라면 그것을 파괴하라."* 차이는 원래 무시하라고 해요. 그런데

---

*   같은 글, 194~195쪽.

그게 무시할 수 없을 만큼 큰 거면 모방하고, 무시해도 될 정도면 파괴하라고 한다는 거죠. 사실 오드리 로드가 차이 자체가 무언가를 생성하는 것이라고까지 이야기를 한 건 아니에요. 하지만 적어도 단 하나의 단일한 정체성과 그걸 반대하는 대립적인 차이라는 그 이분법을 부숴야 한다는 것, 그리고 우리가 차이들에 씌워진 부정적인 뉘앙스, 즉 차이가 대립의 산물이기 때문에 언제나 분열을 만든다라는 생각을 깨야 한다는 것을 분명히 말합니다. 오히려 분열은 이런 차이를 알려고 하지 않기 때문에 생긴다는 거예요.

 왜? 정체성의 정치는 이성을 중심에 놓는, 인간이 이성적이고 합리적이라는 근대적인 어떤 사유의 틀 속에서 감정이나 신체 같은 것을 무시하죠. 그런데 재미있는 건 이 정체성의 정치는 차이 나는 것들, 다른 것들에 대해서는 소위 비합리적인 방식으로 작동한다는 거예요. 사실 합리적이라면 알려고 해야 할 거 아니에요. '저게 뭐지?' 하면서 알려고 해야 하는데, 그렇게 하지 않죠. '저건 거부해야 된다. 저건 이상하다. 저건 다르다' 이렇게 주의, 경보의 신호를 주잖아요. 위험한 것들이라고. 혐오와 공포라는 방식이죠. 이 공포와 혐오는 나와 다른 자에게 보이는 반응이에요.

 그런데 내가 만약 공포와 혐오의 대상이라고 해봐요. 나는 여기에 속해 있지 않은 자이고, 그러니까 여기에 속해 있지 않다는 걸 감추고 싶겠죠. 그러면 나는 자기 자신에 대해서 어떤 감정에 시달릴까요. 남들이 보기에 공포와 혐오의 대상이라고 부르는 특질을 내가 갖고 있는 거예요. 소위 대다수의 동일한 정체성을 가진 사람들이 보기에 나는 지금 밝히지 않아서 그렇지, 공포와 혐오의 대상인 거죠. 나를 보면 다들 깜짝 놀랄 거예요. 그리고 좀 더 간 사람들은 나를 '멀쩡한 줄 알았더니 이상한데' 하고 볼 거라고요. 혐오하는 눈빛으로 볼 거예요. 이렇게 될 걸 나는 알고 있는 거예요. 그러면 나는 나를 어떻게 여길까요. 어떤 감정으로 대할까요? 숨기려고 하고 내가 그렇다는 사실을 부정하게 되겠죠. 내가 나에 대한 자기 의식이 있을 텐데, 내가 혐오의 대상이라는 사실이 수치스러울 거고요. 벌거벗겨진 기분이 들잖아요.

　　오스카 와일드Oscar Wilde의 경우를 생각해보세요. 오스카 와일드가 굉장히 존경받는 문필가였잖아요.《행복한 왕자》를 쓴 사람이죠. 사회적 지위도 높았고 성공한 삶을 살아가는 사람이었어요. 그런데 이 사람이 동성애자라는 사실이 '폭로'되면서 삶이 거의 몰락했죠. 실제로 그때 영국에서는 동성애가 범죄였고, 감옥에서 실형을 살아요. 재산도 다 잃고. 그래서 오스카 와일드가 수치에 대해서 생각을 하게 되는 거죠. 존경받고 잘나가던 사람이었는데 '오스카 와일드가 동성애자래?' 하는 순간 사람들이 경악스러워하고 만나고 싶지도 않은 공포와 혐오의 존재가 된 거잖아요. 그러면 오스카 와일드는 자신이 그런 대상이 되었다는 게 수치스러웠겠죠. 낙인찍히고 전락한 거니까요.

　　결국 차이 나는 존재들을 대상화하면서, 분열을 만드는 자는 누구인가요? 분열에 책임이 있는 건 누구인가요? 차이 그 자체가 분열이라고 생각하는 건 이분법을 전제한다는 거죠. 차이를

여성은 다르다: 복수의 여성들

동일성과 비동일성이 대립하는 산물이라고 생각하는 이분법. 오드리 로드는 이런 사고가 틀려먹었다는 겁니다. 차이는 이분법으로 볼 게 아니라는 거예요. 차이는 그들이 갖고 있는 특성일 수도 있고, 각각 다 차이가 나는 특성들일 수도 있어요. 그런데 이걸 알려고 하지 않는다는 거고요. 이 차이를 차별로 만들고, 차이를 대립이라고 생각했던 소위 동일한 주체들이 사실 자기도 하나의 차이 나는 존재라는 걸 인정하고, 이 차이들을 알려고 노력해야 한다는 거예요. 그러니까 이들이 알려고 해야 되는데 거꾸로 알려 달라는 것도 문제라는 거고요. 차이를 분열로 만드는 건 차이를 알려고 하지 않는 너희들 탓이라는 게 로드가 말하려고 하는 바인 거죠.

특권을 인식하고 함께 존재하기

차이를 대립적인 것으로 보지 말자는 것, 차이를 대립적으로 보는 서구 철학, 백인들의 사고에서 벗어나야 한다는 게 오드리 로드가 말하고자 하는 핵심이죠. 그리고 차이를 분열로 책동하는 전제들을 비판하는 동시에 차이 자체가 분열이 아니라 차이에 대해서 알려고 하지 않는 것들이 분열을 일으킨다는 게 차이에 대한 오드리 로드의 새로운 생각들인 겁니다. 그러니까 '이제 이 차이를 우리가 재정의하겠다'라고 나아가는 거죠.

저도 예전에 그렇게 생각했어요. '차이라는 게 분열적인 게 아닐까.' 될 수 있으면 비슷해져야 되고 사람들에게 맞춰야 될 것 같고, 조금 다른 점이 있어도 이야기하지 않는 게 낫다고 생각했어요. 그게 일종의 관념이잖아요. '차이를 이야기하면 우리가 갈라질지도 몰라.' 저도 불화하는 걸 아주 싫어했거든요. 될 수 있으면 사이좋게 지내야 된다는 생각을 많이 했기 때문에. 자꾸 사이좋을 수 없는 상황을 사이좋게 만드는 것도 참 문제가 되잖아요, 그렇죠?

그런데 로드는 그게 아니라는 거죠. 누가, 무엇이 분열을 만드는가에 대해서 깊은 분석을 해요. 차이를 분열로 본 전제들을 분석했어요. 그리고 차이에 드리워진 왜곡된 생각들을 교정할 필요성을 제기하죠. 특히 〈나이, 인종, 계급, 성〉이라는 글에서요. 이 왜곡된 생각들이 뭐냐면, 인종차별주의, 성차별주의, 나이 차별, 이성애 중심주의, 엘리트주의, 계급 차별이라는 거죠. 무엇이 무엇보다 우월하다는 건데, 결국 차이를 결핍이라고 하거나 대립항이라고 하는 건 자기가 우월하고 자기가 정상이라고 하는 거예요. 정상이라는 말 안에 우월성이라는 게 내재해 있는 거죠.

그런데 이 지점에서 로드가 중요한 이야기를 합니다. 너희 백인들, 소위 우월하다고 생각하는 너희들이 지금 우월하지 않다고 이야기한 차이들에 대해서 알아야 될 의무가 있다고요. 그 걸 거꾸로 이야기하면 다음과 같은 거예요. 이건 로드가 제안하는 페미니즘의 중요한 방법론이기도 해요. 우월성을 가진, 소위 주체라고 불리는 자들이 대상화된 지식을 갖는단 말이죠. 그러면 이렇게 이야기할 수가 있는 거예요. '내가 차이 나는 너희 집단을

여성은 다르다: 복수의 여성들

설명해줄게. 너희들 말에 따르면 차이를 알아야 한다며. 그러면 내가 너희들에 대해서 이렇게 이야기해도 돼.' 그런데 로드는 이런 방식으로 접근하면 안 된다는 거예요. 여기에서 '특권을 인식하기'라는 말이 나오는 거죠. 예를 들면 자기가 백인이라면, 백인이라는 게 우월하거나 정상인 게 아니고 일종의 특권이라는 사실을 인정하면서, 비특권화된 존재들에게 다가가는 새로운 접근 방식과 이해의 방법이 필요하다는 거예요.

자기의 특권을 인식하기. 나를 정상성에 놓고 말하는 게 아니고, 내가 백인이라는 특권, 내가 가진 위치의 특권성을 인정하면서 자신의 지식을 자리 잡는 것. 이게 되게 달라요. 보통 우월성을 앞세워서 이야기하지는 않잖아요. 그런데 오드리 로드는 사실 그 우월한 자들은 우월성을 정상성이라고 말한다는 거예요. '모든 인간'이라고 호명해요. 그런데 특권을 인식한다는 건, 내가 '모든 인간'이라는 게 아니라 내가 특권을 지닌 존재로서 이야기한다는 거죠. 자신을 '모든 인간'이라고 호명하지 않고.

예를 들면 이성애자 같은 경우에 자기가 이성애자라고 밝히지 않잖아요. 커밍아웃할 필요가 없잖아요. '오해할까봐 그러는데 나 이성애자야' 이성애자가 이렇게 말하는 거 보신 적 없죠. '오해할까봐 그러는데 나 여자야' '오해할까봐 그러는데 나 남자야' 이러지 않죠. 그러니까 당연한 것들에 대해서는 그렇게 이야기하지 않잖아요. 우리가 '보통 사람들은 이렇다' '보통 다 그렇지 않아?' 이렇게 말할 때, 그 '보통'은 사실 우월성이라는 거죠.

그런데 어떤 사람들은 아주 어렵게 커밍아웃을 하죠. 존재를 뒤흔드는 변혁이 되는 거고, 커밍아웃을 한 뒤 사람들이 나를 어떻게 볼지 모르겠다는 공포를 갖고 하는 거죠. 남들은 쉽게 하는 걸 뭘 그렇게 어렵게 해야 되냐고 하는 사람들도 있겠지만, 어떤 사람한테는 너무 어려울 수도 있잖아요. 동시에 커밍아웃하거나, 소수성이라는 것을 드러내는 순간 힘든 것 중 하나가 이런 거죠. 그걸로만 자기를 규정할까봐. 동성애자이지만 동성애자로 커밍아웃하는 순간 자기가 하는 모든 이야기를 동성애자이기 때문에 하는 이야기로 받아들이는 게 싫은 사람들도 있을 수 있잖아요. 동성애자인 게 자기 정체성의 일부일 수는 있지만 그게 자기의 전부는 아닌 거니까요.

이성애자들은 그런 걸 고민하지 않죠. '당신이 이런 문학을 쓴 건 당신이 이성애자이기 때문이고' 이런 말을 듣지 않죠. 예를 들면 '남성 작가의 글쓰기' '이성애자로서의 글쓰기' 이런 식의 분석은 없죠. 요새 와서는 하죠. 페미니즘 비평을 하잖아요. 그런데 페미니즘 비평을 두고 이러죠. '왜 페미니즘 비평을 하느냐, 고은은 고은일 뿐이지 고은의 글을 남성의 글로 보는 것 자체가 문제다.' 그런데 그건 좀 다른 이야기죠. 왜? 그의 젠더가 그의 글쓰기에 영향을 미쳤을 수 있는 거고, 혹은 고은의 글이 고은과 일치하지 않더라도 그 글쓰기 안에 가부장제적인 어떤 감수성이 묻어있는 것일 수도 있죠. 그런 것들이 일종의 특권의 지위에 있었다는 것을 인정하는 방식으로 지식에 대해 이야기하는 거예요.

그러면 백인은 어떤 식의 지식을 갖고 있죠? 백인으로서의 지식이잖아요. 백인으로서의 지식이 특권이라는 것을 인정하

여성은 다르다: 복수의 여성들

며 다른 지식에 접근하는 것과, '나는 일반적인데 너는 비일반적이네' 하고 지식에 접근하는 건 완전히 다르죠. 오드리 로드는 그렇게 이야기하는 거예요. 특권을 가졌다는 걸 인정하기. 자기 특권을 인정함으로써 특권에 따른 이익이 있다는 걸 인정하는 거죠. 특권이 주는 이익들이 있잖아요. 정보에 대한 접근성, 여러 가지를 수월하게 넘어갈 수 있다는 것, 당연하게 여겨지는 것. 그걸 인정하는 게 아주 중요하다는 거죠.

차이를 가진 사람들은 자기를 설명할 때 자신의 문제점을 소위 억압자들에게 설명하려 하지 말고, 자기의 역량을 길러내는 것에 힘쓰라고 하는 거예요. 동시에 억압자(로드는 억압과 피억압이라는 아주 단순한 구도로 이야기를 시작하니까요)들은 피억압자들에게 설명을 요구하지 말고, 네게 특권이 있다는 사실을 인정하면서 세계를 이해하라고 하는 거죠. 그러니까 내가 가진 일반의 지위에서 내려와서 나를 주변화된 지위나 특수화된 존재로 만드는 작업을 하라는 거예요. 그리고 차이 나는 집단의 사람들에게는 '차별하지 말아주세요' 하면서 시혜적 입장을 베풀어달라며 억압자들의 눈에 맞춰서 자신을 프레이밍하지 말라는 거죠. 자신의 프라이드를 갖고 자기의 역량을 계발하는 방식으로 가야 한다고요. 예를 들어 '양성평등'이라는 걸 보죠. '여자들도 똑같이 의무를 다하면 남자들도 너희를 존중해줄 것이다' 이런 거요. 이렇게 접근할 게 아니라는 거죠. 남성들도 '우리도 억울하다'가 아니라 정말로 자기들이 가진 특권이 무엇인지 성찰하면서 젠더 문제가 무엇인지, 가부장제의 문제가 무엇인지에 대해서 접근해야 된다는 거예요.

여성들 안에서도 '우리 여성들'이라고 할 때 '우리 여성'이라는 말을 누가 외치고 있는가를 이야기해볼 필요가 있겠죠. 이 '우리 여성'은 '우리'라고 호명할 수 있는 젊은 여성들인지, 아니면 어떤 특수한 여성들인 건지 생각해보라고 하는 거예요. 만약에 특권을 인정하게 되고, 차이 나는 집단들이 자기 역량을 강화하게 되면 어떤 일들이 벌어질까요. 어떤 면에서 권력에서의 비대칭성이 조금 사라질 수 있겠죠. 그리고 권력의 장들을 재편할 수 있는 어떤 흐름들이 생겨날 수도 있겠죠.

기존에는 권력을 가진 자와 그렇지 못한 자만 있다고 생각했어요. 권력을 갖지 못한 자가 취할 수 있는 방법은 다음의 두 가지밖에 없다고 여겼죠. 그 위치를 역전해서 권력을 갖는 걸 목표로 삼거나, 억압자들의 뜻에 맞추거나. 이 둘 중 하나밖에 없었다는 거죠. 그러지 말고 억압당한 사람들은 자신들의 프라이드로 역량을 기르고, 억압자들은 자기가 특권을 갖고 있었다는 걸 인정하는 방식으로 나아가는 게 필요하다는 거예요. 이게 〈나이, 인종, 계급, 성〉의 기본적인 아이디어입니다.

앞에서도 말씀드리긴 했는데요. 미소지니를 누가 제일 많이 하느냐고 물어보면 "남자요" 하고 대답을 하는데, 저는 남자라고 생각하지 않아요. 미소지니라는 걸 제일 많이 하고 있는 건 여자거든요. '여자로 태어난 게 너무나 억울하다' '내가 여자만 아니었어도 이렇게 차별 안 당했을 텐데' 이런 말을 하잖아요. 그런데 그 자체가 여성 비난인 거죠. 그 자체가 여성에 대한 가부장제의 정의定義를 공유하고 있잖아요. 그리고 그게 나라는 사실을 견디지 못하는 거잖아요. 억압을 당하는 사람들, 차이 나는 집단의 사람들이 자기 역량을 키워야 하는데, 쉽지 않은 거죠.

그뿐 아니라, 언제나 억압받는 사람들은 그 자신을 사회의 정상적 기준에 비추어보며 자신이 그 기준에 부합하지 않는다는 것을 잘 알고 있다는 거예요, 아주 중요한 통찰이에요. 칸트에 대한 비판과도 맞닿아 있어요. 주체가 된다는 건 나 스스로가 입법한다는 거지만, 실은 내가 입법하는 게 아니라 세상에서 말하는 그 법을 내가 내면화해서 따르는 거죠. 피억압자인 나 자신도 알고 있다는 거예요. 내가 그 기준에 맞지 않는다는 걸. 맞지 않는 기준을 자꾸 내면화하게 되면 자기에 대해서 어떤 감정을 갖게 된다고요? 수치심을 갖게 되잖아요. 현대인의 경우 그것이 우울증이나 공황장애 같은 걸로 나타나기도 하죠. 그리고 남들보다 힘들 수도 있죠. '나도 내가 부끄러워. 그런데 내가 남 앞에 나설 수 있을까' 이렇게 될 수도 있잖아요.

우리 자신은 그 기준에 따르면 뭐가 되는 거죠? '나는 너무나 나쁘다' '나는 별로야'. 우리가 경험하는 것들이에요. 여성들 같은 경우에, 어떤 몸에 대한 이미지가 머릿속에 있으면 더더욱 그렇죠. '나 너무 뱃살이 나왔어' '나 너무 울퉁불퉁해'. 여성들 가운데 이런 생각에 시달려보지 않은 경우가 있을까요? 얼마 전에 엘리베이터를 타고 내려오는데 어떤 여자 고등학생 둘이 탄 거예요. 둘이서 "나 너무 뚱뚱한 것 같아" 하고 계속 이야기를 하더라고요. 거울에 얼굴을 계속 비춰보면서. 제가 보기에는 진짜 한 줌이에요. 정말 미안한 말이지만 말라비틀어졌어요, 진짜로. 제가 보기에는 다 예뻐요. 그런데 그 학생들은 서로 막 못생겼다고 하면서, 욕하다가 가더라고요. 장난인 게 아니라 정말 자기 몸매나 얼굴이 마음에 안 드는 것처럼 보였어요.

그런데 그걸 뭐라고 할 게 못 되는 게, 그런 경험들이 다 조금씩 있어요. 예를 들면 저는 웃자랐기 때문에, '나는 소녀답지 않다'고 생각한 적이 있단 말이에요. 내 몸은 소녀스럽지 않고, 귀엽지 않다고요. 여자들이 여자들에 대해서 갖고 있는 관념들이 있어요. 록산 게이의 《헝거》를 보면 잘 알 수 있죠. 우리가 가진 여성에 대한 이미지는 품에 쏙 들어오는 거죠. 남녀 키 차이 같은 거 말하잖아요. 여자가 남자보다 작아야 된다는 거죠. 이성애 안에서 여자는 작고 아담해야 되고 귀엽고 상냥해야 되잖아요. 그런데 사실 그런 여자들이 별로 없죠. 그리고 내가 그러지 않았을 때, '나는 너무 여자답지 못한데, 내가 사랑받을 수 있을까?' 이런 생각으로 연결되고요.

여성들한테는 그런 식으로 교육을 많이 해요. 사랑받아야 한다는 강박, 그리고 외모가 그 사랑을 보장할 것이라는. 남성들의 경우에 '사랑받지 못하는 게 아닐까?' 이런 생각을 할까요? '루저가 되는 게 아닐까?'(웃음) 이런 생각을 할 것 같은데요. 조금 다른 것 같아요. 그러니까 자기 스스로가 덫을 놓고 있기 때문에 실은 역량을 강화하는 것도 힘들다는 거죠. 제가 예를 든 여성들의 외모에 대한 콤플렉스가 모두 동질한 몸을 갖기를 요구하는 것처럼, 다른 몸을 지닌 자기 자신, 차이를 지닌 자기 자신을 받아들이는 것 자체가 어려운 상황이라는 거예요.

여성은 다르다: 복수의 여성들

그런데 로드는 이렇게 차이를 동질화시키는 걸 강력하게 비판합니다. 특히 여성운동에서 백인 여성만이 여성으로 과대표되고 재현되는 상황의 문제점을 지적해요. 당시 백인 여성이 경험한 억압을 모든 여성의 동질한 경험으로 설명하면서 자매애를 호소하는 바와 거리를 두죠. 그리고 그런 동질성은 존재하지 않음을 분명히 해요. 어떤 의제를 두고 함께 싸우고, 그 의제들이 구조적 폭력을 일으킨다는 것에는 동의할 수 있지만, 싸우는 사람들의 경험이 다 같다고 할 수는 없다는 거죠. 같은 경험을 했기 때문에 같이 싸우는 게 아닐 수도 있어요. 이게 중요한 것 같아요. 그 구조적인 억압의 원인이나 상관관계에 대해서 동의할 수는 있지만, '네 경험은 내가 제일 잘 이해해'라고 할 수는 없다는 거죠.

왜냐하면 한 사람의 경험을 다른 한 사람의 경험으로 치환해버릴 수도 있어요. 누군가는 삭막하다고 할 수도 있어요. '사람이 서로를 이해하지 못한다는 건가. 서로는 완벽한 섬이라는 건가. 외롭군' 이렇게 생각하는 사람들도 있는데, 저는 이렇게 이해하죠. 나는 나도 이해를 못하거든요. 이해받지 못해서 너무 슬프다고 하는데 '나는 나를 잘 이해하고 있나?'라고 하면 참 할 말이 없어요. 우리는 어떻게 이해할 수 있을까. 그런데 저는 이렇게 묻고 싶은 거예요. 서로가 서로를 이해해야 되나요? 이해를 만들어내도 되잖아요. 경험을 만들어내도 되잖아요. 서로 원자적 개인으로서 공유된 경험의 방식으로만 그 경험에 대해서 이야기할 수 있는지 한번 생각해볼 필요가 있어요.

그래서 결론적으로 이 차이를 이해하지 못했을 때, 우리는 과거의 어떤 문제들을 똑같이 반복한다고 해요. 그렇다면 차이를 인식한다는 것으로부터 두 가지 방향성이 나올 수 있다는 거죠. 첫 번째는 자신들이 가진 차이가 차별의 이유가 된 이들은 자기 역량을 그대로 강화하라는 것이고요. 두 번째는, 자매애를 다시 생각해볼 수 있다는 거예요. 우선 자매애는 동질한 경험으로부터 만들어지는 것이 아니라는 겁니다. 그리고 기존에 자매가 아니었던 자들도 자매라고 할 수 있는 자매애를 생각해볼 수 있겠죠. 자매애 자체를 폐기하자는 뜻이 아니에요. 만약 자매애가 어떤 조건을 통과한 사람만을 자매라고 부르는 것이라면, 그 자매애라는 말은 굉장히 억압적일 수 있다는 거예요. 저는 어떤 말을 정의하고 구성하는 데 참여할 수 있는지 없는지가 아주 중요하다고 생각해요.

어쨌든 이런 이야기를 하기 위해서는 자매애를 호명했던, 자기들이 동일한, 모든 여성들의 대변인이라고 했던 그 사람들이 자신의 특권을 봐야 된다는 거죠. 백인이라는 특권을 보지 못한 채 여성을 정의하면, 백인이 아닌 여성은 아웃사이더가 되어버리죠. 이 책의 제목이 왜 '시스터 아웃사이더'인지 아시겠죠. 사실 백인 여성들은 흑인 여성들을 여성으로 보지 않는다는 거죠. 그냥 자기와 다른 존재로만 보는 거예요. 그래서 그 이유 때문에라도, 즉 우리가 어떤 존재를 온전하게 이해하기 위해서라도 한 인간이 지닌 다양한 차이와 복잡성을 이해할 수 있어야 된다는 겁니다. 백인 여성들 같은 경우에도, 특권을 갖고 있는 동시에 자기가 단일한 정체성으로만 이루어진 존재가 아니라는 사실을 인정하는 태도가 필요하다는 거죠. 그래서 그런 점에서라도 흑인 여성을 평면화하지 말고 복잡하고 다층적인 존재로서 바라봐야 한다는 겁니다.

억압의 구조를 파헤치기

당시 미국에서는 전미여성기구 같은 단체도 조직되고, 여성운동이 어느 정도 성장을 한 상황이었어요. 그래서 어떤 사람들은 '이미 우리가 얻었다'라고 하는 거죠. 예를 들어 양성평등을 좀 이뤘다든지, 백인 여성을 기준으로 해서 가정에서 머무르지 말고 공적 영역으로 나가자고 한다든지. 그런데 사실 그 안에서 여성의 지위는 한정적이에요. 왜 한정적일까요. 잘난 여성으로서 존재할 지위만 있으니까요. 적어도 대학 교육은 받았고 집에서 아이를 돌봐야 해서 경력이 단절된 여성이라면 일을 찾을 수는 있겠죠. 그렇지만 대학 교육을 받지 못한 여성들은요? 이미 집안에서 일도 하고 밥벌이도 하고 있는 여성은요? 그 여성들에게는 어떠한 변화가 있는 것일까요?

이런 점에서 여성운동들이 착취와 억압의 구조 안에 있는 건 여전한 거죠. 그러니까 자신의 경험에서 비롯한 것들을 '모든 여성'으로 호명해버리면서 요구하면, 실제로 모든 여성들의 요구를 쟁취할 수 없어요. 가장 낮은 지위에 있는 여자들까지 포괄되었을 때 우리가 '모든 여성'이라고 호명할 수 있는 거지, 특권을 가진 여성들만을 호명하면서 '모든 여성'이라고 하면 큰 문제가 생길 수밖에 없어요. 여성주의의 목표 자체도 성취하기 어렵다는 거예요.

가부장제가 제안하는 그 타협안 안에서 수용될 수밖에 없는, 가부장제를 새롭게 변형해서 유지시키는 도구로 쓰일 수밖에 없죠. 물론 그 자체도 성취일 수 있겠죠. 성취가 없다는 건 아니에요. 하지만 목적을 실현했다고, 페미니즘은 더 이상 필요 없다고 누구도 그렇게 이야기할 수 없다는 거예요. 어떤 페미니스트들은 페미니즘이라는 말은 필요가 없다고 하기도 해요. 그런데 정말 그럴까요? 페미니즘이 더 이상 필요 없다고 이야기할 수 있는 권리를 누가 주나요? 저는 그걸 물어보고 싶어요.

'페미니즘은 필요없다' '페미니즘은 끝났다'는 선언은, 페미니즘이 끝나야 된다고 하는 자신의 경험을 일반화시키기 때문인 것 같아요. 만약 각각이 가진 위치를 보고 있고, 자신의 경험이 어떠한 상황에서 비롯된 것이라는 진단이 있다면 그런 말을 쉽게 할 수 없을 거라고 생각해요. 페미니즘이 끝났다고 이야기한다는 건 뭐냐면 그렇게 말하는 이들이 생각하는 페미니즘의 요구 조건이 있다는 거예요. 그래서 저는 페미니즘은 당연히 끝날 수가 없다고 봐요. 그들이 생각하는 A 페미니즘은 끝났지만, B 페미니즘, C 페미니즘, D 페미니즘이 있을 수 있잖아요. 사실은 안 끝난 것일 수도 있거든요. 그런데 모든 페미니즘이 끝났다고 말하는 것 자체가 상당히 좀 이상하다는 거죠.

로드가 말하는 바는, 바로 이게 함정이라는 거예요. 차이

여성은 다르다: 복수의 여성들

들을 인정하지 않으면서, '내가 동일자다'라고 호명하는 사람들이 자기가 원하는 어떤 것들을 얻어냈다고 생각하면 다른 사람들의 페미니즘적 요구들을 다 없애버리게 돼요. 백인 여성 역시 권력을 나눠주겠다고 하면 억압자들의 대열에 합류하고 싶은 유혹에 시달릴 수 있다는 거죠. 페미니즘은 더 이상 필요 없다고 나오게 된다는 거예요. 긴축 경제, 대처리즘이 시작되고 보수주의가 득세하는 '백래시'라고 하는 현상이 나타나는 시기에 특히 이런 모습을 확인한 겁니다.

백인 여성들은 가부장제와 공존할 수 있다는 환상을 가질 수 있다고요. 그래서 아주 기초적인 것만 요구하죠. 강간하지 말라, 일자리를 지켜달라, 애들 잘 키우게 해달라. 굉장히 기초적인 페미니즘 요구로 끝내는 거죠. 강간 안 하는 거 너무 당연한 거잖아요. 같은 사람이니까 똑같이 임금 달라고 하는 것도 당연한 거죠. 애를 혼자 키우는 게 아닌 것도 너무 당연한 거잖아요. 그런데 이런 걸 페미니즘 요구의 끝으로 보는 거예요. 그러다 이게 다 되면 '페미니즘 끝났다'라고 하는 거예요.

그게 근본적 요구인 건 사실이지만, 그 요구로 만족하는 건 페미니스트적 요구는 아니라고 생각해요. '강간하지 말아라' '여성을 대상화하지 말아라' '임금은 평등해야 한다' '양육을 같이 해야 한다' 이런 요구들은 근본적인 요구라는 점에서는 래디컬하지만, 만약 그 요구로 끝날 경우에 그것이 래디컬한지는 의문을 던질 수밖에 없는 거죠. 더 근본적으로 래디컬해지려면 '차이'가 있어야 한다는 겁니다. 사실 백인 여성들한테는 이게 타협이 될 수 있죠. 왜? 그들이 가진 특권 때문에. 하지만 백인 여성들이 특권을 인식하지 못하면 결국은 가부장제의 공모자가 정말 되거나 결국은 백인 여성들의 삶도 사실은 어느 순간 위험에 처할 수 있어요. 페미니즘적 의제를 끝냈잖아요. 그런데 사실 그들의 요구가 근본적이라고 하면, 예를 들어서 모든 여성이 강간당하지 않아야 되는 거잖아요. 그리고 강간이라는 말이 있으면 안 되는 거고요. 그런데 백인 여성들은 강간당하지 않고, 흑인 여성들은 강간당한다면, 그건 강간이 없어진 게 아닌 거죠. 그렇기 때문에 차이에 대한 이야기들이 필요하다는 거예요. 백인 여성들의 임금은 평등해지지만 유색인종 여성들의 임금은 평등해지지 않는다면요.

저는 그런 점에서 〈미씽: 사라진 여자〉(2016)라는 영화를 참 좋아해요. 싱글맘이자 워킹맘인 여성과 그 여성의 집에 입주한 육아 도우미인 이주 여성의 이야기인데, 이주 여성과 워킹맘이 가질 수 있는 공통의 자리들을 보여주거든요. 그런데 이 둘이 동질해져서 공통의 자리가 있는 게 아니라, 서로가 서로를 이해하면서 공통적인 자리를 마련해보려는 시도들을 보여주고 있다고 보거든요. 그런데 우리가 차이를 누락하게 되면, 우리가 가장 근본적이라고 하는 가부장제라는 구조를 유지시키는 것들에 대해서도 공격적일 수가 없어요. 구조를 해체하거나 바꾸는 게 아니라, 누군가의 고통을 더 약한 사람이나 주변화된 사람에게 이전하게 될 뿐인 거죠. 특권을 인식해야 되는 이유가 바로 이 지점이라고 로드는 말하고 있어요.

백인 여성들이 함부로 '동일한 여성' '우리 여성'이라고 하

여성은 다르다: 복수의 여성들

면서 차이를 누락시키는 순간 어떤 일이 벌어지느냐는 겁니다. 제2물결 페미니스트들 혹은 백인 여성들이 가부장제를 분석하면서 남성과 여성은 다르다는 차이를 언급했죠. 이 차이를 인식했고 가부장제라는 구조가 어떻게 유지되는지를 봤잖아요. 남성들이 여성의 차이를 정의하려는 데 반기를 들고 우리가 우리를 정의하겠다고 했죠. 그런데 이들이 흑인 여성들의 차이는 보지 않고 있다는 거예요. 그래서 로드는 여성들 간의 차이들을 우리, 그러니까 유색인종인 여성 혹은 여러 차이를 가진 사람들이 다시 정의하겠다는 거예요.

가부장제를 분석하고 가부장제를 해체시키고 가부장제라는 구조의 부정의한 억압을 없애기 위해서라도, 이 다양한 차이들의 맥락을 봐야 한다는 거예요. 그래야만 앞선 페미니스트들의 가부장제에 대한 분석을 진짜로 유용하게 만들 수 있다는 거죠. 저는 이게 정말 중요한 이야기라고 생각해요. 왜냐하면 페미니즘이 가진 급진성을 실현시키기 위해서. '급진적radical'라는 말이 뿌리라는 말에서 왔잖아요. 제2물결 페미니스트들이 가부장제가 어떻게 유지되고 공고화되는지 기초적 이해를 제공한 건 사실이에요. 이들을 우리가 래디컬하다고 하는 건, 이들이 근본을 봤기 때문인 거잖아요. 베티 프리단은 그것이 신화로 작동한다는 걸 봤고, 슐라미스 파이어스톤은 여성을 성 계급이라고 호명할 만큼 재생산제도라는 게 여성에게 얼마나 억압적인가를 보면서, 그 안에 깃든 섹슈얼리티의 문제 같은 근본성을 봤어요.

그러면 이게 근본적인 것이고 이게 철폐되어야 여성들이

종속적 지위에서 벗어날 수 있다는 건데, 실제적으로 그 종속적 지위를 없애기 위해서라도 여성들을 동일하다고 이야기하는 전략은 그 분석들을 유용하게 쓰지 못하게 한다라는 게 오드리 로드의 이야기예요. 왜냐하면 가부장제라는 건 굉장히 오래 지속되어온 것인 만큼 변형과 타협을 거듭한다는 게 우리의 중요한 성찰이거든요. 백인 여성들을 가부장제 안으로 포섭시켜버린다는 거죠.

근본적인 차이, 근본적인 문제, 구조를 혁파하거나 여성을 종속에서 끊어내려면 가부장제가 다양한 차이들의 맥락에서 어떻게 작동하는지 검토할 수 있도록 차이들을 인정하고 이해하는 전략을 가져와야 하는데, 이 모든 경험을 동일하다고 해버리는 순간 우리는 주인의 집에 다시 돌아가게 된다는 거예요. 반대한다고 해도 어쩔 수 없이 그 구조를 유지하는 데 우리도 기여하는 방식이 될 수밖에 없다는 겁니다.

그 억압의 구조를 유지하는 데 기여하지 않으려면 어떻게 해야 되느냐. 우리가 가진 다양한 차이의 자리에서 이 구조가 각각의 맥락과 상황에서 다르게 작동하고 있다는 것을 드러내는 것, 그리고 거기에 알맞은 전략들을 이야기하는 편이 이 구조의 오래되고 깊은 뿌리들을 뽑아내거나, 혹은 그것들을 휘감아서 죽여버리거나 변형시킬 수 있을 것이라는 게 로드의 해법인 것 같아요.

오랫동안 백인 여성들, 특권을 지닌 여성들은 '모든 여성들이 같다'고 하면서 차별을 철폐할 수 있다고 했지만, 오히려 변형을 거듭하는 이 가부장제에 포섭되어서 가부장제를 유지시키는 데 도움을 주고 있다고 오드리 로드는 이야기하는 거예요. 그러니까 '특권을 인정해라. 특권을 인정하는 순간, 가부장제가 너희에게 유혹적이라는 사실을 비로소 볼 수 있을 것'이라는 거죠. 특권이 있는 사람들이 특권이 있다는 것을 인정하게 되면 여전히 끝나지 않은 여정이 존재한다는 것을 알게 될 거라는 거예요. 너무 큰 특권을 지닌 당신들이 못돼처먹었다는 이야기를 하려는 게 아니에요. 로드가 특권을 이야기하는 건, 비난을 하기 위해서가 아닙니다. 특권을 인정하는 데서 출발해야만 페미니즘적 비전을 볼 수 있다는 거예요.

그리고 이건 유색인종들, 특히 차이를 지닌 집단들도 마찬가지라고 해요. 흑인들 역시도 차이를 무시할 가능성이 언제나 존재한다는 거죠. 아주 중요한 지적이에요. 이는 실제로 정체성은 없다는 이야기일 수 있어요. 흑인들도 이런다는 거죠. 지금 인종차별이 얼마나 심각한데, 우리가 여성들 강간했다는 건 부끄러운 거니까 말하면 안 된다고. 그래서 이들이 흑인 여성들을 비난하잖아요. 하나만 택하라는 거죠. '인종차별주의야 성차별주의야, 둘 중 하나만 해.'

정체성이 하나만 있어야 한다고 하는 정체성의 정치로 접근하면 양자택일밖에 안 돼요. 그런데 흑인 여성들은 이야기하죠. '우리는 흑인이면서 여성이고, 흑인 여성이야.' 보통 교차성이라고 하는 그 이야기죠. 특권을 인식하고 동시에 차이를 인식한다는 건 우리가 우리 안에 다양한 타자를 품고 있다는 걸 인정하라는 거죠. 우리가 많은 경계들을 품고 있고, 여기랑도 공통적일 수 있고 저기랑도 공통적일 수 있고, 내가 가진 나에 대한 이해들이 실은 변화한다는 걸 인정하라는 거예요.

그러려면 억압자와 피억압자라는 이분법적인 구조로 이 세계를 이해하는 틀거리를 좀 벗어나야 된다는 거죠. 흑인이라고 해서 무조건 피억압자라고 할 수 없다는 거예요. 흑인 안에서도 남녀의 차이가 있을 수 있고 부유한 자와 부유하지 않은 자가 있을 수 있잖아요. 그리고 흑인 공동체 안에서 얼마나 여성혐오적인 일들이 많이 벌어지고 있느냐는 거죠. 그런데도 흑인 여성은 성차별 반대가 곧 흑인 반대라는 주장에 속기 쉽다는 거죠. 그리고 더 나아가서 섹슈얼리티의 문제도 이야기를 해요. 이성애 중심주의 역시 중요한 특권 중 하나라는 걸 이해하지 않고 이성애 외에 다른 섹슈얼리티에 대해 공포에 떨고 혐오한다는 거예요.

사실 오드리 로드의 글은 억압과 피억압이라는 아주 단순한 구조로 접근을 해요. 그런 점에서 상당히 이분법적 구도에서 시작되는 것처럼 보일 수도 있어요. 그런데 우리가 이해해볼 필요가 있는 게, 로드는 '피억압자와 억압자가 누구다'라고 규정하려고 한 건 아닌 것 같아요. 억압자와 피억압자가 누구인지를 규정하려는 게 아니라 억압과 피억압의 구조가 있다는 걸 말하려는 거죠. 이 구조하에서 피억압자들이 억압으로부터 벗어나는 방법은 무엇인지, 이 억압에 문제가 있다고 억압자들도 느낀다면 어떤 방식으로 자기가 그 구조에서 달라질 수 있는지를 이야기하려는 거지, 억압과 피억압의 어떤 정의들, 억압자는 누구이고 피억

여성은 다르다: 복수의 여성들

압자는 어떤 정체성을 가졌다는 걸 정의하기 위해 이 구도를 봤다고 보면, 오드리 로드의 중요한 성찰들을 놓치게 된다고 생각합니다.

　　로드를 통해서 우리가 알게 되는 사실은 이 구조를 유지시키는 위치에서 우리가 벗어나기 위한 방법이 적어도 동일성의 정치는 아니어야 된다는 이해인 듯싶어요. 동일성의 정치에서 차이의 정치로 넘어간다면 이 구조를 유지하는 데에서는 우리가 벗어날 수 있다는 거죠. 그렇지 않으면 계속 우리는 구조에 문제가 있다고 생각하면서도 구조를 유지하는 데 동참하게 된다는 이야기를 하는 것 같아요. 당시 그 역할을 백인 여성들이 하고 있었다는 거고요. 우리가 자본주의에 문제가 있다고 하면서도 자본주의 없이 살 수는 없다고 하는 것과 비슷한 거죠.

　　그런데 이 억압의 구조라는 게, 피억압자뿐 아니라 억압자에게도 내면화되어 있어요. 억압의 구조가 억압자들에게 내면화되어 있기 때문에 그들이 자기를 우월하다, 정상이라고 하는 거고, 이 구조가 피억압자들에게 내면화되어 있기 때문에 그들이 자기를 수치스럽게 여기는 거잖아요. 그러니까 로드는 우리가 억압 구조를 볼 때 누가 억압자이냐를 보려고 하는 게 아니라, 피억압이라고 불리는 공간에서, 억압이라고 불리는 공간에서 억압 구조가 어떻게 작동하고 있는가를 좀 보자는 거예요. 거기에서부터 변화하려는 것들이 필요하다는 거고요. 이 작동을 멈추려면 특권을 인식하고, 차이를 성장시키고, 차이를 드러내는 게 필요하다는 거죠.

〈나이, 인종, 계급, 성〉이라는 글은 로드의 시로 마무리가 되는데 마지막 부분이 이래요. "모르겠다/우리가 역사 너머/새롭고 더 많은 가능성을 품은 관계를 갖게 될지."[*] 목적이, 결말이 없다는 거잖아요. 저는 이 말이 마음에 들어요. 저는 더 많은 세계에 대해서 우리가 상상할 수 있는 자유가 더 나은 세계를 만드는 원동력이라고 생각해요. 그게 억압자들이 말하는 정확한 유토피아라는 거짓보다 낫다는 생각이 듭니다.

근대 주체의 환상과 굴레

시몬 드 보부아르부터 시작해서 페미니즘에서는 오랫동안 정상성, 동일자에 대한 이야기를 해왔죠. 남성들은 보편 인간을 남성으로 상정하고 동일자의 세계에서 자신들을 정상으로 칭하며 살아왔으며, 나머지 사람들은 정상을 모방하거나 정상에서 모자란, 하지만 정상성을 향해 가야 하는 사람들로 이야기를 해왔다는 거죠. 그들의 이런 방식은 결국 자기와 다른 사람들, 타자들에게 선을 긋고 타자들을 이상한 사람들로 취급하며 타자를 배척해왔다는 거예요. 결론적으로 우리는 차이가 차별의 문제와 밀접한 관련을 갖고 있다는 걸 알 수 있어요.

왜냐하면 동일성이라는 게 사실의 차원에서만이 아니라

---

[*]   같은 글, 210쪽.

사회 규범의 기준과도 굉장히 밀접하기 때문이에요. 차이를 갖고 있다는 건 그 기준에서 이탈하거나 그 기준에서 벗어난 존재라는 뜻이잖아요. 대체로 차이를 가졌다는 이유로 어떤 차별적인 상황을 맞닥뜨릴 수밖에 없고, 차이를 갖고 살아가는 사람들을 이 세계가 그렇게 환영한다는 제스처를 취하지는 않는 것 같아요. 그런데 우리가 근대 사회를 살아가고 있는 거잖아요. 근대 국민국가를 살아가고 있고, 혜택이라면 혜택도 받고 있죠. 이 근대국가 안에서 우리는 인권이라는 걸 배우죠. '모든 사람은 평등하다' '누구도 어떤 이유로 차별받아서는 안 된다' '이 신체와 정신은 나의 것이고 어떤 권력도 그것을 침탈할 수 없다'. 이런 생각들이 근대 시민권 사상의 중요한 부분인 것 같아요. 평등권과 자유권이죠.

그런데 분명 차이를 지녔다는 이유만으로 우리는 차별을 받잖아요. 많은 사람들이 그렇죠. 그런데 차별을 받으면 뭔가 이상하잖아요. 부조리하다고 느끼는 거죠. 만약 노예제 사회에서 어떤 사람이 노예로 태어났다고 하면, '넌 노예니까 어쩌고저쩌고' 이야기를 들어도 이해가 되죠. 난 노예니까. 그러니까 이 노예가 굉장히 의식이 깨어 있어서 동학운동을 일으키고 그런 게 아니고, 그냥 보통 노예일 경우에는 '어쩔 수 없지. 내가 노예인데 어쩌겠어' 이렇게 순응을 하고 살 수가 있잖아요. 그런데 지금 우리는 인간이 평등하다고 배우잖아요. 인간은 평등하고 인권이 있다고 하는데 막상 세상에서 살아갈 때 뭔가 천대를 받거나 차별을 받으면 그 사이에서 부조리함을 느끼겠죠.

또 이런 것 같아요. 인간은 단순히 문자언어나 음성언어만 사용하는 게 아니라 몸짓언어를 사용하죠. 말로는 사람들이 '모두가 평등하다' '너를 존중한다'라고 하지만 눈빛이나 스치는 태도 같은 걸로 아는 거죠. 손도 잡고 싶어 하지 않는다든지, 가까이 왔을 때 뒤로 물러선다든지, 아니면 '존중하기는 하지만 나한테는 그렇게 하지 말아줘'라고 한다든지. 이런 것들이 차이를 지닌 그 사람에게 어떤 마음의 자국을 줄까요. 우선은 이런 거죠. '왜 세상은 나를 환영하지 않을까? 세상은 우리가 모두 평등하다고 하는데 왜 나는 차별받는 것일까?' 하며 분노가 일어날 수도 있죠. 두 번째는 이런 거죠. 분노만 일어나면 좋은데, 세상에서는 나를 차별하는 사람들이 법칙이라는 거예요. 그러면 이렇게 생각하죠. '왜 나는 이렇게 태어났을까? 이렇게 태어나지 않았다면 참 좋았을 텐데.' 다른 말로 하면 자기를 긍정하기가 힘든 거예요. '내가 이렇게 태어난 게 좋다' 하고 말하기가 어렵다는 거예요. 자기에 대한 자긍심을 갖기가 어려운 거죠. 어떤 사람들한테는 '자긍심을 가져라'라는 그 말이 실현하기가 아주 어려운 일인 거예요. 저는 우리에게 소위 근대 주체의 환상이 있는 것 같아요.

이 환상은 뭐냐면, 정신하고 신체는 완전히 구별이 되어 있고, 정신이라는 건 신체랑 구별된 채 어떤 이성 능력이 선천적으로 있다거나 프로그래밍이 되어 있다는 거예요. 심지어 이성 능력에는 원자적 개체성, 원자적 개인이라는 주요한 전제가 있어요. 그리고 정신이 신체를 통제한다는 전제도 깔고 있죠. 그리고 또 이 선천적인 이성 능력, 원자적 개인, 개체라는 게 일종의 자유의지를 가졌다고 생각하는 경향이 있는 것 같아요.

여성은 다르다: 복수의 여성들

그런데 저는 이게 대단한 환상인 것 같아요. 이게 왜 대단한 환상일까요. 이런 환상은 우리한테 굴레가 될 때가 많아요. 굴레라는 건 뭐냐면, 내가 자유의지를 갖고 있고 내가 나를 통제할수 있다고 하는데, 그러면 세계가 아무리 나한테 적대적이어도 나는 자유의지를 갖고 극복할 수 있다고 생각할 수 있어요. 무슨 뜻인지 아시겠죠. '나는 자유의지를 지녔으니까 이 세계를 극복할 수 있어.' 근대의 환상 중 하나가 인간이 굉장히 위대하다는 확신이에요. 그래서 이 위대한 인간이 아직 미성숙한 존재를 계몽하고 문명이 없는 곳을 개척하면 된다고 생각했죠. 물론 이러한 생각이 지닌 장점도 존재하고 그로부터 얻은 것도 있습니다. 그러나 그럼에도 불구하고, 동시대가 겪는 문제들은 이러한 믿음으로 인한 파괴와 정복에 따른 것이 많아요.

　　이 위대한 인간이라는 사유를 지탱하는 전제는 이래요. 나는 이 세계와 완전히 분리되어 있는 원자적인 개체이기 때문에 그 안에서 굉장히 큰 자유의지를 갖고 세계를 개척할 수 있고 세계를 변화시킬 수 있다는 생각을 하는 거죠. 그런데 이게 바로 굴레인 거예요. 차별받는 사람한테 자긍심을 가지라고 아무리 말해도 자긍심을 갖기 어려운데, 자유의지가 있고 이걸로 세계를 변화시킬 수 있다는 전제가 있다면 어떻게 될까요? 자긍심을 못 갖는 건 누구 탓이 되는 거죠? 그 사람 탓이 돼요. '넌 그렇게 정신승리가 안 되니?' 그렇게 될 수가 있어요.

　　그래서 굴레인 거죠. 자유의지가 있으니까 이건 네 책임이라고요. 그리고 정신과 신체가 완전히 분리되어 있고, 이미 정신이 완성된 것이라고 생각을 하면 어떻게 될까요. 세상의 모멸은 신체로부터 오는데, 이렇게 되면 신체의 모멸 따위는 중요하지 않은 게 될 수 있는 거예요. 정신적으로 나는 내 자유의지를 통해서 결국 극복할 거라는 신화들이 만들어지는 거죠.

그래서 오히려 신체에서 발생하는 많은 징후들, 감정들을 누르려고 하거나 무시해야 하는 게 되어버리는 거예요. 내 감정을 저 멀리서 관조하고, 감정과 나 사이의 거리를 두는 행위를 통해 내가 나를 잘 연마하고 세상을 바꿔내야 한다는 식의 위대한 개인 서사를 만들죠. 물론 그런 사람도 있을 수 있어요. 그런데 저는 모든 사람이 이럴 거라고 생각하는 건 문제가 있다고 생각해요. 우선 이걸 말씀드리고 싶어요.

두 번째, 우리가 흔히 정신, 이성이라고 하면 신체랑 구별되었다고 생각을 하는데 저는 이런 사고가 가진 문제가 또 뭐라고 보냐면, '모든 인간은 생각한다'라고 가정한다는 거예요. 저는 여기에 크게 반대합니다. 여러분은 생각을 하고 있는 것 같아요? 근대 이성의 기초를 마련한 데카르트가 "코기토 에르고 숨Cogito ergo sum" 그러니까 "사유한다. 고로 존재한다"라고 했죠. 사유라는 게 인간에게 기본적으로 세팅된 어떤 기본 능력인 것처럼 이야기한단 말이에요.

우선 뇌라는 것도 한번 보죠. 우리가 뇌라는 게 사유 기능과 굉장히 밀접한 관련이 있다고 보통 생각하잖아요. 그런데 인간적 사유라는 건 보통 전뇌에서 하는 거죠. 물론 어떤 특정한 부분으로만 작동하는 게 아니라, 대뇌피질의 시냅스 연결로 이루어

여성은 다르다: 복수의 여성들

지지만, 이 뇌가 소위 인간적 사유라고 하는 추상적 사유만 하는 게 아니에요. 뇌는 대체로 운동, 바이털 사인이라 할 수 있는 것들을 담당해요. 호흡, 맥박, 체온 같은 거 다 뇌에서 그 기능을 조절하는 거잖아요. 신체를 파악하고 조절하는 능력인 거죠. 그것만 있느냐? 아니죠. 호르몬 분비라든지, 우리가 자율신경계라고 하는 거 있죠. 너무 긴장하면 땀나는 거나, 흥분하고 기분 좋은 것도 다 뇌에서 하는 일인 거죠. 뇌가 하는 일이 추상적 사유만이 아니라는 걸 이해해볼 필요가 있는 거죠.

그리고 대체로 우리가 살아가는 행동들도 한번 보세요. 여러분 집에 들어갈 때 어떻게 가세요? 버스 정류장에서 내려서 걸어가야 한다고 하면, 여러분 생각하고 가시나요? '아, 우리 집 어디지?' 이렇게 가는 사람 한 명도 없죠. 그냥 자연스럽게 가잖아요. 다른 생각을 했다고 하면 집을 지나쳐서 더 갈 수도 있겠지만, 대부분은 다른 생각을 해도 집에 잘 가잖아요. 술 먹고 취해서도 집에 가죠. 그 이야기는 뭐냐면, 생각하고 가는 게 아니라는 거예요. 어떻게 가요? 몸이 그냥 가는 거예요. 우리가 어떤 사람이 장인의 수준에 이르렀다고 할 때, 장인이라는 건 생각하지 않고도 기술이 몸에 배서 그 수준이 높은 사람을 칭하잖아요. 그런데 재미있는 건 우리가 살아가고 있는 많은 모습들이 대체로 장인의 수준에 이르러 있다는 거예요. 그러니까 생각을 한다는 건 이런 거죠. 어떤 새로운 자극이나 새로운 환경에 대해서는 생각을 해요. 어려운 건 생각해서 이해해야 되잖아요. 우리가 '코기토 에르고 숨' 식으로 완전히 생각하고 있지 않다는 거예요. 대체로 생각은 자극이 있을 때 해요.

그런데 우리는 어떤 착각에 휩싸이기가 쉽냐면, 인간은 사유하는 존재니까 모든 사람들이 굉장히 합리적일 거라고 생각한단 말이에요. 하지만 아니에요. 대체로 우리가 여태까지 사회화된 많은 내용들은 배워온 거예요. 사실로, 정보로 주어진 것들이 우리 몸에 체득된 거예요. '오른손으로 밥 먹으시오' '일어나서 아침밥을 먹으시오' '직장인이면 12시부터 1시까지 점심을 먹는다' '선생님 안녕하십니까, 하고 인사하고 오른손으로 악수하고 인사한다'. 몸에 밴 습쩷, 거기에 따라 움직이고 사회화가 된 거죠.

몸에 체화하는 거예요. 배워온 걸 생각하지 않고도 움직이는 게 정상이에요. 뭔가 생각하고 움직이면 되게 이상해요. 그럼 한 발짝 반응이 느린 인간이 되는 거죠. '어, 어떻게 해야 되지? 작동 오류' 이런 상황이 되는 거죠. 그만큼 보통은 우리가 습관으로 살아간다는 거예요. 저는 이게 아주 중요한 이야기라고 생각해요. 생각을 별로 안 한다는 것. 대체로 사람들이 생각을 하지 않는다면, 주로 사회에서 배운 대로 표현을 하고 행동을 한다는 건데, 그 사회가 바로 동일자가 이야기하는 규범세계란 말이에요. 그런데 차이를 가진 사람이나 차별을 받는 사람들은 어떤 인식들에 대해서 아주 많이 생각하고 살아야 돼요. 어떤 부분을 생각하게 되느냐면, 내 차이가 어떤 것인지를 자꾸 생각하게 돼요. 왜? 자꾸 건드리니까. 그리고 동시에 이 차이를 말하면 주로 그걸 사회에서 무시하죠.

하지만 페미니스트들은 근대가 만든 주체라는 환상이 실

은 새로운 방식으로 우리 자신의 존재를 생각하지 못하도록 만드는 굴레라는 것을 깨닫고 말하고 있어요. 그저 습관처럼 배어 있는 이런 상태를 굴레로 느끼고 말하고 바꾸기 위해 행위합니다. 그래서 저는 페미니스트들이 근대 주체를 넘어서는 주체화에 대해서 이야기하고 있다고 말하고 싶어요. 또 페미니스트들은 소위 비합리적이라면서 비난받는 느낌들에 섬세해져요. 세상은 인간이 합리적이라고 가르치고 인간이 평등하다고 가르치지만 실제적으로 돌아오는 건, 세상이 주는 모욕감일 때가 많아요. 모욕을 하는지도 모르고 하는 그런 모욕을 듣다보면 이 세계가 나를 환영하지 않는다는 생각 안에서 주로 어떤 감정emotion을, 정념passion을 느끼죠. 그런데 페미니스트들은 그 정념을 모르는 척하지 않았어요. 저는 그게 매우 중요한 것 같아요.

　　인간은 에너지를 갖고 있잖아요. 우리는 생명 덩어리니까. 그런데 자기를 세계에 표현을 했는데 그 표현이 나쁜 말로 돌아오고 거부당하면 슬프고 힘들죠. 그러면 '인간은 합리적'이라고 했던 사람들은 그걸 무시했단 말이에요. 별로 중요한 게 아니라고. 그런데 페미니스트들은 거기에 관심을 가졌어요. 그리고 그게 굉장히 중요한 힘이라는 걸 말해줬어요. 이 정념에 대해서 우리가 한번 생각을 해보자고요. 정념은 무시할 게 아니고 정념을 잘 사용해야 된다고 말이죠. 특히 차별받는 사람들, 차이를 지닌 사람들이. 그리고 쉬운 일은 아니지만 그걸 자긍심으로 바꿔야 한다고 이야기하죠. 이게 오드리 로드의 이야기들이에요.

　　페미니즘의 중요한 자산 가운데 하나가 이 정념에 대한 것들이에요. 이런 말 많이 하죠. '야, 화내지 말고 조용히 조곤조곤 이야기해' '울지 말고 이야기해' '네 말을 잘 전달하려면 화도 내지 말고 울지도 말고 냉정해져야 돼'. 그런데 페미니스트들은 이야기하죠. '어떻게 냉정해질 수가 있나요?' '냉정하다는 게 무엇이죠?' 우선은 이 모든 감정들에 직면해야 된다는 것 같아요. 이 감정을 무시해야 될 것, 이차적인 것이 아니라 우리의 자원이라고 하는 게 되게 중요한 것 같아요. 〈서로의 눈동자를 바라보며: 흑인 여성, 혐오, 그리고 분노〉라는 글은 이것들을 차근차근 살펴보는 글이라고 볼 수 있어요.

분노와 혐오의 방향을 바꾸기

저는 〈서로의 눈동자를 바라보며〉를 읽으면서 흑인 여성이라는 말이 뭘까 생각했어요. 왜냐하면 저는 흑인 여성이 아니기 때문에. 그리고 대한민국 땅에서 오래 살았기 때문에 내가 유색인종이라는 사실도 잘 인지하지 않는, 나를 아시아 여성으로 한 번도 제대로 호명해본 적도 없는 여성이기도 해요. 하지만 알고 있어요. 외국, 특히 근대 문명의 상징인 유럽에서 모욕당했던 기분들.

로드는 이 글에서 특히 흑인 여성으로서의 분노와 혐오라는 감정을 중요하게 끄집어냅니다. 왜 그럴까요? 분노가 있다는 건데 이 분노가 뭘까. 이 분노는 왜 발생할까. 그리고 분노와 같

여성은 다르다: 복수의 여성들

은 감정을 이야기할 때, 이성적 차원에서만 접근할 수는 없죠. 신체의 움직임, 그 순간의 표정, 그 순간의 호흡들에 대해서 생각해 볼 필요가 있어요. 재미있는 건 분노가 유독 다른 흑인 여성을 향해서 이유 없이 폭발한다는 거예요. 자신의 분노가 이상하게 적대자를 향해 있다기보다는 같은 흑인 여성들을 향해 있다는 거예요. 이건 아주 중요한 화제죠. '흑인 여성'에서 '흑인'을 뺀, 여성들 사이의 연대나 차이에 대한 이야기일 수도 있거든요. 아주 엄혹한 어머니와 거기에 맞춰 잘 자라고 싶었던 딸에 대한 이야기, 굉장히 합리적인 여성 동료와 그에 맞추지 못하는 여성 동료에 대한 이야기일 수도 있겠죠.

제가 여성을 가장 혐오하는 자는 바로 여성이라는 이야기를 해드렸죠. 그러니까 '혐오'까지는 아니더라도 내가 나를 인정하지 못하는 것이라고 할 수 있어요. 내가 나임을 받아들이지 못하고, 수용하지 못할 때 이렇게 되는 거죠. '내가 아니었더라면' '내가 이 모습이 아니었더라면'. 결국 이 분노의 밑에는 혐오가 있다는 겁니다. 저는 이게 중요하다고 생각하는데요. 페미니즘 이론의 통찰 중 하나는 감정의 역량에 관한 거예요. 이미 우리는 20세기에 들어선 이후에 알고 있어요. 대중이 호명되기 시작했고, 정치 행위 같은 활동이 이성적인 결사의 수준에서만 이루어지지 않는다는 걸요. 우리가 감정정치라고 하는 것들, 즉 어떤 감정적인 게 자극되어서 하나의 끈끈한 연대체나 군집을 만들어낸다는 걸 목도한 바 있죠.

그리고 이런 경우도 있어요. 쟤를 싫어한다는 사실로 모일 때도 있죠. 우리가 같기 때문에 연대하는 게 아니라 쟤가 싫어서 연대하는 거죠. 쟤가 뭔지도 모르겠지만 그냥 쟤가 싫은 거예요. '왜 싫은지 이유를 묻는다는 것 자체가 싫다' 이런 거죠. 그런데 그 싫다는 건 이런 거예요. 역겹다, 구토감. 그리고 싫다는 것에 동반되는 감정은 생명을 지속할 수 없는 듯한 느낌과 관련되어 있어요. 싫어하는 것들 한번 생각해보세요. 혐오하는 걸 떠올리면 연상되는 이미지는 이런 거죠. 토사물, 썩어가는 우유, 상한 생선을 뒤집어봤는데 구더기가 들끓는 장면, 썩은 양파, 고름이 나오는 상처. 기분이 어때요? 생명이 사그라지는 이미지들이죠. 이런 것들에 대해서는 거리를 두고 싶어지고요.

　　혐오의 가장 기본은 거리 두기예요. '나는 쟤가 싫어. 그래서 거리 두고 싶어. 쟤를 내 눈앞에서 치워줘.' 이게 혐오잖아요. 이 혐오의 단계가 나치가 유대인들에게 가했던 단계들이죠. 첫 번째 단계, 독일인과 유대인들의 분리. 혐오하는 대상과 혐오할 수 없는, 비혐오의 대상은 같이 섞여 있으면 안 되겠죠. 두 번째는 이주죠. 치워버리는 거예요. 그다음에는 소각. 그런 대상이 없어지는 것. 그래서 결국 어떻게 되는 거죠? 멸균 상황. 다 똑같아지는 거예요. 그러니까 이제 다른 것들은 없어지고 모두 같음을 다시 확인하는 작업들인 거죠.

　　그런데 이 혐오가 외부를 향했을 경우에는 나를 확신할 수 있는 기능이 있지만 이 혐오가 나를 향했을 때 나는 어떻게 살 수 있을까요. 제가 아까 혐오스러운 이미지를 말씀드렸잖아요. 그런 혐오스러운 대상이 사실은 내 안에 있다는 거예요. 그러면 나는 내 존재를 생각하는 것만으로도 참기가 어렵겠죠. 그리고 사실은 나에 대해서 깊이 생각하고 싶지 않을 거예요. 그런데 이 세계는 자꾸 나한테 '너는 다르다' '너를 환영하지 않는다'라고 해요. 나는 자꾸 분노해요. 분노하는데 그들한테 맞서기에는 난 너무 미약한 거죠. 자기 혐오가 지나치면 자기를 혐오하느라 힘이 없어요. 무기력해져요. 우울해지고, 심해지면 자살을 하죠.

하지만 그렇게 쉽게 목숨을 끊을 수도 없어요. 그럴 때 제일 좋은 방법이 뭘까요. 혐오의 화살을 나랑 비슷한 존재에게 돌리는 거죠. 그래서 심판관이 되는 거예요. 굉장히 엄격해지는 거죠. 자기와 유사한 존재에게 혐오의 시선, 비판의 시선을 돌리는 것. 그리고 이렇게 되는 거죠. '나는 나를 고칠 수 없지만 너를 고칠 수 있다.' 너를 혐오하는 그곳으로부터 구원해주겠다는 명목 하에. 너를 미워해서가 아니라 너를 사랑하니까 심판하는 거라고. 그렇게 되는 거죠.

감정이 에너지를 갖고 있잖아요. 신체 에너지를 갖고 있으니까, 힘을 갖고 있죠. 공을 바닥에 던지면 튀어오르죠? 우리는 순수한 정신으로만 있는 게 아니고 물질로 되어 있는 에너지를 갖고 있잖아요. 밥도 먹어야 분노하죠. 밥을 안 먹으면 분노하지도 못하는 거 알죠? 힘이 없으면 분노도 못 해요. 분노도 에너지 잖아요. 그 에너지의 방향들이 바뀌고 전환되는 거예요.

사회가 나를 차별하면 나는 분노하게 되는데, 이 분노가 밖으로 나오지 않을 경우에는 다시 안을 향하게 돼요. 분노가 내 안으로 향하게 되면 나를 혐오하게 되고요. 그런데 자꾸 나를 혐오하면 무기력해져서 살 수가 없죠. 그래서 살려는 힘을 가지면서 이 혐오의 방향을 밖으로 딱 돌리면 누구를 향하죠? 사회에 대한 분노로 나가는 게 아니라 혐오의 방향이 옆에 있는 사람, 나랑 똑같은 애한테 가게 되는 거죠. 로드는 이 이야기를 하는 거예요. 우리는 이걸 이해해야 해요.

이렇게 자기와 가까운 존재에게, 그리고 무엇보다도 자기 자신에게 향한 혐오를 "죽음의 저주"*라고까지 말합니다. 왜 죽음의 저주인지 아시겠죠? 사실상 흑인 여성들은 흑인이고 여성이라는 이유로 자기 자신을 혐오할 수밖에 없고, 그럼에도 살고 싶기 때문이에요. 그리고 살고 싶다고, 그럴 권리가 있다고 주장하고 있기 때문이에요.

그렇기 때문에 우리는 알아요. 우리는 알 수밖에 없어요. 왜? 이 사회에 적응하면서 그들이 어떻게 반응하는지, 또 나를 환영하지 않는다는 사실을 알게 되면서 우리는 어릴 때부터 알게 돼요. 그리고 스며들어요. '나는 혐오당할 만하다' '내가 뭔가 문제가 있다'. 나는 저 사람들하고 달리 그림자 같은 존재여야 된다는 걸 알아요. 그늘에 있어야 된다는 걸 알아요. 사람들은 저 밝은 빛 아래 햇볕을 쬐고 있지만 나는 거기에 한줌 빛도 쬘 자격이 없다는 걸 알아요.

감정이라는 게 얼마나 큰지 말씀을 드리고 싶어요. 근대

---

*   오드리 로드, 〈서로의 눈동자를 바라보며〉, 《시스터 아웃사이더》, 주해연·박미선 옮김, 후마니타스, 2018, 282쪽.

적 주체는 우리가 항상 생각하고 있다고 하지만, 사실 생각은 뭔가 자극될 때 한다고 했잖아요. 그리고 생각을 하는 데도 에너지가 필요해요. 그런데 우리의 에너지라는 건 한계가 있잖아요. 우리의 목숨이 정해져 있는 것처럼. 태어나서 죽을 때까지 쓸 수 있는 시간들이 정해져 있잖아요. 그러면 혐오를 많이 당하고, 혐오의 시선 아래 노출되고, 분노도 하지 못하고, 그냥 자신이 혐오 덩어리가 된 사람들은, 왜 내가 혐오받아야 되는 사람인지에 대해서 생각할 시간을 놓쳐요. 그냥 그런가보다 하고 살아요.

왜냐하면, '왜 이런가' 하면서 관조를 하려면 나를 혐오하지 않고 멀리 좀 있어야 되거든요. 그런데 이 혐오 안에서 자꾸 음습하게 침잠될 때, 이런 일에 내가 왜 처하게 되었는지 그 원인을 몰라요. 그런 경우 있잖아요. 너무 고통스럽거나 힘든데 왜 이런지 모르겠고 이 고통에서 빠져나오고 싶은 거요. 시간이 많이 지나고 나서야 '아, 그때 이래서 그랬구나' 하고 알게 되죠. 그럴 때 우리가 '여유가 생겼다'라고 하고요. 그것도 어딘가에 휘말리지 않는 상황이어야 가능한데, 일평생 그렇게 살아가면 왜 그런지 모르는 거예요. 왜 이런 일이 발생하는지 생각하거나 성찰할 기회도 놓치죠. 다만 알 수 있는 건, '쟤가 나랑 비슷하기 때문에 싫다'라는 거예요. 이게 우리가, 특히 차이를 갖고 있거나 차별을 받는 사람들이 혐오 같은 감정을 잘 알아야 하는 이유예요. 지금은 트라우마, 마음의 상처 같은 것들이 우리의 인식이나 사유 능력을 얼마나 손상시키는지 많은 연구를 하죠. 그런데 페미니스트들은 이미 알았던 거죠. 오드리 로드는 알았던 거예요.

로드는 분노의 원천이 혐오라는 것을 분명히 지적하고, 분노와 혐오가 만나면 잔임함으로 바뀌는 감정의 역학에 대해서도 설명합니다. 너무 많은 혐오를 감내하면 잔인해지죠. 유치하게 들릴 수 있는 말이지만, 자기를 사랑해야 된다고 하잖아요. 자기를 사랑해야 세상에 대해서도 애정을 베풀 힘이 있다고 하잖아요. 자기 혐오하는 사람들은 사실 나도 살기 힘들고 내가 싫어 죽겠는데 세상이 어떻게 되든 무슨 상관이에요. 그렇지 않나요? 그럼 이 존재들이 더 잔혹해질 때도 있어요.

하지만 로드는 이 감정들을 이야기하는 것에서 그치지 않고, 사실상 그 감정의 밑바닥을 살피려고 합니다. 살펴보는 게 중요해요. 로드는 감정을 살펴보는 거예요. 저는 이게 페미니스트의 중요한 자원인 것 같아요. 또 그래야 되는 이유가 뭘까 생각을 해보면, 페미니스트들은 언어가 없었잖아요. 그래서 울부짖음밖에 없을 때도 있었고 혹은 다수자의 언어를 빌리거나 다수자가 했던 말을 전유하기도 했죠. 멸칭을 써서 말하기도 했잖아요. 언어가 없으니까. 언어가 없기 때문에라도 감정을 살피는 게 필요한 거죠. 그러면서 언어를 만들어내고 이유를 만들어내야 되는 거예요. 이건 너무나 당연한 출발점인 것 같아요. 그걸로 출발해야지 진실한 것이고, 그걸로 출발해야지 어떤 힘을 가질 수 있는 것 같아요.

로드는 자신의 삶을 들여다보며 혐오와 멸시를 직면합니다. 그리고 그 원인을 처음에는 이렇게 생각했다는 것을 알아내요. 맨 처음에는 내가 차별받는 이유가 나 때문이라고 생각했던 거죠. '나 때문이야. 내가 이런 존재야. 나는 사랑받을 수 없게 태어난 거야. 내 탓이야.' 나만 잘하면 다 잘될 거라고 생각했다는 거죠. 바로 내 안에 있는 근대 주체의 신화인 거예요. 내가 잘하면 이 세계는 나를 환영할 텐데, 내가 안 바뀌니까 이 모양 이 꼴이구나 생각했던 거죠.

내가 바뀌어야 될 것도 분명 있어요. 내가 나를 혐오하는 걸 바꿔야죠. 하지만 이건 '내가 잘되면, 내가 마음이 바뀌면 세상이 나를 환영하리' 이런 식의 이야기는 아니에요. 그래서 로드는 기꺼이 힘을 찾아내기 위해서 상처를 바라보는 두려움을 떨치고 나아가려고 합니다. 맨 처음에 상처받았던 모습이 어떤 것인지 들여다보자는 거죠. 그리고 왜 로드 자신이 이런 작업을 하는지 정확히 밝혀요.

로드는 여기서 아주 훌륭한 통찰에 도달합니다. 바로 자신의 상처와 그로 인한 고통을 인정한다면 더 이상 자신을 괴롭혀온 적대자들이 자신의 상처를 이용할 수 없다는 거예요. 차별받는 사람들이 주변부에 매몰되는 주요한 방식은 이 주변인들이 가진 자기 혐오, 무기력이에요. 자멸하게 되는 방식들이라고 할게요. 자기에게 자긍심이 없고 자신의 차이를 인정하지 못하면 자멸하게 되잖아요. 인간이 가진 힘을 자각하지 못하고 자멸하도록, 내가 혐오를 통해서 자멸하도록 하면서 내가 나를 무기력하게 만드는, 내가 누구랑 싸우는 게 아니라 내 자신을 붙들고 싸우느라고 힘을 소진하도록 방임했다는 거예요. 그러니까 나를 고통받게 한 그 존재들이 계속 나 같은 사람들에게 고통을 주지 못하도록, 고통받는 사람들이 자멸하지 않도록 자신의 고통의 원천을 들여다보겠다는 거죠.

이 혐오와 분노라는 것도 사실은 에너지잖아요. 그런데 원래는 혐오와 분노가 아니었을 거예요. 그냥 생명의 에너지였겠죠. 그런데 내가 생명의 활동으로 내 존재를 펼치는 순간 세상이 '너는 필요없어'라고 하니까 분노하게 되고, 그 분노가 나를 향하다가 옆으로 향하는 건데, 이 좌충우돌하는 에너지를 하나로 잡아서 창조할 수 있는 에너지로 전환하기 위해서 나는 봐야겠다는 거죠. 그리고 나만 이렇게 해야 되는 게 아니라 나와 같은 사람들도 마찬가지라는 거고요. 그럴 때 서로를 혐오하는 에너지가 사랑으로 바뀔 수 있겠죠. 이해로도 바뀔 수 있겠죠. 적어도 못 잡아먹어서 안달은 아니겠죠. 로드는 왜 이런 이야기를 하는 걸까요.

지금 차별받는 사람들은 항상 어떤 감정에 휩싸이게 되는데, 이 감정들은 주로 부정적이라는 거죠. 그런데 이 부정성은 자신의 에너지를 외부를 향해 변형한다거나 펼치기보다는 수렴하게 한다는 특징을 지녀요. 자기를 사회에서 평가하는 부정적 가치로 수렴하게 하는 방식으로요. 그리고 자기와 유사한 사람들을 부정적 가치로 판단하면서 자멸하거나 공멸하는 거죠.

그렇지 않게 하는 방식이 바로 차별받는 사람들이 자기 차이를 인정하는 거잖아요. 그리고 이 차이를 인정하는 가장 중요한 방식은 이 감정이 가진 원천을 알아보는 것이고요. 나아가 이 감정을 새로운 힘으로 변환시킬 때, 내가 받는 차별은 내가 가진 차이를 인정함으로써 소멸할 수 있다는 거예요. 그랬을 때 이 주

여성은 다르다: 복수의 여성들

변과 중심이라는 경계들도 붕괴할 수 있다는 전망을 그리는 거죠. 그러니까 로드의 무기는 뭐냐면, 온전히 차별받았던 그 상황이에요. 이 페미니스트들, 이 소수자들, 이 차별받는 사람들은요, 자기가 살고 있는 이 현장, 이 신체, 이 공간 밖에서 대안을 찾지 않아요. 자기가 살아온 이 신체, 자기가 살아온 이 현장, 자기가 살아온 이 조건이 자신의 새로운 에너지가 될 수 있도록 노력하는 것들, 거기서 출발해요. 이건 새로운 방법론인 듯도 싶어요. 어디 외부로 나가서 나 말고 더 큰 힘에 호소해서 너희를 싹 쓸어버리겠다는 게 아니라. 나에게는 이미 에너지가 있는데, 이걸 되게 나쁘게 평가했고, 그 방향성을 잘못 찾았다는 걸 자각해서, 이 에너지를 재평가하고 다른 방향으로 펼치는 것으로 이 작동원리를 바꾸는 거죠. 이게 요점 같아요.

그리고 로드는 이 과정을 천천히 따라갑니다. 자신이 처음 분노를 느꼈던 그 순간, 그 분노가 혐오로 바뀐 순간들을 이야기해요. 로드가 어렸을 때 지하철에 자리가 나서 앉았는데, 옆자리의 백인 여성이 로드와 닿는 게 싫어서 로드의 옷과 닿은 옷을 자기 쪽으로 확 가져가더니 자리에서 일어나버린 거예요. 처음엔 자기 바지에 뭐가 묻은 줄 알았는데 그게 아니었던 거죠. 그 혐오가 자기를 탁 건드린 거죠. "결코 잊지는 못할 것이다. 그녀의 그 눈. 그 벌름거리는 콧구멍. 그 혐오."** 땋은 머리 모양이 적절치 않다고 학교에서 편지를 보내고요. 그건 원래 자기 신체가 가진 특

---

*   같은 글, 286쪽.

성이잖아요. 그런데 그게 적절치 않은 걸로 분류가 되는 거죠. 자기는 아무것도 하지 않았는데. 그 순간 자기 존재 자체가 문제가 있다는 생각을 갖게 될 수 있겠죠. 존재가 부인되는 순간들인 거예요. 그러면 어떻게 될까요?

예민하면 예민할수록 그들의 시선과 그들이 나를 모욕한 내용이 잊히질 않아요. 그러면서 그것들이 붙어 있는 내 몸이 싫어지고요. 왜? 그런 것들이 내 몸에 붙어 있기 때문에 그 사람들이 나를 혐오한 거잖아요? 그러면 어떻게 될까요. 그 곱슬거리는 머리, 큰 가슴, 흑인이라는 사실만으로 그 사람이 싫어지는 거죠. 혐오가 되는 거예요. '사실 우리 흑인들도 피부색을 의식하지. 더 까맣다는 건 더 나쁘다는 거야.' 그러니까 인정하자는 거죠. 이 차별받는 존재들 안에도, 우리 안에도 깊은 혐오가 있었다는 거예요. 언니들에 비해서 자기는 더 까맸고, 짓궂고 말썽부리는 게 자기였다고 하면서 이렇게 말해요. "**못됐다**는 건 **까맣다**는 뜻일까? 성숙해질수록 점점 더 까매져 가는 내 몸의 갈라진 틈마다 끊임없이 레몬주스를 문질러 대던 기억. 죄 많은 내 검은 팔꿈치와 무릎, 잇몸과 유두, 목주름과 겨드랑이여!"*

로드는 이걸 왜 말하는 걸까요? 이 혐오라는 건, 정신적으로 혐오하는 게 아닌 것 같아요. 내 신체를 혐오하는 것, 내가 존재한다는 사실을 혐오하는 것이죠. 몸을 레몬주스로 문지르면서 혐오하잖아요. 그거는 정말 힘이 빠지는 일이에요. 무기력해지는

---

*   같은 글, 289쪽.

일이에요. 자기랑 엄청 싸우는 일이에요. 자기를 함부로 대하는 일이죠. 자기 목숨도 함부로 대하는 일이에요. 그렇죠? 특히 이 혐오는 내면화되어 있고 육체에 특히 가혹하게 그 혐오가 느껴지죠. 혐오의 많은 이유가 신체성과 관련이 되죠. 신체적인 것들로 낙인을 찍잖아요. 혐오의 이유가 아주 고결한 정신이라는 것에서 비롯된다면 차라리 나을 것 같아요. 그런데 실제적으로 혐오가 벌어지는 곳은 정신이 아니에요. 신체에서 보이는 이 낙인들이에요. 이 피부색. 해부학적이고 생물학적인, 눈에 보일 수 있는 이 특징들. 보통은 이걸 혐오의 이유로 삼잖아요. 바로 식별할 수 있다는 거죠.

하지만 흑인 여성들은 그렇게 많은 혐오를 겪고 살아왔음에도 또 그걸 견디면서 살아가고 있어요. 이게 의미하는 바는 무엇일까요. 혐오를 겪고 살아남았고 또 혐오스러우면서도 살고 싶어 한다는 사실이에요. 그럴 때 우리는 어떻게 살아 남는 것일까, 이 삶이란 얼마나 지독한 것일까를 말하고 있는 거죠.

이렇게 지독한 삶에 대한 열망은 혐오뿐만 아니라 흑인 여성들에게 쏟아지는 적대감마저도 견디게 해요. 사실 적대감을 받으면서 산다는 게 얼마나 힘든 일이에요. 소위 사람답게 살 수나 있는 걸까요. 페미니스트들은 이걸 이해할 수 있어요. 페미니스트로서 살아가는 게 너무 좋기도 하지만, 또 너무 힘들다고 하잖아요. 모든 데서 투사처럼 싸워야 되니까 힘 빠진다고요. 사람들이 이러잖아요. '너는 쌈닭이니? 너는 세상이 다 싫으니? 세상에 좋은 게 하나도 없어?' 그런데 '나도 쌈닭인 내가 싫어요' 이럴 수 있잖아요. '내가 정말 쌈닭일까? 나도 연약한 사람인데. 나도 이 세상에서 아름다운 걸 볼 줄 아는 사람인데 자꾸 이렇게 되네. 이 세상이 싫다.' 그런데 이 세상에 대해 싫다고만 하면서 살아갈 수 있는 사람이 있을까를 묻는 거죠.

그다음에 페미니스트라고 하면 "어, 페미니스트세요?" 하면서 이상한 눈빛으로 보잖아요. '저건 또 뭐야' 하면서 꼬나보는 눈빛. 이 세계와 나 사이에서 언제나 경계를 갖고 살잖아요. 그게 얼마나 힘이 들어요. 굉장히 피곤한 일이죠. 아무 생각 없이 편안하게 살고 싶은데, 계속 그런 사람으로 사는 게 힘들잖아요. 저 사람이 나한테 적대적으로 대한 게 아닌데 적대로 해석할 수도 있는 거고, 오해일 수도 있잖아요. 제가 생각하기에는 로드가 '이렇게 살아갈 수 있을까'를 묻는 것 같아요. 분노와 혐오라는 에너지를 갖고 계속 산다는 게 얼마나 힘든 일인가.

그리고 이때 로드는 분노와 혐오를 구별할 필요가 있다고 합니다. 분노는 '이건 아닙니다' 하고 거부의 의사를 밝힐 수 있는 거기도 하니까요. 그런데 혐오는 "아주 싫어하는 감정이 적의와 결합된 감정적 습관 혹은 마음의 태도"*라고 해요. 적의라는 건 파괴하고 싶은 건데, 이게 감정적 습관이라는 거죠. 그렇기 때문에 분노는 잘 활용하면 외부에 균열을 낼 수도 있지만, 혐오는 파괴적이라는 거예요. 계속 혐오를 하다보면 힘이 빠지고 그냥 다 끝장내게 되는 거죠. '죽어버렸으면 좋겠다' '없어져버렸으면 좋

---

*   같은 글, 294쪽.

겠다'라는 게 혐오라는 거죠.

　　이런 점에서 우리가 이 혐오, 혐오를 지속하는 사회, 혐오를 용인하는 사회, 혐오가 아니라면 존재할 수 없는 현실들에 대해서 분명히 문제를 제기할 필요가 있는 거죠. 그리고 혐오가 우리의 본성이 아니라는 것을 알아야 한다는 거고요. 로드가 이런 이야기를 꺼낸 건, 미국 내 흑인 여성들 사이에서 자기를 혐오하고 분노하는 모습들, 백인 여성들은 부드럽고 아름다운데 우리 흑인 여성들은 성질이 불같고 포악하다면서 자기를 혐오하는 모습들을 보면서 그게 우리의 본질이 아니라는 걸 말하려는 거예요. 이건 어떤 상황에서 살아왔던 결과, 반응, 양태라고요.

　　우리가 진정으로 원하는 것은 살게 하는 힘이고, 우리가 연결되어 서로를 지지해주는 삶에 대해서 우리는 알고 있으며, 우리는 그것을 실현해보려고 한다는 거예요. 우리가 우리의 분노를 서로 바라봐야 한다는 겁니다. '서로의 눈동자를 바라보며'라는 제목이 다가오는 지점이죠.

　　눈동자를 바라본다는 건 상당한 친밀감을 허용하는 일이죠. 눈동자를 들여다볼 수 있을 만큼 친밀한 관계가 있으시겠죠? 형제자매일 수도 있고 배우자일 수도 있고 친구일 수도 있고. 그런데 길 가는 아무한테나 하면 안 되죠. 눈동자를 가까이 들여다보고 있으면 그 눈동자에 누가 비쳐요? 자기 자신이 비쳐요. 눈동자를 바라봐야 해요. 눈동자를 바라보는 일은 사실 분노를 무너뜨리고 친밀감을 허용하는 일이죠. 이게 뭐죠? 연결성의 시작이에요. '이성적으로 생각해보자' 하면서 이런 말을 하는 게 아니잖아요. 눈동자를 바라보라고 이야기하고 그 안에 깃든 걸 보자는 거죠.

페미니즘의 윤리적 전회

서로의 눈동자를 들여다보는 일이 중요한 이유는 무엇일까요? 저는 근대적 도덕 주체, 실천 이성의 주체를 가장 최선의 윤리적 가치로 삼는 논의에서 우리가 좀 벗어나야 한다고 생각합니다. 일종의 윤리적 전회가 필요하다고 판단해요. 페미니즘 역시도 윤리적 전회가 필요하고요. 페미니즘의 정의와 윤리가 근대의 정의와 윤리를 그대로 모방할 수는 없으니까요. 오히려 페미니즘은 윤리적 전회를 일으키고 새로운 가치들을 제안하기도 했죠. 근대 도덕의 원천은 이성에 있다고 하잖아요. 하지만 페미니즘은 감정을 중요하게 다루고, 감정의 방향을 바꾸는 방식들과 거기에 필요한 중요한 가치들을 제안해요. 하나는 차이와 타자성의 존재고 또 하나는 연결성, 관계성이라는 윤리적 가치죠. 로드가 〈서로의 눈동자를 바라보며〉에서 제안하는 것이 바로 이 이야기들이에요. 그리고 로드는 분노나 혐오가 나쁘다고, 그것을 버리라는 이야기를 하려는 게 아니에요.

분노와 혐오가 있다는 걸 인정하는 것에서부터 출발하자는 거죠. 분노와 혐오가 왜 발생하는지 알자는 거예요. 그 방향을 전환했을 때 그 에너지가 바뀔 것이라는 이야기지, 그냥 분노와 혐오를 금지하라는 게 아니에요. 분노하고 혐오하는 나 자신을 바라보자는 거죠. 나 자신이 원래 분노 덩어리고 혐오 덩어리라면 절대로 바뀔 수 없는 거잖아요. '내가 원래 그런 종자야. 분노 종자. 혐오 종자' 이러면 영원히 어떻게 해도 안 바뀌는 거잖아요. 그런데 분노하고 혐오하는 나 자신을 바라보면, 사실은 내가 분노 덩어리고 혐오 덩어리였던 게 아니라는 걸 알게 되죠. 어떤 에너지를 내가 세상에 펼쳤는데, '너 문제 있어' 하는 반응만 얻게 됐을 때 분노했던 거죠. 그리고 그 순간들이 쌓이면서 자신을 혐오하고 그 혐오가 외부를 향하게 된 거잖아요.

분노와 혐오라는 게 세상의 반응이라든지 어떤 환경에 놓여서 발생한 것이라면, 그 분노와 혐오라는 에너지도 다른 환경들, 다른 연결들을 만나면 변할 수 있겠죠. '원래 그런 종자'라면 어떤 걸 만나도 안 바뀌죠. 근대적 의미에서는 그렇잖아요. 악의 자식은 계속 악의 자식이고, 선의 자식은 계속 선의 자식이다, 이딴 게 기본적인 생각이죠. 실재론적인 생각. 다시 태어나지 않는 한 안 바뀐다는 거예요.

그런데 로드는 원래 그런 분노와 원래 그런 혐오는 없다는 걸 말해요. 로드 자신도 자기가 혐오 덩어리인 줄 알았고, 내 탓인 줄 알았다고 하잖아요. 그런데 그게 내 탓인 게 아니고, 그렇게 만들었던 어떤 순간들이 있었다는 걸 끄집어내죠. 어린 소녀였을 때부터 자신이 혐오의 대상이 되었던 순간들이 반복되면서, 내가 나를 혐오스러운 존재로 낙인찍게 되었다는 걸 확인하잖아요. 그 환경들을 분석해낸 거죠. 그리고 이 환경들을 분석해내는 작업은 사실 혐오의 상황들을 다 헤집어보는 거예요. 원래 그런 종자라는 게 있다면 절대 안 바뀌죠. '아, 나는 영원히 안 바뀔 거야' 그러면 뭣하러 분석을 하겠어요.

그리고 에너지의 작동방식에 주목하는 건, 이 힘의 방향을 전환하기 위해서라도 이 힘이 어떤 식으로 발현하고 어떤 조건에 놓여 있는지 이해할 필요가 있기 때문인 거죠. 오드리 로드의 〈서로의 눈동자를 바라보며〉는 시적이고 아름다운 글이지만, 굉장히 논증적인 글이에요. 그리고 이런 상황과 환경을 분석하면서 분노와 혐오가 뒤섞인 감정들을 분리하기도 했죠. 그 혐오가 내적으로 향했을 때는 자기 혐오고, 내적인 자기 혐오를 지속할 수 없었을 때는 결국 자기가 살아가야 되니까 자기 자매들이나 자기와 유사한 존재들에게 지배자들이 했던 것보다 더 잔혹한 눈빛을 돌리는 상황이 만들어지죠. 즉, 혐오로 주체화된 존재인 거죠. 그렇기 때문에 자기와 같은 존재에 대해서 굉장히 못되게 굴고요. 그런데 이것으로부터 다른 방식의 자기를 만들기, 자기 생산에 대한 고민들을 하고 있는 거예요.

그래서 바뀌어야 된다는 거죠. 예를 들면 외부에서 우리를 협박하는 인종차별주의에 저항하는 힘을 만드는 것보다 나와 비슷한 존재들을 싫어하는 게 더 쉽다는 거예요. 중요한 성찰이죠. 같은 경험을 하면 연대한다는 말에 저는 동의하지 않아요. 왜? 우선, 같은 경험도 없고, 모든 경험이 같지도 않죠. 두 번째는 이거예요. '같은 경험이 우리를 연대하게 할까?' 같은 경험을 갖고 있는 존재가 연대하기 위해서는 같은 경험을 갖고 있는 나의 경험

여성은 다르다: 복수의 여성들

을 긍정해야 하죠. 그런데 이 경험이 너무 싫은 거예요. 내가 너무 싫어하는 나의 경험을 이 사람이 갖고 있을 때 가까이하고 싶을 까요? 많은 것을 받아들인 사람들은 가능할 수도 있지만, 그 경험 으로 인한 상처가 아물지 않은 사람은 힘들 수도 있어요. 그 경험 에 자긍심을 갖고 있거나 그 경험을 내가 긍정했을 때 같은 경험 을 통해 연대하는 거지, 그냥 경험이 같다고 해서 연대가 되는 게 아니라는 거예요.

그 경험에 대한 해석의 이해가 연대를 만드는 거지, 경험 이 바로 연대를 만든다는 건 대단한 착각이에요. 오히려 그 경험 을 통해서 연대하는 게 더 싫을 수 있어요. 낙인찍을 수 있잖아요. '쟤? 내가 뻔히 알지. 나도 알거든. 쟤도 나 같은 인간이라는 걸. 너무 싫지' 이렇게 나올 수도 있다는 거예요. '여성들이 같은 경험 으로 연대한다'라는 말에는 뭔가가 빠진 거예요. 우리가 같은 여 성으로서의 경험을 얻어야 한다면, 그건 페미니즘적으로 해석된 경험이겠죠. 페미니즘의 이해를 거쳐 자신의 경험에 자긍심을 느 끼고, 그 경험을 이해할 수 있는 언어를 가진 또 다른 경험을 통과 했을 때, 비로소 우리는 우리 자신의 언어를 거쳐낸 경험으로 소 통해 연대하는 것이 가능해집니다. 그러기에 서로 다른 차이를 지닌 이들이 서로의 차이를 말하고, 그 말하기를 통해서 언어를 얻고 자긍심을 갖는 과정이 함께 가야 한다고 생각해요. 물론 그 후에만 연대가 가능하다는 뜻은 아니에요. 이 과정이 연대와 함 께 진행되겠죠.

로드는 솔직하게, 자기와 같은 흑인 여성들을 자신이 얼마나 엄혹하게 대했는지, 얼마나 못되게 굴었는지 밝혀요. 그러면서 생각한 거죠. '그 혐오감이 뭘까. 왜 이렇게 나는 당신이 너무 싫을까.' 그리고 이 혐오를 넘어서기 위해서는 이게 중요한 거죠. 내가 당신을 신뢰해도 당신이 나를 신뢰하지 않을 수 있다는 거죠. 자매애라는 말도 사실 어려운 말이에요. 사실 저는 자매애를 너무 쉽게 말한다고 생각해요. 자매애에 호소한다고 하는데 자매애라는 게 그렇게 금방 쉽게 만들어지는 건가요? 자매애로 호소하기 전에 아주 많은 게 있어야 될 것 같지 않나요?

자매애로 호소하기에 앞서 뭐가 나와야 될까요. 자매가 되기 위해서는 우리 자신에 대한 이해, 인정이 필요한 거죠. 그러지 않고 어떻게 그냥 호소해서 좋아할 수 있겠어요. '너랑 나랑 같아' 이건 조금 거짓말인 것 같아요. 그건 너무 쉬운 착각 아닌가요? 어쩌면 이렇게 이야기해야 하는 것일지도 몰라요. 우리 자신도 스스로를 지속적으로 항상 사랑할 수는 없잖아요. 어떻게 자신을 매일매일 한결같이 사랑합니까. 사랑할 수 없다는 게 아니라, 한결같이, 변하지 않을 수 있느냐는 거예요. 우리는 어떤 환경 안에서 변화하잖아요. 그러면 사랑하기 위해 계속 노력해야 되는 상황인 거죠. 계속 나를 긍정하는 상황들을 만들어가는 건 어떤 역량이지, 사랑을 결심했다고 해서 사랑이 그냥 지속되는 게 아니잖아요.

이 자매애도 계속 '업데이팅'되어야 하는 것 같아요. 그리고 긴장이 있는 것 같아요. 긴장, 부조응, 불협화음이 존재하는 자매. 그게 사실 자매애의 진정한 이름인 것 같아요. 원래 한결같고

436

똑같은 게 있나요? 그래서 자매애'들'이겠죠. 자매애라는 단수의 이름이 아니라. 원래부터 가진 선천적인 공통성에서 비롯된 자매라는 건 에덴동산과 같은 환상이고, 일종의 굴레가 되는 것 같아요. 그렇지 않나요? '나는 널 자매라고 생각했는데 너 배신 때렸네. 날 사랑한다면서 왜 이래?' 이렇게 생각하는 거죠.

어머니되기

로드는 여러 방향으로 향한 우리 안의 분노를 바라보자는 이야기와 함께 어머니-딸 관계의 혐오에 대한 이야기를 강하게 해요. 저는 정신분석학이 중요한 자산일 수 있다고 생각해요. 근대 주체를 조성하는 데 기여하기도 했고, 근대 주체를 이해하는 데 유용한 해석의 틀을 제공하기도 하니까요. 정신분석학의 근대 주체는 언제나 아버지에서 아들로 이어지는 가부장제적 주체였고, 그걸 기본적인 인간의 모델로 삼았죠. 그런데 정신분석학을 좀더 면밀하게 페미니즘적으로 분석하면 소위 부권승계의 모델인 오이디푸스 너머의 관계, 어머니-딸 관계, 그리고 그러한 폐쇄적 가족을 넘어서는 이해에 도움을 줄 수 있다고 생각해요.

어머니-딸 관계로 정신분석학을 하는 한 선생님이 저한테 이런 말을 하시더라고요. "선생님이 쓴 논문들이 사실 엄마와 딸 관계에서 비롯된 것일 수 있어요." 그게 문제의 출발점일 수 있다고. 모든 게 그런 건지는 모르겠지만, 어떤 건 그럴 수 있다고 저는 생각해본 적이 있어요. 그런데 그 말이 맞든 틀리든 가부장적인 의미화가 아니라 어머니-딸 관계가 실은 나의 어떤 문제의식에 아주 중요한 정신적 뿌리가 될 수 있다는 건 신선하더라고요.

그런 점에서 우리가 가장 비슷한 존재에게 그 혐오의 눈길을 돌리기 쉽다면 그 대상은 누굴까요? 어머니-딸 관계에 있겠죠. 연민도 있는 복합적인 관계. 어머니는 가부장제 안에서 딸이 겪을 혐오와 그 딸이 치러야 할 희생을 알고, 딸은 어머니가 자기를 도와줄 수 없다는 것을 알기 때문에 고립감을 느껴요. 이런 관계에서 어머니-딸은 어떻게 해야 할까요. 어머니-딸에 대한 이해들은 중요한 것 같아요. 혐오와 사랑의 원천이죠. 저는 그 어머니-딸 관계에 대한 성찰이 페미니즘적 계보를 그려내는 데, 페미니즘적 역사를 그려내는 데 중요한 아이디어를 제공할 수 있다고 생각합니다.

여성에 대해 생각할 때 중요한 것 중 하나가, 여성은 그냥 이 사회에서 어머니가 될 존재로 기대된다는 점이잖아요. 그래서 어떤 사람들은 어머니가 될 존재로 기대되기 때문에 어머니가 되고 싶어 하지 않잖아요. 그리고 어머니가 되고 싶어 하지 않음으로써 어머니가 되어야 한다는 명령에 저항하는 자신을 발견하기도 하고요. 동시에 또 딸로 태어났다는 건 어머니가 있던 존재라는 것이기도 해요. 그래서 많은 딸들은 이야기하죠. '엄마처럼 살지 않을 거야.' 이 말은 여러 가지를 내포하죠. 아무리 훌륭한 어머니라도 어머니가 가진 희생이나 정념을 나는 또 기대하고, 하지만 내가 그렇게 된다는 건 너무 고단한 거죠.

여성은 다르다: 복수의 여성들

이것들이 여성들의 뿌리 깊은, 중요한 측면이라고 생각해요. 그런데 로드는 여기서 마더링mothering에 대한 이야기를 해요. '마더링'을 어머니성을 실현하는 걸로 이야기할게요. 어머니성을 실현한다는 건 정말로 젖 먹이고 희생하는 어머니가 되는 것, 이런 건가? 제가 봤을 때는 아닌 것 같아요. 마더링이라는 건 애를 낳은 여자만 할 수 있나? 아니잖아요. 이 마더링이라는 건 생물학적으로 여성이라고 지칭되는, 자궁이 있는 사람에게만 있는 건가? 아니겠죠.

이걸 제 방식대로 이해해볼게요. 가부장제 바깥에서 여성들이 조금은 자기에 대해서 인내심 혹은 자비심, 관대함을 가질 수 있는 방식의 중요한 원천에 대한 이야기를 로드가 하고 있는 것 같아요. 로드는 결국 우리가 우리 자신에게 관대해져야 한다고 하거든요. 이게 되게 어렵죠. 혐오에 길든 사람들, 혐오로 인해서 분노하거나 날카로워지고 잔인해진 사람들은 실은 자기한테 아주 잔인하거든요. 그래서 자기한테 관대해지는 연습, 자기한테 관대해지는 방식이 자기한테 마더링하고 외부에 마더링하는 것이라고 하는 게 아닌가 싶어요. 그게 자기의 역량을 만드는 방법이라고요. 아마도 오드리 로드는 여성들의 계보를 형성하고 여성들이 연대하는 방식을 고민하면서 이 마더링, 어머니되기, 이후에 자기 배려로 설명되는 그러한 차원을 한번 보자고 하는 것 같아요. 여성들 안에서 서로 혐오하지 않으려면 어떤 출발점이 필요한지를 고민하는 거죠. 이때 어머니되기라는 걸 우리 여성들 안에서 한번 보자는 거죠.

무슨 고결한 어머니성을 성취하자는 건 아닌 것 같아요. 우리 자신을 관대하게 돌보는 어떤 태도라는 거죠. 그리고 이런 태도들이 결국 우리 안에 있는 혐오와 분노를 다른 식의 알고리즘으로 변환시킬 것이라는 거죠. 그러면 이 마더링이 혐오나 분노라는 힘들을 다른 방향으로 전환시킬 수 있는 중요한 자원이 되지 않을까 제안을 해보는 것 같아요. 확실히 차별받는 사람들이 자기에게 자긍심을 갖는 건 쉽지 않은 일이죠. 주로 동질한 집단에 소속됨으로써 그 자긍심을 성취하려고 하거나요. 그 자체로 자기를 긍정한다는 건 매우 어렵죠.

그런데 이 긍정이 실은 아주 중요하다는 거잖아요. 그래야만 차별을 없앨 수 있다고 말할 수 있는 거죠. 차이의 정치학은 차이 나는 집단들이 목소리를 높이는 일이라고 했잖아요. 그게 필요한 이유들도 마찬가지예요. 차이 나는 집단들이 목소리를 높여야만 어떤 일이 벌어져요. 자기를 혐오하거나 이 혐오의 에너지로 무기력해지는 것들을 방지하고 자기 자신 그 자체로 자긍심을 가질 수 있는 거죠. 소수자들이 자긍심을 갖게 하고, 그 특성 자체를 자랑하려고 하는 것을 우리가 이해해야 하는 이유가 여기에 있는 거예요. '왜 너는 건전한 시민으로서 행동하지 않는 거야' 하지 않고.

로드는 이 혐오를 가졌던 우리, 이 차이 나는 집단들, 차이 나는 존재들이 서로에 대한 공포와 두려움을 극복하고 어떻게 서로에게 다가갈 수 있는가를 계속 말하고 있는 거죠. 그리고 이 가혹함이 우리에게 주입된 혐오가 남긴 유산이라고 보죠. 너무

여성은 다르다: 복수의 여성들

나 사랑하면서도 미워하는 우리의 모습을 인정하면서 우리는 어떻게 해야 될 것이냐는 거예요. 이 혐오를 벗어나기 어려운 이유는 이 세계가 우리를 혐오하고 이 세계가 우리한테 너는 환영받지 못하는 존재라고, 너는 비정상이라고, 너를 차별하는 건 너무 당연하다고 신호를 보내고 있기 때문이라는 거죠. 그럴 때 그 사람들이 죽지 않고 살아갈 수 있는 건, 자기한테 엄격해지고 자기한테 잔혹하게 대함으로써 삶을 유지하는 거예요. 그렇기 때문에 오드리 로드가 하려는 노력은 굉장히 대단한 노력이에요. 그런 존재가 나 자신에게 관대해지려고 노력하고, 그 관대함을 가져서 이 세계를 바꿔보겠다는 태도인 거죠. 우리는 그걸 할 수 있다고 말하고 있는 거예요.

정신승리를 하자는 게 아니에요. 어떻게 할 수 있는지를 이렇게 이야기할 것 같아요. 우리의 생명과 몸은 우리의 정신이라든지 기존의 근대적인 통제 방식에서 벗어난 것이고, 그걸로 다 파악할 수 없는 에너지가 있기 때문에. 제가 좋아하는 들뢰즈식으로 이야기하자면, 신체가 무엇을 할 수 있는지 우리가 모르기 때문에. 그 생명의 흐름이 어떻게 흐를지 알 수 없고, 다 통제하기는 어렵기 때문에. 로드는 거기에 기탁해서 혐오의 이 상황들, 이 잔혹함들을 바꾸기 위해 성찰하고 자각하면서 제대로 된 질문을 던지고 질문을 변환해보려고 한다는 거예요.

로드는 혐오에도 불구하고 살아남은 흑인 여성들의 역량을 강조합니다. 우리에게 생명이 있다는 걸 강조하는 거예요. 아무리 이 사회가 우리에게 빨리 사라지라고, 빨리 비슷해지라고 해도, 그 말에 저항하거나 혹은 그 말들 때문에 나를 혐오하고 살고 있더라도 그 에너지라는 건 존재한다는 거죠. 나는 그냥 그들이 살아가라는 대로만 살아가는 존재가 아니라는 거예요.

스스로를 돌보는 페미니스트, 여자들

로드는 알고 있어요. 새로운 세계는 이러한 혼돈에서 탄생한다는 걸요. 그리고 자기가 할 수 있는 걸 해요. 바로 이 눈동자를 바라보는 겁니다. '이 눈동자를 보겠다. 가까이 가서 눈동자를 바라보는 것으로부터 나는 내 에너지를 바꾸고 내 관대함을 호소하겠다'라는 겁니다.

이건 무슨 이야기일까요. '우리가 왜 같지 않을까, 우리는 연대하지 못할까, 왜 이렇게 혐오하고 분노할까.' 하지만 우리가 혐오와 분노 덩어리라는 점에서는 모두 같다는 거예요. 여기서부터 오드리 로드가 갖고 있는 연대의 상을 우리가 알 수 있어요. 차이 나는 사람들, 차별받는 사람들 안에서도 어떤 차이가 있죠. 한번 보세요. 다수자들이 있고 이들이 어떤 사람들을 어떤 이유로든 차별을 해요. 흑인이라는 이유로, 여성이라는 이유로. 그래서 사람들은 흑인이기 싫고 여성이기 싫죠. 그런데 재미있는 건 이 흑인, 여성이라는 건 그 다수자들이 규정하기에 하나의 덩어리예요. 하지만 사실 이 덩어리 안에 있는 사람들은 다 달라요.

제가 봤을 때 로드는 여기서 좀더 나아가요. 다수자들은 이 흑인들을 '흑인 집단'이라고 하는 차별받는 집단으로, 하나로 만들어놨어요. 그리고 그 집단 안에 있는 존재들은 서로를 싫어해요. 왜냐면, 이 차별받는 집단에 속해 있기 때문에. 로드는 이게 중요한 게 아니라 이렇게 차별받는 존재들, 그러니까 흑인이라고 묶이는 존재들이 있을 때, 흑인이라면 어디까지가 흑인일까라는 걸 생각해봐야 한다는 거죠. 그 집단 안에서야 조금 더 하얘지는 걸 원하겠지만, 저 다수자들에 따르면 어차피 흑인이라는 건 다를 바 없잖아요. 백인들은 우리가 검은지 흰지 차이도 못 느껴요. 그냥 다 까만 거죠. 그 안에서만 아는 거예요. 너는 조금 덜 까맣구나, 너는 조금 더 까맣고.

　　오드리 로드는 저들이 우리를 흑인이라고 동질하게 만들어서 혐오의 대상으로 만들었다는 걸 강조하지 말고, 사실 우리의 존재는 모두 다 다르다는 걸 더 중요하게 보자는 거예요. 우리가 흑인이기 때문에 뭉치는 게 아니어야 한다는 거죠. 흑인이라는 건 우리의 자긍심일 수는 있죠. 왜? 저들이 우리를 차별하는 이유가 우리가 흑인이기 때문이라고 하는 거니까. 그런데 흑과 백이라고 하는 구별점들은 그들이 만든 거잖아요. 흑인이라는 말은 우선 백인들과 비교된 흑인인 거죠. 그리고 흑인들 사이의 차이에도 불구하고 그냥 우리는 흑인이 되는 거죠. 이건 아니라는 거예요.

　　오드리 로드의 방식은 우리가 동질하기 때문에 이들과 맞설 수 있다는 방식이 아닙니다. 오히려 우리가 사실은 각기 다 다르다고 하는 거예요. 어쩌면 갈라져 있는 이 불화의 현실들, 이것들이 더 중요할 수 있다는 거죠. 오랫동안 차이가 차별과 같은 말로 여겨진 이유 가운데 하나는, 이 차이가 인식론적 차이이고, 인식론적 차이 안에서는 이 차이를 차별로 규정하는 중요한 기준이 있었기 때문이에요. 더 우월한 기준이 있고, 그 기준에 반대되는 게 있었죠. 기준이 A라고 한다면 not A, 비아非我라고 하는 게 있었단 말이에요. 그런데 그런 방식으로 차이를 이해하는 게 아니라, 로드는 모든 살아있는 것들이 갖고 있는 존재론적인 활기로서 차이를 이해해보려는 것 같아요.

차별받는 존재는 저항하는 존재로만 존재하지 않죠. 분노가 저항의 에너지가 아니라 자기 혐오의 에너지로 갔잖아요. 세상이 이렇게 말할 수 있죠. '왜 너는 저항하지 못하고 너만 혐오해. 이 세계를 바꾸지 못한 건 자꾸 너를 혐오한 네 탓이잖아. 백인들하고 싸워서 이기려면 흑인인 네가 열심히 일하고 유리천장을 뚫고 올라가야지, 왜 그렇게 너를 혐오하고 있어? 다 네 탓이네?' 다시 굴레가 오잖아요.

열심히 노력해서 백인들 이겨먹고 하버드 가고 그런 사람들도 있겠죠. 아시아인들도 그렇게 하잖아요. 그런 사람들은 흑인, 아시아인이지만 백인처럼 되는 거죠. 그런데 그런 방식으로 갈 수 없는 사람들도 많잖아요. 그럼 그런 사람들은 낙오자예요? 여성들도 마찬가지죠. 유리천장도 뚫고 간 위대한 여성들도 있겠지만 그렇지 않은 여성들도 되게 많잖아요. 그러면 그런 여성들은 아무런 노력도 하지 않는 건가요? 아니잖아요. 그러면 어떻게 할 거냐는 거예요.

구조는 아주 강하고 견고해요. 그리고 이 구조는 자기가 이 구조에 동참하면서 이 구조를 생산하도록 우리를 고무시켜요. 그런데 저항하고 혁명적 의식을 불타오르게 해서 싸우는 방식만으로 이 구조를 벗어나는 게 가능한 걸까요? 그렇게 할 수 있는 사람은 아주 소수일 거예요. 그런 사람은 소수인데, 이 구조는 너무 강해요. 그러면 우리는 어떤 생각을 해요? 절망감이 들잖아요. 오드리 로드는 그런 방식만은 아닌 것 같다는 거예요. 차별받는 표식을 정체성으로 삼아서 우리가 같다고 호명한 것만으로는 안 된다는 거죠.

왜냐하면 그렇게 될 경우에 다시 한번 그 안에 있는 차이들을 사상시키잖아요. 그게 백인 여성들이, 흑인 남성들이 했던 일이죠. 그렇다면 그렇지 않은 방식이 뭘까. 우리가 갖고 있는 다른 존재론적 차이들, 이걸 생명력이라고 합시다. 언제나 차이로 들끓는, 계속 변화하는 이 생명력을 관대함의 원천으로 이해해야 된다는 거죠. 우리가 다 다르다고 하는 이유는 우리의 활기, 우리가 생명력을 표현하는 방식이 다 다르기 때문인 거고, 우리는 그걸로 이 세계를 바꿀 수 있다는 확신을 가져야 한다는 거예요.

그러기 위해서는 우리가 동일함으로써 저들과 싸우는 것도 중요하지만, 다수자들 혹은 차별하는 사람들이 규정하는 딱지로부터 벗어나서 나 자신을 규명하는 일들이 필요하다는 거예요. 이건 아주 큰 차이가 있는 거예요. 그전에는 저들이 나한테 흑인이라고 하면, '흑인은 하나야, 싸우자' 이렇게도 했었죠. 그런데 그렇게만 하기 어렵다는 거잖아요.

저들이 우리를 규정하는 방식은 주로 우리의 감정에 붙잖아요. 그러면 그 감정들과 그 원천을 들여다봐서 저들이 우리를 규정하는 방식이 아니라 새롭게 우리 자신을 규정하는 게 더 중요한 방식이라는 거죠. 맞서 싸우는 것도 중요하지만, 우리 자신을 긍정하고 스스로의 언어로 자신을 설명할 수 있는 것, 그리고 관대함을 갖고 서로의 힘을 북돋는 것이 더 중요하다는 거죠. 그러면 서로 힘을 북돋는 존재는 흑인 여성만이 아닌 거죠. 다른 소수자들도 있죠. 레즈비언일 수도 있고, 장애 여성일 수도 있고. 누가 더 인식론적으로 우월해서가 아니라, 그들이 가진 차이들을 통해서, 지배자들이나 다수자들이나 규범이 붙인 이름이 아니라 그들이 스스로 자기에 대해서 이야기해보는 거죠. 그리고 이 존재를 바꾸어보려고 하는 사람들 간의 연대, 혹은 같이 살아감의 방식들을 모색하는 것들을 로드는 이야기하고 있는 거예요.

그렇기 때문에 차이를 재정의했잖아요. 이 차이를 인정하지 않을 때 어떤 일이 벌어지냐면, 누구의 언어로 이야기할 것인가가 또 문제가 되는 거예요. 결국 우리는 같은 언어를 찾을 때까지 영원히 같이 못 마주칠 수도 있잖아요. 그래서 우리가 어떻게 출발해야 되느냐. 언어도 없고 불안하기도 하잖아요. '이 사람, 나랑 같은 언어를 쓰고 있을까?' '자기한테는 좋은 언어지만 나한테는 좋은 언어일까?' 그리고 시스터후드sisterhood, 자매애라는 것도 일종의 환상일 수 있죠. 우리의 경험이 같으니까 우리는 서로 통할 것이다? 아니에요. 사실은 그 사람이 울어서 내가 그 눈물에 동화된 적도 있을 거고, 그 눈물이 나의 어떤 감정을 건드렸던 것일 수도 있어요. 동일하지 않더라도. 그 감정의 순간이 스쳐지나 간 것일 수도 있잖아요.

동질성을 통해서 연대를 마련하려고 하는 그 오래된 습관은 어떤 순간 고립주의를 자처하게 될 수 있어요. 말 통하는 사람들끼리만 연대하는 거죠. 그리고 이렇게 될 수도 있어요. 적에 대한 분노를 자꾸 표출하는 거예요. 적에 대한 분노는 서로 다르더라도 우리를 하나로 뭉치게 하는 되게 강한 힘이 되거든요. 우리는 언어가 다를 수 있지만, 쟤를 싫어한다는 점에서는 똑같다는 거잖아요. 그럴 때 갑자기 연대가 생기죠. '너랑 나랑 말이 통하는지는 모르겠지만 우리는 쟤를 싫어하지. 오케이, 그럼 가자' 이렇게 될 수 있다는 거예요. 그런데 로드는 그런 방식은 아니어야 된다는 거죠.

그러면 어떻게 시작해야 될까. 겁도 나고 공포도 생기는데. 로드는 바로 그 약함에서 출발을 권유해요. 힘을 얻기 위해서는 약점을 보여서는 안 되고, 나약해지면 안 되고, 감정적이면 안 된다고 하잖아요. 그런데 그렇지 않다고 하는 거예요. 직시한다는 건, 그냥 그 순간에 울 수밖에 없다면 우는 거죠. 운다는 건 사실상 수용하고 인정한다는 거죠. 수용과 인정은 공포를 이겨낸 직면이기도 하고요. 나약하지 말라는 건 '네 약한 꼴 보이지 마', 즉 직면하지 말라는 뜻일 수도 있다는 거예요. 오랫동안 우리는 공포심을 배웠다는 거죠.

왜냐하면, 탄압받았던 사람들, 차별받았던 사람들은 언제나 차별받을 수 있다는 공포를 통해서 공포심을 배우잖아요. 이런 불안과 공포도 자긍심이라든지 자기를 긍정하는 데 장애물이 될 수 있잖아요. '운다'라는 건 나약해지는 게 아니라 사실은 공포로부터 해방되는 방식일 수 있어요. 나약해서 우는 게 아니라 어떻게 보면 개방적일 수도 있는 거예요. 직면하기 때문에 보이는 태도일 수도 있는 거예요. 물론 억지로 울 수는 없겠지만, 어느 순간 자기 감정을 솔직하게 이야기하고 그걸 인정하는 순간들에 대해서 나약함이라는 이름을 붙여서 이거를 모르는 척할 수는 없다는 거예요. 직시한다는 것 자체가 굉장히 큰 용기거든요.

로드는 이제 우리에게 새로운 언어가 필요하다고 해요. 우리 자신과 우리의 감정을 무시하지 않는 것들. 의심하지 않는 방법으로 우리 자신을 들여다보기. 자기 자신을 성찰할 때도 자신을 무시하는 언어로 스스로를 이해해서는 안 되는 거죠. 나의 감정을 이해하고 나 자신을 의심하지 않는 방식으로 나를 자꾸 살피기 시작한다면 어떤 일들이 벌어질까요? 만약에 우리 각자가 그렇게 하고 있다고 해봐요. 그러면 완벽하지는 않지만 자비심을 갖고 서로 이해하는 언어들을 조금씩 사용할 수 있겠죠. 그리고 타인들에 대해서 조금 더 관대해질 수 있겠죠. 언제나 자비로울 수는 없지만 꽤 자비로운 상태가 될 수 있겠죠.

그리고 이렇게 말합니다. "우리는 결코-충분히-훌륭하지-못한 존재로 규정되는 흑인 여성이다."* 내가 충분히 훌륭하지 못한 존재로 규정된 흑인이니까 그들의 기준에 맞춰서 훌륭해

---

* 　　 같은 글, 328쪽.

여성은 다르다: 복수의 여성들

져야 되나? 아니에요. 그럴 필요는 없어요. 그냥 있는 그대로를 받아들이는 게 중요하다는 거죠. 그렇지 않으면 '나는 언제나, 충분히, 정말 훌륭한가?' 하고 계속 물어보고 의심할 거 아니에요. 그러니까 다른 방식, 즉 자기에 대해 관대해져야 된다는 거예요. 이것이 새로운 방법인 이유는, 자기에게 관대해지면서 스스로를 돌보는 법mother ourselve이 바로 '자신의 힘을 기르기'이기 때문이죠.

자신의 힘을 기르는 것을 강조하는 이유는 정치 활동 그 자체가 자기 자신을 구원할 수는 없기 때문이죠. 오히려 심층적 의미에서 정치 활동이란 무엇인가를 되묻게 합니다. 로드의 훌륭한 점은 자기 자신을 긍정하고 그것들이 중요하다고 이야기하는 것을 정치 활동의 출발점으로 삼는다는 거예요. 자기 자신을 정의할 권한을 분명히 하고, 엄마에게 기대했던 그런 포용의 시작과 성장과 기대를 스스로에게 쏟아부어야 한다는 거죠. 이건 그저 자기 중심에 빠져 있는 것이 아니라, 자기 자신의 생존에 헌신하는 거죠. 오드리 로드 안에 있는, 그리고 로드와 같은 흑인 여성의 자아 안에 있는 자신의 가치를 긍정하는 거예요. 이 과정에서 크고 작은 성공을 인정하고 패배에도 너그러워야 하고요. 스스로에게 친절하게 대하고 당당하게 구는 거예요. 이런 과정에서 두려움이 줄어들고, 각자의 차이들을 이해하는 마음도 커지겠죠. 차이의 힘을 활용해 현실도 변화시킬 수 있을 거고요. 차이를 인정해야 된다고 강하게 이야기를 하는 거예요. 그리고 이건 근대 주체로서의 '나'를 호명하는 게 아니에요. 차별하는 그들이 묶어 놨던 내 자아의 상으로부터 벗어나는 방식들을 말하고 있죠. 그

'나'에서 벗어남으로써 원래 갖고 있던 그 에너지들을 나를 탐색하고, 이해하는, 세계를 돌보는 힘으로 만들어가는 것들을 말하는 겁니다.

저는 오드리 로드의 이런 태도가 진실하다고 생각해요. 우리가 공통적인 어떤 것들을 원래 갖고 있어서 하나가 아니라는 것. 우리 자신을 인정하는 태도를 통해서 말할 수 있고, 나와 상대방이 말을 건네고 말을 들음으로써 어떤 차이를 조율할 수 있는, 그 차이를 힘으로 삼아 앞으로 나아가고 다른 세대와 이야기할 수 있는, 어떤 페미니즘적 방식들에 대한 이야기들입니다.

제2물결 페미니즘은 남성과 여성의 차이를 이야기하며 시작했고, 그다음에는 여성들 간의 차이를 발견합니다. 그리고 차이를 차별로 받아들이는 인식론적 틀거리에서 차이를 존재론적인 힘, 즉 우리를 살아있게 하고 우리 존재를 새로 만들어내는 힘으로 여기며 다른 정치를 주창한 새로운 연대의 방식을 모색하는 것으로 나아갑니다. 저는 이것이 제2물결 페미니즘의 최종적 성과일 수 있다고 생각합니다. 제2물결은 '여성은 인간이다'에서 더 나아가 여성 자신이 여성으로서 주체화하기를 열망하면서 차이의 의미와 동력을 발견했죠. 저는 이것들이 그다음 물결, 그리고 지금 동시대에서도 여전히 공존하는 중요한 자양분이라고 확신합니다.

여성은 다르다: 복수의 여성들

'우리'가 서로를 찾을 때까지

아주 예전에, '철학의 타자가 말할 수 있는가?'라는 제목의 글을 쓴 적이 있습니다. 주디스 버틀러의 《젠더 허물기》 11장의 제목이기도 합니다. 페미니즘 철학을 이야기한다는 것은 언제나 철학의 타자로서 오랫동안 머문 '여성이 말할 수 있는가'라는 질문을 던지게 합니다.

　　제가 좋아하는 철학자 질 들뢰즈는 어떤 충격과 폭력을 야기하는 바깥의 기능에서 사유의 작동을 찾고, 이로부터 사유의 불붙기를 제시합니다. 페미니즘 철학이야말로 그러한 사유가 아닐까요? 오랫동안 사유할 기회를 갖지 못했던, 바깥에 존재해온 여자들의 사유는 당연한 '인간'의 능력으로 여겨져온 사유를 문제시합니다. 그리고 이를 바깥의 힘과 맞닿게 하여 사유를 무겁게 억누르는 우상이나 이미지에서 벗어나게 만들어 새로운 개념을 창조하고 새로운 사유의 방식을 증가시켰습니다.

철학의 타자는 말할 수 있는가? 이제 이 타자는 그림자로 있지 않습니다. 반영하는 에코의 목소리 혹은 단일한 목소리가 아니라, 다성악polyphonic의 목소리들로 공명하는 철학의 목소리입니다. 이렇게 철학의 타자라 불린 목소리들은 타자, 차이를 역량으로 삼아 울려퍼집니다. 그리고 이 목소리들 속에서 페미니즘과 철학은 때때로 불협화음을 내면서, 결코 하나로 모아지지 않으면서, '우리'가 서로를 찾을 때까지 계속해서 목소리를 증식하며 더 많은 목소리들로 말해질 것입니다.

**

이 책은 철학아카데미에서 진행한 강의의 녹취를 풀어 여러 번 다듬고 수정하고 새로 많이 쓰기도 하면서 만들어졌습니다. 한 권의 책이 만들어지기까지 당연히도 많은 노고가 존재합니다. 저자만이 아니라, 함께하는 분들 덕분에 문장들의 배열이 멀쩡한 단행본으로 나온다는 사실을 다시금 깨닫는 시간이었습니다. 그 과정에 함께한 신소현에게 우선 감사의 말을 전합니다. 그리고 교정지를 주고받으며 겨울에서 봄, 그리고 여름에 이르는 시간을 함께한, 정말로 소중한 이정신 편집자에게 감사하다는 말을 진심으로 드립니다.

이 책을 고쳐 쓰면서 예전의 내가 한 말을 읽으며 위로받았던 시간들이 있었습니다. 과거의 내가 지금의 나에게 보낸 편

지를 읽는 기분이었다고나 할까요. 이 책이 독자 여러분에게도
그런 순간을 선사하기를 진심으로 기원합니다.

살면서 일상의 불만을 표출하듯, 거리에서, 연인에게, 또
친구에게 항의의 목소리를 내다보면, 어느 순간 자신의 얼
굴이 여성의 얼굴이 돼 있음을 깨닫게 될 것입니다.

―케이트 밀렛

2021년 여름 김은주

이 책의 알라딘 북펀드에 참여해주신 분들

(가나다순)

강 명 주	김 민 우	김 현 영	박 지 선	서 지 은
강 서 진	김 민 지	김 현 주	박 지 영	서 총 명
강 하 영	김 보 경	김 혜 승	박 지 윤	석 진
고 경 옥	김 보 미	김 효 군	박 하 빈	성 경 모
고 명 주	김 보 미	김 희 수	박 하 윤	성 민 경
고 재 영	김 소 연	김 희 정	박 현 서	소 현 아
공 영 은	김 연 정	나 소 영	박 현 주	손 민 지
구 세 주	김 예 니	나 영 정	박 혜 은	손 예 영
구 자 연	김 원 영	나 정 연	반 미 희	손 정 숙
권 무 순	김 은 희	남 상 백	배 나 영	송 윤 하
권 태 름	김 인 숙	도 예 희	배 성 미	신 고 운
권 효 선	김 지 양	류 은 주	배 소 정	신 소 현
김 건 하	김 지 원	문 미 란	배 유 정	신 혜 진
김 경 림	김 지 현	문 서 연	배 효 선	심 연 희
김 나 영	김 지 혜	문 유 빈	백 소 하	안 서 영
김 동 학	김 지 호	박 로 사	백 영 경	안 세 진
김 민 경	김 진 형	박 성 혜	범 서 미	안 현 주
김 민 경	김 진 희	박 송 이	서 미 진	연 주 희

오수경	이소윤	임성희	정한경	최지혜
오창록	이승아	임수지	조민채	최희람
유명희	이어진	임영신	조예완	하승연
유 빈	이유진	임지형	조윤주	하지우
유승진	이윤주	장연주	조은영	한보경
유연수	이은정	전민규	조을희	한정민
유연숙	이의겸	전민지	조진희	함나윤
유일다	이주영	전은혜	조한길	허수영
윤세정	이지선	전인수	주명희	홍상희
윤은수	이지아	정규열	지은숙	홍서현
윤희진	이지혜	정대성	천정은	홍순정
이경희	이진희	정민주	최민지	홍지영
이단오	이현주	정소연	최선주	황선화
이민경	이혜인	정아람	최시영	황혜민
이민주	이호영	정요한	최신영	Halla Ko
이상수	이효민	정유연	최 연	
이소연	이후남	정인숙	최은영	
이소연	임미주	정지윤	최정인	

페미니즘 철학 입문

초판 1쇄 펴낸날	2021년 10월 8일
초판 2쇄 펴낸날	2022년 10월 20일
지은이	김은주
펴낸이	박재영
편집	이정신·임세현·한의영
디자인	조하늘
제작	제이오
펴낸곳	도서출판 오월의봄
주소	경기도 파주시 회동길 363-15 201호
등록	제406-2010-000111호
전화	070-7704-2131
팩스	0505-300-0518
이메일	maybook05@naver.com
트위터	@oohbom
블로그	blog.naver.com/maybook05
페이스북	facebook.com/maybook05
인스타그램	instagram.com/maybooks_05
ISBN	979-11-90422-88-8　03100

만든 사람들

책임편집	이정신
디자인	조하늘
일러스트	김선미